权威·前沿·原创

皮书系列为
"十二五""十三五"国家重点图书出版规划项目

巴西黄皮书

巴西发展报告
（2017~2018）

ANNUAL REPORT ON DEVELOPMENT OF BRAZIL
(2017-2018)

主　编／程　晶
副主编／刘　明　缴　洁

社会科学文献出版社
SOCIAL SCIENCES ACADEMIC PRESS (CHINA)

图书在版编目(CIP)数据

巴西发展报告.2017-2018/程晶主编.--北京：社会科学文献出版社，2018.8
（巴西黄皮书）
ISBN 978-7-5201-3287-9

Ⅰ.①巴… Ⅱ.①程… Ⅲ.①经济发展－研究报告－巴西－2017－2018 Ⅳ.①F177.74

中国版本图书馆CIP数据核字（2018）第185844号

巴西黄皮书
巴西发展报告（2017~2018）

主　编／程　晶
副主编／刘　明　缴　洁

出版人／谢寿光
项目统筹／祝得彬
责任编辑／仇　扬　高　嫒

出　　版／	社会科学文献出版社·当代世界出版分社（010）59367004
	地址：北京市北三环中路甲29号院华龙大厦　邮编：100029
	网址：www.ssap.com.cn
发　　行／	市场营销中心（010）59367081　59367018
印　　装／	三河市龙林印务有限公司
规　　格／	开本：787mm×1092mm　1/16
	印张：25.75　字数：389千字
版　　次／	2018年8月第1版　2018年8月第1次印刷
书　　号／	ISBN 978-7-5201-3287-9
定　　价／	128.00元

皮书序列号／PSN Y-2017-614-1/1

本书如有印装质量问题，请与读者服务中心（010-59367028）联系

▲ 版权所有 翻印必究

巴西黄皮书编辑委员会

主　任　陈笃庆　　Luís Antonio Paulino【巴西】

副主任　周志伟　　邹爱华

编　委　（按姓氏拼音为序）
　　　　　　陈笃庆　程　晶　韩　琦　缴　洁　刘　明
　　　　　　牛海彬　王晓德　吴洪英　吴志华　杨首国
　　　　　　叶桂平　张宝宇　张森根　周志伟
　　　　　　Luís Antonio Paulino【巴西】
　　　　　　Marcos Costa Lima【巴西】
　　　　　　Marcos Cordeiro Pires【巴西】
　　　　　　Tullo Vigevani【巴西】

主要编撰者简介

程 晶 历史学博士,湖北大学拉美研究院、历史文化学院副教授,中华文化发展湖北省协同创新中心、国家领土主权与海洋权益协同创新中心、国务院侨务办公室侨务理论研究武汉基地副研究员。主要研究方向为中国与巴西关系、巴西等葡语国家华侨华人、巴西历史等。主持国家社科基金、国务院侨办、中国侨联、广东省社科基金等科研项目8项,在《世界历史》、《史学理论研究》、《世界民族》、《拉丁美洲研究》等学术期刊及论文集上发表学术论文近30篇,主编《巴西及拉美历史与发展研究》(武汉大学出版社,2017),作为副主编合作编撰《巴西发展报告(2016)》(社会科学文献出版社,2017)、《巴西发展与拉美现代化研究》(长江出版社,2016)。

刘 明 历史学博士,湖北大学拉美研究院、历史文化学院讲师。主要研究方向为巴西农业、社会、外交政策等。主持湖北省教育厅人文社科等项目,并参与教育部重大项目、中国科技部项目等。在《拉丁美洲研究》、《对外经贸实务》、《外国问题研究》等学术期刊上发表学术论文10余篇,作为副主编合作编撰《巴西及拉美历史与发展研究》(武汉大学出版社,2017)。

缴 洁 法学博士,湖北大学拉美研究院、政法与公共管理学院讲师。主要研究方向为中国与拉美法律制度比较、巴西等葡语国家法律制度、巴西土地制度。发表学术论文多篇,作为副主编合作编撰《巴西及拉美历史与发展研究》(武汉大学出版社,2017),参与撰写《我国农村集体经济有效实现的法律制度研究:村庄经验与域外视野》(法律出版社,2016)。

摘　要

巴西作为金砖国家的重要成员和正在崛起的新兴国家代表，其发展状况备受国际社会的关注。2016年，巴西的发展遭遇瓶颈，政治危机、经济危机与社会危机同时爆发。2017年，巴西的发展困境是否有所缓和？危机中是否出现转机？与此同时，中国与巴西作为新兴国家代表和东、西半球最大的发展中国家，中巴关系成为当前国际舞台上以及两国对外关系中极为重要的双边关系。近年来，中国与巴西"全面战略伙伴关系"不断提质增速，呈现全方位、宽领域、多层次的发展新局面。2017年，随着中国"一带一路"在拉美地区的延伸，中巴关系机遇与挑战并存。双方能否抓住机遇、克服困难，推动双边关系更上一个台阶？围绕上述核心问题，基于服务国家对外战略的需求和满足中国社会认知巴西的需要，湖北大学拉美研究院巴西研究中心在成功编撰《巴西发展报告（2016）》之后，再接再厉，组织中巴两国26位学者共同编写了《巴西发展报告（2017～2018）》。

本书聚焦2017年巴西发展以及中巴关系发展现状。主体由三部分19篇研究报告组成：第一部分为总报告，对2017年巴西的政治、经济、社会和外交形势进行了综合评估，对中巴关系进行了现状分析和未来展望，最后提出了一些思考与总结；第二部分为巴西发展专题报告，包括政治外交篇、经济社会篇和人文科技篇三个单元，由中巴两国18位学者撰写的13篇文章组成，分别对2017年巴西的政局走势、反腐运动、政党政治、外交战略、地区关系、经济形势、对外贸易、社会形势、教育改革、体育运动、生物科技等进行了深度解读；第三部分为中巴关系发展特别报告，中巴两国7位学者从金砖国家合作机制、"一带一路"倡议、澳门平台、

经贸合作、人文交流等角度出发,对2017年中巴关系的发展现状与未来走向进行了系统评析。

关键词: 巴西发展 特梅尔政府 中巴关系

目 录

Ⅰ 总报告

Y.1 2017年巴西发展形势：从危机走向转机 …………………… 杨首国 / 001

Ⅱ 政治外交篇

Y.2 巴西反腐运动的持续与政局走势分析 ………………… 孙　怡 / 020

Y.3 特梅尔政府执政效果评估：有争议的改革进程………… 牛海彬 / 038

Y.4 政治变革背景下巴西左翼政党的发展现状与未来走向
　　　……… 〔巴西〕Marcos Costa Lima　〔巴西〕Eduardo Oliveira

　　　　　　　　　　　　　　　黄揽月　蔡　芸　刘　明译 / 053

Y.5 特朗普时期巴西与美国关系：结构性变革和趋势
　　　…… 〔巴西〕Tullo Vigevani　〔巴西〕Laís Forti Thomaz　邹翠英译 / 069

Y.6 巴西、南方共同市场和南美新自由主义浪潮
　　　………………………………〔巴西〕Marcos Cordeiro Pires

　　　　　　〔巴西〕Hermes Moreira Jr.　刘　明译 / 092

Ⅲ 经济社会篇

Y.7 2017年巴西经济重回增长轨道及不确定前景
　　……………………………………………………… 吴洪英 / 113

Y.8 巴西农产品出口现状和制约因素分析
　　………………〔巴西〕Alexandre Pereira da Silva　刘淑华 译 / 129

Y.9 教育与就业：2017年巴西社会的主要议题
　　………〔巴西〕Kelly Ferreira　缴　洁　陈　静　刘　明 译 / 147

Y.10 左翼退潮下巴西社会运动的发展：以无地农民运动为例
　　……………………………………………………… 刘　明 / 170

Ⅳ 人文科技篇

Y.11 "后奥运时代"的巴西：里约奥运遗产利用现状研究
　　………〔巴西〕José Roberto Gnecco　刘笑雯　唐　筱 译 / 186

Y.12 巴西足球国际化的发展进程、经验与建议
　　………〔巴西〕Daniel Traina Gama　〔巴西〕Walter Gama
　　　　　　　　　　　　　　　　　　　　　蔡　蕾　唐　筱 译 / 207

Y.13 巴西高等教育国际化政策的调整：从"科学无国界"到
　　"科学促发展" ……………………………………… 钟　点 / 226

Y.14 巴西生物燃料产业迈向新时期 ……………………… 吴志华 / 240

Ⅴ 中巴关系篇

Y.15 金砖国家机制下巴中经贸合作：新特点与新趋势
　　………………〔巴西〕Luís Antonio Paulino　孙　怡 译 / 255

Y.16 巴西亚洲政策的变化及对中国"一带一路"倡议的认知与回应
　　　　　　　　　　　　　　〔巴西〕João Paulo Nicolini Gabriel
　　　　　　　　　　　　　　　〔巴西〕Desirée Almeida Pires
　　　〔巴西〕Carlos Eduardo Carvalho　王珺珺 译 / 276

Y.17 澳门在深化中巴全面战略伙伴关系中的角色与作用
　　　　　　　　　　　　　　　　　　　　　　　　　　叶桂平 / 298

Y.18 中国-巴西旅游交流与合作成效评析 …………… 程　晶 / 310

Y.19 2017年巴西主流媒体涉华报道分析 …………… 唐　筱 / 340

Ⅵ 附录

Y.20 巴西大事记（2017年1～12月）…………………… 唐　筱 / 356

Abstract …………………………………………………………… / 378
Contents …………………………………………………………… / 380

皮书数据库阅读 **使用指南**

总报告

General Report

Y.1
2017年巴西发展形势：
从危机走向转机

杨首国*

摘　要： 巴西作为正在崛起的新兴国家代表，近两年发展遭遇瓶颈，政局动荡、经济衰退、社会矛盾尖锐等诸多问题集中爆发，发展不确定性凸显。2017年，是巴西看到希望与转机的一年。政治趋向稳定，特梅尔总统艰难地从弹劾泥潭中脱身，应能完成到2018年底的任期。经济摆脱衰退，重回增长轨道。外交持续调整，注重南北"平衡外交"，强调务实与灵活性。中国与巴西"全面战略伙伴关系"不断深化，战略融合与产业对接加速，"新时代"双边关系发展面临新机遇。

---

* 杨首国，博士，中国现代国际关系研究院拉美研究所副所长、研究员，主要研究领域为拉美研究。

巴西亦面临不少挑战：政治"碎片化"严重，反腐冲击余波荡漾；养老金等结构性改革难以推进，经济持续发展动力有待加强；"返贫"问题突出，社会治安亟待改善。2018年是巴西大选年，亦是决定其发展方向的关键年，后续走势值得密切关注。

关键词： 巴西　危机　特梅尔政府

一　政治形势

巴西继续上演政治斗争大戏，特梅尔总统最终度过弹劾危机。2015年12月2日，巴西国会以"财政违法"为名，宣布启动对时任总统罗塞夫的弹劾，由此开启巴西一轮政治动荡期。2016年5月12日，参议院通过特别委员会提交的弹劾报告，罗塞夫被强制离职180天，副总统特梅尔出任临时总统。8月31日，参议院以61票赞成、20票反对（超过2/3以上票数）最终通过弹劾案，罗塞夫下台，特梅尔正式就任总统，任期至2018年底。但特梅尔正式上任未满一个月，就受到"违法收受竞选资金"的指控。巴西最高法院公布一份巴西石油公司高管的证词，指认特梅尔收受石油承包商回扣，以资助民主运动党候选人竞选。2017年，特梅尔又被接连指控卷入弊案，其中包括收受巴西大型肉类生产加工企业JBS集团的非法献金。6月26日，特梅尔被正式起诉。8月2日，众议院全会就是否将特梅尔涉嫌受贿案提交联邦最高法院审理进行投票，结果263票反对、227票支持，由于支持票未达2/3，特梅尔躲过一劫。9月14日，特梅尔再次被起诉。10月25日，众议院再次表决，弹劾案未获通过。特梅尔半年内两次有惊无险地度过弹劾危机，最终保住总统职位。外界评估，如果不出现大的意外，特梅尔应该可以完成至2018年底的任期。①

---

① EIU, *Country Report*: *Brazil*, December 12, 2017, p. 2.

特梅尔之所以两度"闯关"成功,既有其政党、个人因素,也有巴西政坛维护稳定的考虑。特梅尔所在的民主运动党占有参议院 81 席中的 21 席、众议院 513 席中的 65 席,在参众两院均为第一大党①,这一政党优势对特梅尔起到基础支撑作用。此外,特梅尔长期在政坛摸爬滚打,两次出任众议长,国会人脉深厚,这是他能涉险过关的重要原因。深层次原因则是巴西在经历长达近两年的政治动荡后,朝野各派均意识到稳定的重要性,最终达成保证特梅尔完成余下任期的政治默契,这显示巴西式民主具备基本的自我修复能力。

特梅尔执政基础薄弱,改革难以推进。特梅尔本人涉腐,政治形象严重受损,其支持率长期只有个位数。2017 年 9 月,巴西民调机构 Ibope/CNI 的调查显示,特梅尔政府的支持率跌至 3%,创下自 1986 年以来巴西政府支持率的最低纪录。特梅尔在政府、国会以及政党内的不少亲信涉贪腐案被抓,失去一批重要的政治帮手,权力运作受阻。特梅尔在弹劾罗塞夫时形成的政治联盟也不牢固,两次针对他的弹劾投票中,友党"倒戈""跑票"屡屡出现,执政联盟实际上已走向破裂。特梅尔不得不多次改组内阁,争取政治回旋空间。在种种不利背景下,特梅尔力推的财政、劳工、社保等一揽子结构改革遇阻。2017 年 4 月,劳工改革法案通过后,民意反弹强烈,矛头直指特梅尔政府,全国多地爆发大规模示威。在更为关键的养老金改革上,政府遭遇更大阻力。巴西养老金的缴纳时限和年龄门槛很低,不少人领取多份养老金,尤其离谱的是公务员和军人离世后,配偶仍可以继续领取。养老金体制弊端重重,难以维系。巴西地理统计局公布的统计数据显示,2016 年巴西 60 岁以上人口达 2960 万,较 2012 年增长 16%,政府支付养老金的压力越来越大。2007 年巴西社会保险金赤字为 322 亿雷亚尔,但 2016 年猛增到 2394 亿雷亚尔,9 年间增长近 650%。巴西财长梅雷莱斯(Meirelles)称,若维持现行养老金体制不变,10 年后政府需支出的养老金将达到总预

---

① 《巴西国家概况》,中国外交部网站,http://www.fmprc.gov.cn/web/gjhdq_676201/gj_676203/nmz_680924/1206_680974/1206x0_680976/,2018 年 1 月 20 日。

算的80%。① 但巴西民众已习惯于养老金高福利,多数对改革持抵制态度。巴西民调机构 Datafolha 的调查结果显示,71%的巴西人反对养老金制度改革。即使改革方案多次修订,条件不断放宽,但仍无法通过。2018年大选将至,政治人物担心支持养老金改革导致选票流失,因此在改革问题上更是踌躇不前。特梅尔任内的改革目标已很难达成。

2018年大选成为政坛角力的焦点。巴西大选将在2018年10月举行,选举争斗日趋激烈,形势扑朔迷离。为应对大选,巴西各派政治力量加紧运作,政坛分化、重组加快,政治博弈加剧。巴西舆论普遍认为此次大选将是"20年来选情最为复杂、过程最为激烈、结果最难预料的选举"。由于特梅尔支持率极低,其代表民主运动党参选的概率几乎为零,他本人也多次表示不会竞选连任,而台面上的其他政治人物则是"人人有希望,个个没把握"。

声望极高的左翼劳工党领袖、前总统卢拉二审被定罪,在政坛投下震撼弹。作为曾执政8年并引领巴西在21世纪初迈向崛起的老牌政治家,卢拉被视为劳工党重新夺回政权的不二人选,但涉嫌腐败令其大选之路突生变数。2016年9月,卢拉因涉嫌收受OAS建筑公司的一套价值110万美元的海边别墅被起诉。2017年7月,一审判决公布,卢拉以受贿和洗钱罪被判处9年6个月有期徒刑。2018年1月,二审判决其罪名成立,刑期增至12年1个月,不过暂未批捕。卢拉坚称自己"清白",痛斥该判决是"右翼精英联手媒体和司法界对左翼的政治清算",称"司法正在毁掉巴西民主",表示"将竞选总统到底"。卢拉领导的劳工党号召发起"公民不服从运动",鼓动民众走上街头抗议司法不公。二审当天,上万名支持者聚集法院外声援卢拉。由于二审被判决有罪,卢拉参加大选的可能性进一步降低。目前在多项大选民调中,卢拉支持率均稳居第一(20%~30%)。尽管卢拉仍可继续上诉,但翻盘难度很大,参选前景很不乐观。

---

① 陈晓婉:《巴西养老金改革有些举步维艰》,新华网,http://jjckb.xinhuanet.com/2017-12/13/c_136821405.htm,2017年12月13日。

随着政治危机一再上演，传统政党遭受重创，新的政治力量崛起。长期执政的劳工党失去政权后，呈现节节败退的局面。另一大党社会民主党也呈现下滑势头，其代表人物圣保罗州州长杰拉尔·阿尔克明（Geraldo Alckimin）本来颇具政治实力，但受党内派别牵制和弊案影响，政治行情受到冲击。众议员、前军人贾伊尔·波尔索纳罗（Jair Bolsonaro）则成为新崛起力量的代表，他以美国总统特朗普为榜样，提出回归天主教保守传统，并频繁抛出自由经济口号，以争取市场青睐，政治声势看涨，目前其支持率为13%～15%，位居卢拉之后排第二，若他在大选中击败卢拉、阿尔克明等传统政治人物，将对巴西的未来发展产生重大影响。不过，目前各主要党派候选人及党派联盟参选策略尚未最后确定，大选形势还存在诸多变数。现任财长梅雷莱斯、前绿党候选人玛丽娜·席尔瓦（Marina Silva）等竞争者的实力也不可低估。①

2018年无论谁当选，都将面临复杂困难的局面，这是由该国"碎片化"的政党形态所决定的。巴西政党林立、政治力量分散，选民的政党认同十分薄弱。政治风气败坏，许多没有明确政治主张的小党依靠"政治分肥"长期存在，不少政客视公职为个人福利而非公共责任。总统难以通过正常的政党机制凝聚政治支持，导致权力运行不畅，政治乱象丛生。对于巴西而言，推动政治制度的根本性变革，是国家长治久安、持续发展的必由之路。

二 经济形势

巴西是拉美头号经济大国，具有发展经济得天独厚的诸多优势。农牧业十分发达，是世界上多种农产品的主要生产国和出口国。工业基础雄厚，门类齐全，石化、矿业、钢铁、汽车工业等较为发达，民用支线飞机制造业和生物燃料产业居世界领先水平。服务业产值占国内生产总值近6成，金融业较发达。20世纪60年代末到70年代中期，经济年均增长率高达10.1%，

---

① EIU, *Country Report: Brazil*, December 12, 2017, p.6.

被誉为"巴西奇迹"。80年代，受高通胀和债务困扰，经济陷入长期滞胀。90年代，巴西政府推行外向型经济模式，经济重拾增势。受1998年亚洲金融风暴波及，1999年发生严重金融动荡，巴西经济增速再次放缓。2003年劳工党卢拉执政以后，采取稳健务实的经济政策，巴西经济逐步走上稳定的发展道路，2010年跃升世界第七大经济体。罗塞夫接替卢拉执政后，受世界金融危机影响，国际大宗商品价格下跌，巴西本币贬值，财政、通胀压力持续加大，经济持续下行，尤其2015年和2016年经济连续出现大幅衰退（增长率分别为-3.8%和-3.6%）。① 巴西大国崛起势头受阻。

2017年巴西经济摆脱衰退，全年实现1.1%的小幅经济增长。通胀降至2.9%的合理水平，在连续10次降息之后，利率下调至7%，是近四年历史低位。2017年1~10月，贸易顺差达584.77亿美元，比2016年增长51.8%。② 2017年以来，巴西总统特梅尔在多个场合强调，巴西基准利率、通胀率均处于近几年低点，投资出现增长，股市节节攀升，农业收成和外贸顺差均创造历史纪录，这些均表明巴西经济取得积极转变。③

巴西经济重回增长轨道，得益于内外一系列有利条件。从内部看，2017年以来特梅尔政府通过实施"紧财政、松货币"的宏观调控政策，大规模私有化计划以及积极推动养老金、税收、劳工制度等改革，为巴西经济增长创造了较好环境。从外部看，全球经济稳定复苏，特别是中国增长高于预期，带动全球需求回暖，大宗商品价格稳定且略有反弹，国际贸易条件改善。在诸多利好因素的带动下，消费、投资和出口增加，经济持续回暖。外界总体上看好巴西未来几年的增长前景。国际货币基金组织（IMF）2018年初调高对巴西经济增长预期，将巴西2018年和2019年两年的经济增长率分别由此前的1.5%和2%上调至1.9%和2.1%，显示出国际社会对巴西经济正逐渐恢复信心，外国投资者开始重返这一新兴市场。巴西官方也对未来

---

① EIU, *Country Report*: *Brazil*, December 12, 2017, p.12.
② EIU, *Country Report*: *Brazil*, December 12, 2017, p.12.
③ 《特梅尔：巴西经济已摆脱衰退》，南美侨报网，http://www.brasilcn.com/article/article_9162.html，2017年12月13日。

几年经济增长充满信心，巴西央行预测2018年巴西经济增长率为2.8%，2019年为3%。①

巴西经济复苏之路上仍有不少困难待克服。首先，两年大衰退给巴西经济造成巨大危害，彻底复苏并非易事。据估算，巴西人均国内生产总值到2022年才能恢复到2014年的水平，而工业则需8年时间才能恢复到2013年的水平。其次，公共财政收支状况依然严峻，初级财政赤字居高不下。政府不得不放弃大部分可支配性开支，以确保工资和养老金等必要支出。不少领域的公共服务几乎陷于瘫痪，公共投资急剧下降。如果旨在平衡财政账目的改革方案特别是养老金改革无法实施，巴西财政状况恐进一步恶化，这无疑将拖累经济发展，引起市场悲观、外资抽逃，甚至诱发金融动荡。巴西财政部部长梅雷莱斯年初对养老金改革久拖不决发出严重警告。最后，沉重债务负担制约经济增长并潜藏金融风险。2017年巴西公共债务达到3.6万亿雷亚尔，比2016年增加14.33%。而国际货币基金组织在2017年10月公布的预测报告称，巴西政府债务2022年将占到GDP的96.9%，高居新兴大国首位。公共和私人部门的沉重债务对经济增长构成严重制约。瑞信银行发布的研究报告称，自2015年9月巴西失去投资级之后，多达770亿美元的外国投资和信贷撤离巴西。② 此外，投资不足阻碍经济持续增长。巴西经济要想取得3%~4%的增长，必须保持20%的投资率。连续两年经济衰退导致私人投资降至21世纪以来低谷，2013年企业和家庭投资率曾达到19%，2016年底降至13.7%。2016年公共部门投资率因政府砍掉巨额投资资金，已降为1.8%，而2017年的投资率仍在减少。由于严重的经济危机和政治危机，巴西外国直接投资（FDI）连年下降，2015年比上一年减少12%，2016年再降23%，吸收外资总额仅为500亿美元，相较2011年曾达960亿美元，6年间几乎减少一半。2017年，在中国投资带动下，外国直接投资才开始出

---

① 《巴西央行：2017年经济增长1.04%》，网易财经，http://money.163.com/18/0220/00/DB22UT54002580S6.html，2018年2月20日。
② 陈家瑛：《巴西：调整中谋求适度增长》，新华网，http://www.xinhuanet.com/globe/2018-02/07/c_136952990.htm，2018年2月7日。

现回升态势。

巴西央行行长伊兰·戈德法恩（IIan Golfajn）认为，巴西只有不断推动改革，才能保持低通胀率和利率的结构性下降，实现经济可持续增长。① 从巴西目前的政治经济环境和大选后可能的走势看，即便主张改革的政治势力上台，也很可能因缺乏足够政治实力来推进全面和深入的改革，而不得不推行与财政困境和"开支上限法"相适应的紧缩性调整。2018年1月，标普宣布将巴西信用评级从BB降至BB-，这意味着巴西企业融资成本更高。标普认为，巴西改革进程延迟和大选年的政治不确定性是信用评级被下调的主要原因。② 特梅尔未能如期在2017年通过养老金改革，也未能就税制改革在国会获得广泛支持，使外界对巴改革前景有不小的疑虑。基于此，未来几年巴西谋求经济适度增长的目标较为现实。

从长远看，巴西经济的发展潜力毋庸置疑。巴西作为世界上面积第五大国（854万平方公里）、人口第五大国（2亿）、拉美最大经济体（GDP约占拉美40%）以及资源大国，发展条件十分优越。资源禀赋是巴西最大优势所在。巴西长期保持世界第一大大豆生产国、第四大玉米生产国，也是世界上最大的牛肉和鸡肉出口国。除小麦等少数作物外，主要农产品均能自给并大量出口。矿产、土地、森林和水力资源十分丰富。铌、锰、钛、铝矾土、铅、锡、铁、铀等29种矿物储量居世界前列。2016年，铌矿已探明储量455.9万吨，产量占世界总产量的90%以上。已探明铁矿储量333亿吨，占世界的9.8%，居世界第五位，产量居世界第二位。石油探明储量153亿桶，居世界第15位、南美地区第二位（仅次于委内瑞拉）。2007年底以来，巴西在沿海陆续发现多个特大盐下油气田，预期储量500亿~1500亿桶，有望进入世界十大储油国之列。森林覆盖率达62%，木材储量658亿立方米，占世界的1/5。水力资源丰富，拥有世界18%的淡水，人均淡水拥有量

---

① 《巴西央行行长表示经济持续复苏，通胀率接近目标》，中国新闻网，https://chinanews.com.cn/hr/2018/02-28/8456549.shtml，2018年3月1日。
② 中国驻巴西经商参处：《标普下调巴西主权信用评级，评级展望为稳定》，http://www.mofcom.gov.cn/article/i/jyjl/l/201801/20180102699630.shtml，2018年1月16日。

2.9万立方米,水力蕴藏量达1.43亿千瓦/年。① 此外,巴西工业体系健全,金融系统发达,经济多样化水平较高,而且国内市场庞大、人口结构和素质比较优越,加之经济体量大、法制基础好,几乎具备实现高增长的所有条件。短期的经济低迷和波动,并不会改变外界对巴西极具综合发展潜力的新兴市场国家定位。

三 社会和治安形势

巴西失业和贫困问题加剧。巴西经济在2015年和2016年连续两年深度衰退,导致失业率增加,民众收入水平下降。巴西国家地理统计局(IBGE)公布的最新就业调查数据显示,2017年11月至2018年1月,巴西失业率为12.2%,全国同期失业人数高达1270万人。② 与此同时,中产阶级返贫现象增加,贫困率反弹。巴西应用经济研究院公布的调查数据显示,2014~2015年,巴西有410万人回归到贫困状态,其中140万人为极端贫困人口。世界银行在2017年初的报告中预计,到2017年底巴西将有360万人重回贫困线以下。加上世界银行重新设定了国际贫困标准,巴西受此影响,统计出的贫困人口进一步上升。2015年世界银行曾将国际贫困线标准从每人每天1.25美元上调至1.9美元。2017年,世界银行制定出新标准,即根据不同国家、不同的发展水平和收入水平来确定贫困标准,巴西贫困线被提升到每天5.5美元。按照旧的标准,巴西贫困人口只有890万人,而按新标准贫困人口则上升到4550万人,占总人口的22%,其中有1335万人处于极端贫困状态。巴西贫困人口主要集中在北部和东北部。按照5.5美元一天的生活标准,北部和东北部地区的贫困率分别为43.1%和43.5%。东北部地区有730万名居民每天生活费不足1.9美元,占巴西极端贫困人口一半以上。在马拉

---

① 《巴西国家概况》,中国外交部网站,http://www.fmprc.gov.cn/web/gjhdq_676201/gj_676203/nmz_680924/1206_680974/1206x0_680976/,2018年3月6日。
② 《巴西失业率微升至12.2%,失业人数1270万》,中国新闻网,https://chinanews.com.cn/gj/2018/03-01/8456836.shtml,2018年3月1日。

尼昂州，每天生活费不足5.5美元的人口比例为52.4%，其次是亚马孙州（49.2%）、阿克里州（46.6%）、帕拉州（45.6%）和塞阿拉州（44.5%）。圣保罗州和里约热内卢州的贫困人口比例分别为12.2%和18.3%，圣卡塔琳娜州（9.4%）是贫困人口最少的州。由于生活成本高，富裕地区的贫困人口生活更加艰难。同时，巴西也是世界上收入最不平等的国家之一。巴西国家地理统计局数据显示，2016年巴西基尼系数达0.549，全国最富裕的1%人口的收入是最贫困的50%人口的36倍。从全国范围看，东北部最高（0.555），南部最低（0.473）。在各州中，首都巴西利亚最高（0.583），圣卡塔琳娜州最低（0.429）。面对贫困问题不断加剧，巴西政府有心扩大现有社会项目，如增加"家庭补助金"发放力度，但受制于巨大财政压力，很难有所作为。

巴西公共安全形势严峻。巴西治安问题由来已久，近年来在政治、经济双重危机影响下，巴西公共安全问题更加凸显，贩毒、绑架、谋杀、帮派冲突、监狱暴动等有组织犯罪更加猖獗，"首都第一司令部""红色司令部""北方之家""第一军团"等暴力犯罪团伙遍及全国，社会治安出现系统性危机，公共安全体系几乎"崩坏"。据官方统计，2017年上半年巴西发生凶杀案件2.82万起，同比增长6.79%，平均每天155起，每小时6起。① 里约州的安全形势尤为严峻，黑帮争斗猖獗，已从贫穷街区蔓延至富裕街区，大都会区域几乎完全落入黑帮掌控。暴力凶杀案件激增，据里约州政府统计，2016年该州因暴力死亡的人数高达5000人，2017年再增加8%，比2015年增加26%。与此同时，监狱暴力问题凸显。巴西国家司法委员会报告显示，全国监狱在押人数达65.4万，其中43.3万已被判刑，另外22.1万处于暂时羁押状态。监狱人满为患，不堪负荷，加上监狱管理不力，司法腐败严重，导致监狱斗殴、暴动越狱等恶性案件猛增。2017年1月14日，巴西东北部北里奥格兰德州一所最大监狱发生暴动，前后持续14小时，至

---

① 《华媒：巴西2017年上半年每天发生155起凶杀案》，中国新闻网，https://chinanews.com.cn/hr/2017/08-23/8311974.shtml，2017年8月23日。

少 30 名囚犯死亡,直到大批军警出现才控制局面。经总统特梅尔批准,巴西 1200 名军人进驻该州首府纳塔尔及周边地区,加强监控和巡逻。4 月 8 日,亚马孙州首府马瑙斯市一所监狱发生恶性暴力事件,7 名囚犯死亡。5 月 22 日,东北部马拉尼昂州一所监狱发生越狱事件,一伙身份不明者从外部炸开监狱墙体,最后 24 名囚犯成功越狱。2018 年 1 月 1 日,中部戈亚斯州都会区一所监狱发生暴动,造成 9 人死亡、14 人受伤、106 人趁乱越狱。巴西司法部部长德莫莱斯坦承,司法腐败、帮派渗透是造成监狱严重问题的根本原因。

巴西政府下决心全面整治治安。一是派军队进驻治安形势最严重的地区,动用军队打击犯罪;或者接管监狱,对监狱进行全面清查。二是加快司法部门的案件审理速度,提高办案效率,减少临时羁押人数,缓解监狱压力。三是采取"人防""技防"手段,增加安检、监控及武器装备的配置,重点盯防大帮派头目。2017 年 7 月 28 日,特梅尔下令调集 8500 名军人进驻里约热内卢维护治安。2018 年 2 月 16 日,特梅尔签署法令,宣布"迫于情势采取极端措施",由军方全权接管里约州警察部门以及监狱的指挥权,并负责开展具体维安工作。

四 对外关系

巴西是拉美地区面积最大、人口最多、经济实力最强的国家,作为新兴国家的代表,日益在国际舞台上发挥重要作用。巴西长期以来奉行国家独立、民族自决、主权平等、不干涉内政、尊重主权和领土完整、和平解决争端的外交基本原则,主张世界多极化和国际关系民主化;主张加强联合国作用,积极推动联合国安理会改革,全力争当安理会常任理事国。巴西目前同 192 个国家建有外交关系,是联合国、世界贸易组织、美洲国家组织、拉美和加勒比国家共同体、南美国家联盟、南方共同市场等国际和地区组织以及金砖国家、二十国集团、七十七国集团等多边机制成员,是不结盟运动观察员。

左翼劳工党执政期间（2003~2016年），正值国力上升期，巴西外交上主动出击，积极推动地区一体化进程，优先发展与金砖国家合作，重点加强南南合作，目标是提升巴西国际地位，实现大国崛起。2016年特梅尔接替被弹劾下台的罗塞夫掌权后，面对国内政治纷争与经济实力下滑，不得不将施政重点转向国内，以稳定政局，发展经济，相比较而言参与国际事务的意愿与能力均有所下降，外交战略随之有所调整。总体看，特梅尔政府更重视外交的平衡，推动南南合作和发展与美欧国家关系并重，策略上更注重评估对外交往的成本与收益，更强调灵活务实。2016年，时任外长塞拉明确表示，巴西将重点在两个层面拓展对外关系：一是地区层面，发展与阿根廷、墨西哥等主要区内国家双边关系；二是大国层面，"恢复"与美国、欧洲、日本等"传统伙伴"合作。上述表态在某种程度上被解读为对劳工党政府外交政策的"纠偏"。2017年3月，特梅尔任命社会民主党议员努内斯为外长，巴西外交上更加强调立足本土、推动对外关系多元化，务实外交和经济外交色彩浓厚。

发展同本地区国家关系是巴西外交政策的优先选择。巴西致力于提升南方共同市场自由贸易水平，并加快同拉美的"太平洋联盟"一体化组织的合作。外长努内斯2017年上任后，将恢复南方共同市场活力作为工作重点。一个月内，巴西总统和外长先后到访阿根廷，显示巴西对加强与这一重要邻国关系的重视，希望与阿携手加强南方共同市场与欧盟、太平洋联盟的经贸联系，尤其注重推动南方共同市场与欧盟间的自贸协定谈判。巴西对委内瑞拉危机问题非常重视。与前任政府不同的是，特梅尔政府对委内瑞拉左翼政府持强硬立场。2017年7月，巴西外交部公开表明不承认委内瑞拉制宪大会选举结果，抨击马杜罗政府"违宪"。2017年8月6日，在巴西主导推动下，巴西、阿根廷、乌拉圭和巴拉圭南方共同市场四大创始成员国宣布无限期暂停委内瑞拉成员国资格。2018年2月，巴西在美洲国家组织会议上投票支持谴责委内瑞拉的动议。由于委内瑞拉政治和经济危机不断加剧，越来越多的委内瑞拉人从边境涌入巴西北部的罗拉伊马州寻求避难。2014年该州收到的委内瑞拉难民居留申请仅有4件，2016年陡然升至2230件，2017

年上半年达5787件。①巴西十分担心委内瑞拉危机导致更大的难民潮，因此对委内瑞拉形势发展十分关注。

美欧重新成为巴西外交重点。传统上，巴西同美国保持密切的政治、经贸关系，主张在平等和相互尊重的基础上，同美建立"平等、成熟的伙伴关系"。美国是巴西第二大贸易伙伴和最大投资来源国。左翼劳工党执政期间，巴西大力发展与拉美左派国家关系，带头批评美国，与美关系日渐疏远。特梅尔上台后，主动改善与美国关系，将发展与美国关系列为重点。2016年12月和2017年5月，特梅尔总统应约与美国总统特朗普通电话。2017年2月，特梅尔总统应约同美国副总统彭斯通电话。巴西同欧盟在政治、经济、文化上也有传统的密切关系。巴西认为，欧盟是其全球外交中"不可替代的组成部分"，保持与欧盟的政治对话对巩固多边国际体系具有重大意义。巴西与欧盟之间有峰会和政治磋商机制，双方确立了战略伙伴关系。由于欧盟是巴西主导的南共市组织的最大贸易伙伴，特梅尔上台后，积极推动南共市与欧盟的自贸谈判。2017年11月6~10日，巴西作为东道国主办了南共市与欧盟新一轮自贸谈判，内容涉及货物、服务、政府采购、知识产权、贸易和可持续发展、中小企业、技术性贸易壁垒等诸多方面，双方均表示取得了"实质性进展"。此外，2017年5月30日，巴西政府正式提出加入经济合作与发展组织（OECD）的申请，希望加入经合组织能帮助巴西吸引更多外资，带动巴西尽快从历史上最严重的经济危机中解脱出来。此举被认为是巴西当局强化与欧美传统伙伴关系的重要信号。申请加入经合组织符合特梅尔政府市场开放的政策导向，显示巴西希望强化与北方国家合作的外交思路。

巴西在对金砖合作总体持积极态度的同时，也强调稳健务实的合作。谋求大国崛起是巴西长期战略目标。巴西作为金砖合作倡议国与创始国，一直视金砖为其夯实大国地位的重要平台，在金砖机制的创立、巩固与发展过程

---

① 《巴西面临委内瑞拉难民潮》，新华网，http：//www.xinhuanet.com/world/2017-06/16/c_1121158431.htm，2017年6月16日。

中发挥重要作用。金砖国家组织为巴西实现国家发展提供了重要的外部路径，也为巴西的国际参与提供了重要的多边合作平台。巴西从金砖合作中收获了显著的经贸成效与政治红利，其参与全球政治与安全事务的渠道得到拓宽。[1] 特梅尔上台后，仍然视金砖为参与国际治理体系改革的重要抓手，并从战略上予以高度重视，其两次参加金砖峰会时均展现积极态度。但客观上看，特梅尔政府受限于国内不利的政经局面，加上对外战略调整的联动效应，其推动金砖合作的能力与参与度均有所减弱。相较前任政府，特梅尔政府对金砖态度更趋现实，强调聚焦务实经济合作主线，希望金砖开发银行、应急储备基金等机制为巴提供更多资金支持，倾向淡化政治、安全合作色彩，在金砖"扩员"问题上也趋向保守立场。

五　中巴合作

2017年，中巴关系呈现全方位发展态势，进入转型升级、对接融合的新时代，未来双边关系发展既面临巨大机遇，也有一些挑战。

两国高层保持频密交往、合作。2016年9月，特梅尔总统来华出席二十国集团领导人杭州峰会，习近平主席同其举行双边会谈。2017年6月，巴西外长努内斯访华并出席金砖国家外长会晤，王毅外长同其举行中巴第二次外长级全面战略对话。7月，巴西总统府安全办公室主任埃切戈延来华出席第七次金砖国家安全事务高级代表会议。9月，特梅尔总统对华进行国事访问并出席金砖国家领导人厦门峰会。中巴在联合国、世界贸易组织、二十国集团、金砖国家、"基础四国"等国际组织和多边机制中合作密切，并就国际金融体系改革、气候变化、可持续发展等重大国际问题保持良好沟通与协调。[2]

---

[1] 周志伟：《金砖合作的战略考量与发展思路》，中国拉丁美洲研究网，http：//ilas. cass. cn/xwzx/bsdt/201709/t20170904_3629386. shtml，2017年8月22日。

[2] 《中国同巴西的关系》，中国外交部网站，http：//www. fmprc. gov. cn/web/gjhdq_676201/gj_676203/nmz_680924/1206_680974/sbgx_680978/，2018年3月。

经贸合作全方位拓展与提升。中国是巴西第一大贸易伙伴和出口对象国，巴西是中国在拉美地区最大贸易伙伴。中国主要出口机械设备、计算机与通信技术设备、仪器仪表、纺织品、钢材、运输工具等，主要进口铁矿砂及其精矿、大豆、原油、纸浆、豆油、飞机等。2017年，在量价齐升的带动下，中巴贸易止住前三年连续下滑势头，全年回升至748亿美元。尤其值得关注的是，2017年巴西对华出口达到475亿美元，超过了2013年创下的历史峰值（460亿美元），巴西在与华贸易中实现了273亿美元顺差，占其全年外贸总顺差的30%以上。农产品贸易方面，经历两年下跌之后，2017年巴西对华出口额大幅回升，达到230亿美元，较2016年的177亿美元大幅增长。大豆为巴西对华出口的最主要农产品，占巴西出口大豆总量的79%，金额达203亿美元。巴西对华牛肉出口也有较大增长，出口额首次超过鸡肉（7.61亿美元），达到9.29亿美元。[①] 显然，对巴西外贸而言，中国市场具有不可替代的重要性。

中国对巴西的投资呈现多元化增长态势。截至2016年底，中国累计对巴投资超过300亿美元，主要涉及能源、矿产、农业、基础设施、制造业等行业，巴西在华投资6.4亿美元，主要涉及飞机制造、压缩机生产、煤炭、房地产、汽车零部件生产、水力发电、纺织服装等项目。基础设施、农业、服务业成为中国对巴西投资的新增长点，有代表性的项目包括国家电网对巴西第三大电力公司CPFL的股权收购、上海电气收购巴西10亿美元输电项目、国家电投收购圣西芒水电站、招商局集团收购巴拉纳瓜集装箱码头、中信农业产业基金收购陶氏巴西种子业务、滴滴出行将收购巴西最大的本土共享出行公司99等。中国企业还在巴西承建火电厂、特高压输电线路、天然气管道、港口疏浚等大型基础设施项目。截至2016年底，中国在巴西获得工程承包合同204.4亿美元，完成营业额149.3亿美元。近几年巴西经济衰退、雷亚尔贬值压低了资产价格，吸引部分中国投资者"抄底"，中企纷纷在巴西能源、物流和农业等领域扩大投资，包括投资巴西丰富的盐下油田。

---

① 引自《中国海关统计数据》。

巴西《圣保罗页报》指出,中企资金充裕的优势已在对巴西的并购潮中突出体现。巴西规划部发布的数据显示,2017年中国在巴西投资209亿美元,创下自2010年以来新高。2017年巴西并购市场总额达1949.3亿雷亚尔(约合601.5亿美元),同比增长4.4%,其中,中国是主要投资来源国。①中国在基础设施方面的技术、投资和管理水平都处于国际领先地位,中国可以帮助巴西建立完善的货运和客运铁路网络,打破制约巴西经济的瓶颈。未来,中巴基础设施合作仍有广泛空间。巴西相关部门预计,2018年来自中国的投资将持续增长。

加快"一带一路"对接、扩大产能合作为中巴经贸合作提质扩容创造契机。中巴正推动"一带一路"倡议与巴西发展战略对接,双方在基础设施建设、共享经济、科技园区等方面的合作有望提速。中巴产能合作有利于促进巴西经济结构调整转型,使巴西产品向产业链和价值链高端攀升。双方可以在基建、农业、电力、通信、工程机械等领域扩大产能合作,如推动中国的优质、绿色产能落地巴西,助力巴西工业化、数字化进程,帮助巴西实现农产品加工和工业产品生产本地化,增加巴西出口产品的附加值,同时中巴贸易结构也会不断改善。

科技、人文合作不断扩大。两国在航空航天、信息技术、生物技术、农牧林业、水产养殖、医药卫生、冶金等领域签有合作协议。中巴联合研制地球资源卫星项目被称为南南合作的典范,已成功发射4颗卫星,卫星数据广泛应用于非洲、南美洲、亚太地区,并免费向非洲、亚洲多国提供图像。双方建有农业联合实验室、气候变化和能源创新技术中心、纳米研究中心、南美空间天气实验室,并正在筹建气象卫星联合中心和生物技术中心。两国文化领域交流合作不断发展。自1985年起,先后签订6个年度文化交流执行计划,在音乐、戏剧、杂技、造型艺术、广播、电影、电视、图书、出版等领域开展了一系列交流活动,并先后派出多个政府文化代表团互访。中国在

---

① 中国驻巴西经商参处:《2017年在巴西收并购总额增长4.4%,中国是第二大投资来源国》,http://www.mofcom.gov.cn/article/i/jyjl/l/201801/20180102699622.shtml,2018年1月16日。

巴西成功举办中国文化节、文物展览、艺术作品展、商业巡演等大型文化活动，巴西在华举办"走近中国—巴西国家展"、"巴西亚马孙"摄影图片展等活动。上海世博会设有巴西馆，接待游客264万余人次。教育部在巴西利亚大学和圣保罗大学建有汉语教学点，在巴西建有10所孔子学院和4所孔子学堂。中国传媒大学和巴西圣保罗亚洲文化中心分别设有葡萄牙语水平考试和汉语水平考试考点。中国社会科学院拉美研究所和湖北大学拉美研究院分别设有巴西研究中心，北京大学设有巴西文化中心。中央电视台和中国国际广播电台分别在巴西建有拉美中心站和拉美地区总站。[1]

中巴合作在快速发展的同时，也面临一些问题和挑战。中巴相距遥远，政治、法律、文化、语言等方面差异大，了解和认识不足制约双边关系发展。巴西前几年经济滑坡，导致针对中国的贸易保护有所抬头，贸易摩擦增加，困扰中企的环保、劳工、土著权益等问题不时出现。巴西还出现极少数质疑与华合作的声音，如指责中国经济减速导致巴经济受挫，抨击劳工党政府"因沉醉于对华资源产品出口而错失结构性改革良机"，批评"中国制造"导致巴"去工业化"问题加剧等。当然，上述极端的声音并非主流，巴西各界在扩大与华合作上已形成坚定共识。

巴西舆论普遍认为，扩大与中国合作契合巴西的战略需求，应采取更积极的措施深化与华合作，以搭上中国"经济快车"。中国与巴西同为新兴大国，而且分别是东、西半球最大的发展中国家，两国既有高度的同一性，亦有很强的互补性，这决定了两国关系的战略高度与无限发展潜力。未来两国互利合作大有可为。

六　几点思考

巴西近年陷入混乱，原因很多。有大宗商品价格波动、政治钟摆效应等

---

[1] 《中国同巴西的关系》，中国外交部网站，http：//www.fmprc.gov.cn/web/gjhdq_676201/gj_676203/nmz_680924/1206_680974/sbgx_680978/，2018年3月6日。

周期性因素,有世界经济大环境不好等外部因素,更有巴西自身长期存在的政治、经济、社会等方面结构性矛盾因素。上述因素交织共振,导致问题更加严重。笔者认为,发展中未能处理好转型问题是巴西的一个重大失误。巴西在21世纪头十年经济快速增长的大宗商品繁荣周期,未能及时推进经济结构性变革。在中产阶层人数大幅增加的背景下,亦未能适应新的要求进行全面社会变革。巴西民众对更高生活品质的期待越来越高,一旦经济增长遇阻,中产"返贫"成为新的问题,矛盾将更加尖锐化。此外,巴西党派林立,共有登记政党数百个,有国会席位的政党多达35个,一党难以单独执政,往往借助于政治笼络、政治收买构建执政联盟,不仅造成贪腐盛行,也容易因权力结构不稳定而政局波动。巴西在经济快速成长期,忽视了反腐问题,腐败大案、窝案曝光后,反腐过于盲目激进、失去章法,又达不到预期效果。政治领域的改革未能同步推进。随着卢拉式"强人政治"结束,政治"碎片化"弱点全面暴露。行政、立法、司法机构各行其是,在面对危机时,西方国家惯有的政治妥协意识不够,显示了巴西民主政治不成熟的一面。

对巴西的"乱"应客观理性看待。巴西可谓是"乱而不危,乱而不倒"。巴西的"乱"与中东、非洲部分国家的混乱有本质不同。巴西在权力更替中没有发生大的流血冲突和严重社会动乱。巴西民主政治有其稳定的一面,基本的民主宪政体制能得到维护。巴西经济目前已恢复增长,向好势头有望持续。总体来看,外界仍认可巴西的发展潜力,部分先知先觉的国际资本抓住"抄底"良机,已在巴西悄然布局。巴西各界尤其是精英群体在本国经历持续波折后,正不断反思。随着2018年大选尘埃落定,巴西发展态势有望持续巩固。

巴西长期执政的左翼劳工党痛失政权,教训深刻。劳工党在发展经济、提高中下层民众生活水准等方面做出了贡献,其温和左翼政策很好地平衡了经济发展与社会公正的关系,一度成为引领拉美左翼发展的标杆。应该说,巴西的很多问题是历史形成的,完全归咎于劳工党执政并不公平。但该党由盛到衰、最终丢失政权的教训发人深省。劳工党在长期执政过程中忽视党的建设，派系恶斗，组织涣散，凝聚力和战斗力下降，面对反对派夺权，无力有效还击；在国内国际环境发生重大变化时，未能提出更有时代内涵的理论阐述，无法回答巴西"向何处去"的困惑；改革问题上踌躇不前，未能及时推动经济结构转型。同时，劳工党应对经济复杂困难局面的能力不足，导致曾经引以为傲的经济增长和民生福利出现大滑坡，支持者纷纷"倒戈"，可谓"成也经济，败也经济"。劳工党的挫败昭示了这样一个真理：一个强大的执政党能否持续推动经济社会发展、能否保持清廉、能否与时俱进，是决定一个政权兴衰存亡的关键。

政治外交篇

Politics and Diplomacy

Y.2
巴西反腐运动的持续与政局走势分析

孙　怡*

摘　要： 持续四年之久的"洗车行动"沉重打击了"官－商"腐败犯罪系统和传统权贵利益集团，给巴西当前的行政、立法和司法系统带来了全面冲击。本文将对以"洗车行动"为核心的巴西反腐运动进行全面梳理，指出此次反腐运动所呈现出的新特点并解析其背后的原因，进而阐释反腐运动对巴西当前政治局势的影响，并在此基础上对巴西政坛未来走势进行预测。可以预见，随着2018年总统大选的临近，巴西政局变数大增：一方面，在经济危机和反腐运动的双效作用下，传统政党声誉不佳，总统候选人因"洗车行动"而充满不确定性；另一方面，在左右翼分歧中寻找中间道路的"第三股势

---

* 孙怡，葡萄牙新里斯本大学法学博士在读，湖北大学巴西研究中心研究人员、外国语学院葡语系教师，主要研究领域为葡语国家综合研究、中国与葡语国家关系研究。

力"正日益壮大。而这也为特梅尔政府的最后一年执政带来了战略布局的新契机,以捍卫本届政府的政治遗产。

关键词: 巴西 政治 反腐 洗车行动 总统大选

一 引言

2016年8月,时任总统罗塞夫因"渎职罪"遭弹劾下台,但她本人及其支持者一直宣称,弹劾她是为了阻止对"洗车行动"的调查。① 可以说,不断成功挑战权贵腐败集团整体利益甚至生存环境的反腐行动是诱发罗塞夫执政联盟分裂的重要因素之一。

特梅尔上台后,"洗车行动"仍在继续,反腐运动不断升级:2017年6月和9月,时任检察长罗德里戈·雅若特(Rodrigo Janot)先后两次以被动受贿罪向最高法院起诉特梅尔,使特梅尔成为首位在任内面临刑事指控的总统;2017年7月,"洗车行动"主审法官莫罗(Moro)在一审法院以贪腐和洗钱罪名判处前总统卢拉9年零6个月有期徒刑,使卢拉成为首次遭到判刑的前总统;涉案政界人士多达数百人,甚至很多是拥有"司法豁免权"的政坛精英。根据巴西公共事务部(MPF)的统计,截至2017年11月,共有282人因贪腐、洗钱等罪名被起诉,113人一审被判有罪,刑期累计达1753年零7个月。②

回顾历史,自1985年恢复民主制度以来,巴西政坛曾多次曝出腐败问题,也曾有前总统因腐败问题受到国会质询甚至被迫辞职下台。但总体来看,巴西的腐败问题一直没有得到抑制,反腐行动也常常表现出"警察抓

---

① "Dilma nega, em documento lido por Cardozo, crime de responsabilidade", http://www12.senado.leg.br/noticias/videos/2016/07/dilma-nega-em-documento-lido-por-cardozo-crime-de-responsabilidade, 7 de julho de 2016.

② MPF, "A Lava Jato em números no Paraná", http://www.mpf.mp.br/para-o-cidadao/caso-lava-jato/atuacao-na-1a-instancia/parana/resultado, 22 de dezembro de 2017.

人，法院放人""有罪不罚"的现象，导致法律的惩戒功能大打折扣。然而，反观"洗车行动"，可以说它对以往反腐运动暴露出的所有问题都发起了挑战，给巴西当前的行政、立法和司法系统都带来了全面冲击，但在这一过程中亦遭遇了层层阻碍甚至挫折。本文将对以"洗车行动"为核心的巴西反腐行动进行全面梳理，指出反腐运动所呈现出的新特点并解析其背后的原因，进而阐释反腐运动对巴西当前政治局势的影响，并在此基础上对巴西政坛未来走势进行预测。

二 2017年巴西反腐运动新形势

（一）巴西反腐运动新进展

"洗车行动"被视为巴西有史以来最大规模的政治贪腐调查。自2014年3月开启，至今已持续四年之久。随着调查的不断深入，一个暗藏至少十年之久的贿赂、洗钱网络逐渐浮出水面：承包商通过金融中介向巴西石油公司高管支付回扣，以暗箱操作的方式获取价格虚高的巨额工程合同；同时，他们还向执政党高官提供非法政治献金，用以选举和收买国会选票。数百位议员、多名部级官员、州长、市长乃至五位前总统（萨尔内、科洛尔、卡多佐、卢拉和罗塞夫）和现任总统特梅尔，都相继成为调查对象。而卢拉更因贪腐和洗钱罪一审被判处9年零6个月有期徒刑，成为自1988年巴西宪法生效以来首次被判刑的前总统。截至2017年11月，"洗车行动"共开启47个大规模阶段调查，初审法院立案1765宗，282人因贪腐、洗钱等罪名被起诉，113人一审被判有罪，刑期累计达1753年零7个月；另有50人、16家企业、1个政党（进步党）因行政行为不当被起诉；判处追缴赃款及罚金总额高达381亿雷亚尔。①

---

① MPF,"A Lava Jato em números no Paraná", http://www.mpf.mp.br/para-o-cidadao/caso-lava-jato/atuacao-na-1a-instancia/parana/resultado, 22 de dezembro de 2017.

此外,"洗车行动"曝出的"行贿网络"还波及拉美大部分国家和非洲地区,遍及哥伦比亚、委内瑞拉、秘鲁、阿根廷、多米尼加、古巴、萨尔瓦多、厄瓜多尔、巴拿马、安哥拉、莫桑比克和尼日利亚 12 个国家,使"洗车行动"成为国际反腐聚光灯下的焦点。据统计,"洗车行动"已向 41 个国家发出 201 次跨国反腐行动的申请,在瑞士等多个"避税天堂"国家冻结了上千个不法离岸银行账户,资产高达 10 亿美元,其中近 1.9 亿美元已重回国库。① 同时,巴西还接受了 31 个国家 139 次跨国反腐合作的申请,协助调查其他国家的反腐案件追查,如秘鲁、美国、瑞士、阿根廷。② 因此,"洗车行动"也被国际媒体视为国际反腐合作的典范。

然而,反腐运动在取得一系列卓有成效进展的同时,也面临着越来越多的阻碍,特别是来自国会越来越高调的反击。其中,最具争议的话题莫过于国会对《4850/2016 号反腐法案》(简称"反腐十条")的修订。国会议员删除、修改了大部分条款,并加入了检察官和法官因滥用权力而受到惩罚的条令,被形容为"对(反腐运动)推动者的恫吓"。③

2017 年 1 月 19 日,负责"洗车行动"的联邦最高法院大法官特奥里·扎瓦斯基(Teori Zawascki)意外坠机身亡,给巴西轰轰烈烈的反腐运动笼罩上一层悲痛的阴影。据媒体报道,扎瓦斯基遇难前正在审查巴西建筑业巨头奥德布莱切集团(Odebrecht)多名高管提供的关键证据,他的突然身亡无疑使案件审理进展受阻,成为"洗车行动"的重要转折点。

2017 年 7 月 6 日,联邦警察局宣布取消了"洗车行动"专案组,将其与反贪腐和反公共资产挪用部门合并。面对尚在进行中的针对数百位犯罪嫌

---

① Folha de S. Paulo, "PGR faz oferta para contratar 'cérebro' suíço da Lava Jato", http://www.folhapolitica.org/2017/07/pgr-faz-oferta-para-contratar-cerebro.html, 10 de julho de 2017.

② MPF, "A Lava Jato em números no Paraná", http://www.mpf.mp.br/para-o-cidadao/caso-lava-jato/atuacao-na-1a-instancia/parana/resultado, 22 de dezembro de 2017.

③ Veja, "Texto aprovado pela Câmara é intimidação, diz Dallagnol", https://veja.abril.com.br/politica/texto-aprovado-pela-camara-e-intimidacao-diz-dallagnol/, 30 de novembro de 2016.

疑人的调查以及数百亿雷亚尔公共资金的追缴,这一举动被检察机关视为"洗车行动"的"明显倒退"①,严重影响了办案进程。

2017年5月17日,一段有关特梅尔与巴西最大肉类加工企业JBS集团前负责人谈论给在狱中官员提供"封口费"的录音被媒体报道,再次将特梅尔推上反腐行动的风口浪尖。6月26日,时任总检察长雅若特以被动受贿罪向最高法院正式起诉特梅尔,这也是首位总统在任内面临刑事指控。但随后,巴西众议院全会否决了将该案件递交最高联邦法院审理。2017年9月,雅若特又以妨碍司法和有组织犯罪的罪名再次起诉特梅尔,但众议院全会再次否决了这项议案。可以说,国会两度"暂停"了特梅尔被刑事诉讼,以避免其因调查而被迫离开总统职位180天。针对特梅尔的调查只能待其离开总统位置之后再继续。

此外,随着2018年总统大选的临近,反腐工作也有了新重点。一方面,总统候选人中不乏"洗车行动"的调查对象,对他们的审判将在大选前定案,一旦罪名成立,将失去竞选资格。另一方面,巴西最高选举法院已开始对总统竞选候选人活动进行调查,重点评估竞选资金是否符合规范,是否存在对经济权力的滥用,如被查出问题,同样将失去竞选资格。2017年12月11日,巴西最高选举法院首次开庭审理了针对卢拉和贾伊尔·波尔索纳罗(Jair Bolsonaro)的预竞选活动指控,但指控未成立。

(二)巴西反腐运动新特点及其成因

自1985年恢复民主制度以来,巴西历史上曾多次曝出政治高层的腐败问题,也曾有前总统因腐败问题受到国会质询甚至被迫辞职下台。但总体来看,巴西的腐败问题一直没有得到抑制,反腐行动也常常出现"虎头蛇尾""警察抓人,法院放人"的情况,导致法律的惩戒功能大打折扣。然而,反

---

① Globo, "MPF diz que decisão da Polícia Federal de alterar grupo de trabalho da Lava Jato é 'evidente retrocesso'", https://g1.globo.com/pr/parana/noticia/mpf-critica-decisao-da-policia-federal-de-alterar-grupo-de-trabalho-da-operacao-lava-jato.ghtml, 6 de junho de 2017.

观"洗车行动",可以说它对以往反腐运动暴露出的所有问题都发起了全面挑战,但在这一过程中亦遭遇了层层阻碍甚至挫折。以下,将对本次反腐运动展现的新特点进行梳理,并解析其背后的原因。

1. 反腐规模:打击"官-商"腐败犯罪系统,深化国际反腐合作,堪称历史之最

如果说巴西以前的反腐行动打击的是一起或几起大型腐败案件,那么"洗车行动"打击的则是一个长期的有组织的"官-商"腐败犯罪系统。"洗车行动"中的涉案企业主要集中在建筑工程领域,几乎覆盖了行业内所有的龙头企业,如奥德布莱切集团、卡马乔·科雷亚集团(Camargo Corrêa)、安德拉德·古铁雷斯集团(Andrade Gutierrez)、油气天然气集团奎罗斯·加尔旺(Queiroz Galvão)、工程装备集团 Engevix、加尔旺工程公司(Galvão Engenharia)、东洋建筑公司(Toyo Setal)、贸易工程集团门德斯·儒尼奥尔(Mendes Júnior)、工程建筑集团 UTC 和 OAS。涉案政界人士多达数百人,且很多是拥有"司法豁免权"的政坛精英,来自(前)执政联盟的主要党派,主要包括进步党(PP)、劳工党(PT)、巴西民主运动党(MDB)、巴西社会民主党(PSDB),覆盖了巴西 26 个州中的 20 个,甚至涉及大部分拉美国家和非洲地区的领导人和资深政要。[①] 可见,无论是从涉案人员数量、身份,还是从涉案金额、处罚力度、影响范围,"洗车行动"都堪称巴西历史之最。

究其原因,"洗车行动"的反腐规模化是经济、政治等多重因素共同作用的结果。具体而言,主要包含三方面:其一,经济危机激化了社会矛盾,加剧了民众对权贵势力贪腐的仇恨。接连不断的大规模反政府示威游行活动让政治领导人不得不采取反腐措施,以重振政府和政党的公信力。其二,劳工党、巴西民主运动党、进步党等前执政联盟内部产生分歧进而引发政治危机,这使劳工党的反对党派巴西社会民主党看到了反攻的机会,并借助媒体

---

① Globo, "Condenados da Lava Jato", http://especiais.g1.globo.com/politica/2015/lava-jato/condenados-da-lava-jato/, atualizado em 21 de novembro de 2017.

将贪腐问题不断推向舆论中心,最终以罗塞夫遭弹劾下台收尾。其三,巴西作为高度分权的国家,主导"洗车行动"的司法系统与行政、立法系统间相对独立。但越来越多的政府和国会政要纷纷被曝贪腐丑闻,引起政治精英阶层越来越高调的反击,使司法系统与政府和国会的关系日益紧张。特别是2017年1月19日,反腐案主审大法官特里奥乘坐的飞机坠毁,法官及另外两名人员当场殒命,这一事件使司法部门的反腐态度更为坚定,为反腐运动扫清了一些机制障碍。

此外,"洗车行动"在打击跨国腐败犯罪中取得的成功与其多年来积极参与国际反腐合作密不可分。巴西与包括美国在内的12个国家签署了双边或多边的"刑事司法协助协议",为与缔约国在打击跨国有组织犯罪领域开展国际合作提供了重要支撑。

2.反腐效率:多部门协作,辩诉交易数量惊人,媒体广泛参与,但办案手段颇受争议

巴西有四大反腐机构:独立的联邦检察院、隶属于司法部门的联邦警察局、隶属于立法部门的国会调查委员会和由总统任命的联邦审计法院。由于高度分权,反腐机构间相互独立,办案不透明,缺乏协调合作。[①] 反观"洗车行动",短短三年多时间,联邦警察执行了1066个逮捕令、101个预防性监禁令、111个临时性监禁令,初级法院已判处上百人,最高法院也已开庭审判数次,与此前司法系统缓慢的办事效率形成了鲜明对比。[②]

首先,这得益于联邦检察院和司法系统前所未有的协调合作。检察院、联邦警察局和各级法院通过信息共享、定期举行会议、制定优先处理重大案件的行动策略,大大提高了调查工作效率。

其次,企业的宽大处理协议和个人的辩诉交易在"洗车行动"中得到了广泛的使用,成为揭开巴西腐败系统盘根错节的重要工具。时任总统罗塞

---

① 郭存海:《巴西的反腐机制与反腐绩效评估》,《拉丁美洲研究》2007年第6期,第26~27页。
② MPF, "A Lava Jato em números no Paraná", http://www.mpf.mp.br/para-o-cidadao/caso-lava-jato/atuacao-na-1a-instancia/parana/resultado, 22 de dezembro de 2017.

夫出台的《企业反腐法》的处罚措施十分严苛，但主动认罪并配合调查可减轻许多责罚，因此，"洗车行动"中达成了数量惊人的认罪协议——158个辩诉交易和10个企业宽大处理协议①，为指正犯罪组织其他成员提供了大量线索和证据。但这一办案手法遭到了律师界的强烈质疑，因为大多数辩诉交易是与被"无限期"预防性监禁的被告签署的，为了尽早获得自由，他们不得不提供"所谓的证据"，其真实性值得怀疑，且有"逼供"之嫌。

最后，"洗车行动"的调查过程和司法程序都得到媒体的积极报道，特别是联邦最高法院还批准将一些涉及资深政要人士的辩诉交易材料进行披露，包括将认罪视频和交代的细节刻在硬盘上，供媒体使用。这些交代材料将大量政府高官的贪腐行为公布于众，被巴西政坛称为"世界末日"。面对强大的起诉对象，法院希望借助强大的公共舆论来推进反腐改革；但同时也泄露了办案信息和线索，妨碍了司法调查的推进。截至目前，法院共计披露了191份财政文件、314份银行文件、225个电话谈话内容、121份远程信息内容以及6个大数据。②

3. 反腐效力：加强追缴，遏制上诉权滥用，挑战"司法豁免权"，但面临阻碍增加

巴西反腐行动常常出现"警察抓人，法院放人""有罪不罚"的情况，巴西学者更指出，巴西司法系统在反腐问题上效力十分低下，惩戒率低于5%。③ 反观本轮反腐，在诸如"追缴制度不完善""上诉制度烦琐""刑不上权贵"等问题上有了不同程度的突破，但在这一过程中亦遭遇了层层阻碍。

其一，"洗车行动"在追缴赃款、执行罚款方面取得了很大进展。预计103亿雷亚尔的问题资金回归国库（目前已追查到64亿雷亚尔）。以巴西国

---

① MPF, "A Lava Jato em números no Paraná".
② MPF, "A Lava Jato em números no Paraná".
③ Carlos Higino Ribeirode Alencar e Ivo Gico Jr., "Corrupção e judiciário: a (in) eficácia do sistema judicial no combate à corrupção", *Revista Direito GV*, 7 (1), pp. 75 - 98, Janeiro - Junho 2011.

家石油公司为例,通过"洗车行动",已有超过8亿雷亚尔的赃款重回公司财库。①

其二,巴西繁复的上诉制度可以让被判刑者通过不断上诉而拉长诉讼时间,使司法裁判不能得到及时有效的执行。针对这一弊端,联邦最高法院于2016年2月通过了一项新规定——在维持原有上诉权力的情况下,二审定罪后即开始执行判决,这无疑是对滥用上诉权力的腐败分子的有效打击。然而,特梅尔政府目前仍在寻求对该规定进行修订的可能性。

其三,巴西议员和官员拥有的"司法豁免权"使普通法院不能对他们进行犯罪调查,只能通过最高法院。但最高法院人少事多,许多案件都无暇处理,因此,对特权阶层的腐败调查多为任后追究。目前,在"洗车行动"中被一审定罪的政界人士均为卸任或被撤职的政府高官和议员,如前总统卢拉、里约热内卢前州长塞尔吉奥·卡布拉尔(Sérgio Cabral),以及引咎辞职的总统办公厅前主任安东尼奥·帕洛奇(António Palocci)、被撤职的众议院前议长库尼亚(Eduardo Cunha)。此外,根据巴西《圣保罗页报》的披露,在联邦最高法院层面,仅有35人被联邦公共事务部正式检举,而在这些被检举的犯罪嫌疑人中,仅有9人成为被告。② 可以预见,对享有"司法豁免权"的政坛精英的审判仍将会面临层层阻碍。

4. 反腐法治建设:检察院、政府、国会三方牵头立法,但成效有待评估

自20世纪90年代以来,巴西多次借反腐契机来完善反腐倡廉的法律制度,如《政府行为不当法案》(1992年)、《行政、立法、司法部门高级官员申报财产法》(1993年)、《联邦政府采购法》(1993年)、《公职人员道德法》(1993年)、《反洗钱法》(1998年)、《联邦行政高官行为准则》

---

① Portal do Careiro, "Desde o inicio da Lava Jato já retornaram aos cofres da Petrobras mais de R $ 800 milhões", http://www.portaldocareiro.com.br/desde – o – inicio – da – lava – jato – ja – retornaram – aos – cofres – da – petrobras – mais – de – r – 800 – milhoes/, 30 de outubro de 2017.
② Folha S. Paulo, "Por que a maioria dos políticos investigados não precisará se preocupar com a Lava Jato no STF em 2018", http://www1.folha.uol.com.br/poder/2018/01/1947942 – por – que – a – maioria – dos – politicos – investigados – nao – precisara – se – preocupar – com – a – lava – jato – no – stf – em – 2018.shtml, 4 de Janeiro de 2018.

(2000年)、《候选人清白档案法》(2010年) 等，对政府官员的行为进行全面规范和监督。在本轮反腐风暴中，巴西也同样借此契机加强法制建设。

其一，政府动议立法。面对民众针对腐败问题的大规模抗议，罗塞夫政府曾推出新反腐法——《企业反腐法》，于2014年1月正式出台。与先前的法律相比，新法案对腐败行为的惩处更加严厉，将罚金数额提高到企业年收入的20%，处罚人员从企业法人代表扩大至其他涉案人员，调查范围也延伸至巴西公司的海外业务以及外国公司在巴西的业务。同时，规定犯罪嫌疑人如果主动认罪并提供重要证据，可至多减少2/3的罚金，甚至获得一定程度的司法豁免。

其二，民众动议立法。巴西检察官在"洗车行动"的调查中逐渐认识到，如果不从立法入手，将无法根除"有罪不罚"和惩戒效率低下的顽疾。为此，检察机关以民众推举立法的方式，牵头拟定了"反腐十条"，旨在更好地预防、打击腐败和避免"有罪不罚"的现象，得到了200万民众的签名支持。[①] 然而，该法案却遭到了众议院的大幅修改，仅四条措施被部分保留，并加入了检察官和法官因滥用权力而受到惩罚的条令。目前，该法案已在众议院通过并于2017年3月递交参议院审理。

其三，国会动议立法。公职人员的"司法豁免权"一直被视为反腐斗争的最大阻碍。"洗车行动"中大量议员、官员涉案，却因豁免权而无法进行正常的司法调查，让民众对政党和政府极其不满。为扭转局面，参议院起草了宪法修正案，以限制议员、官员的豁免权范围。2017年4月，该法案在参议院全票通过，目前有待众议院审理。

三 反腐运动对巴西当前政治局势的影响

从上述分析可以看出，"洗车行动"给巴西当前的行政、立法和司

---

① 根据巴西宪法，如果有1%以上的选民 (2016年，巴西选民总数约为1.44亿) 联名建议，且选民来自至少五个占总选民人口0.3%以上的州，即可启动立法程序。

法系统都带来了全面冲击。以下将从政府、政党、政治家以及政治文化等方面进行多维度考察,进一步阐释反腐运动对巴西当前政治局势的影响。

(一)特梅尔及其政府:内陷贪腐泥潭,外受左翼势力反攻,推行改革受阻

罗塞夫遭弹劾下台后,继任总统的特梅尔迅速组建了以其所在党巴西民主运动党为首的新内阁,主要联盟政党包括前执政党劳工党的盟友,如进步党、共和国党(PR)和社会民主党(PSD),以及罗塞夫的反对者,如巴西社会民主党、民主党(DEM)和人民社会党(PPS)。为了促使新政府的改革方案在国会顺利通过,特梅尔非常重视与国会议员的关系维护:一方面,与参众两院议长进行经常性的工作餐会晤;另一方面,将其内阁的重要职位分配给了来自不同政党的议员,以巩固国会对政府的支持。在特梅尔的积极协调下,关于限制公共开支的修宪议案在国会顺利通过。可以说,这一时期,良好的国会基础是特梅尔能够顺利执政并推行改革的关键所在。

然而,随着反腐运动的持续推进,特梅尔面临的执政困难也越来越大。一方面,他本人及其内阁和盟党不断深陷贪腐丑闻之中。2017年3月,进步党成为第一个在"洗车行动"中被起诉的政党。2017年4月,仅在针对巴西最大工程企业奥德布莱切集团的反腐调查中,就牵涉出特梅尔政府的8名内阁部长,几乎占到特梅尔内阁成员的1/3,其中包括他的左膀右臂——总统办公厅主任帕迪利亚(Eliseu Padinha)和政府国务秘书处部长莫雷拉·佛朗哥(Moreira Franco),他们被认为是养老制度改革谈判的关键人物。对此,特梅尔也一改此前罗塞夫对内阁成员贪腐"零容忍"的态度,宣布内阁成员如因犯罪嫌疑人的揭发检举而成为调查对象将不会遭到停职,只在被联邦公共事务部正式检举或在成为联邦最高法院被告之后才被撤职,以此维系与国会和盟党的关系。然而,一波未平,一波又起。5月曝出的JBS"封口费"事件更让特梅尔一度陷入总统职位不保的困境,其民众支持率也跌至谷底:据巴西民调机构(IBOPE)9月统计,对政府表示强烈不满的受访民众高达77%，满意政府的受访民众仅占3%。① 虽然特梅尔凭借国会的支持，两度"闯关"成功，躲避了起诉，但从两次表决结果看②，其在国会的支持率已有所下降。养老金改革方案也因众议院支持率不足而被延迟至2018年2月审理表决。③

另一方面，随着2018年总统大选的临近，联盟内部各党派之间的分歧也日益显现。许多政党成员都尽量与不受欢迎的现任政府保持距离。例如，城市部部长布鲁诺·阿劳霍（Bruno Araujo）迫于所在政党巴西社会民主党的压力，于2017年11月13日宣布辞职。该党正计划推选自己的总统候选人，因此不想受到特梅尔负面形象的牵连。

此外，前执政党劳工党在遭遇贪腐丑闻及弹劾挫败后，正联合左翼势力成为新政府最大的反对势力。2017年，巴西一共爆发三次工人阶级全面罢工，抗议政府意欲推行的劳工制度改革。特别是"4·28"罢工，是近20年来巴西首次全国性总罢工，得到了包括教师、公交车司机、银行职员、记者、州警和医疗人员等92个工种的近1400万人的响应，警方还与示威者发生了激烈冲突。

可见，在政府公信力缺失、执政联盟内生动摇以及劳工党激烈的反攻下，特梅尔及其政府可谓四面楚歌，想要继续推进改革更是难上加难。

（二）政党、政治家：传统政治势力声誉不佳，"第三条道路"正在崛起

在"洗车行动"中涉案的政界人士多达数百人，且很多是拥有"司法

---

① IBOPE Inteligência, "77% dos brasileiros avaliam negativamente governo Temer", http://www.ibopeinteligencia.com/noticias-e-pesquisas/77-dos-brasileiros-avaliam-negativamente-governo-temer/, 29 de setembro de 2017.

② 2017年8月2日，巴西众议院以227票赞成、263票反对否决了将雅若特的起诉递交联邦最高法院审理。2017年10月25日，巴西众议院以233票赞成、251票反对的投票表决再次否决了对雅若特的二次起诉。

③ Globo, "Aprovar a Previdência agora adia uma reforma 'muito mais radical', diz Temer", https://g1.globo.com/politica/noticia/aprovar-a-previdencia-agora-evita-uma-reforma-muito-mais-radical-no-futuro-diz-temer.ghtml, 27 de dezembro de 2017.

豁免权"的政坛精英，占到巴西26个州中的20个。可见，此次反腐运动不仅影响了执政党派的公信力，更让整个传统政党和政客的形象大为受损。巴西民调机构（IBOPE）2017年11月的调查显示，巴西民众的不满情绪主要表现在对总统（83%）、政治家（78%）和政党（78%）普遍缺乏信任，而教会（61%）、军人（46%）和法官（42%）的民众公信力大大提升。① 而且，这种不满、不信任和不认同的情绪正在逐步危及政党代表制度存在的合理性。在被问及政党的重要性时，只有约1/3的受访者认为政党是重要的，没有他们情况会更糟（31%）。②

这种趋势还在美国皮尤研究中心2017年10月公布的一份研究报告中得到了证实。该报告显示，在接受调查的38个国家中，13%的受访者表示自己希望政府能够更加强势，而23%的巴西受访者表示更喜欢军人政府或者强势政府。③ 该研究中心副主任凯特·西蒙斯（Katie Simmons）分析称：这种希望军事政府取代民主政府的思想"是对巴西当前民主制度运作方式（不佳）的回应"。④

此外，"洗车行动"还给备战2018年大选的各政治势力带来重大影响。传统劳工党和社会民主党间的两大阵营对决正在瓦解，"第三条道路"正在崛起，具体表现如下。

其一，传统左翼势力方面，从"大额月费案"到"洗车行动"，左翼政党劳工党在巴西遭到了重创，不仅在2016年8月结束了长达13年的执政生

---

① IBOPE Inteligência, "Maioria dos brasileiros não votariam no mesmo candidato em que votaram nas últimas eleições para presidente", http://www.ibopeinteligencia.com/noticias-e-pesquisas/maioria-dos-brasileiros-nao-votariam-no-mesmo-candidato-em-que-votaram-nas-ultimas-eleicoes-para-presidente/, 10 de novembro de 2017.

② IBOPE Inteligência, "Maioria dos brasileiros não votariam no mesmo candidato em que votaram nas últimas eleições para presidente".

③ Pew Research Center, "Globally, Broad Support for Representative and Direct Democracy", http://www.pewglobal.org/2017/10/16/globally-broad-support-for-representative-and-direct-democracy/, 16 de October de 2017.

④ Folha de S. Paulo, "Apoio a governo militar no Brasil é maior que média global, diz pesquisa", http://www1.folha.uol.com.br/poder/2017/10/1927419-parcela-que-apoia-governo-militar-no-brasil-e-maior-que-media-diz-pesquisa.shtml., 16 de outubro de 2017.

涯,还在随后的州政府和议会选举中接连惨败。前盟友纷纷倒戈至现任政府,甚至连最忠实的盟友巴西共产党(PcdoB)也宣布脱离劳工党联盟。面对政党公信力下降和联盟分裂的困境,劳工党再次将希望寄托在灵魂人物卢拉身上。卢拉已公开表示将代表劳工党参加总统竞选,并且他的民调支持率一直遥遥领先。[1] 不过卢拉曾因贪腐和洗钱罪一审被判处9年零6个月有期徒刑,二审于2018年1月24日开庭,最终卢拉被判有罪,刑期增加至12年零1个月。随后,卢拉于2018年4月7日入狱服刑。卢拉参加巴西大选机会渺茫。

其二,传统右翼势力方面,"洗车行动"也给巴西右翼政党巴西社会民主党带来了冲击,特别是在罗塞夫遭弹劾下台后,多位颇具权势的参议员都遭到调查,其中包括以微弱劣势输掉2014年总统大选的艾维奥·内维斯(Aécio Neves)。内维斯曾被巴西社会民主党视为本届总统潜在候选人,但因涉嫌收受JBS集团非法政治献金,在2017年9月被巴西联邦最高法院判处革职。可见,在总统大选的角逐中,他已提前出局。此外,巴西社会民主党内部争斗激烈,在是否保持与现任政府联盟的问题上存在分歧,因而尚未提出自己的总统候选人。但多种迹象表明圣保罗州州长、新当选的党主席杰拉尔·阿尔克明(Geraldo Alckimin)将是最有可能的人选。不过,曾被巴西媒体称为"圣人"的阿尔克明也未能逃过"洗车行动"的追查。2017年4月,联邦最高法院开启了对他的贪腐调查,一旦罪名成立,同样将被取消总统候选人资格。

其三,第三条道路方面,在2014年总统选举中,左翼环保人士玛丽娜·席尔瓦(Marina Silva)是唯一受民众支持的第三条道路候选人,但在2018年大选中她将面临更大的竞争,或左或右。目前,右翼激进人士参议员博尔森罗已成为继卢拉之后支持率最高的候选人,而左翼政党民主工党(PDT)、巴西共产党、社会主义自由党(PSOL)等也陆续推出自己的总统

---

[1] IBOPE Inteligência, "Lula lidera disputa para 2018", http://www.ibopeinteligencia.com/noticias-e-pesquisas/lula-lidera-disputa-para-2018-bolsonaro-e-marina-empatam-na-maioria-dos-cenarios/, 30 de outubro de 2017.

候选人。在经济危机严重、传统政党声誉不佳的情况下，似乎在传统政党边缘争端中将有更多机会。

可见，在"洗车行动"的持续发酵下，传统政党陷入公信力危机，各政治势力正重新洗牌，这反而给政坛新势力提供了登台的机会。

（三）政治文化：民众"腐败"认知改变，"腐败文化"面临变革

"洗车行动"打击的是一个长期的有组织的"官 – 商"腐败犯罪系统，在实践中，这些私营企业组成"垄断集团"，长期向其代理人和政客支付好处费，并向政党提供非法选举资金，以非透明的方式获得国有企业巨额的工程合同，或是有利于该公司发展的政策法令。这种腐败系统跨越数届政府，可以说是巴西根深蒂固的腐败文化写照。殖民制度遗产的负面影响如裙带关系、任人唯亲已成为巴西社会文化的一部分，政客贪污腐败屡见不鲜，而民众对腐败亦有较高的容忍度。

但在本轮反腐运动中，大量的政治贪腐丑闻被新闻媒体密集曝光，使民众对"腐败"的认知逐渐发生了改变。在"洗车行动"初期，里约热内卢联邦大学教授佩德罗·坎波斯（Pedro Campos）曾这样评论："（反腐运动的）场景令人印象深刻，因为它们带来了前所未闻的东西。在巴西历史上，那些被监禁和受到惩罚的人是穷人、黑人和大众阶层的成员，（而'洗车行动'）反对了对社会特权阶层有罪不罚的现象。"[1] 从这一时期起，民众第一次将"腐败"视为国家最大的问题[2]，人们越来越清楚地意识到，腐败不仅仅是道德问题，更危害国家利益和全民利益。可以说，民众厌恶当前政坛的腐败，渴望改变现状，强烈的反腐呼声正是敦促政治领导人必须采取改革立场的重要力量，包括立法、司法、行政三方面的全面改革。

---

[1] Estadão, "os impactos da Lava Jato", http：//politica.estadao.com.br/noticias/geral, os – impactos – da – lava – jato, 1731680, 25 de julho de 2015.

[2] Datafolha 2015 年 11 月民调显示，34% 的选民认为"腐败"是国家最大的问题。参见 Globo, "Datafolha: corrupção é o maior problema do país", https：//oglobo.globo.com/brasil/datafolha – corrupcao – o – maior – problema – do – pais – 18172244。

可见，随着反腐运动的推进，民众的政治心理已发生变化，这或可带来更深层次的政治文化变革。

四 巴西未来政局走势预测

2017年对所有巴西人而言都是极具挑战的一年："官－商"贪腐丑闻不断，商人和政治阶层如惊弓之鸟；经济困局尚未解决，街头抗议接连不断。特梅尔因贪腐丑闻而两度险遭停职，民众支持率也持续走低。但是，政府对扭转巴西经济衰落局势所做出的贡献不可忽视。在新政府执政下，巴西经济已显示出"从昏迷中苏醒"的信号：据巴西中央银行（BCB）公布的数据，2017年巴西经济连续三个季度保持环比增长，增长率分别达到1.3%、0.7%和0.1%，失业率从年初的13.7%下降至12%，通胀水平从10.67%下降至3.09%，可以说这是对政府施行的一系列经济宽松政策的侧面肯定。[1] 特梅尔政府的民调支持率在连续下降一年多的情况下，在年底迎来了首个拐点：2017年12月的民调显示，认可政府的民众比例从19%上升至25%，对政府表示不满的民众比例下降了3个百分点，从77%下降至74%。[2]

对特梅尔而言，经济改革和养老金制度改革将是本届政府最大的政治功绩，在其执政的最后一年中，毫无疑问，他仍将持续捍卫这份政治遗产。鉴于限制公共开支的财政改革议案已在国会通过，未来一年，特梅尔政府的工作重心将放在养老金改革上。然而，这项旨在弥补财政亏空、维持财政可持续性的结构性改革措施正面临多重阻碍，一方面，受到来自广大劳动者的激烈反对，尽管政府已做出了部分修改和妥协；另一方面，国会各党派议员因国会议员换届选举在即，不想因此得罪选民，所以在改革问题上一直犹豫不

---

[1] BCB, "Economic Outlook", http：//www.bcb.gov.br/htms/relinf/ing/2017/12/ri201712c1i.pdf.
[2] IBOPE Inteligência, "Avaliação negativa do governo Temer para de crescer", http：//www.ibopeinteligencia.com/noticias－e－pesquisas/avaliacao－negativa－do－governo－temer－para－de－crescer/，20 de dezembro de 2017.

决。但特梅尔政府的改革立场上十分坚决,巴西财政部部长恩里克·梅雷莱斯称,虽然针对该议案在众议院的全体表决被推迟到2018年2月,但政府并不打算重新谈判,政府将利用这段时间向社会进一步解释改革带来的影响,并与国会议员积极斡旋。①

此外,2018年总统大选也为特梅尔带来了战略布局的新契机——支持捍卫政府改革的候选人,争取建立广泛的中右翼阵营,以确保养老金改革的通过和其他经济计划的实施,如成立新助学基金、简化税收体制、对国有企业进行私有化改造、放宽外国资本的准入机制等。2018年5月22日,特梅尔总统发表演讲,宣布放弃参加今年的总统大选,支持同属巴西民主运动党的前财政部部长梅雷莱斯作为党派总统候选人。与此同时,劳工党和民主运动党这两大传统政党也在积极布局,在传统政党边缘争端中寻求更多机会的"局外人"队伍正日益壮大。毫无疑问,在经济危机严重、传统政党声誉不佳、反腐运动持续的情况下,2018年的总统大选将成为一届预测难度甚高的选举,参选人数多且充满不确定性,大大增加了巴西未来政局的变数。

重观反腐运动,种种迹象表明,"洗车行动"仍会影响2018年总统大选的结果,但或将伴随新总统的到来而走向谢幕。然而,在历经四年激烈的反腐斗争之后,民众的政治心理已发生巨大变化,政治领导人仍将延续反腐倡廉的立场,从严治吏,以营造良好的政治生态,重拾民众的信任。

五 结语

持续四年之久的"洗车行动"沉重打击了传统权贵利益集团和"官－商"腐败犯罪系统,给巴西当前的行政、立法和司法系统带来了全面冲击:特梅尔政府深陷贪腐丑闻泥潭,政府公信力持续走低,执政联盟内生动摇,改革方案遇阻重重;国会精英高调反抗,通过立法加入检察官和法官因滥用

---

① Veja, "Meirelles: adiamento não abre brecha para renegociar Previdência", https://veja.abril.com.br/economia/meirelles-adiamento-nao-abre-brecha-para-renegociar-previdencia/, 14 de dezembro de 2017.

权力而受到惩罚的条令，企图阻碍反腐运动的推进；司法系统则展示出前所未有的反腐决心和办案效率，将反腐行动不断推向高潮。

  伴随着经济"从昏迷中苏醒"的信号以及国会的支持，特梅尔政府或可延续执政至任期结束，但巴西政局仍将持续动荡。随着2018年总统大选的临近，巴西政局变数大增：一方面，在经济危机和反腐运动的双效作用下，传统政党声誉不佳，总统候选人因"洗车行动"而充满不确定性；另一方面，在左右翼分歧中寻找中间道路的"第三股势力"正日益壮大。而这也为特梅尔政府的最后一年执政带来了战略布局的新契机——建立广泛的中右翼阵营，以确保养老金改革的通过和其他经济计划的实施，捍卫本届政府的政治遗产。

Y.3
特梅尔政府执政效果评估：
有争议的改革进程

牛海彬*

摘　要： 鉴于罗塞夫总统弹劾案的后续影响和2018年大选效应的冲击，2017年是特梅尔政府施政的关键性年份，也是观察巴西政治与外交议程调整的重要时间段。摆脱衰退和实现增长是特梅尔政府内外议程的核心目标，恢复财政健康、私有化以及社会福利改革等是该政府的重点施政议程。尽管这些议程在巴西社会富有争议，但特梅尔政府还是取得了不少进展，集中表现为巴西经济出现恢复性增长的积极态势。与此同时，巴西社会仍然存在反腐、打击暴力犯罪和环境保护等颇为艰巨的挑战。由于这些挑战具有结构性根源，很难在短期内有根本性改观，在外交议程上，特梅尔政府做出了调整，在保持对金砖国家合作机制的承诺之余，强化与太平洋联盟的关系，推动欧盟与南方共同市场的贸易谈判，启动巴西加入经济合作与发展组织的进程。2018年巴西大选充满不确定性，前总统卢拉深陷司法诉讼，众议员保尔森纳罗的反建制色彩浓厚，特梅尔政府推动改革议程的政治环境不容乐观。

关键词： 特梅尔政府　巴西　改革　外交

---

* 牛海彬，法学博士，上海国际问题研究院美洲研究中心副主任、国际战略所所长助理，副研究员，主要研究领域为中拉关系、金砖国家合作与大国战略研究。

特梅尔政府执政效果评估：有争议的改革进程

在支持率仍然低迷和深受司法困扰的情况下，特梅尔政府在国内外推动了一系列新的政策调整。以加强财政纪律、私有化和工商友好型为主要特色改革议程虽然富有争议，但特梅尔政府在2017年领导巴西实现了摆脱衰退和实现增长的核心目标。特梅尔政府在2017年的执政议程由于涉及影响巴西增长和治理结构的深层问题，因此无论其成效如何都将对巴西今后的政治发展产生难以忽视的影响。

特梅尔政府在追求增长上强调从内外两个方向做出努力，分别是强调国内责任和对外开放。在国内责任上，特梅尔政府选择通过负责任的方式把巴西带回发展轨道。在特梅尔总统看来，巴西的危机本质上是财政危机，财政平衡是实现社会包容性增长的条件，即财政责任对有效履行社会责任至关重要。在对外议程上，特梅尔政府强调有效的增长战略需要更大程度上和更好地融入全球贸易与投资，这包括重振拉美地区的一体化进程和深化金砖国家经济层面的合作。① 在国际舞台上，特梅尔总统活跃在金砖国家机制、20国集团峰会和联合国等多边平台上，在表达巴西对多边议程和规则的支持之余，重点传达了巴西回归增长的关键信息。

一 营商友好的改革举措

恢复财政健康、私有化以及社会福利改革等是特梅尔政府的重点施政议程。尽管这些议程在巴西社会富有争议，但该政府还是付出艰苦努力予以推动。

特梅尔政府试图塑造改革的形象，致力于改善巴西的营商环境，主要改革的努力包括：（1）恢复政府信用。在宪法层面设立公共开支控制规则后，

---

① 特梅尔：《在金砖国家与新兴经济体和发展中国家领导人对话会上的演说》，http://www2.planalto.gov.br/acompanhe-planalto/discursos/discursos-do-presidente-da-republica/discurso-do-presidente-da-republica-michel-temer-durante-dialogo-dos-chefes-de-estado-e-de-governo-do-brics-e-das-economias-emergentes-e-paises-em-desenvolvimento-xiamen-china，2017年9月5日。

巴西试图传达该国政府债务的可预期性，进而提供公共账户平衡的基石。（2）在投资环境上，提升公共管理的效率。通过劳工法改革，令其在确保劳工权益上更加灵活，允许企业主在雇用员工方面更加快速、有效和高效。（3）升级石油、天然气、矿业和电力的监管框架，提升巴西经济的竞争力，创造更多更好的就业和创造收入。（4）推进社会保障的改革。通过改革使其可持续，进而使国家保持投资能力。（5）简化税收政策，为巴西企业减负，令其有更多精力投入生产，进而创造就业。（6）通过以私有化和特许经营为主要形式的投资伙伴计划，强调合作的法律确定性和合理性，吸引私人资本进入包括机场、码头、铁路、电力输送系统和其他投资机会在内的基础设施领域。①

在采取紧缩性财政政策的情况下，如何帮助巴西经济走出衰退和投资有利于可持续发展的高质量基础设施是特梅尔政府面临的一大难题。为了有效筹集和动员社会资本与外部资本，特梅尔政府提出了以私有化和特许经营权为主要内容的投资伙伴计划。特梅尔政府强调伙伴计划最大的特点是合作规则稳定，具有很强的法律稳定性。2017年，该计划吸引投资额达到1420亿雷亚尔，涉及公路、港口、机场、输电线路和油气等70多个项目。② 特梅尔政府的私有化规模是巴西近20年来最大的，这一举措加上雷亚尔的相对贬值，增加了巴西市场对外国资本的吸引力。特梅尔政府的私有化与特许转让计划涉及57家巴西国有控股公司，涵盖机场、电力系统、港口乃至铸币机构等关键部门。特梅尔总统在2017年对华进行国事访问前接受央视采访时表示，希望中国对巴西优惠特许权转让项目感兴趣，并把资本带到巴西。③

---

① 特梅尔：《在投资机遇研讨会闭幕式上的发言》，http：//www2. planalto. gov. br/acompanhe-planalto/discursos/discursos-do-presidente-da-republica/discurso-do-presidente-da-republica-michel-temer-durante-cerimonia-de-encerramento-do-seminario-sobre-oportunidade-de-investimento-pequim-china，2017年9月2日。
② 特梅尔：《达沃斯：巴西归来》，新华网，http：//www.xinhuanet.com/world/2018-01/26/c_129800198.htm，2018年1月25日。
③ 孙梦文：《巴西总统特梅尔访华，吁中资参与巴西私有化改革》，澎湃新闻，http：//www.thepaper.cn/newsDetail_forward_1781404，2017年9月1日。

特梅尔总统意识到巴西面临经济增长和创造就业的艰巨挑战，这些挑战需要雄心勃勃的改革和强化竞争力来加以应对。① 劳工法改革是特梅尔政府为应对挑战采取的核心改革议程之一。建立于1945年的劳工保护制度在巴西营商环境中颇受诟病，对劳工的过度保护损害了企业的经营能力和效率。根据世界经济论坛《2016~2017年度全球竞争力报告》，巴西劳动力市场效率居第117位。巴西每年的劳资纠纷多达300多万起，基尼系数约为0.5。② 2017年7月11日巴西参议院通过的巴西劳工法改革法案是该国70年来首次对劳工法进行大规模改革。虽然劳工改革势在必行，但被动了奶酪的巴西劳工并不开心。由于涉及劳工出勤、休假、薪酬等多项核心权益，该法案一经提出即在2017年4月引发该国21年来首次全国性大罢工。包括前总统罗塞夫和参议院的左翼政党领袖都批评新的劳工法案损害了劳工权益，认为这不仅不利于社会不平等痼疾的解决，而且把劳工变为法律意义上的奴隶。③ 然而，巴西参议院以50票赞成、26票反对、1票弃权的结果通过法案，显示出国会对劳工法改革的多数支持。

巴西劳工法改革的一些内容包括：(1) 有效工作时间。新的劳工法规定，如果雇员在雇主的劳动场所停留是为了躲避恶劣天气或者不安全的状况，那么这段停留时间不得视为加班时间。如果雇员不是应雇主安排，那么雇员的通勤时间不被计入工作时间。(2) 远程工作。如果就业合同没有特别声明，雇员在家中或非雇主的工作场所进行的工作不计入工时体系。(3) 兼职工作。新法将兼职工作的周小时数提升至无加班选项的30小时。

---

① 参阅2017年2月7日特梅尔在会见阿根廷总统马克里时做的媒体评论，"Press Remarks by the President of the Republic, Michel Temer, on Occasion of the Celebration of Multiple Acts with the President of the Argentine Republic, Mauricio Macri", http://www.brazilgovnews.gov.br/presidency/interviews/2017/02/press-remarks-by-the-president-of-the-republic-michel-temer-on-occasion-of-the-celebration-of-multiple-acts-with-the-president-of-the-argentine-republic-mauricio-macri。

② 参阅棕禾《巴西推行劳工及养老体系改革》，《劳动报·劳权周刊》2017年7月5日。

③ TeleSUR, "Brazil Labor Reform Removes Rights Enjoyed for Decades", https://www.telesurtv.net/english/news/Brazil-Labor-Reform-Removes-Rights-Enjoyed-for-7-Decades-20170712-0024.html, July 12, 2017.

(4) 休假。休假分为三种类型,一种是连续休假至少14天,另外两种是连续休假至少5天。(5) 同酬。新法规定了雇员可要求同酬的几种情形。要求同酬不仅必须是同工,而且必须是同一工作场所。比较对象不能是同一岗位超过2年的雇员,比较时段不能超过4年。(6) 津贴。餐券、旅费、医疗保险等津贴虽然定期发放,但不能被视为薪酬的一部分。(7) 办理退休的合伙人或持股人。正在办理退休的持股人仅能要求正式退休前两年内明确的劳工权益。(8) 终止。雇佣合同终止不再需要工会或劳工部的批准。新法还允许互相同意情况下的终止雇佣合同的可能性。在这些情形下,劳工将获得有所缩减的预通知补偿和工龄保障金。(9) 主动辞职计划。如果雇员加入主动辞职计划,雇员将完全、不可逆转地放弃雇佣合同上他们的权利,除非双方另有约定。(10) 仲裁。劳工不再可以选择由哪个工会代表自己的权益。(11) 间歇性工作。从事此类工作的劳工不能保障最低工资、假日或圣诞奖励。(12) 工伤。工伤赔偿与受伤劳工的工资挂钩。此外,还有一些诉讼方面不利于劳工的规定。[1] 目前,新的劳工法(第13467/2017号法)已经生效,显然上述改革内容给企业带来了实质性利好。

针对巴西选举法庭注册多达35个政党、国会政策跨党派协调难度大的情况,特梅尔政府也将选举改革列入修宪议程。特梅尔总统曾在2016年G20杭州峰会期间的采访中表示,他需要每天持续付出努力以维持与20个政党的联合,以便于推进政府必须推动的改革议程。[2] 巴西参议院在2017年10月3日投票支持宪法修正案,该修正案规定自2019年起将限制联邦、州和市立法机构政党的数量。这种限制不是直接的,而是一种门槛性的限

---

[1] Maria Loll, "Brazil Labor Reform: What You Need to Know about Law No. 13, 467/2017", *Latin America Legal*, https://www.latlegal.com/2017/08/brazil-labor-reform-what-you-need-to-know-about-law-no-134672017/, August 7, 2017.

[2] BrazilGovNews, "Statement Followed by a Press Conference with President Michel Temer after the First Working Session of the G20 – Hangzhou, China", http://www.brazilgovnews.gov.br/presidency/interviews/2016/09/statement-followed-by-a-press-conference-with-president-michel-temer-after-the-first-working-session-of-the-g20-hangzhou-china, September 4, 2016.

制。因为它不反对政党在这些机构的代表存在,但限制政党获得联邦竞选基金资助的机会和使用竞选期间免费电视的时间。新的条例规定,只有在2018年联邦下院竞选中获得超过1.5%选票的政党才可以使用联邦竞选资金。此外,为了消除地区不平衡的影响,政党获得使用联邦竞选资金的门槛还包括获得至少9个州的不低于1%的选票,或者至少在9个州内当选至少1名下院议员。这种门槛限制在2033年之前还会逐步提升。[1] 由于巴西政府2015年起禁止企业提供政党竞选资金,小党对官方助选资金依赖度很高。巴西国会目前的选举方式是比例制,即以州为选区,国会两院议员席位基于各党派候选人选情确定的比例予以分配,由此导致约10%的议员因为党派身份而不是个人的选票优势进入国会。改革的方向是推出"选区制",虽然也是以州为选区,但议员席位不取决于政党比例,而是仅考虑候选人个人获得的选票数量。这种改革方案最终会将小党排除在外,有利于知名度较高的国会现任议员赢得未来的选举,从长远来看改革的目标是减少政党在国会的数量。

在财政、经济和劳工改革之余,特梅尔政府的改革议程也触及高中教育这一影响巴西劳动力素质的关键环节。[2] 根据巴西教育部的数据,巴西在校高中生约有800万,巴西7~15岁基础教育的辍学率为1.9%,而高中教育的辍学率达到6.8%。[3] 巴西高中教育改革自2010年开始酝酿,但一直没有重大突破。特梅尔政府的教育改革方案是通过增加选修课内容、增加教学时长、增加高中技术学校等方式来增加高中教育对学生的吸引力。2016年9月22日,特梅尔总统签署高中教育改革方案,内容包括年度学时从800增加到1400,必修课保留了葡萄牙语、数学和英语,原先的必修课还包括体

---

[1] 参阅 Michael Royster, "Brazil's Halfhearted Electoral 'Reform'", *Rio Times*, October 5, 2017.
[2] Peter Prengaman, Sarah Dilorenzo, "Brazilian Students Occupy High Schools Nationwide to Protest Budget Cuts", *Independent*, http://www.independent.co.uk/news/world/americas/brazil-students-occupy-protest-high-schools-budget-cuts-austerity-policies-president-michel-temer-a7438431.html, November 25, 2016.
[3] Mariana Tokarnia and Pedro Peduzzi, "Brazil Government Sends High School Reform Proposal to Congress", *Agency Brazil*, http://agenciabrasil.ebc.com.br/en/educacao/noticia/2016-09/brazil-government-sends-high-school-reform-proposal-congress, September 22, 2016.

育课和艺术课。新的方案在2017年2月生效。国家教育委员会还推进课程教学要求的全国统一标准,以改变目前各州各自为政的局面。

特梅尔政府的教育改革方案引发了一定的争议。支持意见认为改革增加了学生的自主性,有利于降低辍学率和提升毕业率,有助于学生今后的就业。批评意见认为改革流于表面,没有实质性地触及学校的结构性问题,比如学校的设施、老师的报酬以及教学方法的改进等,学校很可能没有能力提供选修课教学。① 此外,批评意见还认为改革并没有考量学生辍学的外部因素,比如父母态度、家庭不稳定和经济困难。也有观点认为学生自主选课可能更多基于现实生活的需要而不是兴趣,因此会进一步固化原有的阶层分化。2018年1月,巴西联邦政府增加了用于促进全日制中等教育计划的4.06亿雷亚尔开支,预计这笔开销将可为巴西26个州和联邦区增加约50万名学生的入学机会。

二 发展导向的对外战略

特梅尔在担任巴西副总统期间积累了丰富的国际政治经验,他曾前往韩国参加领导人峰会讨论全球核安全,前往世界各地为巴西经济寻求投资机会和伙伴,并主持巴西与中国、俄罗斯两大国的双边高层协调与合作委员会。因此,特梅尔总统并不缺乏国际视野,而且在应对挑战时特别强调巴西要以开放的精神来谋求发展。他曾撰文论述巴西的外交议程,包括在南方共同市场开启以促进自由贸易为主要支柱的议程,并致力于与太平洋联盟国家和欧盟开展合作。他表示,巴西20年来第一次就构建南方共同市场方面和欧盟达成了一项全面且平衡,并符合巴西社会利益的协议。②

第一,特梅尔政府在2017年最希望传递给世界的信号是巴西正在恢复

---

① Lise Alves, "Brazilian Government Announces New Education Model", *Rio Times*, September 23, 2016.
② 参阅特梅尔《达沃斯:巴西归来》,新华网,http://www.xinhuanet.com/world/2018-01/26/c_129800198.htm,2018年1月25日。

增长，而且越来越高的经济自由度是巴西的发展趋势。特梅尔总统在2017年5月的巴西投资论坛、7月的德国20国集团峰会、9月的金砖国家厦门峰会以及2018年的达沃斯论坛上都强调了这一关键信息。① 比如，他在访华前的署名文章中强调了其政府的经济成就：摆脱了连续8个季度的衰退，截至2017年11月巴西GDP增长了1.06%，通货膨胀从上台时的10%降至2.71%，利率从14%稳步下降至7%（1986年以来的最低数值），经济恢复了可靠性，商业机会倍增以及就业岗位开始增加。②

特梅尔总统不仅希望向国际社会传达巴西经济在恢复增长的信息，还要传达巴西走在正确道路上的信心，即巴西现在是一个更加自信的国家，一个已经取得了很大进步并正沿着正确方向继续前进的国家。他在联合国以本国的民主实践为例，强调了巴西对民主的承诺和表现。在他看来，巴西国会和最高法院的影响力达到了顶峰，政治体系经历了净化的过程，宪法得到了充分的尊重。推动结构性改革的目标是恢复巴西经济的可信度，关键性指标是恢复财政平衡。与认为其政府轻视社会政策的一般性看法不同，他强调社会政策对于巴西这样的国家必不可少，但国家执行社会政策的能力需要恢复。③

第二，特梅尔政府外交议程的核心任务是实现巴西经济的增长。为了更好地促进巴西农产品的出口，在强调世界贸易组织重要性之余，该政府更加强调选择性地加强与贸易伙伴的双边努力。在特梅尔总统看来，巴西在近年来面临着某种外部孤立，这种情况不利于巴西融入国际贸易和经济体系。巴西试图通过更多的国际合作和地区融合来应对全球的不确定性。④ 鉴于近年来巴西在拉美市场出口份额的下降，他还试图巩固和恢复巴西制成品在拉美

---

① 特梅尔：《达沃斯：巴西归来》，新华网，http://www.xinhuanet.com/world/2018-01/26/c_129800198.htm，2018年1月25日。
② 特梅尔：《访华三部曲》，新华网，http://www.xinhuanet.com/world/2017-08/31/c_129693305.htm，2017年8月31日。
③ 参阅特梅尔总统在2017年9月19日第72届联大一般性辩论的致辞，https://gadebate.un.org/en/72/brazil。
④ 参阅2017年2月7日特梅尔在会见阿根廷总统马克里时做的媒体评论。

市场的份额。具体而言，这些努力鲜明地体现在改进南共市的表现以及促进南共市与欧盟间贸易谈判的努力上。在2017年南共市第51届峰会上，特梅尔政府强调要发挥好该机制促进自由市场的功能。在完成公共程序协定的谈判后，特梅尔政府试图推动南共市在关税结构、非贸易壁垒以及官僚程序等方面继续做出改善，10年内南共市内实现零关税。南共市还打算启动与韩国、加拿大的贸易谈判，以强化与亚洲的经济联系。① 2017年4月7日，来自南共市与太平洋联盟的拉美最大的8个经济体外长和财长在布宜诺斯艾利斯开会，讨论强化两个贸易集团经济纽带的可能协定。双方约定太平洋联盟高级别小组和南共市的共同市场小组定期举行会议，讨论贸易便利化、关税合作、支持中小企业以及寻找建立地区价值链的可能性。巴西外长努内斯高度评价本次会议，认为两个集团的接近可能意味着世界经济富有活力的一极的诞生。②

特梅尔政府视经济领域为金砖成员国协调行动和取得合作成绩的最佳领域。在2017年9月厦门峰会期间，特梅尔总统与印度首相莫迪讨论了2009年生效的南方共同市场与印度优惠贸易协定的扩大事宜。他还视金砖成员国为巴西产品和投资的理想目的地，支持金砖成员国简化进口和出口程序以提升贸易便利化水平。他高度评价新开发银行的重要性，强调该行巩固了在促进基础设施和服务增长上的能力，特别是对成员国可持续发展领域项目的支持，同时强调该行必须保持治理和透明度方面的高水准，以便维持其作为满足金砖国家和世界期待的可靠机制。巴西2017年8月从新开发银行获得3亿美元用于支持该国的太阳能和风能项目。特梅尔政府还积极开展谈判，以

---

① 特梅尔2017年12月21日在南共市第51届峰会开幕式上的致辞，"Remarks by President Michel Temer during the Opening Ceremony of the 51st Summit of Heads of State of Mercosur and Associated States"，http：//www. brazilgovnews. gov. br/presidency/speechs/2017/12/remarks – by – president – michel – temer – during – the – opening – ceremony – of – the – 51st – summit – of – heads – of – state – of – mercosur – and – associated – states。

② See Colton Wade, "Mercosur and Pacific Alliance Push for Integration in Moment of Convergence"，https：//www. wilsoncenter. org/blog – post/mercosur – and – pacific – alliance – push – for – integration – moment – convergence，June 8, 2017.

便在圣保罗或者里约热内卢设立金砖银行办公室。金砖国家厦门峰会签署了《金砖创新合作行动计划（2017～2020年）》《金砖国家经济与贸易合作行动计划》《金砖工商理事会与新开发银行战略合作备忘录》《海关合作的金砖战略》等文件。在特梅尔总统看来，这些行动计划表明金砖国家加强贸易和投资的承诺，有利于金砖国家在生产性部门的联系。总之，特梅尔政府强调寻求发展是把金砖国家团结在一起的要素。[1]

第三，特梅尔政府进一步加强了对华关系。巴西对华关系经受住巴西政坛变动的考验，得到持续推动。在对华进行国事访问前夕，特梅尔政府选择在访华前夕公布大型私有化计划，被分析人士解读为吸引中国投资伙伴的前奏。特梅尔总统在华期间与国家电网、中国三峡等企业领导人的会晤印证了这一判断。这两家中国企业均对巴西电力的私有化较为关注。特梅尔政府还与中方就在里约州建设核电站达成意向协定。对于深化对华经济关系，巴西观察人士的意见分为两派：一方面，中国被认为是巴西发展的战略机遇，因为中国作为全球大国的崛起不可避免；另一方面，在对华议程变得更为综合与复杂的形势下，巴西需要从长远角度出发寻求建立对华更为平衡的关系。[2] 尽管对华关系深入发展后引发巴西国内对华关系的深入辩论和各种评估，巩固和增加巴西对华双边关系是特梅尔政府的主要目标之一，并且该政府认为巴中经济合作是互惠的。[3]

特梅尔政府发展对华关系的努力也得到了中方的积极回应，后者赋予特梅尔总统国事访问的礼遇。特梅尔总统的访问团队包含7名部长、11名国会议员和大批企业界代表，旨在寻求保持对华贸易的水准，同时寻求扩大来

---

[1] 参阅特梅尔《在金砖国家与新兴经济体和发展中国家领导人对话会上的演说》，http：//www2. planalto. gov. br/acompanhe – planalto/discursos/discursos – do – presidente – da – republica/discurso – do – presidente – da – republica – michel – temer – durante – dialogo – dos – chefes – de – estado – e – de – governo – do – brics – e – das – economias – emergentes – e – paises – em – desenvolvimento – xiamen – china，2017年9月5日。

[2] Tulio Cariello, "Por que a China está investindo no Brasil?" *El País*, Dec. 6, 2017.

[3] Portal Planalto, "Governo trabalha para aumentar comércio bilateral com a China," Aug. 30, 2017, http：//www2. planalto. gov. br/acompanhe – planalto/noticias/2017/08/governo – trabalha – para – aumentar – comercio – bilateral – com – a – china.

自中国的投资，特别是生产性投资。巴西驻华大使马尚（Marcos Caramuru）在采访中强调了中国在基础设施领域的优势，包括中国在基础设施领域投资的规模和融资能力，由此中国会对巴西电力、高速公路、铁路和港口的投资竞拍有兴趣。[1] 2017年5月30日，200亿美元的中巴扩大产能合作基金正式启动，以便为双方均感兴趣的基础设施等项目提供融资。2017年巴西对外贸易盈余达到创纪录的670亿美元，这是巴西出口五年来和进口三年来的首次增长，而中国贡献了巴西贸易盈余的222.7亿美元，占比达到33.2%。[2] 虽然2017年巴西出口产品价格均价上涨了10.1%，这是巴西该年度贸易表现升级的重要原因，但中国对巴西经济在2017年实现复苏的推动作用不容忽视。

为巴西中小企业拓展中国市场是特梅尔政府对华国事访问的重要目标之一。特梅尔总统在巴西出口与投资促进局在华举办的巴中商业研讨会上指出了中小企业在提升巴西竞争力、创新和就业等方面的重要性。巴西国家经济与社会发展银行还为巴西中小企业提供了200亿雷亚尔的信贷额度，以促进它们提升表现和开拓包括中国在内的海外市场。特梅尔总统高度评价了巴中两国的贸易成就以及中国投资的增长，认为这种经济纽带有利于中国的发展和巴西恢复经济增长。特梅尔总统继续致力于推动对华出口产品的多样化，同时呼吁消除中方进口巴西农产品的壁垒。为了吸引中国游客前往巴西，巴西在2017年9月与中方签订了签证协定，为中国访客提供五年有效期、多次入境和每年90天停留期的旅游签证。

特梅尔总统强调他2013年以来的四次访华经历并非偶然，包括他就任巴西总统后的首次出访地是中国。这么密集的出访在特梅尔总统看来，反映了巴西与中国之间全面战略伙伴关系的属性。他在2017年8月访华前撰文

---

[1] Afonso Benites, "Michel Temer coloca seu pacote de privatizações na vitrine chinesa," *El País*, Ago 30, 2017.

[2] MDIC, "Marcos Pereira destaca saldo histórico de US $ 67 bilhões na balança comercial de 2017", http：//www.mdic.gov.br/index.php/noticias/3008 – marcos – pereira – destaca – saldo – historico – de – us – 67 – bilhoes – na – balanca – comercial – de – 2017, 2 de Janeiro de 2018.

指出，巴中伙伴关系是战略性的，双方在当前充满不确定性的国际形势下支持自由贸易和多边主义，维持对《巴黎气候变化协定》的承诺，尊重世界贸易组织的规则；巴中两国在孤立主义和碎片化迹象出现的背景下，是有利于国际体系稳定的力量。① 在特梅尔总统访华期间，双方除了签订一系列合作协定之外，重申了对气候变化巴黎协定和世界贸易组织多边贸易体系的支持。

第四，特梅尔政府重视多边外交和宣示巴西在全球治理中的主张。在2016年的联大演讲中，特梅尔强调巴西需要的是和平、可持续发展和尊重人权，为此应该改革包括联合国安理会在内的全球治理结构，使之更具代表性。② 在2017年联大的演讲中，他重申了追求可持续发展对集体行动的重要性，并特别对不断加剧的民族主义和诉诸保护主义解决经济挑战的危害提出警示。③ 他在论证巴西落实可持续发展和巴黎协定目标时谈到两个数字：一是巴西清洁和可再生能源占国内能源比重超过了40%；二是巴西亚马孙雨林毁林在2016年减少了20%。

在美国政府于2017年6月1日发布拟退出联合国气候变化框架公约下的巴黎协定并"重新谈判"其重新加入的公告后，特梅尔政府密切关注美国的决定给应对全球挑战的多边对话带来的负面影响。该政府表示巴西将继续致力于应对全球气候变化并坚决落实巴黎协定，并强调应对气候变化可以与经济增长兼容，巴黎协定为各国制定相应措施与政策留下了充分余地，缔约国可以求得经济增长和应对气候变化之间的平衡。④ 此外，巴西希望推动生物燃料走向国际化，强调该国的生物燃料不会对食物和环境产生负面影

---

① Michel Temer, "China: Uma Visita em três Tempos", *Estado de Sao Paulo*, Agosto de 2017.
② 参阅特梅尔总统在2016年9月20日第71届联大一般性辩论的致辞，https://gadebate.un.org/en/71/brazil。
③ 参阅特梅尔总统在2017年9月19日第72届联大一般性辩论的致辞，https://gadebate.un.org/en/72/brazil。
④ 巴西外交部171号照会：《外交部和环境部关于气候变化的联合新闻发布》，http://www.itamaraty.gov.br/en/press-releases/16394-joint-press-release-from-the-ministry-of-foreign-affairs-and-the-ministry-of-environment-climate-change，2017年6月1日。

响。自2016年11月发出"生物未来平台"多边提议以来,巴西外交部已配合巴西其他政府部门及私人企业,领导宣传全球向低碳生物经济体努力,希望引起全球认可低碳生物燃料和生物经济在全球能源转变中的作用。2017年24~25日,在巴西的协调下,"生物未来峰会"于圣保罗举行。与会人员有来自28个国家的47位发言人和270位来自公共、私营部门、非政府组织及其他学术机构的参与者。[1]

在朝鲜核问题上,作为在朝鲜拥有外交机构的拉美大国,巴西立场与墨西哥、秘鲁的激进做法拉开距离。特梅尔政府并未驱逐朝鲜大使,而是主张通过对话解决朝鲜紧张局势,同时支持联合国安理会的相关涉朝决议。特梅尔总统积极参与了2017年厦门金砖峰会期间的相关讨论,他呼吁通过相关方的对话解决朝鲜半岛的紧张局势。巴西担忧朝鲜氢弹试验会升级世界各地的军备建设,巴西支持联合国由此对朝鲜施加制裁的决议。[2] 上述姿态符合巴西作为谈判禁止核武器条约的主要推动国家与承诺和平利用核技术国家的立场。2017年9月20日,特梅尔总统签署了《禁止核武器条约》。[3]

在委内瑞拉问题上,特梅尔政府与委内瑞拉的马杜罗政府拉开了距离,加入了更为敌视马杜罗政府的利马集团。特梅尔总统甚至于2017年在联合国大会一般性辩论发言中点名批评了委内瑞拉的人权状况,在指出巴西接纳了成千上万委内瑞拉移民和难民的同时,对委内瑞拉恶化的人权表示担忧。之前马杜罗政府对特梅尔政权合法性的质疑为两国关系蒙上阴影,加上特梅尔政府对马杜罗政府国内政策的批评,使巴西丧失了在委内瑞拉问题上发挥斡旋作用的角色。

面对美国等发达经济体的保护主义浪潮,特梅尔总统在多个国际场合强调开放对实现发展的重要性。例如,在出席2017年12月在阿根廷举行的世

---

[1] 本次会议情况参阅 https://www.biofuturesummit.com/news。
[2] 巴西外交部:《关于朝鲜核试验》,http://www.itamaraty.gov.br/pt-BR/notas-a-imprensa/17379-teste-nuclear-pela-coreia-do-norte,2017年9月3日。
[3] 巴西外交部:《签署〈禁止核武器条约〉》,http://www.itamaraty.gov.br/pt-BR/notas-a-imprensa/17468-assinatura-do-tratado-sobre-a-proibicao-de-armas-nucleares,2017年9月20日。

界贸易组织部长级会议时他指出，各国领导人应该传达开放、对话和推进多边主义的信息，强调融入全球经济对国内发展的重要性。他作为法学专家，在评价世界贸易组织的功能时，特别强调了其在促进经贸投资、遏制保护主义之外的调解商业纠纷的法律功能。特梅尔政府在多边经济议程上除了关注数字经济、投资促进和中小企业外，仍然特别关注农业贸易的进展。[①]

三 简要评估与展望

特梅尔政府的内外执政环境在2017年并不乐观。国内面临着涉及他本人的数次司法危机，改革议程产生的争议也不断出现，以里约州为代表的州财政和治安危机持续发酵。国际上特朗普政府对外经济政策对世界经济造成很大的不确定性。尽管如此，特梅尔政府通过一系列立法和政策举措，成功领导巴西摆脱该国史上最严重的经济衰退，并以更加自信的形象重返国际舞台。他本人也依靠在国会和工商界的支持力量得以保留完成总统任期的前景。

特梅尔政府最成功的执政成绩体现在经济层面。通过设置财政开支上限，释放工龄保障基金的非活跃账户，降低利率以及推动劳工制度现代化，巴西的通货膨胀下降至目标范围，汇率趋于稳定，基准利率回落至历史最低水平，工业活动升温，对外贸易重拾活力，就业回升。2017年，巴西国家货币委员会甚至将巴西通胀控制目标以4.5%为基准上下浮动的范围从之前的2个百分点收窄至1.5个百分点。2017年，巴西贸易盈余达到670亿美元，较2016年贸易盈余上升40.5%。[②] 国际货币基金组织预测巴西GDP在

[①] 特梅尔在世界贸易组织2017年阿根廷部长级会议上的讲话，"Remarks by President of the Republic Michel Temer during the Opening Session of the XI WTO Ministerial Conference – Buenos Aires, Argentina", http://www.brazilgovnews.gov.br/presidency/speechs/2017/12/remarks – by – president – of – the – republic – michel – temer – during – the – opening – session – of – the – xi – wto – ministerial – conference – buenos – aires – argentina, 2017年12月10日。

[②] Agéncias, "China e Argentina impulsionam saldo recorde do Brasil na balança commercial," *El País*, Jan. 3, 2018.

2018年和2019年分别上涨1.9%和2.1%。①

养老金改革于2016年12月正式宣布,由于受到政治因素的影响没有在2017年完成,特梅尔政府期待2018年国会能够通过这一艰巨的立法改革。特梅尔政府认为当前的养老金体系不具有可持续性,希望借助改革将巴西经济带入可持续发展的轨道。普通民众关心的是养老金应该一视同仁。在经历了工会的激烈抗议之后,2018年初的民调显示,反对养老金改革的声音有所减少,约44%的巴西人反对改革。② 退休金改革法案需要参众两院3/5的绝对多数支持票,社保改革的成功需要特梅尔政府与国会和社会开展更有效的对话。

---

① IMF巴西数据,http://www.imf.org/en/Countries/BRA。
② Lise Alves, "Brazil Says Resistance to Pension Reform Declining", *The Rio Times*, January 31, 2018.

Y.4 政治变革背景下巴西左翼政党的发展现状与未来走向

〔巴西〕Marcos Costa Lima 〔巴西〕Eduardo Oliveira*

黄揽月 蔡芸 刘明译

摘　要： 在2016年的政变中，罗塞夫总统遭到弹劾而下台，但是没有任何证据表明她的行为是非法的。本文以此次政变为背景，介绍巴西劳工党自2003年执政以来所取得的成就以及巴西部分政治精英所开展的反对左翼的行动。在此基础上，结合当前巴西的政治形势，评析巴西左翼政党的发展现状与困境，并就2018年巴西的总统大选和左翼政党的发展走向进行展望。

关键词： 巴西　政治变革　左翼政党　劳工党

一　导言：巴西的政治变革与社会影响

在推翻合法当选的巴西总统罗塞夫后，巴西依然笼罩在政治、经济和社会危机中。由现任总统特梅尔领导的右翼保守势力所发动的这场政变得到了巴西多个部门的协助和支持，包括巴西电视、主要报纸等主流媒体，巴西国会主要部门，司法部门，商业机构如巴西国内规模最大的产业联合会企业实

---

* Marcos Costa Lima，博士，巴西伯南布哥联邦大学政治学系教授、亚洲研究所协调人，巴西国际关系协会理事会成员；Eduardo Oliveira，巴西伯南布哥联邦大学政治学博士生。

体——圣保罗工业联合会（FIESP）等。

政变以后，在卢拉和罗塞夫领导下的劳工党（PT）执政时期所实行的一些有利于穷人收入再分配并扩大他们社会权利的重大举措，部分地被削减甚至有些被全部取消，例如家庭补助金计划（Programa Bolsa Família）。① 该计划是向贫困家庭支付一笔补助金②，前提是他们必须让子女进入公立学校就读，从而确保贫困家庭的所有儿童都能够接受学校教育，避免他们当中大多数人过早地辍学。此外，其他被取消或被削减的进步措施，包括在大学中为那些低收入群体和非洲后裔留取一定的名额；实行"我的家，我的生活"计划（Minha Casa Minha Vida），让极端贫困群体能够安居乐业等。

特梅尔上台以后，2016年12月，巴西参议院通过了一项限制公共开支的宪法修正案（Project of Constitutional Amendment，PEC）。该项宪法修正案由特梅尔政府提出，对未来各级政府的公共开支设立了上限，规定在未来20年内，巴西联邦政府财政支出的增长幅度最高不得超过上年的通货膨胀率。属于中右翼的巴西民主运动党（PMDB）的总统特梅尔宣称此项宪法修正案为其在经济领域的主要措施。

巴西应用经济研究所（Ipea）的一项研究表明，在该项宪法修正案实施的20年内，巴西公共卫生部门的损失可能会高达7340亿雷亚尔。根据巴西众议院预算咨询局的调查，教育领域的预算损失每年可能会高达255亿雷亚尔。2016年12月，联合国人权监管员菲利普·奥尔森（Philip Alson）表示，该项宪法修正案可能会加剧巴西社会的不平等，"如果这项宪法修正案

---

① 2017年，特梅尔政府放弃对家庭补助金计划金额的调整，导致该方案2018年的预算减少11%。
② 政府向每个拥有0~15岁儿童的贫困家庭每月提供39雷亚尔左右的补助，每户贫困家庭最多可享受5项此类福利，即最高限额为195雷亚尔；拥有16~17岁青少年的贫困家庭也可以从政府那里获取一些福利，增加其家庭收入；年轻的贫困妇女可从政府那里每月领取46雷亚尔的补助，每个贫困家庭最多可领取2项此类福利，即最多可领取92雷亚尔。有孕妇的贫困家庭也有福利待遇。在怀孕期间，她们可得到39雷亚尔的补助；在6个月的母乳喂养期间，这一福利保持不变。

得以通过，它将使巴西成为社会倒退方面的典型"。特梅尔总统及其保守联盟所采取的措施，显然是通过宪法修正案，在削减公共开支的基础上，实施一种激进的新自由主义，同时通过资产私有化来确保国家未来的持续发展，例如将私有化的巴西电力公司出售等。上述这些举措将使巴西的劳工立法和社会保障发生倒退。

虽然政府试图让公众舆论相信本国正朝着积极的方向发展，但是当我们看到政变后有关贫困和失业的最新数据，则根本无法让人感到欣慰。经济学家若昂·西库（João Sicsú）[①]指出，"在2015年和2016年，巴西的GDP损失高达7.2%；经济倒退到六年前的水平，只相当于2010年下半年的水平"。根据《焦点公报》（*Focus Bulletin*）的报道，中央银行对一百多家金融机构进行的一项调查表明，2018年，巴西GDP将有望增长2.69%，通货膨胀率为3.95%。2017年10月，国际货币基金组织做出了更为保守的预测，即预计到2018年底，GDP将增长1.5%。众所周知，即使增长幅度很小，也没有迹象表明整个社会将会因此受益。相反，这些指标表明，收入高度集中以及贫困现象变得更加严重。

2017年12月发布的巴西国家地理统计局（IBGE）社会指标综合报告显示，巴西贫困和赤贫人数大幅增加。截至2016年底，巴西有2480万居民（占巴西人口的12.1%）依靠不到最低工资的1/4生活，相当于220雷亚尔或73.3美元。结果表明，自特梅尔总统任期以来，巴西贫困率增长了50%以上。至2014年底，当经济危机初露端倪时，巴西有1620万民众属于应用经济研究所（Ipea）设定的"极端贫困"收入范围，而且这一收入范围也被巴西联邦政府作为向贫困老年人提供持续护理福利（BPC）的标准。

巴西社会经济研究所（INESC）、乐施会（Oxfam Brasil）与经济和社会权利中心（Center for Economic and Social Rights）合作开展的一项调查显示，在过去三年里，巴西政府在社会福利和资助政策方面的支出下降了83%；

[①] Martins, Rodrigo, "O emprego formal desaparece, a pobreza e a desigauldade Pobreza e desigualdade avançam", *Carta Capital*, Janeiro 17, 2018.

在改善住房条件、维护儿童和青少年人权方面的支出下降了62%；在促进种族平等方面的支出减少了60%；在妇女事业方面的支出减少了53%；在粮食安全计划方面的支出减少了76%。该研究警告说"饥荒和营养不良有可能卷土重来"。

大规模失业可能是巴西最大的痛苦之源。尽管政府宣布要尽快恢复劳动力市场的活力，但是实际上，特梅尔任期内就业状况进一步恶化。2016年5月，当他上台时，巴西失业率占从事经济活动人口的11.2%，共有1140万失业人口。失业问题在2017年第一季度达到顶峰，当时全国失业人数为1420万人，占全部从事经济活动人口的13.7%。①

这些与国家和民众利益相违背的措施导致物价上涨，直接影响到民众的生活水平，例如煤气、燃料价格上涨。政变是以改善经济为名发动的，但是现在呈现出一幅混乱的景象，特梅尔总统很低的民意支持率就是巴西混乱的现实状况的突出体现。

二 当前巴西左翼政党面临的政治形势分析

当前，特梅尔政府的民意支持率很低。关于现任特梅尔政府的评估，我们可以参考巴西国家工业联合会（CNI）于2017年9月发布的对特梅尔政府评估的民意调查数据（见图1）。该项调查于2017年9月15~20日在126个城市的2000名民众中进行。根据调查数据，2017年7~9月，认为特梅尔政府表现良好或很好的民众从占总人口比例的5%下降到3%；认为表现不好或非常糟糕的民众从70%上升到77%；16%的民众认为表现一般；3%的民众表示不知道或未做回答。政府不受欢迎的程度上升也反映在许多民众说他们不赞成总统的治理方式或不信任总统。调查指出，89%的民众表示不赞成特梅尔的执政方式；92%的民众表示不信任总统；72%的民众表示政府在其他方面的表现也是不好或糟糕。

---

① 数据来源于PNAD/IBGE。

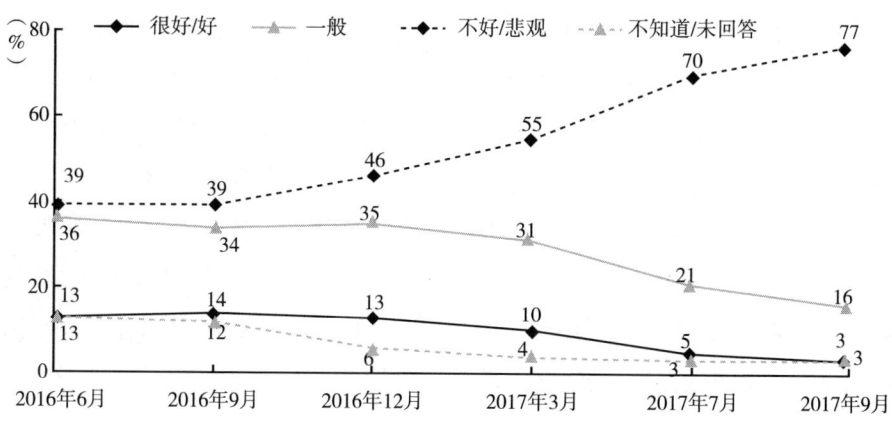

图 1 对特梅尔政府的民意评估

资料来源：CNI Ibope，divulgada pela Confederação Nacional da Indústria（CNI）nesta quinta-feira（28）setembro 2017。

上述问题看上去似乎与本文的主题不甚相关，但其实是有直接联系的。因为上述所有过程都是当前政府所实施的新自由主义政策的结果，并通过议会强制实行，同时获得媒体和司法部门的支持。如果不对当前的政治、经济和社会形势进行分析，就无法对当前左翼政党的发展情况有深入了解和反思。

虽然政变发生后，执政联盟希望在2017年能够减轻政治危机，但是局势已经恶化，在议会、司法机构、商界精英和媒体中，政治共识越来越难以达成。必须强调的是，巴西精英在历史上从未对民主做出太大贡献。例如，1950年，保守党（UDN）著名评论家卡洛斯·莱尔达（Carlos Lacerda）对代表劳工利益的热图里奥·瓦加斯（Getúlio Vargas）所领导的政治运动做出了如下评价："参议员热图里奥·瓦加斯先生不得成为总统候选人；如果他成为总统候选人的话，就不得当选；如果他当选的话，就不得就职；如果他就职的话，我们应该诉诸革命手段来推翻政府。[①]"

[①] Tribuna da Imprensa, June 1, 1950.

近年来，巴西政治局面没有太大变化。法比亚诺·桑托斯（Fabiano Santos）和何塞·什沃科（Jose Szwako）认为："不可否认的是，相当一部分法律界、新闻界和商界精英以及中产阶级对1988年宪法所宣扬的有关民主的中心思想感到不满。"① 此外，2000年，劳工党在选举中表现突出。正如LAPOP数据显示的那样，即使卢拉政府已经背离了该党一直以来所秉承的经济思想，但是其支持的基础并没有改变。② 如今，前总统卢拉仍然是2018年巴西总统大选中最受欢迎的候选人。在2017年的民意调查中，卢拉以相当大的优势领先第二名。（见图2）

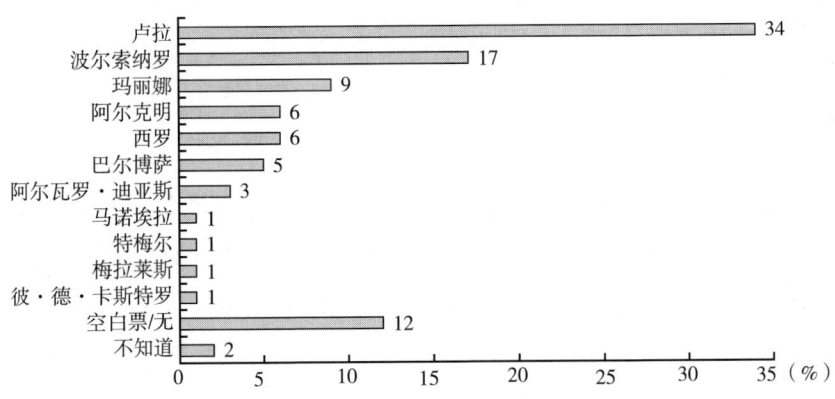

图2　巴西民众就2018年总统大选的投票意向

资料来源：Data Folha。

排在第二位的总统候选人是代表巴西极右势力的前军官贾伊尔·波尔索纳罗（Jair Bolsonaro）。在他之后，是与环境运动相关的玛丽娜·席尔瓦（Marina Silva），她曾在卢拉政府担任环境部部长。然而，玛丽娜与劳工党决裂。她支持深陷数次腐败丑闻、具有保守倾向的巴西社会民主党候选人艾维奥·内维斯（Aecio Neves）。现任圣保罗州州长的杰拉尔·阿尔克明

---

① Santos, Fabiano, Szwako, José, "Towards the Reconstruction of Democracy in Brazil", *Saúde Debate*, vol. 40, 2016, p. 117.
② Samuels, David, "A Evolução do Petismo (2002 – 2008)", *Revista de Opinião Pública*, vol. 14, n. 2, 2008, pp. 302 – 318.

(Geraldo Alckimin)代表中右翼势力，仅排在第四位。巴里·艾姆斯（Barry Ames）[①]认为，右翼（自由派）在选举中竞争力不大，因为收入严重不平等一直是巴西占主导地位的政治议题。因此，保守势力通常利用庇护主义作为选举策略，但是他又解释说，在巴西，一种新的思想意识形态正在形成，试图探讨诸如堕胎、宗教等问题。

历史上，当保守势力处于不利地位时，他们总是在军方的支持下寻求使用武力来解决问题。然而当前，人们对军事独裁政权的记忆仍然存在，如果再次在街头部署坦克，那么将会付出高昂的政治代价。因此，使用武力不大可能，再加上卢拉的声望，从而导致巴西政治僵局的出现。为了在选举中削弱左翼政党，特别是为了削弱劳工党的影响力，保守党联盟致力于与主流媒体和司法部门[②]通力合作，主张将法律制度修改为激进的、具有惩罚性质的制度。

检察官们和其他参与巴西史上涉案金额最大的反腐案件"洗车行动"的法官们有着自己的政治目的。他们以反腐败斗争的名义，试图将合法保护个人权利的整个制度朝着便于进行正式指控的方向转变。[③] 虽然在联盟内，参与政变的其他几个盟友不同意这些改变，但是他们都团结在一个共同的目标下面：通过制造新的法律障碍，阻止前总统卢拉参与总统竞选。因此，政治司法化和法律政治化进程在巴西达到了顶峰。正如罗格里奥·阿兰（Rogério Arantes）[④]指出的那样，"司法权的作用已经取代了巴西政治的核

[①] Folha de São Paulo, "Barry Ames fala sobre a direita e a guinada política no país", http://www1.folha.uol.com.br/ilustrissima/2016/05/1773123-barry-ames-fala-sobre-a-direita-e-a-guinada-politica-no-pais.shtml, Maio 22, 2016.

[②] Santos, Fabiano and Guarnieri, Fernando, "From Protest to Parliamentary Coup: An overview of Brazil's recente History", *Journal of Latin America Cultural Studies*, vol. 25, n. 4, 2016, pp. 485–494.

[③] Conjur, "MP abraçou punitivismo para ganhos de classe e entrou em túnel sem saída", entrevista com ex-procurador de justiça Fernando Martines, https://www.conjur.com.br/2017-fev-12/entrevista-roberto-tardelli-advogado-ex-procurador-justica, Fevereiro 12, 2017.

[④] El País Brasil, "Protagonismo da Justiça deslocou centro gravitacional da democracia brasileira", entrevista com Rogério Arantes, https://brasil.elpais.com/brasil/2016/09/16/politica/1474061979_483659.html, Setembro 24, 2016.

巴西黄皮书

心理念"。

2017年，巴西政治中最重要的事件就是对前总统卢拉的审判。卢拉因涉嫌收受一家工程公司赠送的一套公寓而被指控为腐败和受贿。负责此案的法官是塞尔吉奥·莫罗（Sérgio Moro），他在弹劾投票的一周内非法公布了卢拉的私人谈话。在卢拉被判有罪后，许多律师批评了这一判决，并声称该判决带有政治偏见。①

审判前总统卢拉的决定在论证上存在几个技术问题。首先，根据最高法院的判例要求，要宣布某人犯有受贿罪，必须确定公职人员收受的非法好处与他所采取的有利于受贿人的行为之间存在必然的联系。② 然而，塞尔吉奥·莫罗决定，可以根据未经确认的行为来定罪。③ 其次，负责为卢拉辩护的律师辩称，本案没有遵守适当的法律程序，他们无法充分获得检察官手中的材料。例如，案件涉及的巴西石油公司（Petrobrás）与美洲国家组织之间（OAS）的合同仅在审判开始前几天才提供给律师。鉴于文件数量巨大，辩方不可能在准备案情时仔细研究这些材料。此外，司法部门和主流媒体的主要战略保持不变：有选择地公布那些尚未得到调查确认的信息，以此来损害左翼政党的形象，特别是前总统卢拉的形象。劳工党主席格莱西·霍夫曼（Gleisi Hoffmann）④ 宣布，没有卢拉，就不可能有自由和公正的选举。计划在2018年竞选总统的左翼政党和左翼运动的其他领导人也宣布，为了保证选举进程的合法性，卢拉应该成为总统候选人。例如，巴西共产党总统候选人曼努埃拉·达维拉（Manuela D'Ávila）和"无家可归工人运动"协会（MTST）领导人吉尔莫·布洛斯（Guilherme Boulos）签署了一份文件来为卢

---

① Proner, Carol et al., *Comentários a uma sentença anunciada: o processo Lula*, Bauru: Instituto de Defesa da Classe Trabalhadora, 2017.
② Fl. 100 da AP 307-3/DF.
③ Folha de São Paulo, "Falar em prisão de Lula é ato político ou de pessoas desinformadas, diz defesa", http://www1.folha.uol.com.br/poder/2018/01/1949716-falar-em-prisao-de-lula-e-ato-politico-ou-de-pessoas-desinformadas-diz-defesa.shtml, Janeiro 11, 2018.
④ Hoffmann, Gleisi, "Por eleições livres e democráticas", http://www.pt.org.br/gleisi-hoffmann-por-eleicoes-livres-e-democraticas-em-2018/, Novembro 27, 2017.

拉辩护。①

2017年，对巴西左翼政党的司法迫害在初审时并没有受到法院的限制。最高法院也参与了政变所组织的政治运动。例如，将于2018年负责全国选举法院事务的最高法院法官路易斯·福克斯（Luiz Fux）在目前案件审判结果还未出来之前，就已经在媒体上就卢拉案件发表了意见，他说："（在总统选举中）那些受到指控的人成为候选人是没有意义的。"② 最高法院还修改了涉及左翼政党利益的判例，使主要保守党受益。

此外，根据若阿金·法尔科（Joaquim Falcão）和迭戈·沃内克（Diego Werneck）③ 的说法，最高法院日益突出的另一个问题是，判决是由法官个人做出的，而不是在全体会议上做出的。他们指出，联邦宪法并没有赋予法官个人权力，而是将权力赋予了整个法院。因此，法院的议程设置应该尊重宪法规定的条款。换句话说，最高法院必须集体来决定堕胎、提名官员和可能影响行政权的具体政策等议题。

虽然上述所有案件对巴西司法部门的发展至关重要，但是2017年最高法院最引人注目的事件不是判决本身，而是最高法院大法官特奥里·扎瓦斯基（Teori Zavascki）的死亡。扎瓦斯基是巴西史上涉案金额最大的反腐案件"洗车行动"的主审法官，被左翼和右翼人士视为公正的大法官。参议院新领导人罗梅罗·朱卡（Romero Jucá）在一段被截取的对话中提道：新政府中没有人与扎瓦斯基有过接触，他具有官僚主义作风。④ 扎瓦斯基死于2017

---

① Estadão, "Adversários de Lula assinam manifesto pró-candidatura de petista", http://politica.estadao.com.br/noticias/geral, adversarios-de-lula-assinam-manifesto-pro-candidatura-de-petista, 70002138208, Janeiro 4, 2018.

② Folha de São Paulo, "Não tem sentido candidato com denúncia concorrer, diz Ministro Fux", http://www1.folha.uol.com.br/poder/2017/11/1932898-nao-tem-sentido-candidato-com-denuncia-concorrer-diz-ministro-fux.shtml, Novembro 5, 2017.

③ Falcão, Joaquim, Argueles, Diego Werneck, "Onze Supremos: todos contra o plenário", https://www.jota.info/especiais/onze-supremos-todos-contra-o-plenario-01022017, Febreiro 1, 2017.

④ Folha de São Paulo, "Em áudio sobre 'estancar' Lava Jato, Jucá disse que Zavaski não tinha ligação", https://noticias.uol.com.br/politica/ultimas-noticias/2017/01/19/em-audio-sobre-estancar-lava-jato-juca-disse-que-teori-nao-tinha-ligacao.htm, Janeiro 19, 2017.

年1月的一次空难,而事故的具体情况至今尚不明朗。最近,扎瓦斯基的儿子主张应该弹劾米歇尔·特梅尔,并宣称"我相信就是他们杀害了我的父亲"。①

扎瓦斯基死后,米歇尔·特梅尔任命亚历山大·德·莫赖斯(Alexandre de Moraes)接替他在最高法院的职务。莫赖斯是新政府的司法部部长,隶属于巴西社会民主党。批评人士指出,该提名不仅使法律更加政治化,而且激化了法院内部的党派偏见。

关于巴西当前的政治危机,米纳斯吉拉斯联邦大学政治学家华雷斯·吉马良斯(Juarez Guimarães)最近在接受报纸SUL 21②采访时,提出了一个较为复杂的观点,即巴西的政治危机是资本主义危机的普遍体现。在他看来,资本主义势力将会动摇民主的根基,这与卡尔·波兰尼(Karl Polanyi)和卢西亚诺·坎弗拉(Luciano Canfora)的看法一致。后者是意大利著名的历史学家,致力于民主研究,他指出,"把民主定义为一种政治制度是不恰当的,因为选票已经成为政治交易中的商品,那些有抱负的'民众代表'想要赢得选举、进入议会的话,就需要在选举中有所'支出'……政治往往倾向于代表中高阶层和富裕阶层的利益。但是,公开确认这一有直接证据的真相会被认为是反议会"。③ 卢西亚诺·坎弗拉的观点是正确的,并不仅仅适用于巴西议会。

根据华雷斯·吉马良斯④的讲述,进入21世纪时,我们生活在新自由

---

① Folha de São Paulo, "Um ano após acidente, filho de Teori diz não descartar homicídio do pai", https://noticias.uol.com.br/politica/ultimas-noticias/2018/01/04/um-ano-apos-acidente-filho-de-teori-diz-nao-descartar-homicidio-do-pai-sao-tantas-coincidencias.htm, Janeiro 4, 2018.
② Guimarães, Juarez, ENTREVISTA COM JUAREZ GUIMARÃES, "Não há nada mais desmobilizador hoje do que 2018. Entre nós e 2018 há um abismo", https://cronicasdosul.com/2017/07/17/entrevista-com-juarez-guimaraes-nao-ha-nada-mais-desmobilizador-hoje-do-que-2018-entre-nos-e-2018-ha-um-abismo/, Julho 17, 2017.
③ Luciano Canfora, *Crítica da Retórica Democrática*. São Paulo: Estação Liberdade, 2007, p. 31.
④ Guimarães, Juarez, ENTREVISTA COM JUAREZ GUIMARÃES, "Não há nada mais desmobilizador hoje do que 2018. Entre nós e 2018 há um abismo", https://cronicasdosul.com/2017/07/17/entrevista-com-juarez-guimaraes-nao-ha-nada-mais-desmobilizador-hoje-do-que-2018-entre-nos-e-2018-ha-um-abismo/, Julho 17, 2017.

主义的第三阶段,这是一个弱肉强食的时代,其反民主特征变得更加明晰。自2008年私营债务"国有化"以来,公共债务管理与民主之间的矛盾愈加突出,因此新自由主义的反民主特征更加清晰可见。在吉马良斯看来,巴西的这场政变是新自由主义反革命运动的一部分,该运动并不是要建立类似冷战时期的军政府,而是正在建立非民主宪政国家。巴西1988年宪法已经遭到破坏。在此种情况下,巴西的行政机构以非法的方式运作,立法机构则在代表权被剥夺的情况下完全自主运行。几乎所有的政党都有议员卷入贪腐案,包括巴西总统在内。在这起贪腐案中,司法人员和检察官有组织地迫害劳工党领导人,司法机构接二连三地发布一些武断的判决。每个案件,根据其便利性和所涉及的政治利益来定夺。

三 2018年巴西总统大选与左翼政党的走向

巴西议会由分布在35个政党中的513名代表组成;参议院有81名参议员,分布在19个政党中,其中有2名参议员目前没有党派。在巴西议会中,只有95名议员［劳工党(PT)57名、民主工党(PDT)21名、共产党(PCdoB)11名、社会主义自由党(PSOL)6名］可以被视为左翼政党,占议会总人数的18.5%。

党派或政府的决定有时无法得到贯彻,因为当议员们可以根据自己的意愿投票时,政党领导人往往允许其自由投票,即使在违反政党指导方针的情况下也是如此。正如巴西社会党(PSB)的何塞·斯德第勒(José Stédile)讲到的那样,制度的扭曲导致了一些问题,政党领导人通常不能对其成员行使指挥权,社会主义自由党除外,因为该党很小。巴西的利益集团比政党势力更强大,因此,政党的指导方针并不总是通过投票反映出来。

由于右翼势力占据议会主体,因此对于他们来说很容易结成政变联盟以便选举出下一届总统。但结果是,这些政党因为彼此不能相互理解而无法结成统一战线,而且他们的候选人在选民心中缺乏吸引力。但是,他们试图阻

止前总统卢拉成为候选人。

所有的民意调查均显示,卢拉在即将到来的总统选举中遥遥领先。2017年10月,巴西民意调查机构IBOPE指出,在巴西东北部地区和其他穷人较多、选票比较集中的地区,57%的选民打算投票给卢拉,而极右势力候选人贾伊尔·波尔索纳罗的支持率仅为8%,只有1%的选民打算投票给社会民主党的阿尔克明。这些数据表明了巴西选民的偏好,他们更认同卢拉极具魅力的人格,并承认他为穷人所做的一切,这些并不仅仅因为卢拉的劳工党身份。

关于2018年的巴西总统大选,尽管当前主流媒体和司法权力部门联合起来竭力损害巴西左翼政党的形象,但是前总统卢拉仍然在竞选初期所有民意调查中领跑。通过法律程序阻止卢拉参选的威胁不仅没有奏效,反而给卢拉的声望产生积极影响,其民意支持率正在上升,反对率正在下降。① 劳工党的参选战略也日益明晰。卢拉已经二审被判有罪,理论上已经失去今年大选参选资格,但是这并不代表他会自动放弃总统参选资格。他可以在选举法院登记为总统候选人,同时等待裁决并向最高法院提出上诉。所有这些过程需要耗时一个多月。在此期间,卢拉仍然是总统候选人。

要想避免卢拉成为总统候选人并试图转移投给他的选票的一种方法是将他逮捕。但是,这是一个非常冒险的举动,因为可能会引发大规模的社会抗议运动且结果难以预料。格莱斯·霍夫曼已经宣布:"如果想要逮捕卢拉的话,需要逮捕许多人,甚至将他们杀掉。"② 在总统竞选中,最受欢迎的代替卢拉的劳工党参选者是圣保罗前市长费尔南多·哈达德(Fernando Haddad)。他是圣保罗大学政治学教授,具有较高的学术地位。考虑到他在

---

① Info Money, "Aprovação de Lula atinge ápice e petista é o menos rejeitado entre presidenciáveis, diz pesquisa", http://www.infomoney.com.br/mercados/politica/noticia/7150673/aprovacao – lula – atinge – apice – petista – menos – rejeitado – entre – presidenciaveis – diz, Dezembro 20, 2017.

② Agência PT, "Gleisi: Para prender Lula vai ter que prender muita gente", http://www.pt.org.br/gleisi – para – prender – o – lula – vai – ter – que – prender – muita – gente/, Janeiro 16, 2018.

劳工党的重要地位,他也被联邦警察用微不足道的罪名指控。①

另一个值得注意的重要因素是,此次总统大选将分两轮进行,第一轮将角逐出两名票数最高的候选人,争夺这两个位置的候选人可能来自右翼、政变联盟以及左翼的候选人。

迄今为止,在左翼政党中,劳工党最为重要,不仅因为它的众议员和参议员人数众多,而且因为卢拉(2003~2010年)和罗塞夫(2016年任期中断)都曾担任过两届总统。

还有其他重要的左翼政党总统候选人。其中,曼努埃拉·达维拉已经被确定为巴西共产党的总统候选人。在过去几十年里,巴西共产党一直与劳工党合作,并没有推出自己的总统候选人。此次共产党这么做,原因之一是2018年巴西通过了排除性条款以减少政党数量,因此该党担心2018年之后有可能会被排除出议会。

此外,来自塞阿拉州的政治家西罗·戈麦斯(Ciro Gomes)也开始竞选民主工党总统候选人。一直以来他与劳工党结盟,但是此次他并没有采取继续支持卢拉作为总统候选人的策略,而是决定亲自参选。

来自巴西最大的社会权利组织"无家可归工人运动"协会(MTST)的领导人、哲学家吉尔莫·布洛斯将成为巴西社会主义自由党的总统候选人。社会主义自由党不是卢拉政府的一部分,因为它认为自己的政治立场与保守政党比较相似,所以与保守政党结成联盟。在选举诉求方面,它是左翼党派中最为激进的参选党。布洛斯自特梅尔政府成立以来就得到了很大的关注。虽然他曾数次批评财政紧缩政策和调整政策,但是他在总统选举中难以获取政治支持。他宣布,来自左翼政党的不同总统候选人不排除在2018年第二轮总统选举中结成联盟的可能性。尽管左翼政党在2018年的总统选举中选票更为分散,但是卢拉集中了30%以上的选票。因此,作为总统候选人,卢拉很可能进入第二轮选举。

---

① Jornal GGN, "Indiciado por caixa 2, Haddad afirma que PF ignorou provas que o isentam", https://jornalggn.com.br/noticia/indiciado-por-caixa-2-haddad-afirma-que-pf-ignorou-provas-que-o-isentam, Janeiro 15, 2018.

在巴西左翼政党的辩论中，经济议题是需要重点考虑的问题。一般来说，左翼政党的政策立场分为两个层面：经济层面和社会政治层面。这种划分不仅在巴西存在，在欧洲也存在。[①] 通常，在经济方面，左翼政党支持国家干预经济和国家福利资本主义，而右翼政党倾向于支持新自由资本主义，该主义要求实行私有化，并减少国家对卫生、教育和社会福利等社会部门的投资。

有必要仔细分析这些差别。正如加布里埃拉·塔鲁科（Gabriela Tarouco）和拉斐尔·马德拉（Rafael Madeira）[②]所讲，与其他国家相比，巴西的政党有其独有的特征。例如，在欧洲和美国，寻求国家间的和平和捍卫国际主义是左派主张的一部分，但是在其前殖民地国家并不如此。在巴西，自由、人权和宪政等议题与左翼政党密切相关，然而在欧洲，这些却是右翼言论的一部分。

在过去几十年中，包括劳工党在内的左翼政党在进行国家干预经济的同时，也坚持对话与合作。在卢拉任期内，与金融市场利益相关的一系列政策得以采用。众所周知，21 世纪以来，巴西在减贫问题上取得了前所未有的成就。根据安德烈·辛格（André Singer）[③]的说法，卢拉政府建成了一个不与现存秩序发生冲突同时又能够帮助弱势群体的国家。

2017 年，尽管左翼政党批评政变和特梅尔政府，但是如果不采用新自由主义方法，他们很难达成一项应对财政危机的方案。在弹劾过程中，卢拉宣布，如果罗塞夫继续执政，负责经济事务的新任部长将是现任特梅尔政府经济团队的负责人恩里克·梅雷莱斯（Henrique Meirelles）。对于左翼政党来说，向金融和商业精英做出让步是十分必要的，以便能够建立一个稳固的联盟。

当然，左派也不断地提出越来越多的替代方案，但是这些替代方案并未

---

① Hix, Simon, "Dimensions and Alignments in European Union Politics: Cognitive Constraints and Partisan Responses", *European Journal of Political Research*, vol. 35, n. 1, 1999, p. 10.
② Tarouco, Gabriela; Madeira, Rafael, "Partidos, Programas e o Debate sobre Esquerda e Direita no Brasil", *Revista de Sociologia e Política*, vol. 21, n. 45, 2013, pp. 149 – 165.
③ Singer, André, *Os sentidos do Lulismo: reforma gradual e pacto conservador*, São Paulo: Cia. das Letras, 2012.

获得主流认同。巴西在总统选举代表机制方面的危机似乎与彼得·麦伊（Peter Mai）① 对欧洲情况的分析类似："在欧洲政党制度中，一些党派认为代表们有选举权但没有统治权，而另一些党派则认为如果有了统治权就不再有代表权，从而导致各政党之间的分歧越来越大。"

另外，中右翼政党在选择最佳总统候选人方面尚未达成共识。到目前为止，呼声最高的是圣保罗州州长、来自巴西社会民主党的阿尔克明。但是，如上所述，他的表现并没有令人印象深刻。欧亚咨询公司（Eurasia）② 将他与参加2016年美国选举的希拉里·克林顿（Hillary Clinton）进行了一番比较，因为众所周知，阿尔克明并不是一个有魅力的政治家，而且显然他是当前执政党利益的代表。巴西社会民主党中另一个呼声很高的总统候选人是圣保罗市市长若昂·多利亚（João Dória）。现在，多利亚似乎正在计划取代阿尔克明成为圣保罗州州长。

同时，特梅尔政府联盟中的中右翼政党出现了分化。其中，经济团队的负责人恩里克·梅雷莱斯想要在选举中成为政府的代表。他还得到巴西新教教会重要机构的支持，这些新教教会可以在巴西贫民窟③动员数百万民众。尽管他也得到金融市场和商界精英的认可，但是他的形象与银行业以及当前执政党联系紧密，因此他很难在民意调查中获得更好的成绩。

另一名来自政府的总统候选人是隶属于民主党（DEM）的众议院议

---

① "Mair, Peter, Representative versus Responsible Government", MPIfG working paper 09/8, Max Planck Institute for the Studies of Society, Cologne, http：//www.mpifg.de/pu/workpap/wp09 - 8.pdf, August 9, 2009.

② Folha de São Paulo, "Consultoria compara Alckmin a Hillary e diz que ele representa o establishment", http：//www1.folha.uol.com.br/poder/2017/08/1914364 - consultoria - diz - que - alckmin - representa - o - establishment - e - o - compara - a - hillary - clinton.shtml, Agosto 30, 2017.

③ O Globo, "Em clima de campanha, Meirelles participa de culto evangélico e é chamado de 'luz no fimdotúnel'", https：//oglobo.globo.com/brasil/em - clima - de - campanha - meirelles - participa - de - culto - evangelico - e - chamado - de - luz - no - fim - do - tunel - 22259981, Janeiro 5, 2018.

长罗德里戈·马伊亚（Rodrigo Maia）。他得到议会相当一部分议员的支持，特别是来自联邦议员①的支持。除此之外，现任总统特梅尔并没有放弃连任的努力，尽管他的民意支持率仅在3%左右。或许，即使金融市场②的迹象并不乐观，但是他仍然期望巴西经济在2018年能够出现大幅复苏。

虽然中右翼势力正在削弱，但是代表极右势力、有着"巴西特朗普"之称的贾伊尔·波尔索纳罗正在得到那些对政治失去信任、希望用投票来表示抗议的民众的支持。尽管他很受欢迎，但是他很难让一个有代表性的政党承认他的候选人资格，而且很可能他在竞选中很少有机会在电视上露面。由于主流媒体的反对以及左翼政党所有部门的排斥，在任何情况下他都不可能赢得第二轮选举。

综上所述，2018年巴西总统大选的前景展现出的是一个巨大的分裂状况。对于左翼政党而言，前景较好，主要考虑到卢拉在民意调查中的领先地位，以及如果遇到法律障碍有可能转移将要投给他的选票。此外，特梅尔政府和巴西社会民主党担心右翼阵营领导人之间缺乏团结。例如，费尔南多·恩里克·卡多佐（Fernando Henrique Cardoso）③最近宣布，如果阿尔克明无法得到其他中右翼政党的支持，巴西社会民主党将可能支持党外候选人。

对于巴西来说，2018年将是特别困难的一年。由于政治上的分裂加剧，巴西社会将面临严重的风险。目前，巴西的左翼政党呈现分裂状态，但是第二轮的总统选举进程可能会使他们趋向一致。有一点可以肯定的是，不管卢拉是否会参加总统竞选，他都将对选举结果产生决定性的影响。

---

① Epóca, "Rodrigo Maia: o segundo sonha em ser o primeiro", http://epoca.globo.com/politica/noticia/2018/01/rodrigo-maia-o-segundo-sonha-em-ser-o-primeiro.html, Janeiro 12, 2018.

② Agência Brasil, "Standard & Poor's rebaixa Brasil para três níveis abaixo do grau d investimento", http://agenciabrasil.ebc.com.br/economia/noticia/2018-01/standard-poors-rebaixa-brasil-para-tres-niveis-abaixo-do-grau-de, Janeiro 11, 2018.

③ Estadão, "Para FHC, Alckmin precisa provar que pode unir centro", http://politica.estadao.com.br/noticias/geral, para-fhc-alckmin-precisa-provar-que-pode-unir-centro, 70002135794, Janeiro 1, 2018.

Y.5
特朗普时期巴西与美国关系：
结构性变革和趋势

〔巴西〕Tullo Vigevani　〔巴西〕Laís Forti Thomaz*　邹翠英 译

摘　要：　本文旨在探讨巴西与美国关系的发展现状和未来走向，以整个拉美地区尤其是巴西正在进行的变革和特朗普政府上台带来的巨大影响为出发点，探讨对巴西与美国的关系应抱何种期待。与总统宝座本身及其竞选的特殊背景相比，特朗普政府的保护主义立场更值得关注。本文通过收集数据展开分析并查阅相关文献，提出以下假设：未来几年巴西与美国的关系将充满不确定性。巴西能否与美国经济进一步融合，这一点尚不明朗。相反，2017年巴西在这方面变得更加困难。对双边关系的关注，说到底是巴西方面的要求过高。但是，在这个重要节点上，巴西在这方面的高要求并没有较高的信誉作为保证，因此美国在两国经济互惠方面的意愿不强。为了更好地阐述观点，本文分为五个部分：第一部分为引言；第二部分将对美国政局的变化进行分析；第三部分从巴西发展的角度来探讨这一变化对巴西的影响；第四部分将以乙醇、钢铁和牛肉事件作为案例来分析具体的贸易政策；第五部分反观2017年的情形来验证我们关于不确定性的假设是否成

---

* Tullo Vigevani，巴西圣保罗州立大学政治学和国际关系学教授，当代文化研究中心（CEDEC）和国家科学技术研究院美国研究所（INCT-INEU）研究员；Laís Forti Thomaz，国际关系学博士，巴西·蒂亚戈·丹塔斯国际关系研究生课程博士后研究人员，国家科学技术研究院美国研究所（INCT-INEU）研究员。

立。在这种情况下，本文的研究将导致那些坚信巴西和美国可进一步加强合作的人对自己的观点提出质疑。

关键词： 巴西　美国　特朗普政府　保护主义

一　引言

本文旨在探讨巴西与美国关系的发展现状和未来走向，以整个拉美地区尤其是巴西正在发生的变革和自2017年1月特朗普政府上台带来的巨大影响为出发点，探讨对巴西与美国的关系应抱何种期待。与总统宝座本身及其竞选的特殊背景相比，特朗普政府的保护主义立场更值得关注。本文通过收集数据展开分析并查阅相关文献，提出以下假设：未来几年巴西与美国的关系将充满不确定性。

在美国，孤立主义的迹象已经显现，这一思想自2016年大选以来就十分强烈。大选中，即使共和党与民主党在施政重点方面相差甚远，但他们都支持捍卫本国劳工的话语权，并认可保护本国公民的重要性。对此，奥托尔、多恩和汉森（Autor, Dorn, Hanson）[1]认为，共和党变得更加保守，而民主党却变得更加自由。党派两极分化的根源在于全球化对利益分配的不平等的负面影响，以及缺乏对利益受损的一方的补偿机制。

尽管这些议题在大选中以常态呈现出来，但在特朗普执政的第一年，它们就被转变成具体的行动，并表现出更明显的保护主义特征。在克利夫兰召开的共和党全国代表大会上，特朗普正式成为总统候选人，他说，"美国主

---

[1] David Autor, David Dorn and Gordon Hanson, "The China Syndrome: Local Labor Market Effects of Import Competition in the United States", *American Economic Review* 103（6）, https://seii.mit.edu/wp-content/uploads/2013/11/Autor-Dorn-Hanson-The-China-Syndrome-Local-Labor-Market-Effects-of-Import-Competition-in-the-United-States-American-Economic-Revi.pdf, 2013, pp. 2121-2168.

义,而不是全球主义,将成为我们的信条"。① 一个具有倡导自由贸易理念背景的总统候选人的这一举动证实了美国的保护主义立场。这一新的立场将对美国的对外关系和与西半球其他国家的关系产生影响,因此巴西也不例外。

研究双边关系时,有必要考虑在双边关系结构方面的发展趋势。本文中,了解美国的状况对长期趋势和双边关系起着决定性的作用。首先,美国方面,有必要明确哪些问题是推测性的,哪些问题是结构性的。罗德里克(Rodrik)认为,美国社会对全球化的抵制本质上是结构性的,在一定程度上加剧了政治对抗。因此,不能认为这种对抗是暂时的。②

其次,巴西方面,由于罗塞夫总统被弹劾,特梅尔于2016年8月就任总统,他强调巴西必须融入全球价值链,并批判巴西不参与重大贸易协定的做法,如跨太平洋伙伴关系协定(TPP)和跨大西洋贸易与投资伙伴关系协定(TTIP)。③ 因此,很明显,巴西不得不加强与发达资本主义国家尤其是美国的关系。

除了关于两国关系充满未知数的假设,我们还认为,巴西能否与美国经济进一步融合,这一点尚不明朗。相反,2017年巴西在这方面变得更加困难。为此,在重申这一抽象描述的过程中,本文分为五个部分:第一部分是引言;第二部分将简要讨论美国政局的变化;第三部分将从米歇尔·特梅尔政府的视角讨论这种变化对巴西的影响;第四部分将以乙醇、钢铁和牛肉事

---

① Donald Trump, "Donald Trump: Americanism, Not Globalism, Will Be Our Credo", ABC NEWS, http://abcnews.go.com/Politics/video/donald-trump-americanism-globalism-credo-40791714, July 22, 2016.
② Dani Rodrik, "Populism and the Economics of Globalization", John F. Kennedy School of Government, Cambridge: Harvard University, 2017, p. 29.
③ 更多细节请查阅:Vera Thorstensen; Lucas Ferraz (cords.), "The Impacts of TTIP and TPP on Brazil", São Paulo: *FGV*, http://ccgi.fgv.br/sites/ccgi.fgv.br/files/file/Publicacoes/TTIP%20e%20TPP%20(ENG)%2016.01,14.pdf, January 2014; Otaviano Canuto, "Are Mega-trade Agreements a Threat to Brazil?", World Bank – Let's Talk Development (blog), http://blogs.worldbank.org/developmenttalk/are-mega-trade-agreements-threat-brazil, February 26, 2015。

件为案例来分析具体的贸易政策；第五部分将回顾2017年的情形来验证我们的不确定性假设是否成立。通过这一分析框架，将对进一步加强巴西与美国合作造成一种挫败感。

二 美国：政局的变化及保护主义趋势

世界各地都在发生着重要的事件，并可能产生长期的影响。2017年可以说是国际关系发生结构性变化的一年，或者至少是国际关系发生变化的开端。这些变化酝酿了很多年，但目前为止还没有产生对传统模式进行巨大改变的影响。两个事实可以证实这一观点：（1）在欧洲，2016年6月英国脱欧公投以及2017年英国大选的结果表明了新进程的可能方向；（2）特朗普就职后，立即履行竞选承诺，采取措施撤销了2015年10月达成的一系列复杂的跨太平洋伙伴关系协定。因此，英国脱欧和美国退出跨太平洋伙伴关系协定似乎是对自1945年第二次世界大战结束以来由美国制定和普及的价值观的削弱。自由贸易的政治、意识形态和经济价值观已经盛行了至少70年。

自2017年8月重新开始的北美自由贸易协定（NAFTA）谈判也朝着相同的方向发展。白宫、商务部、美国贸易代表处及其他相关的政府部门在更广泛的背景下开展这一进程。它们的目标是提高产品的区域化和国有化程度，并减少美国与这两个伙伴的贸易赤字。保护主义的呼声通过质疑利益分配不公，包括每个国家的国际不平等地位而获得认可和支持。2016年的总统选举表明，大集团的共同利益和战略利益不足以得到人员构成多元化的部门的支持。那些被"超全球化"所伤害的人们大声抗议，遭遇重大损失的势力也质疑自由主义。僵局的结果仍是未知数。因此，如果经济学说中的自由主义取向遭受危机，同时美国的孤立主义倾向得以强化，就有可能导致模式的转变。

事实证明，自由贸易和全球化思想正在弱化。至少在2017年这一差距就是巨大的，12月在布宜诺斯艾利斯举行的世界贸易组织部长级会议上，谈判成果不多就证明了这一点。直到上届政府，美国的贸易政策以新重商主义为特征，打破了全球化的主要防线。因此，特朗普政府弱化了自由主义－

全球主义观念，并在对自由贸易进行批判的基础上大肆宣扬保护主义，他认为实施自由贸易会违背美国利益。当然这些迹象是不一致的。

"美国至上"的观念似乎成了当前政府处理与世界其他国家经济或非经济关系的方针，不仅预示着美国发展与伙伴国之间的关系变得更为困难，也违背了前任的指导思想。特朗普似乎忽视了从杜鲁门到奥巴马时期的政策，他们的政策是以两党制的方式捍卫美国的整体利益、经济利益及战略利益而发展起来的。特朗普做出的改变表现在，采取措施让美国从若干国际制度和其他多边甚至区域协议中退出（如2015年签订的减缓气候变化的《巴黎协定》、联合国《全球移徙公约》等）。不同利益领域的单边行动似乎在不断强化"美国独行"（"America Alone"）的观念。

特雷库纳斯（Trinkunas）认为，"特朗普政府在这一点上已经明确表示没有必要继续冷战后两党形成的美国在全球民主化中的领导角色传统"。[①] 换句话说，这种分析可能对导致美国霸权角色减弱的现象做出更好的解释。如果这种解释有效，那么在移民等领域就会产生商业影响和重大反应。这个政府项目的开展反映出对达成内部共识的强烈兴趣，这只有在高政治资本的承诺下才能获得。总的来说，拉美国家的受关注度受到限制，并逐渐减少。

当美国处于这种新的政治立场时，讨论美国和巴西的关系，不得不承认保护主义和这种"以本国利益为重"的政策并不是臆想出来的，也并不能和特定的政府或总统联系起来。民主党候选人伯尼·桑德斯和希拉里·克林顿的政治纲领也包括了稳定就业率所必须推行的保护主义条款。虽然这一主题在2016年的选举活动中被广泛提及，但在这之前已有渊源。未来几年，想在西半球范围内对拉美或者巴西倾入大量的政治资本几乎是不可能的。

特朗普看似公平的贸易谈判逻辑可能会加剧紧张局势，包括拉美国家政坛已出现的紧张局势。这些国家在进入这个更加全球化的世界时，会优先考虑和美国建立更加良好的关系。在巴西历史上，政府支持美国却没得到任何

---

① Harold Trinkunas, "How will Global Geopolitics Affect Latin America's Next Electoral Cycle?", *Brookings*, https://www.brookings.edu/blog/order-from-chaos/2017/11/27/how-will-global-geopolitics-affect-latin-americas-next-electoral-cycle/, November 27, 2017.

回报的情况已经不是第一次了。20世纪40年代尤里科·加斯帕尔·杜特拉（Eurico Gaspar Dutra）总统、90年代费尔南多·科洛尔·德梅洛（Fernando Collor de Mello）总统都有过类似的遭遇。

特朗普政府目前仍未制定任何能将美国与西半球各国关系具体化的文件就证明了这一点。洛温塔尔（Lowenthal）在选举结束时的预测依然灵验："特朗普政府对美国与西半球各国的关系没有明确表态……若不能确定这会给美国带来什么好处，特朗普政府很可能不会频繁参与泛美或次区域合作。"①

美国在发展与拉美国家关系方面并无紧迫感。事实表明在特朗普执政第一年，美国政府总的来说对拉美尤其是巴西几乎没有兴趣，墨西哥、古巴和哥伦比亚属于例外。许多国内和国际问题更为紧迫，需要优先考虑。美国甚至在拉美事务方面未制订更为长远的规划，但这并不表示美国对此漠不关心。在过去的几年，尤其是奥巴马政府时期，美国和拉美地区的关系得到了实质性的改善。重要的是，当涉及世界上最强大的国家时，不能成为其优先考虑的对象并不意味着美国对它没有政策。弗伦克尔（Frenkel）对此的看法是正确的，他说："美国政府的主要人物将某些地区、国家、冲突和国际议程确定为优先考虑的对象，并不意味着美国忘记了'其他方面'。"② 一个地区没有成为关注的焦点不一定会导致其被抛弃。

就特朗普政府对拉美地区尤其是巴西的政策缺乏而言，美国专家确信该地区具有一种不确定性，而且这种不确定性可能会持续下去。在对为了更好地进行区域治理而遇到的困难进行分析时，皮科内（Piccone）认为，几乎不可能建立成熟的谈判议程。皮科内对削弱民主的潜在风险表示担忧。③

---

① Abraham Lowenthal, "O governo Obama e as Américas: promessa, desapontamento, oportunidade", in Abraham Lowenthal, Laurence Whitehead and Theodore Piccone（orgs）, *Obama e as Américas*. Rio de Janeiro: FGV Editora, 2011.

② Alejandro Frenkel, "América Latina no es Caperucita Roja", *Nueva Sociedad*, http://nuso.org/articulo/america-latina-no-es-caperucita-roja/, 2016.

③ Ted Piccone, "Next Wave of Elections in Latin America will Test Democratic Resilience", *Brookings*, https://www.brookings.edu/blog/order-from-chaos/2017/10/30/next-wave-of-elections-in-latin-america-will-test-democratic-resilience/, October 30, 2017.

美国方面充满了未知和不确定性。拉美主义者指出，他们眼中的薄弱点和他们长期关注的问题息息相关：民主、透明度、稳定和政府能力。重要的是要考虑到当前政府对该地区缺乏关注和计划。由安全问题引发的风险依然存在。特朗普总统就职一年之后，他在几个关键问题上的立场仍未确定。充满不确定性的氛围仍然存在，这与媒体所报道的削弱国务院的做法是一致的。除此之外，在涉及巴西的一些具体问题上，它在寻求与美国平衡关系的过程中，不稳定因素和困难有所增加。这一新的背景与预想的能对双方关系产生有利影响的情景完全不同。

三 巴西视角：对"苛刻的议程"的理想和现实

巴西和南美洲其他国家一样，在特朗普政府的对外战略中不占据优先位置，但是必须注意的是，美国是一个世界大国，不管在什么情况下，美国的政策对包括巴西在内的所有国家都会产生很大的影响。

从经济角度来看，美国新重商主义对巴西的经济有影响。美国方面针对稳定贸易差额进行谈判的余地有限，意味着巴西将遭遇贸易逆差，成为世界上遭遇这种情况的国家之一。美联储利率可能上浮，这也对资本流向巴西产生负面影响。此外，美国政府进一步强化在本国开展工业投资的新态势也意味着会减少对外投资，进而影响巴西。

这种影响既是直接的也是间接的。特朗普政府希望根据《北美自由贸易协定》（NAFTA）和其他美国参与的区域及双边贸易协定重新展开谈判，并努力强调美国的原则，促使美国降低区域内贸易赤字。这种新立场对投资和贸易都会产生影响，尤其是对区域内企业。根据这些谈判的结果，巴西即使不是谈判中的直接利益攸关方，也会受到影响。这些影响不只涉及投资，可能还会对尝试与墨西哥等第三国建立密切的合作关系产生影响，至少在美国市场方面是这样。

从政治角度来看，即使米歇尔·特梅尔政府对进一步密切与美国的关系表示出强烈的兴趣，这种兴趣也难以成为现实。特朗普政府时期美国和越来越多国家之间的关系发生了变化。在处理一些敏感的国际问题方面,双方的立场存在明显的差异。巴西方面,除了前几届政府一直以来面临的不平等待遇外,这种不平衡似乎被认为是"苛刻的议程"的理由。这个苛刻的议程是基于提出外交议程甚至就具体关税展开谈判而形成的。目前,这是有利于美国战略和商业利益的,作为寻求有利商业基础而讨价还价的筹码,或者,就像有些人所说的那样,从"建设性议程"的视角出发。在某些情况下,美国要求巴西重新考虑曾经拒绝的项目(包括国家工业联合会在内的私营部门公开要求建立双边自由贸易区)或者从严格互惠的原则上考虑处于被动地位的项目。

自 2005 年以来,巴西和美国在多个领域开展了"战略对话"。近年来,在某些特定情况下产生了明显的矛盾和变化,但对话机制依然具有活力。罗塞夫总统第二任期内,巴西发展、工业和对外贸易部(MDIC)部长阿曼多·蒙泰罗(Armando Monteiro)为进一步促进贸易发展,努力开展并强化技术-政治工作,通过克服技术壁垒来加强贸易关系。尽管如此,奥巴马政府任期将满时遭遇的困难,2016 年艰难的美国大选,尤其是巴西经济面临的严重危机最终导致交流的积极成果寥寥无几。

如前所述,2017 年,巴西方面对两国关系发展的期待很高,而美国方面的回应并不积极。理论上说,当不平等关系不受重视,当国家间的关系有牢固的基础时,高要求的议程是能达成的。这至少在一定程度上取决于政治体制稳定性和社会稳定性以及是否具有良好的信誉。一个能明确自己利益的国家可以期望建立积极的关系,使其有能力在考虑权力关系的前提下捍卫自己的利益。① 目前,巴西苛刻的议程并不完全与这些特征相关联,这可以解释,美国方面为何对发展两国关系兴趣不高,意愿也不强烈。

这个总体框架的特征并不妨碍某些情况下双方利益趋于一致,通过谈判达成并签订协议。2017 年 3 月 22 日,美国国防部和巴西国防部签订了《重

---

① Sebastião Carlos Velasco e Cruz, *Trajetórias: capitalismo neoliberal e reformas econômicas nos países da periferia*, São Paulo: Editora UNESP/Programa San Tiago Dantas (PPGRI), 2007.

大信息交换协议》（Master Information Exchange Agreement-MIEA）。① 这一框架协议是美巴双方自2011年开展谈判以来的结果，但其具体影响尚不明确。弹劾案后，巴西政府似乎打算利用这样的协议来实行一些美国政府感兴趣或曾经感兴趣的可行项目和行动。有些项目双方已谈判过，但是巴西国会和前几届政府都不曾考虑，因为从国家利益的角度来看，这些项目并没有吸引力。

对政治势力和政府机构之间的舆论产生重大影响的一个案例是阿尔坎塔拉发射中心（Alcântara Launch Center）的使用权问题。该中心位于巴西马拉尼昂州航空基地，由巴西空军与航空技术中心（CTA）等研究机构合作建造并负责维护。自军政府时期以来，巴西一直寻求与中国、美国、法国和乌克兰等国在航空研究领域开展合作。美国和乌克兰几年前对阿尔坎塔拉发射中心的兴趣取决于该中心的有利位置，因为在这里能将火箭发射到特定轨道上。现在巴西政府将再次考虑这个问题。②

实际上，费尔南多·恩里克·卡多佐执政时期，国会考虑到协议可能会导致一些不平等而对国家主权构成威胁，所以希望通过投票决定是否同意美国使用该基地。在某些方面，美国官员或军事人员在使用阿尔坎塔拉基地时，其装备和活动可能不受巴西的控制。经过15年多的时间，巴西政府于2017年6月主动提出新的协议。③

到2017年底这一问题仍未解决，但是特梅尔政府在这种情况下与美国达成协议的意愿也存在疑问。这一事件证实了巴西在对待与美国关系问题上的苛刻。巴西以互惠互利的方式提出这个建议，旨在表现新的合作兴趣。

---

① Alex Rodrigues, "Brasil e EUA fecham convênio para desenvolvimento tecnológico em defesa", *EBC Agência Brasil*, http：//agenciabrasil. ebc. com. br/geral/noticia/2017 – 03/brasil – e – eua – concluem – convenio – para – desenvolvimento – tecnologico – na – defesa, Marco 23, 2017.

② Claudia Trevisan, "Brasil envia proposta para EUA lançarem foguetes na Base de Alcântara", *O Estado de S. Paulo*, http：//ciencia. estadao. com. br/noticias/geral, brasil – envia – proposta – para – eua – lancarem – foguetes – na – base – de – alcantara, 70002018628, Setembro 27, 2017.

③ Claudia Trevisan, "Brasil envia proposta para EUA lançarem foguetes na Base de Alcântara".

巴西的其他举措似乎证实了这一解释。2017年11月，巴西、秘鲁和哥伦比亚在三国交界处开展联合军事演习。除了这三个直接参与的国家，还有许多国家受邀参与或观看此次军演。美国的参与由于其相关性而备受关注。①

除了上文提出的经济－战略－军事方面的问题，讨论苛刻的议程上的若干其他问题对聚焦2017年巴西与美国的关系是很重要的。在这方面，着重突出特梅尔政府外交部部长在2017年6月访问华盛顿时与美国国务卿雷克斯·蒂勒森（Rex Tillerson）商讨的问题。外交部第170条条款说明："外交部部长阿洛伊西奥·努内斯·费雷拉（Aloysio Nunes Ferreira）将与美国国务卿探讨关于贸易、投资、民航、航天、基建、能源、农业、医疗、数字经济、国防和安全领域的问题。这些举措旨在使双边关系更加富有活力、高效而团结，这些项目主要涉及一些具体问题，并对两国人民的生活带来显著的影响。巴西的提案以吸引私营部门、提高生产率、促进现代化和提高竞争力为目标。"②

特梅尔总统和特朗普总统2017年9月18日在纽约的拉丁美洲国家首脑会议的工作晚宴上举行会晤。此前，同年7月在汉堡举行的G20峰会上双方并没有正式会晤。晚宴与联合国大会秋季会议同时进行，按照传统，巴西代表在会上第一个发言。在这个场合，根据巴西《请看》（Veja）杂志的报道："特梅尔在外交上解决了委内瑞拉的危机，这个过程中没有受到国际干预。巴西总统表示'所有参加晚宴的人对这一主题的立场纯属巧合'。他说：'人们希望在委内瑞拉实行民主。他们不想受到外在的干预，希望各国表态。事情就是这样，每个人都想继续施加外交压力解决问题。'巴西总统

---

① Luciano Nascimento, "EUA participam como observadores de exercício militar na Amazônia", EBC - Agencia Brasil, http://agenciabrasil.ebc.com.br/geral/noticia/2017-11/eua-participam-como-observadores-de-exercicio-militar-na-amazonia, Novembro 8, 2017.

② Ministério das Relações Exteriores (MRE), "Visita do ministro Aloysio Nunes Ferreira aos Estados Unidos", Nota 170, http://www.itamaraty.gov.br/pt-BR/notas-a-imprensa/16386-visita-do-ministro-aloysio-nunes-ferreira-aos-estados-unidos-washington-2-de-junho-de-2017, Junho 1, 2017.

还提到'本次会议就制裁展开了讨论'。"①

无论巴西政府和社会及政治各部门对委内瑞拉的评价如何，美国政府的立场都是开放透明的。尽管特朗普表示有可能直接介入该国事务。巴西政府在与委内瑞拉的双边关系和参与南方共同市场及美洲国家组织的行动上表现出迎合美国的态度。这样的立场，我们称之为苛刻的议程的一部分，旨在接近美国政府。在这种情况下，在寻求与美国的接近方面，巴西与该地区其他国家是相似的，虽然巴西的做法比阿根廷和乌拉圭的做法更加激进。

严格意义上，在外交方面值得一提的是，巴西驻华盛顿大使馆一直保持低调姿态来寻求可行的方法，以推进巴西提出的苛刻议程。贸易、投资、能源、基础设施、农业、医疗、国防和安全领域的问题处于重要地位。与此同时，美国驻巴西利亚大使馆也避免大量的曝光，即使新任大使也是在2017年1月20日之前任命的。

对于巴西国会就巴美两国间的《航空运输协定》（Air Transport Agreement）展开辩论和投票的做法应该从同样的角度来理解。在名为"开放的天空"的全球讨论框架下，两国在罗塞夫政府时期于2011年3月签订该协议，但巴西国会在协议的批准方面并没有进展。有些航空公司抵制这些承诺，称其会违反政府规定向比巴西航空公司地位更为巩固的公司或者已经在巴西运营的公司开放巴西航空运输。这绝对是不平等关系。2016年，国会外交关系和国防委员会（Committee on Foreign Relations and National Defense）对此恢复辩论，但到2017年底仍未投票通过。② 目前在巴西政府内部，似乎更多地回响着坚持尽快批准协议的声音。这种情况是由于美国在谈判议程中坚持高要求。巴西方面主动提议结束谈判并提出其他要求，一定

---

① Veja（Magazine），"Temer defende solução sem'intervenção externa'para a Venezuela"，https：//veja.abril.com.br/mundo/temer-defende-solucao-sem-intervencao-externa-para-a-venezuela/，Setembro 18，2017.

② Edinho Bez，Comissão de Relações Exteriores e de Defesa Nacional，Relatório sobre Acordo sobre Transportes Aéreos entre o Governo da República Federativa do Brasil e o Governo dos Estados Unidos da América，Projeto De Decreto Legislativo n.424，de 2016，http：//www.camara.gov.br/sileg/integras/1505327.pdf.

程度上表明其对系统地改善双边关系的兴趣。同样，在奥巴马政府时期就开始的以促进巴西旅游业为名、要求巴西对美国人（还包括其他国籍公民）实行单方面免签政策的尝试也没有进展。巴西外交部表示，这一议程没有进展是因为违背了传统的互利互惠原则。

国家之间的部分谈判不仅仅取决于本国政府的政策，即使这些政策是基础。明白这个道理是很重要的，它不仅对整个国际体系有效，在分析美国和巴西的关系时也应该考虑到这一点。在这方面，有巴西工业联盟（BIC）在和诸如美国贸易代表、商务部、副总统、国会等各方举行会议时达成的文件。这些会议的议程上有一些反复出现的议题，如自由贸易协定和贸易便利化协定："缔结自由贸易协定的途径：私营部门希望与美国政府就未来达成自由贸易协定的可行性开展对话。在这方面，私营部门大力鼓励经济和贸易关系委员会（Commission on Economic and Trade Relations）根据经贸合作协定对贸易范围进行界定，以启动自由贸易谈判。""改善贸易和投资关系的基石：正在进行的商业对话和贸易便利化合作是巴西和美国之间进一步达成贸易和投资协定的基石。"①

其他议题涉及知识产权、非关税壁垒和与贸易相关的资源等。考虑到世界贸易组织（WTO）的多边性，尤其是对和美国政府及私营部门有直接联系的私人机构的兴趣，这些问题也应被纳入更广泛的议程。②

第三节讨论了巴西对双边关系的看法，开头我们指出了特朗普保护主义

---

① Brazilian Industries Coalition（BIC），"Brazilian Private Sector Priorities，Meeting with the U. S. Congress"，http：//bic - us. org/imagens_ bic/bic/arquivos/20170627/85891a2f7b2f4bc489c6d8 cdfb869868. pdf，June 21，2017；"Brazilian Private Sector Priorities，Meeting with the United States Trade Representative"，http：//bic - us. org/imagens _ bic/bic/arquivos/20170627/ 474f28d62f5149b883798f9757f613f0. pdf，June 22，2017；"Brazilian Private Sector Priorities，Meeting with the White House – Office of the Vice President"，http：//bic - us. org/imagens_ bic/bic/arquivos/20170627/1575ded483c84f74bf9a1546a7c80f90. pdf，June 20，2017；"Brazilian Private Sector Priorities，Meeting with the Department of Commerce"，http：//bic - us. org/imagens _ bic/bic/arquivos/20170627/4848d482faba4f1583300722 20230b83. pdf，June 21，2017.

② Ibid.

性质的新重商主义可能产生的后果，这有可能打破全球主义逻辑。与此不同，部分巴西私营部门现正在努力寻找自己的定位，寻求在新形势下可能存在的优势。他们可能并没有意识到，如果当前形势持续下去，会产生一系列后果。因此，2017年，巴西私营部门也参与了《北美自由贸易协定》（NAFTA）的重新谈判，认为这会给巴西带来好处。

然而，目前巴西政府希望在全球化和聚焦全球价值链的政策方面，美国能延续之前的政策。这一希望正在受到限制。与2007~2008年的金融危机一样，特朗普政府执政初期，美国将大部分筹码押在与发达国家的关系上，导致贸易风险更加突出。若干年前墨西哥①的经历就证实了这一点，也许目前更加显著。

从长远的角度来看，考虑到预期的情况不会带来剧烈的震动，就美国和巴西关系中不确定性因素和困难会占上风的观点，通过综合分析，我们认为原因如下。

（1）巴西政府的严重危机（与其他拉美国家的情况没什么不同）；

（2）看似结构化的运动超越了特朗普总统及其政府在美国的某些孤立主义、新重商主义和保护主义的特点。

因此，罗塞夫政府"树立自信"的过程很难摆脱状态不佳的阶段。这一进程在她任期末就尝试开展，特梅尔总统及其外交部部长若泽·塞拉（José Serra）和阿洛伊西奥·努内斯·费雷拉也努力争取。尽管通过高要求的议程表现出进一步的努力，但这种不佳的状态似乎是一种长期的现象。

隶属于巴西总统府秘书处的战略事务特别秘书处（SAE）2017年5月发布了题为"巴西，一个寻求伟大战略的国家"的报告，指出巴西有必要和美国保持良好的关系，同时表明应该对这种做法加以权衡，并对其更好地加以界定。②

---

① Jorge G. Castañeda, "Balance latinoamericano", *El país*, https：//elpais.com/diario/2011/01/04/opinion/1294095604_ 850215. html, Janeiro de 2011.

② Secretaria Especial de Assuntos Estratégicos（SAE）, "Brasil, um país em busca de uma grande estratégia", http：//www.secretariageral.gov.br/brasil－um－pais－em－busca－de－uma－grande－estrategia－1. pdf, Maio de 2017.

因此，我们注意到，在政府高层中，有部分人在外交政策方面努力构建与美国的"战略联盟"。郎之万（Langevin）认为，从巴西利益的最优情况出发，将某些特定部门考虑在内，美国和巴西有机会进一步融合。①

正如本文所论证的，联盟甚至是一体化的可行性，用郎之万的话说，远不是选择或利益问题，更不是政治意识形态问题。相反，在此辩论的是这种可能性面临严重的障碍。如第二节所述，用罗德里克的解释，在21世纪的第二个十年结束时，这种一体化的趋势由于受到保护主义和以"美国至上"为象征的民族主义的复兴等而被削弱。

自1993年以来，巴西一直拒绝加强与美国的一体化，以2005年拒绝签署《美洲自由贸易协定》（ALCA）为主要代表。这种抗拒来源于旨在寻求自主发展和区域一体化项目的价值观和尝试。智利、秘鲁、哥伦比亚是拉美国家中争取加强与美国的一体化的代表，但这并没有导致与拉美生产价值链的紧密融合。唯有墨西哥与美国关系独特，有效地融合在一起。

与中国的关系是一个整合与互补的例子，恰好说明了国家信誉的重要性。中国是一个能够在自主问题上的许多领域内制定和维护自身利益的国家。相互依赖的例子很多。中国持有价值1.2万亿美元的美国国债，是绝对意义上的最大债权国。2016年两国间的贸易流通量达到6500亿美元。② 相比之下，巴西是美国第四大债权国，除中国外，次于日本和爱尔兰，持债2730亿美元。③

---

① Mark Langevin, "Brazilian Foreign Policy in the Trump Era: A Chance as much as a Challenge", Geopolitics and International Relations, LAC and the World, The Trump Era, *LSE's Latin America and Caribbean Blog*, http://blogs.lse.ac.uk/latamcaribbean/2017/04/04/brazilian-foreign-policy-in-the-trump-era-a-chance-as-much-as-a-challenge/, April 4, 2017.

② United States Trade Representative (USTR), "The People's Republic of China", *U.S.-China Trade Facts*, https://ustr.gov/countries-regions/china-mongolia-taiwan/peoples-republic-china, 2017.

③ Department of the Treasury/Federal Reserve Board, "Major Foreign Holders of Treasury Securities", http://ticdata.treasury.gov/Publish/mfh.txt, December 15, 2017.

四　2017年巴西与美国之间的贸易问题分析

美国在经济领域对巴西的特殊优势表现在贸易顺差，这种说法已经司空见惯了，不是什么新闻。如表1、表2所示，根据美国人口统计局（US Census Bureau）的数据，2009~2017年，美国对巴西贸易均为顺差。

表1　美国对巴西贸易数据（2009~2017年）

单位：百万美元

年份	出口额	进口额	差额
2009	260955	200696	60258
2010	354177	239581	114596
2011	430188	317365	112823
2012	437713	321234	116479
2013	441055	275412	165643
2014	424317	300209	124108
2015	316407	274414	41993
2016	301069	260539	4053
2017	305268	242592	62676

注：数据统计截至2017年10月。

资料来源：US Census Bureau，https://www.census.gov/foreign-trade/balance/c3510.html，2017。

表2　美国对巴西贸易数据（2017年）

单位：百万美元

月份	进口额	出口额	贸易差额
1月	27365	22299	5066
2月	26478	20057	6421
3月	27731	24022	3709
4月	28093	23364	4729
5月	33201	24724	8477
6月	29524	25771	3753
7月	31729	24865	6864

续表

月份	进口额	出口额	贸易差额
8月	32327	28867	346
9月	32396	23856	854
10月	36424	24767	11657
总额	305268	242592	62676

资料来源：US Census Bureau, https：//www.census.gov/foreign – trade/balance/c3510.html, 2017。

虽然美国和巴西之间的贸易额大约占巴西贸易总额的13%，但巴西与美国的贸易仅占美国对外贸易总额的2%。即使考虑到这一不利的失衡因素，巴美贸易的特点对巴西企业家依然是有利的。巴西的出口产品具有相对较高的附加值。机器、机械产品、飞机和能源大约占对美出口额的50%，农业和矿产品占25%左右，工业半成品占20%左右。美国对巴西的出口主要是高附加值的工业制成品，占巴西从美国进口总额的90%以上。

巴西可以更好地利用普惠制（GSP）——美国等发达国家给欠发达国家提供的出口关税优惠的机制。通过普惠制，有一系列产品可以免关税出口到美国。根据巴西外贸委员会执行秘书（CAMEX）的说法，巴西并未充分利用普惠制：美国贸易代表处网站上公布的可免关税进入美国的巴西产品共有3472种[1]，而2011~2015年巴西仅向美国出口其中的1602种（年均950种）。巴西外贸委员会代表克里斯蒂安妮·S. 阿基诺·博诺莫（Christiane S. Aquino Bonomo）在巴西贸易与投资促进局（Apex-Brazil）举办的一个研讨会上表示，他们一直在努力改变这个数字，2016年尽管出口总体上出现下降，但他们对普惠制的利用已经有所改善。普惠制在2017年底失效，美国国会有权对其进行修订。在对双边关系的分析中，值得注意的是，很多从巴西进口商品的美国公司对普惠制的修订感兴趣，而且有一个名为"普惠

---

[1] United States Trade Representative (USTR), "GSP-Eligible Products 2017", https：//ustr.gov/issue – areas/trade – development/preference – programs/generalized – system – preferences – gsp/gsp – program – i – 0, 2017.

制联盟"① 的组织给国会施压以修订普惠制。

为更好地理解国家间关系的趋势和基本问题，有必要认识到，一些工业集团和部门倾向于把普惠制工具化，以便使其成为讨价还价的筹码或施压的工具，敦促美国政府与其他国家进行公平交易。因此，即使地域性强的或具体的问题，甚至只对某些部门有意义的问题，最终在美国的很多商业外交行动上都因其典型性而有意义。乙醇的案例就是这种状况的集中体现。

（一）乙醇案

2017年7月，作为一项贸易保护措施，巴西政府将美国乙醇的进口免税配额定为6亿公升/年，之后对该国的能源进口征收20%的关税。该措施两年内有效，到期可重新评估。外贸委员会的这项措施得到巴西农业部部长布吉罗·马吉（Blairo Magg）的鼎力支持。这一贸易保护机制的实施是因为2017年上半年巴西从美国进口的乙醇量已达到2016年全年进口量的两倍。

以可再生燃料协会（RPA）、成长能源（Growth Energy）和美国谷物理事会（U.S. Grains Council）为代表的美国产业界的反应是，立即寻求政府的支持来废除上述措施："这三个与美国农业部合作，并为美国乙醇开发海外市场的组织，现正在恳求政府立即与巴西当局就未来生物燃料方面的合作建立联系。政府应该立即采取行动，并考虑一切方法鼓励巴西撤销免税配额或大幅提高免税配额，以更好地反映当前的乙醇市场及贸易现状。"②

上述三个组织致信给美国贸易代表，并抄送给美国农业部、白宫和商务部，要求将巴西从普惠制中移除，除非巴西能撤销美国进口乙醇的免税配额："我们来信告知您，我们请求根据普惠制暂停巴西受惠国待遇。巴西实施关税配额（TRQ）属于保护主义和扭曲市场的做法，影响了美国的乙醇进口，根据美国19号法规第2462条的规定，我们认为巴西不再有资格享受

---

① Coalition for GSP, http://renewgsptoday.com/news/, 2017.
② Emily Druckman, "American Biofuels Producers Demand U. S. Government Respond to Brazilian", Renewable Fuels Association (RFA), http://www.ethanolrfa.org/2017/09/american-biofuels-producers-demand-u-s-government-respond-to-brazilian-tariff/, September 7, 2017.

普惠制待遇……进一步说，2016年巴西向美国出口了价值262亿美元的产品，其中包括约33亿美元的农产品。美国对外农业服务局（FAS）的数据显示，2016年美国在农产品和乙醇方面对巴西的贸易逆差达27.6亿美元。尽管这种贸易关系不平衡，美国农业部门已经将巴西视为重要的贸易伙伴以及商品和服务的宝贵市场，因此鼓励将巴西指定为普惠制受惠国。这一待遇使巴西在2016年成为第三大受益国，符合规定的贸易额价值22亿美元。"①

为了理解这些争端和其他争端产生的背景，必须再次审视关于不平等关系的话题。不管是在全球化背景下，还是在保护主义背景下，这都是一个争议不断的话题。巴西政府和以甘蔗工业联盟（UNICA）为代表的私营部门联手努力抵制美国对巴西乙醇的二级关税。到2011年底，美国国会没有对这项关税进行延期，从那时起，这两个国家在生物燃料方面实际上处于自由贸易的状态。

正如对乙醇问题②和其他领域，特别是农业领域③的问题展开的讨论，通过抵抗或者是强加的力量，甚至是通过世界贸易组织及其争端解决机构（Dispute Settlement Body）等国际组织的影响来解决争端，恰好显示了不平等关系和经济力量背景下的不平等。不管2017年巴西对美国乙醇的配额和关税设置这一具体问题的结果如何，特朗普政府的保护主义政策可能会导致巴西成本的增加通过其他领域的补偿来实现。值得一提的是，这种立场在奥巴马政府及前几届政府都出现过。这种不对称关系导致长期争端不断重演，可能会使美国对其生产部门进行结构性调整。这使巴西方面的调整也成为可能，却对巴西不利，就像之前发生的乙醇案一样。巧合的是，2017年，中

---

① Renewable Fuels Association, Growth Energy, U. S. Grains Council, "Letter to the United States Trade Representative, Robert E. Lighthizer", https：// secure – hwcdn. libsyn. com/p/8/f/e/ 8fe403e78c3cdfc3/ustr – brazil – letter. pdf？c_ id = 17711131&expiration = 1515434572&hwt = 01066c6ffc43432028c39ef6cbd9501e, November 9, 2017.

② Laís Forti Thomaz, *As coalizões de defesa e as mudanças na política externa comercial e energética dos Estados Unidos para o etanol em* 2011（PhD Dissertation）, UNESP, https：// repositorio. unesp. br/handle/11449/137930, 2016.

③ Thiago Lima, *A resiliência da política de subsídios agrícolas nos EUA*（PhD Dissertation）, UNICAMP, http：//repositorio. unicamp. br/jspui/handle/REPOSIP/281267, 2014.

国也对美国乙醇实施了反倾销关税。①

由于上述原因,与乙醇利益直接相关的美国公司正努力争取给政府施压,要求采取一切措施以免费进入巴西和中国市场。

(二)钢铁案

当特朗普总统要求美国商务部根据第232条规定对美国钢铁进口进行调查时,钢铁案就开始了。第232条规定是美国商务部执行的行政程序,通过该程序来判断某些特定的进口商品对美国国家安全的影响。钢铁运用于军事工业,也是那些生产多种产品的公司的基础原料。因此,从历史上看,国内生产的下降相对于国际竞争的加强,会使该行业面临风险,让国家更加脆弱。

第232条规定机制在过去的54年里只用了26次,其中5次是总统的决议,只有一次起作用。虽然因钢铁而起的贸易纠纷发生过多次。另外值得关注的是,特朗普及其团队倾向于将这一措施付诸实践,因为大选中他承诺让铁锈区(Rust Belt)的民众重新获得工作,并因此受到广泛的支持。美国政府似乎有意限制中国的出口,但这会直接影响巴西的利益,因为巴西是美国第二大钢材出口国,约390万吨。值得注意的是,2016年,巴西向美国出口价值17亿美元的450万吨钢材。巴西圣保罗州工业联合会(FIESP)对此撰写了一份技术报告,表达其对特朗普政府态度的关切。②

2017年9月,一个旨在维护巴西产品利益的贸易代表团成立了,成员包括巴西发展、工业和对外贸易部代表,巴西驻华盛顿大使馆代表,巴西钢

---

① Emily Druckman, "China's Anti-Dumping, Countervailing Tariffs on U. S. Ethanol, DDGS Exacerbating Trade Deficit, RFA Tells Government", RFA, http://www.ethanolrfa.org/2017/05/chinas-anti-dumping-countervailing-tariffs-on-u-s-ethanol-ddgs-exacerbating-trade-deficit-rfa-tells-government/, May 18, 2017.

② FIESP, "Nota Técnica - Section 232: Restrições norte-americanas às importações de aço por razões de Segurança Nacional", http://www.fiesp.com.br/indices-pesquisas-e-publicacoes/nota-tecnica-section-232-restricoes-norte-americanas-as-importacoes-de-aco-por-razoes-de-seguranca-nacional/, Julho 11, 2017.

铁公司董事会主席和执行总裁,巴西米纳斯吉拉斯钢铁公司(Usiminas)商务总监和巴西BIC银行执行董事等。在向美国当局提交的文件中,倡导者强调:"与其他贸易伙伴不同,巴西出口到美国的钢材中80%是半成品,用作美国钢铁生产商的预制原材料。从巴西的进口对美国钢铁生产产业是一种补充,能够提高美国制造业、农业企业和基础设施项目的竞争力。在上次232条规定调查中,美国政府已将巴西视为可靠的、能够保证国家安全的供应商。巴西正准备与美国钢铁部门和政府合作,为解决全球生产能力过剩的问题发挥全面而富有建设性的作用。美国对巴西贸易顺差已持续了十多年。通过加强双边业务关系,以投资和贸易的方式创造就业机会,巴美两国已经建立了牢固的经济和政治关系。仅在钢铁行业,美国生产设施的价值就超过了110亿美元。从巴西进口钢铁已经受到反倾销和反补贴关税的严重影响。鉴于以上原因,第232条规定,在美国钢铁进口的国家安全调查中,应将巴西排除在外。"①

为了避免受到第232条规定的影响,巴西强调之前提到的美国贸易顺差,如前所述,这对该国的国际经济关系的健康发展是不利的。此外,巴西工业部门公布了在钢铁业生产链方面,巴西子公司在美国10个州所创造的工作岗位数。这是因为巴西出口的大部分钢铁属于半成品。需要注意的是,巴西的辩护理由是否适用于特朗普政府的新理念。因此,本文的核心观点(一体化及合作政策的不确定性和困难)似乎得到了强化。以合作为由提出苛刻议程的可能性似乎与美国内部管理和部门企业之间就能解决的利益问题背道而驰。

2017年10月19日,巴西发展、工业和对外贸易部部长马科斯·佩雷拉(Marcos Pereira)和美国商务部部长威尔伯·罗斯(Wilbur Ross)在华盛顿举行会谈。巴西政府希望即使第232条规定生效,巴西也会被排除在外。2018年3月8日,美国宣布对钢铁和铝制品分别征收25%和10%的额外进口关税。该措施于2018年3月28日起开始生效。6月1日,巴西获得了美国钢铁关税豁免。

---

① Federative Republic of Brazil, AIDE-MEMOIRE, Brazil-US Partnership in the Steel Sector Inputs to Section 232 National Security Investigations, http：//inthemine.com.br/site/wp-content/uploads/2017/09/Posicao-Brasileira.pdf, 2017.

（三）牛肉案

巴西为使牛肉能进入美国市场，进行了17年的谈判，直到2016年才获得美国的出口授权。然而，2017年6月，美国以巴西新鲜牛肉未能通过美国农业部（USDA）的检测为由，停止从巴西进口牛肉。① 美国农业部部长桑尼·珀杜（Sonny Perdue）发表声明说："保证国家食品安全是我们最重要的使命之一，我们必须严肃对待。虽然国际贸易也是我们农业部工作的一个重要部分，而且巴西也一直是我们的合作伙伴之一，但是我最重要的任务是保护美国消费者的利益。停止从巴西进口新鲜牛肉就是保护美国消费者的利益。农业部食品安全检验局不惜一切代价保障我们提供给美国家庭食物的安全，他们的工作是值得赞扬的。"②

牛肉检测中不合格率达到11%，可能与为预防口蹄疫接种的疫苗有关。2017年3月，巴西爆发"过期肉"丑闻，产品的质量遭到质疑，因此美国加强了对从巴西进口新鲜牛肉的检测力度。巴西联邦警察局对此展开调查，证实了巴西最大的肉类生产企业存在违规行为。警察局调查后，欧盟和其他国家立即限制进口巴西肉类，美国没有立即这样做。但是美国最终还是声称出于安全需要停止从巴西进口新鲜牛肉。针对牛肉案，和其他案例一样，巴西政府内部缺乏协调，直接削弱了生产部门。

巴西农业部部长布吉罗·马吉（Blairo Maggi）在2017年12月发表的声明中表示美国的禁令很快就会解除，美国农业部的所有要求巴西相关部门都满足了。③ 但是不含肥皂精的口蹄疫疫苗何时上市仍不确定，这是美国实施禁令的原因之一。

---

① Ivana Kottasová, "U. S. Bans Imports of Brazilian Beef over Safety Concerns", CNN, http://money.cnn.com/2017/06/23/news/us-bans-brazil-beef-imports/index.html, June 30, 2017.
② United States Department of Agriculture (USDA). "Perdue: USDA Halting Import of Fresh Brazilian Beef", Press Release, Release No. 0063.17, https://www.usda.gov/media/press-releases/2017/06/22/perdue-usda-halting-import-fresh-brazilian-beef, June 22, 2017.
③ Reuters, "Ministro diz que Brasil está perto de retomar envio de carne in natura aos EUA", https://br.reuters.com/article/businessNews/idBRKBN1E62PZ-OBRBS, Dezembro 12, 2017.

五 结语

本文认为必须考虑结构性趋势。那么，与总统宝座本身及其竞选的特殊背景相比，特朗普政府的保护主义立场更值得关注，这与罗德里克的解释是一致的。文章第四部分中分析的乙醇案、钢铁案和牛肉案三个案例表明，在维护部门和企业利益的前提下可以实行更进一步的行动。

在试图了解2017年特朗普政府执政第一年美国与巴西的关系时，巴西在一些问题尤其是主要问题方面要求很高，上文分析的大范围的谈判就说明了这一点。在这种情况下，巴西试图抓住美国的利益诉求来与其讨价还价。本文分析了美国政府及私营部门方面对此共鸣不强的原因。对于巴西来说，2016年开始的政治危机表明巴西政府的信用度不高。寻求和其他伙伴更好的合作，本文中即和美国的合作，并没有取得实质性的进展。

另外，美国方面，新政府没有明确的计划，也没有更周全的提议，只有一个"日常生活"的议程。分析美国内部问题，有来自社会的反对力量。2016年美国大选展示了保护主义的力量，这在很大程度上影响了包括巴西在内的所有国家的出口。总统及其贸易团队、美国商务部部长威尔伯·罗斯、美国贸易代表罗伯特·莱西泽尔致力于控制进口高附加值的产品，增加本国出口，例如上文讨论过的对向巴西出口乙醇很感兴趣。通过增加美国工业就业机会来保护钢铁产业，意义也是一样的。特朗普政府坚持保护主义原则，与历史上共和党人的立场形成鲜明对比，这对那些在对外关系方面以美国为主要贸易伙伴的国家来说，以后的道路会更加艰难。

矛盾的是，自由主义思想对巴西的影响以及随之而来的期待更多来自自由贸易方面的压力，加之对罗德里克的"超全球主义"说法的支持，这些是与美洲关系的发展方向背道而驰的。这并不意味着从整体上国际贸易不能继续充当经济的杠杆。2017年，国际贸易的增长超过了全球产品的增长。劳工党之所以在巴西失去了执政地位，可能与美国的支持和介入密切相关。显然这个假设并不成立。在全球化进程中，巴西参与全球产业链的行动可能会获得美国政府和企业集团的支持，却使这项行动的可行性降低。

本文所提供的信息和展开的分析，证明了巴西与美国在经济和商业领域进一步融合与合作的实际障碍。因此结论是，两国关系的不稳定性可能会持续。在巴西，社会、精英和国家都难以确定战略目标。这是因为巴西政府精英似乎不情愿将国家长期发展规划作为国家的政治传统。或许他们能得到大部分中产阶级甚至是大众的支持。至少短期内，现任政府不愿在巴美关系中引起政治和意识形态冲突的意愿很难促进进一步的经济合作和友好往来。上文已对原因进行了分析。

假如特朗普政府接受那些支持特梅尔政府的政治和经济势力，那么两国之间的合作对美国是有利的，而且与"美国至上"的观念兼容，但是必须记住，这对双边协议来说是有法律障碍的。有些障碍来自巴西参与南方共同市场。因为这个原因，南方共同市场在巴西受到强烈的批评，但并没有阻止支持或者反对它的运动。对区域一体化的强烈批评与有利于多样化的话语互补，强调捍卫与核心国家的关系。同样，尽管没有设定正规的法律界限，但特梅尔政府维护与金砖国家关系方面表现出的巴西利益，客观上是对美国做出更大的承诺。巴西这些年签订的正式和非正式协议，也增加了以国际市场为导向的结构变化的成本。

Y.6
巴西、南方共同市场和南美新自由主义浪潮

〔巴西〕Marcos Cordeiro Pires 〔巴西〕Hermes Moreira Jr. 刘 明译*

摘 要： 本文旨在对2017年南方共同市场的发展情况做一介绍和分析。在这一年中，南美地区保守型政府崛起，导致区域一体化政策发生180度的转变：迪尔玛·罗塞夫总统遭到弹劾被革职，米歇尔·特梅尔继任巴西总统；毛里西奥·马克里当选阿根廷总统，结束了庇隆主义/基什内尔主义长达12年的统治；委内瑞拉陷入政治危机，右翼党派迫使尼古拉斯·马杜罗下台未果。因此，保守的、市场导向型的倾向愈加明显，例如南方共同市场中止委内瑞拉的成员国资格，寻求与太平洋联盟建立亲密关系，加强与欧盟在签订自由贸易协定方面的谈判。从这个意义上来说，本文分为三个部分：第一部分简要介绍该地区以"粉色浪潮"的结束和保守主义势力的崛起为特征的政治形势；第二部分分析委内瑞拉危机作为限制南方共同市场的因素，它险些使南方共同市场的运行瘫痪；第三部分探讨南方共同市场重新寻求与太平洋联盟建立友好关系并恢复与欧盟的谈判，来实现经济一体化和贸易自由化的问题。

关键词： 巴西 南方共同市场 粉色浪潮 委内瑞拉危机

---

* Marcos Cordeiro Pires，经济史博士，巴西圣保罗州立大学政治系与经济系副教授；Hermes Moreira Jr.，国际关系学博士，巴西格兰德多拉杜斯联邦大学国际关系学教授。

巴西、南方共同市场和南美新自由主义浪潮

一 南美从"粉色浪潮"到"市场友好型"政府的回归

除了都是南美国家之外，委内瑞拉、智利、巴西、阿根廷、乌拉圭、玻利维亚、厄瓜多尔和巴拉圭在过去的 20 年中还表现出一些共同的特征。这些国家的政治体系已形成一种现象，被称为"粉色浪潮"。同历史上这些国家政权的状况相比，这是该地区激进主义政府的群起时期。在某种程度上，糟糕的经济和社会形势，以及群众对当时体制及支持政府实行新自由主义改革的精英政治阶层的不信任和不认可，促进了"粉色浪潮"的兴起。

哥伦比亚和秘鲁是这一运动中的例外。但 20 世纪 90 年代末以来，南美大陆各国各届政府都促进了该大陆戏剧性的发展，包括委内瑞拉的乌戈·查韦斯（Hugo Chávez）政府（1999~2013 年）和尼古拉斯·马杜罗（Nicolás Maduro）政府（2013 年至今）；智利的里卡多·拉戈斯（Ricardo Lagos）政府（2000~2006 年）和米歇尔·巴切莱特（Michelle Bachelet）政府（2006~2010 年/2014 年至今）；巴西的卢拉·达·席尔瓦（Lula da Silva）政府（2003~2010 年）和迪尔玛·罗塞夫（Dilma Rousseff）政府（2011~2016 年）；阿根廷的内斯托尔·基什内尔（Néstor Kirchner）政府（2003~2007 年）和克里斯蒂娜·基什内尔（Cristina Kirchner）政府（2007~2015 年）；乌拉圭的塔瓦雷·巴斯克斯（Tabaré Vázquez）政府（2005~2010 年/2015 年至今）和白贝·穆希卡（Pepe Mujica）政府（2010~2015 年）；玻利维亚的埃沃·莫拉莱斯（Evo Morales）政府（2006 年至今）；厄瓜多尔的拉斐尔·科雷亚（Rafael Correa）政府（2007~2017 年）和莱宁·莫莱诺（Lenin Moreno）政府（2017 年至今）；以及巴拉圭的费尔南多·卢戈（Fernando Lugo）政府（2008~2012 年）。

这些政府领导人的社会和政治根源以及领导风格大相径庭。然而，他们所引领的运动可以被归为一类，因为他们都诉诸竞选和政府的力量来阻碍新

自由主义改革的推行。他们的前任在华盛顿共识的框架下在各自国家实行新自由主义改革,同时在对美国政策方面,倡导自主的地区一体化。总的来说,他们在两个方面是成功的。为了反对新自由主义,他们重视国家在经济增长和促进收入分配过程中的引导作用。为了加强地区一体化以减轻对美国的依赖,他们成立了南美洲国家联盟(UNASUR)和拉美加勒比共同体(CELAC),努力将除贸易外其他领域的多边行动制度化,例如基础设施建设投资、社会发展、基础教育和高等教育以及国防政策。

这样,我们可以想象,国家主义领袖的崛起和委内瑞拉查韦斯政府(该政府在推行社会政策方面花费了大量来自石油业的财政资源)的国家资助计划以及宪法改革进程的实行是基于"21世纪玻利瓦尔社会主义",它们重构了委内瑞拉的政治体系和社会参与模式。

在这种背景下,有可能在统治智利的拉戈斯和后来的巴切莱特联盟内部形成激进的措施,将智利协商联盟(Concertación)左派化。在这种情况下,左派的社会议程便十分重要,如采用更严苛的法律来应对各种歧视行为,促进婚姻"平等"以及加大同性伴侣领养孩子的可能性。扩大国民医疗覆盖率以及开放数以千计的公共日间托儿所,此外还清理了拉美第一次实行新自由主义所遗留的部分问题。

在巴西,左派同样取得政治权利,冶金业工人、工会前会员路易斯·伊纳西奥·卢拉·达·席尔瓦(Luiz Inácio Lula da Silva)连续三次落选后上台执政。卢拉任期内,政府将扶贫政策置于重要地位,同时通过相关政策拉动中下阶层的消费。通过对广大内陆地区的大规模基础设施建设和经济社会发展的公共投资,这个拥有广阔领土和2亿左右人口的国家通过多年的努力基本达到了全部就业的指标,工资水平也有所提升。

在阿根廷,基什内尔政府(内斯托尔和之后的克里斯蒂娜)对经济和社会发展实行了强有力的国家干预,这些干预政策重视媒体管制、社会救助和创造就业机会。政府面临来自诸如国际货币基金组织、世界银行等国际金融组织,以及养老基金和大型投机商等金融市场代理商的强烈反对,这导致政府精疲力竭。

在乌拉圭，执政党广泛阵线（Frente Amplio）在安比里奥和塔瓦雷·巴斯克斯以及之后的白贝·穆希卡的领导下，对国家进行公共投资以创造工作岗位，并开始实行积极的税制改革，以减少社会赤字。乌拉圭凭借其稳固和老练的官僚体系能够在教育和健康领域实行一些新举措。此外，他们还致力于一些传统的社会计划，例如建设大众住房及其他激进的措施，如监管大麻的生产和销售以及使堕胎合法化。

在巴拉圭，即便是在费尔南多·卢戈的短暂任期内，该国仍与巴西和阿根廷就能源协定条款展开谈判，旨在就能源销售与两国分别共建并协同管理的伊泰普水电站（巴西）和雅西雷塔水电站（阿根廷）的多余产能达成共识。卢戈执政的第一步就是实行土地改革，但在国会发动政变后受到阻碍。

另外，在"粉色浪潮"高涨期间，那些土著人口占多数的国家，有机会把个人的意志体现在新宪法当中，而这之前是被国家体制和政治游戏忽略的，埃沃·莫拉莱斯执政时期的玻利维亚和拉斐尔·科雷亚执政时期的厄瓜多尔就是如此。拿玻利维亚来说，这种多民族国家的典型特征就是自然资源的国有化，这在所谓的"天然气战争"中表现得尤为明显。这使玻利维亚的人均收入得以大幅度提升，同时也使对基本卫生服务和儿童早期教育的公共投资得以增加。

在厄瓜多尔，在社会身份和权利认同方面被认为是全世界最先进之一的宪法的颁布，使民众在国家的政治生活和民主深化过程中的参与度提升，克服了以往国家在领导力方面不断出现的不稳定局面。

然而，尽管在减少贫困、创造就业岗位、提高识字率和加强民众健康等社会指标方面取得了显著成绩，但这些都是在否定新自由主义政策的前提下进行的，拉美地区"粉色浪潮"的领导者们未能解决好该地区的一些结构性问题：过度依赖初级产品，全球产业链和跨国生产网络的距离问题，地方腐败以及政治机构的脆弱性。这一方面意味着仍有转变提升的空间，另一方面也意味着这些问题可能会被反动派利用，从而将改革派领导人赶下台。

21世纪前十年国际商品价格的上涨（所有南美国家主要的出口产品）使南美国家的财政收支得以平衡，并缓解了新执政者们紧张的财政状况。因此，在商品价格居高不下的时候，公共投资和收入分配政策的推行在国家经济结构没有实现重大转型的情况下是可行的。然而，在短暂的幸运期过后（之所以短暂是2008/2009年全球金融危机所引发的国际需求锐减和2013年中国经济增速放缓），这些国家的经济形势变得更为复杂，用于维持社会政策和公共投资的资源也少了。对商品的过度依赖、经济活动单一以及面对国际形势的脆弱性成为"粉色浪潮"政府的软肋。

另一个敏感的问题（并非进步政府通常所做的）是南美国家进入跨国生产体系和全球价值链的问题。产生这一问题的原因在很大程度上在于技术落后，在一些复杂的经济部门缺少加工型产业以及技术型劳动力。但即使作为一个基础投入品的提供者或大型跨国企业产品的组装部门，该地区也在活跃的国际贸易中参与度很低，其中的原因主要在于"粉色浪潮"的领导者无法保证与发达国家在主要跨地区或双边贸易协定中的参与度，只有智利除外。

对于"粉色浪潮"的领导人来说，可能主要的挑战在于继承了高度腐败的体制，腐败已经成为该地区政治的主要特征，在公共机构和私人企业中十分普遍。尽管公共部门努力增加透明度，或加强在反腐败方面的立法，但实际上改革派政府仍然无法逆转这种趋势。对此，司法部门和政治反对派打着反腐败的旗帜来削弱"粉色浪潮"政府。这种得到商业媒体大力支持的策略，对于由本身的经济危机所引发的政治腐败来说是很致命的。

最后，尽管这些部门的需求没有被南美的政治和经济精英们公之于众，但"粉色浪潮"在加强国家政治体制方面并不成功。这在巴西本国人对政客、党派、各州的公共机构以及民主本身的高度不信任中可以看出。另外，对于民众来说，军队、教会和媒体依然被视作增强信心的来源。近些年需要一场新的、保守的和倒退的浪潮来拯救南美。

需要强调的是，"粉色浪潮"的退却在不同国家表现为不同的强度。在不同国家，保守的精英们实施了不同的政治策略。其中一些国家通过制度渠道取得了胜利，如智利、阿根廷和厄瓜多尔，其他国家通过结束现有体制或由可疑的政治安排取得成功，如巴西和巴拉圭，还有深陷长期制度危机的例子，如委内瑞拉。

第一种策略形式出现在毛里西奥·马克里执政时期的阿根廷，以及最近塞巴斯蒂安·皮涅拉执政时期的智利。内斯托尔和克里斯蒂娜两种形式的冲突所导致的基什内尔主义的退却，从而在经济形势出现疲软的时候，这个问题被反对派所利用。他们号召大家关注由保护主义所引发的危机，并结束基什内尔政府在这12年内所采取的模式，即强调高通胀、大豆价格的下降以及私人投资的匮乏。国际代理商在涉及与所谓"秃鹫基金"的债权人重新谈判债务问题时加大了对政府的压力。在这种情况下，毛里西奥·马克里，一个在竞选演讲中关注贸易开放和减少国家干预的企业家和自由主义的政治家，得到了来自大型媒体集团、企业家、农村势力和金融系统的广泛支持，使得他在2015年10月激烈的总统选举中击败了对手丹尼尔·肖利（Daniel Scioli）。

在智利，保守派商人和前总统塞巴斯蒂安·皮涅拉（Sebastián Piñera）卸任4年后再次上台执政，就像他的前任米歇尔·巴切莱特那样。虽然智利不允许直接连任，但在他的下届任期届满时，他可以找到让人信服的理由跨届连任。即使用南美的标准进行公正地衡量，这在上个十年似乎仍是一项艰难的任务，尤其是当铜的价格下降、公共债务增长以及联邦财政赤字导致智利国内生产总值增长率出现下降的情况下。

第二种类型的转型以巴拉圭和巴西为典型代表，它们的例子更具争议性，巴拉圭是典型案例。2012年，巴拉圭农村发生了一场严重的土地冲突，造成了17个农民和警察死亡。巴拉圭议会以本次事件中总统的行为和导致的后果为由指责总统渎职。议会在48小时内，在副总统所在党派的代表和议员的支持下，使费尔南多·卢戈被迫离开职位接受弹劾，从而引发争议。这场危机导致巴拉圭被中断了南方共同市场成员国资格，直到进行新的直接选举。

同样的情况也在巴西上演。在罗塞夫再次当选并开始了劳工党第四届连续的总统任期之后不久，反对派候选人艾维奥·内维斯（Aécio Neves）不承认罗塞夫的胜利，并要求最高选举法庭重新统计选票。在接下来的几个月开始了一系列的政治危机，无论是在强大的国家压力下对总统的恶意攻击使其筋疲力尽，还是国家经济形势的恶化，都是由于收支平衡的危机和在"洗车行动"中对腐败的公开起诉，以及受反对党和政治领袖的鼓动进行的大街示威行动。通过一些无事实根据的试探，国会基于《财政责任法》（Fiscal Responsibility Law）里面有争议的解释性条款对总统实行弹劾诉讼。在众议院时任主席爱德华多·库尼亚（Eduardo Cunha）（与副总统同属一个党派）的推动下，在差不多六个月的激烈的议会讨论和扩大的街头抗议活动的形势下，对罗塞夫的弹劾进程大大加快。2016年8月，罗塞夫被她的副手特梅尔取代。

这四个例子尽管每个都有其自身的特点，但都显示出所谓的"粉色浪潮"的退却。这种变化发生在拉美国家的政府层面的同时，还导致了两个更严重的负面影响：人民权利和社会指数的下降，以及不稳定和政治动乱的重演。

在一个收入高度集中、经济和社会发展呈现孤岛式发展的高度不平等的社会里，国家在分配方面的政策可能会使这种状态持续下去。国家的最低限度干预理念，在20世纪80年代初的新自由主义时代被大力提倡，并在接下来的"粉色浪潮"中被政府予以延续的情况下，剥夺了数以百万计的南美下层民众在教育、健康、基础卫生、基础设施方面的权利，并把能为人民创造工作岗位和收入的投资决定权交给市场。实际上，这些新领导人的保守倾向对这一系列在收入再分配和加强人权、少数族裔和特定群体的民主化方面的进步构成了威胁。社会因此会重返21世纪初的那种无助的困境。

另外，由反对派和传统媒体所带来的不利影响消磨了"粉色浪潮"的领导者们，这也腐蚀了该大陆再民主化进程施行后得以大力加强的制度结构。近些年，随着通过正常选举的渠道上台的政府能够完成它们的任期，民主在拉美地区变得更加稳固，这在南美历史上是个例外。然而，反对派实行的路线对这种状况构成了威胁，无论是从国家层面的、由进步主义领导人公开实行的、具有冲突和破坏性质的行动，还是在地区层面将区域一体化机制（例如近年来一直充当南美大陆冲突和紧张局势调解人的南美洲国家联盟）架空都是如此。拉美国家倾向于加强与域外国家的政治沟通趋势变得明显，表现为南方共同市场与太平洋联盟协商合并事宜，或者与欧盟达成自由贸易协定，巴西甚至试图加入经济合作与发展组织。顺便提一下，最为明显的一点就是，放弃地区一体化政策将会为美国和其他主要大国施加影响力以影响拉美国家的内部事务，或为实现完全不对等的双边贸易扫清道路。

最后，有必要强调的是，当普通大众面临保守派所引发的挫折时，采取极端的措施是有可能的，例如20世纪南美洲的几次典型的政变尝试。事实上，在2010年仍处在拉斐尔·科雷亚统治时期的厄瓜多尔的安全部队危机就没有成功。然而，当时在大约75%的民众支持该运动的情况下，科雷亚依然掌握着权力，并能够在2017年选择其下一任莱宁·莫雷诺。然而，莫雷诺就职后断绝了与科雷亚的政治关系，并与右翼反对派势力结成联盟。

另外，最严重的情况之一，以及试图破坏由"粉色浪潮"所引领的改革的典型就是委内瑞拉的政治形势。委内瑞拉是第一个选举出具有反新自由主义理念且领导人带有重新实行进步主义特点的国家。委内瑞拉人生活在严重的经济危机中，这种经济危机因反对派所带来的政治危机而加深，反对派将主要目标放到那些权利被政府剥夺得最多的人身上，在下一部分我们将会看到。

二 委内瑞拉危机及其对南方共同市场的影响

2014年以来影响南方共同市场成员国的经济危机与2014~2016年主要商品价格的下跌有关。总的来说，外贸危机已蔓延到所有国家的国内市场，在此期间，国内产品出现强劲收缩，扭转了与所谓的"粉色浪潮"或"政治左转"相一致的发展态势。

在委内瑞拉的案例中，大宗商品危机的后果是灾难性的，94%的出口与石油部门有关，40%的国家预算也是如此。大部分收入来自委内瑞拉国家石油公司（一家国有石油公司）。图1显示了2011~2017年石油价格的趋势。

正如我们所看到的,起初,国际油价在 120 美元左右,到 2016 年初达到接近 35 美元一桶的低点。即使在 2017 年下半年价格已经回升,但仍只占繁荣时期的一半。油价下跌的一些原因被解释为供应过剩,石油输出国组织(OPEC)拒绝削减产量以及美国增加页岩气产量。① 另外,有人认为沙特阿拉伯不愿减产将是对其大敌伊朗的一种战争策略,也会影响其他一些视美国为敌人的国家的看法,例如俄罗斯和本文中的委内瑞拉。②

图 1　国际油价:布伦特和西德克萨斯中间商(2011～2017 年)

资料来源:U. S. Energy Information Administration,"Today in Energy",https://www.eia.gov/todayinenergy/,January 3,2018。

石油价格下跌的影响见图 2。图 2 表明,2016 年的出口不到 2012 年最高值的 1/3。在这种情况下,进口货物的供应受到严重影响,这可以从该国粮食和药品等基本必需品的严重短缺中得到印证。从保守的观点来看,这场危机源于马杜罗政府的干涉性政策。③ 从政府的角度来看,它们源于一场阻

---

① BBC,"Falling Oil Prices:Who are the Winners and Losers?",http://www.bbc.com/news/business-29643612,January 19,2015.
② INDEPENDENT,"In Saudi Arabia's Quest to Debilitate the Iranian Economy,They Destroyed Venezuela",http://www.independent.co.uk/voices/venezuela-saudi-arabia-oil-prices-iran-price-war-inflation-destabilisation-a7883846.html,August 9,2017.
③ CNN MONEY,"Venezuela:How a Rich Country Collapsed",http://money.cnn.com/2017/07/26/news/economy/venezuela-economic-crisis/index.html,July 30,2017.

碍社会主义经济发展的经济战。① 事实上，没有人能否认油价下跌对委内瑞拉经济的强烈影响。

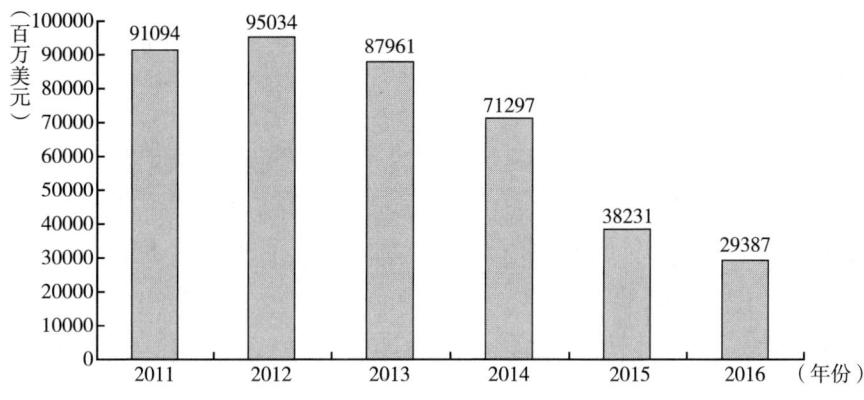

图 2　委内瑞拉货物出口（2011～2016 年）

资料来源：UN COMTRADE ，"Venezuela（Bolivarian Republic of）"，https：//comtrade. un. org/pb/CountryPagesNew. aspx？y = 2015，2017；CEPALSTAT，"Bases de Datos y Publicaciones Estadísticas"，http：//estadisticas. cepal. org/cepalstat/Perfil _ Nacional _ Economico. html？pais = VEN&idioma = spanish，2017。

经济危机的恶化加剧了自 2002 年以来潜在的委内瑞拉政治危机，当时，保守势力试图通过军事政变推翻总统查韦斯的统治。自那时以来，委内瑞拉的政策相当激进，因为政府通过社会政策获得了民众的大力支持，这些政策得到了来自委内瑞拉石油工业收入的支撑。政府得到了自 1999 年以来举行的多次选举的普遍支持，除了 2009 年修改宪法的全民投票和 2015 年国民大会选举，在此次选举中，反对党通过"民主团结圆桌会议"（Mesa de la Unidad Democrática）选出 109 位代表和大爱国联盟（Gran Polo Patriótico）即执政党联盟成员，其中只有 55 名国会议员。

选举没有使这个国家实现稳定。政府与反对派之间的冲突在选举结束后

---

① TELESUR，"Socialism Hasn't Failed Venezuela. Economic War Has"，https：//www. telesurtv. net/english/opinion/Socialism – Hasnt – Failed – Venezuela. – Economic – War – Has. – 20171002 – 0007. html，October 2，2017.

仍然继续，并引发街头示威，导致许多示威者和官兵死亡。一方面，政府拒绝接受国民议会批准的措施，例如赦免因在前几次示威中煽动暴力行动而被监禁的政客，或颁布与政府立场相矛盾的经济法；另一方面，反对派努力联合支持者，试图用公投的方式终止尼古拉斯·马杜罗的任期，但这个做法被委内瑞拉法院驳回。

2017年5月，在保守的反对派发起新一轮抗议之后，总统尼古拉斯·马杜罗通过第283089号法令，要求举行制宪大会选举，以便在委内瑞拉实行改革。制宪大会成员的选举情况如下：大约2/3（364名）的议员由市政公民选举产生，其余的1/3（181名）由包括工会、社区理事会、土著群体、农民团体、学生团体和抚恤金领取者团体等在内的7个社会群体选举产生。①

反对派再次谴责这违反了现行制度，并在选举中弃权，从而使政府拥有了全部的新议会成员。2017年8月4日，新成员就职，并掌管了政府的其他所有部门，包括由民主团结圆桌会议反对派控制的国民议会。这种情况下，政治僵局至今仍然存在。

本文的目的不是深入讨论委内瑞拉的政治危机，而是讨论它对南方共同市场的影响，以及这将如何影响该集团的命运。我们可以将委内瑞拉的危机处理方法分为两个阶段：第一阶段，2003~2015年，中左翼政权统治着巴西、阿根廷和乌拉圭；第二阶段，2015年12月马克里在阿根廷就职，至2016年5月米歇尔·特梅尔在巴西上台执政，标志着保守派浪潮在拉美得到发展。

2003年，巴西前总统卢拉·达·席尔瓦第一次上任，首要任务是谈判并寻求解决2002年4月的军事政变所导致的危机，以达成折中方案。2003年1月，巴西政府成立了一个名为"委内瑞拉之友"的谈判小组，由美洲国家组织（OAS）秘书长塞萨尔·加维里亚（César Gavíria）率领，有来自

---

① TELESUR, " Maduro firma decreto para convocar la Asamblea Constituyente ", https：// www.telesurtv.net/news/Presidente－Maduro－firma－decreto－para－convocar－la－Asamblea－Nacional－Constituyente－20170501－0039.html, Maio 1, 2017.

西班牙、美国和其他国家的代表出席。① 在那次危机之后，2012年委内瑞拉被邀请参加南方共同市场，当时巴拉圭因推翻费尔南多·卢戈的议会政变而被南方共同市场中止其成员国资格。尽管2013年胡戈·查韦斯去世，尼古拉斯·马杜罗当选后，政治危机也再次出现，但南方共同市场成员国仍不愿改变这一进程和行动计划。它们在冲突中支持一方，始终表现为呼吁对话和达成共识。

第二阶段，从2015年底到2016年中期，南方共同市场的主要立场发生了逆转。巴西、阿根廷和巴拉圭的保守派总统开始对委内瑞拉政府采取对抗政策，并支持反对派团体，这部分解释了委内瑞拉激进的原因，其激进的高峰期发生在2017年召开制宪会议之时。

对于委内瑞拉问题，巴西、阿根廷和巴拉圭统治者的立场以及南方共同市场中大多数人对委内瑞拉问题的看法主要体现在两件事上：第一件是在2016年12月委内瑞拉被中止成员国资格，第二件是在2017年4月其再次被中止成员国资格。必须指出的是，这两次行动同时针对一个国家，同时也受到来自新领导人的压力，新领导人试图对委内瑞拉政府施加强有力的国际压力，并同该国谈判和协商时期的立场相反。

自马克里在阿根廷竞选中获胜，以及弹劾进程使特梅尔在巴西担任总统以来，这两个国家元首在官方讲话中对委内瑞拉持挑衅态度。此外，委内瑞拉反对派成员与阿根廷和巴西现任政府的政治人物之间的关系在当前危机之前就已十分密切。例如，值得一提的是，在2014年危机爆发后，前往委内瑞拉会见反对派成员的巴西议员的随行人员中，就包括当时的参议员和现任外交部部长阿洛伊西奥·努内斯·费雷拉（Aloysio Nunes Ferreira）。

毫不奇怪的是，反对派寻求替代方案导致马杜罗政府受到更大的国际制裁，该地区现在的领导人控制着地区集团的发展议程，并恶化了委内瑞拉的

---

① BBC BRASIL, "Grupo de amigos' discute em Quito crise na Venezuela", http：//www.bbc.com/portuguese/noticias/2003/030115_ amigosdi.shtml, Janeiro 15, 2003.

经济状况，这使它的政府威信下降，执政难度日益加大。因此，2016年12月，委内瑞拉位列第一批制裁名单，理由是不遵守为了有效地加入和参与南方共同市场工作而要求的商业准则。这些规则涉及《亚松森条约》（Treaty of Asunción）的各个方面，例如对其进口产品实行共同对外关税，暂停了委内瑞拉在该集团内的成员国资格。

然而，尽管马杜罗政府的经济状况恶化，但反对派的伎俩仍然没有取得效果，尤其是那些试图将委内瑞拉定性为独裁政权的人。若想取得效果，就需要更强有力的制裁，例如让国际组织意识到该国民主岌岌可危。因此，由于尼古拉斯·马杜罗采取措施要求举行制宪大会选举，同时又使委内瑞拉最高法院撤回已受反动派控制的议会的立法权。南方共同市场领导人决定使用所谓的"南方共同市场民主条款"，于2017年4月20日再次中止委内瑞拉的成员国资格。

1998年《乌斯怀亚议定书》（Protocol of Ushuaia）规定了这种"民主条款"。在此之前，《乌斯怀亚议定书》被视为一种十分严格的商业一体化机制，遵循华盛顿共识提出的开放的地区主义的方针，该协议的目的是确保该区域的一体化进程中的其他基本参数，如民主得到保障。从这个意义上说，如果民主秩序遭到破坏，各国将有中止某国成员国资格的权利和义务。应该指出，《乌斯怀亚议定书》也没有明确界定"破坏民主秩序"的含义，即《蒙得维的亚议定书》规定的制裁措施，该措施被称为《乌斯怀亚Ⅱ》，它没有得到所有成员国的批准，也没有生效。

因此，南方共同市场国家随意使用"破坏民主秩序"的概念，具有极强的政治内涵，使用时具有明显的倾向性。在委内瑞拉事件中，对立宪会议的解释，撤回国民议会权利的原因以及对反对派领导人的经常性逮捕方面的干预，干扰了议会所认为的"民主机构的完全有效性"，这被认为是"为了发展缔约国之间的一体化"的基本条件，这使南方共同市场在联盟内再次行使对委内瑞拉的中止权。这一次，由于受到更多人的一致谴责，政府开始考虑那些支持解散制宪议会并期待总统大选的反对派的利益。

反过来，中止委内瑞拉成员国资格也符合南方共同市场其他成员国的具体利益，特别是因为委内瑞拉是当今对贸易谈判限制最大的国家。因此，随着其退出集团会议，贸易自由化议程可能再次成为南方共同市场关注的焦点，巴西外交部部长阿洛伊西奥·努内斯·费雷拉在圣保罗商业联合会（FECOMERCIO-SP）的一次会议上强调了这一点。① 因此，我们将在这种背景下审视集团谈判的进程。

三 南方共同市场及其对贸易多元化的追求

正如我们之前讨论的那样，在2016年中止委内瑞拉的成员国资格，是在南方共同市场框架内加强与大多数崇尚自由主义的国家凝聚力的重要因素，南方共同市场工作的首要目的是在地区层面促进贸易谈判，包括与太平洋联盟，以及与欧盟、阿拉伯国家联盟、印度、东盟等的谈判。在进行讨论之前，有必要强调一下在巴西的卢拉和迪尔玛·罗塞夫政府、阿根廷的内斯托尔和克里斯蒂娜·基什内尔政府期间，在南方共同市场框架下，与相关国家和地区集团之间的直接贸易谈判被弱化了。这两个国家都优先发展国内市场，重视本国工业。2003~2014年，当时处在"大宗商品繁荣"时期，政府采取了一些保护主义措施，导致一体化进程以及巴西与阿根廷之间的贸易流动中断。在同一时期，巴西和阿根廷还终止了在创建美洲自由贸易区问题上的谈判（这项建议由美国在1994年提出，目的是创建一个从阿拉斯加到巴塔哥尼亚的统一市场）。

另外，南方共同市场领导人通过多哈回合谈判将与国际贸易组织的多边谈判置于优先地位，而不是将赌注置于双边协定，这在2001年就已经开始，到现在依然持续着。然而，这项策略并不成功。工业化国家拒绝为南方共同市场国家的农产品打开它们的市场，并拒绝取消对农产品的补贴，这使谈判

---

① AGÊNCIA BRASIL, "Suspensão da Venezuela trouxe mais liberdade ao Mercosul, diz Aloysio Nunes", http：//agenciabrasil. ebc. com. br/internacional/noticia/2017 - 10/suspensao - da - venezuela - trouxe - mais - liberdade - ao - mercosul - diz - aloysio, Outubro 23, 2017.

进程陷入僵局。在未能与发达国家取得一致意见的情况下,由发展中国家通过20国集团峰会来阻碍服务领域的自由主义进程,并终止了谈判。谈判的失败导致一些国家和组织致力于创建双边自由贸易协定,例如智利与中国之间、墨西哥与欧盟之间、东盟与中国之间等。即使是美国,在奥巴马当政期间,也寻求不同的路径,例如创建《跨太平洋伙伴关系协定》和《跨大西洋贸易与投资伙伴关系协定》,这些计划在唐纳德·特朗普政府上台后就取消了。

回到南方共同市场的问题上,尽管这些国家努力开发国内市场,但在这段时间实行的政策不仅遭到来自自由意识形态部门的批评,也受到国内支持保护主义政策的工业部门的批评,例如巴西的工业。2014年,圣保罗州工业联合会(FIESP)通过"立场文件:行业外部整合建议-2014"①,来要求巴西和南方共同市场与太平洋联盟、欧盟、日本、中国和美国签订贸易协定,以更好地融合到一起。另外,该联合会控诉政府未能履行1994年《亚松森条约》,这个条约为南方国家之间的商品自由流动创造条件,并减少了服务于游戏规则的政治和外交干预。

正如我们指出的那样,南方共同市场自2015年开始在政治方向上发生变化,使通过自由和务实的视角来重新寻求达成贸易协定成为可能。2017年上半年,阿根廷担任南方共同市场轮值主席国期间,优先考虑与欧盟和太平洋联盟的谈判。2017年下半年,巴西担任轮值主席国,寻求扩大并深化集团的对外贸易谈判进程,坚信这是发展成员国经济并增强其竞争力,以融入全球价值链当中不可或缺的措施。② 从这个意义上说,我们能够总结出南方共同市场的贸易举措主要体现在两个方面:区域内谈判,包括拉丁美洲国家;跨区域谈判,包括世界其他地区,如欧洲、北非、南非、东南亚、印度和日本。考虑到本文的叙述性特点,并根据巴西担任南方共同市场轮值主席国期间网站上的信息,我们将这一部分分为两节。

---

① FIESP, "Documento de Posição: propostas de integração externa da indústria", http://www.fiesp.com.br/arquivo-download/?id=159608, 2014.
② MERCOSUL, "Negociações Extrarregionais. Página da Presidência 'Pro Tempore' do Brasil do Mercosul", http://www.mercosul.gov.br/negociacoes-extrarregionais, 2017.

（一）区域内谈判

直到 2016 年，当我们观察南方共同市场和太平洋联盟的成员国时，可以看到每个组织的成员国之间都有明显的政治分化。南方共同市场被视作一项尝试，即创建一种独特的经济模式，这种模式与国内市场发展、生产更趋多元化以及通过公共政策来增加人民福利相结合。然而，太平洋联盟国家寻求强化比较优势、采取"重视市场"的政策、鼓励创业并努力改善商业环境，来更好地融入世界经济体系中。

实际上，这反映出这些国家的经济和体制特点。当巴西和阿根廷寻求深化产业模式并使生产多元化的时候，智利、秘鲁、哥伦比亚或墨西哥等国家却努力发掘自身优势，无论是其所拥有的廉价劳动力或是富足的矿产资源。对南方共同市场成员国来说，自由贸易协定意味着对制造产业园的否定；对太平洋联盟国家来说，这些国家本就没有复杂的产业需要保护，而是需要增加它们的少数产品进入新市场的机会，因此它们与美国、欧盟、中国、日本和南方共同市场国家等达成自由贸易协定。

巴西和阿根廷的政治变化以及对委内瑞拉的孤立导致两大集团的精英们在意识形态上趋于一致。2017 年 4 月 7 日，在布宜诺斯艾利斯，南方共同市场各国以及太平洋联盟各国的外长和两大集团的对外贸易和生产部部长举行会面，讨论在地区经济一体化方面事关各国利益的行动。

要重点强调的是，加强这两大集团的友好关系的建议反映出南方共同市场的变化，即它的领导人致力于向太平洋联盟国家所倡导的自由化的方向发展。然而，明白巴西和阿根廷的商业部门在面对更加开放的本国资本市场时有何反应，以及事实上是否只有贸易协定才有实力使南美国家重返全球产业链的轨道，这一点很重要。

值得注意的是，与其他南美国家的双边谈判使市场得以继续扩大。2017 年 7 月 21 日，南方共同市场和哥伦比亚签署新的《经济补充协定》（ACE），使巴西与哥伦比亚之间的贸易自由化扩大到关税减让表的 97%。对于智利和玻利维亚而言，2014 年，最新的税率实现自由化，这些国家与南方共同市场国家之间的贸易自由化程度达到了100%。尤其是玻利维亚，正在进行谈判以全部融入该集团中。关于厄瓜多尔和秘鲁，关税减免进程也正在进行，预计2018年对厄瓜多尔关税减免力度达到95%以上，2019年，秘鲁也力图达成这一目标。

（二）跨区域谈判

在跨区域谈判方面，2017年南方共同市场的优先选择是努力与欧盟达成一项自由贸易协定。尽管与北非和南非、印度和东盟进行了其他谈判，但与欧盟的协定能给南方共同市场国家的经济注入更大的活力，毕竟欧洲国家占世界贸易总额的32%，而南方共同市场只占1.8%。而且由于历史和文化方面的特点，欧洲是该地区传统的贸易伙伴，在一定程度上说，与南美经济产生互补效应。另外，在欧洲公司强势存在的情况下，在生产链中将拉美本国公司也包括其中，例如汽车业、化学制药业以及工业制造业。

南方共同市场与欧盟之间的谈判于1995年12月在马德里展开，该谈判以三大支柱为基础——政治对话、合作、贸易和投资，但只有在1999年两大区域谈判委员会（BNC）第一次召开会议时才正式开始。在谈判的第一阶段，即2000~2004年，主要针对商品之间的流动（2004年5月和9月），但双方都不满意。2010年又在马德里的南方共同市场－欧盟峰会上恢复谈判，当时双方就重启谈判的相关事宜达成共识。到2012年，双方在协议的正规条款方面的进展是令人满意的，但在减轻关税方面没有太多收获，尤其对于南方共同市场的谈判者来说，更为重要的是农业部门的发展，这也是影响其国际贸易发展的因素。①

2016年5月谈判恢复，双方在商品、服务、投资和政府采购方面交换意见并达成一致。谈判的全面恢复是在双方谈判委员会的第26次会议上，

---

① MERCOSUL, "Negociações Intrarregionais, Página da Presidência 'Pro Tempore' do Brasil do Mercosul", http://www.mercosul.gov.br/negociacoes-intrarregionais, 2017.

该会议于2016年10月10~14日在布鲁塞尔的欧盟总部举行。在那之后，两大集团同意制定一个紧凑的谈判时间表来打破僵局。2017年11月，双方谈判委员会召开第30次会议，由14个谈判工作小组就以下领域展开谈判：（1）商品贸易；（2）葡萄酒和烈酒；（3）原产地规则；（4）防欺诈条款；（5）贸易方面的技术障碍；（6）卫生和植物检疫措施；（7）国有企业；（8）争端的解决；（9）服务和设施；（10）政府采购；（11）知识产权（包括地理标识）；（12）贸易和可持续发展；（13）中小型企业；（14）机构事务。具体的文本条款依然是讨论的核心。除此之外，双方在准备互相促进市场准入方面也有了进展。①

最初，预期于2017年12月13日由世界贸易组织主办、在布宜诺斯艾利斯召开的第11次部长级会议结束后取得了一些谈判成果。然而，由于欧洲谈判者要求用更多时间来在农产品方面讨价还价，谈判的最后几步并没有完成。因此谈判协议预期在2018年初达成。②

另一项谈判是在2017年进行的与欧洲自由贸易联盟（EFTA）的谈判，该联盟包括爱尔兰、列支敦士登、挪威和瑞士。它们是欧盟以外的欧洲国家，尽管人口数量少，但在世界贸易中占有2.5%的份额，比拥有2.9亿人口的南方共同市场国家（包括委内瑞拉）的贸易额高出72%。与该欧洲集团的对话开始于2000年12月，但只有在2015年和2016年南方共同市场与欧洲自由贸易联盟进行探索性对话会议时才得以强化，最终签署了基于自由贸易谈判的共同文件。③ 南方共同市场与欧洲自由贸易联盟关于自由贸易的第一回合谈判于2016年6月13~16日在布宜诺斯艾利斯进行，之后于2017

---

① European Commission, "Report from the XXXth Round of Negotiations of the Trade Part of the Association Agreement between the European Union and Mercosur", Brasilia, http://trade.ec.europa.eu/doclib/docs/2017/november/tradoc_156408.pdf, November 6 – 10, 2017.

② AGÊNCIA BRASIL, "Acordo Mercosul – União Europeia avança, mas fica agora para 2018", http://agenciabrasil.ebc.com.br/internacional/noticia/2017 – 12/acordo – mercosul – uniao – europeia – avanca – mas – fica – agora – para – 2018, Dezembro 12, 2017.

③ MERCOSUR, "Negociaciones con la Asociación Europea de Libre Comercio", Mercosur/cmc/dec. Nº 08/16, http://www.mercosur.int/innovaportal/v/7834/2/innova.front/2016, Dezembro 14, 2016.

年8月29日至9月1日在日内瓦再次召开会议。①

2017年,与印度的谈判也取得了进展,该国占据世界进口总额的2.3%。南方共同市场与印度的贸易互惠协定(ACP)于2004年1月25日签署,2009年1月6日生效。这是一项限制性的贸易协定,为协议双方450种产品实行了10%、20%和100%的固定优惠税率,这从商业角度来说是很具发展潜力的。因此,2016年9月9日在巴西利亚召开第三次协议联合行政会议时,讨论了贸易互惠协定的延期问题。会议期间制定了时间表和相应的方法,以扩大贸易互惠协定的涵盖范围,这会将一些新产品纳入协议框架当中。截至2017年末,尽管谈判重启了,但在双边关系的扩大方面并没有获得最新的进展。②

南方共同市场正与一些贸易伙伴进行谈判,尽管这些国家没有欧盟、欧洲自由贸易联盟或印度的分量那么重,但对于提高该集团的议价能力还是重要的。2010年南方共同市场与以色列签订了第一个自由贸易协定。同年又与埃及签订了第二个自由贸易协定,但直到2017年9月1日才生效。这将南方共同市场在一体化方面的努力扩大到与北非和中东国家的关系上。与黎巴嫩、摩洛哥、突尼斯和巴勒斯坦的谈判正在进行中。有必要提一下南方共同市场与南部非洲关税同盟(SACU)(该联盟包括南非、博茨瓦纳、莱索托、纳米比亚和斯威士兰)之间的贸易互惠协定(GPA)于2016年4月1日生效。2017年5月,第一次南方共同市场－南部非洲关税同盟贸易互惠协定联合管理委员会会议在约翰内斯堡举行。会议期间就协议实施的技术方面展开了讨论。③

最后,有必要强调一下南方共同市场与东盟(该地区占世界贸易总量的7%)之间达成的协议。就巴西而言,东南亚是它在亚洲地区的第二大贸

---

① MERCOSUL, "Negociações Extrarregionais, Página da Presidência 'Pro Tempore' do Brasil do Mercosul", http：//www.mercosul.gov.br/negociacoes－extrarregionais, 2017.

② MERCOSUL, "Negociações Extrarregionais, Página da Presidência 'Pro Tempore' do Brasil do Mercosul", http：//www.mercosul.gov.br/negociacoes－extrarregionais, 2017.

③ MERCOSUL, "Negociações Extrarregionais, Página da Presidência 'Pro Tempore' do Brasil do Mercosul", http：//www.mercosul.gov.br/negociacoes－extrarregionais, 2017.

易伙伴（仅次于中国），双方贸易总量近160亿美元。

正如我们所说的，2017年南方共同市场的贸易谈判发展迅速，但结果并没有那么乐观。很重要的一点是，尽管美国在拉美发挥着重要的、战略性的作用，但在贸易谈判和更大程度上的一体化方面美国没有取得进展。相反，特朗普政府正推动北美自由贸易协定的重新谈判，以缩小谈判范围。在某种程度上，这使拉美地区的保守型领导人感到十分沮丧，因为他们原以为美国会大力支持他们的自由政策。

在南方共同市场与中国之间存在工业能力的差距下，双方的自由贸易协定也没有被提上日程。同时，尽管巴西和阿根廷反对，乌拉圭正与中国就自由贸易协定展开谈判，并可能在2018年达成①，这也会在南方共同市场范围内制造一种紧张氛围，正如委内瑞拉问题那样。值得一提的是，中国继续增加对该地区的生产性投资，同时寻求通过中国－拉共体论坛来创建一个更为广阔的平台，以促进双边合作。

四　结论

21世纪第二个十年即将结束，这与十年前对该地区的预测情况完全不同。在这个十年开始之际，尽管处于全球金融危机之中，但该大陆各国表现良好。政府采取了与以往不同的政策，加之主要从中国获取的资源，使人们并没有那么强烈地感受到金融危机所带来的不利影响。另外，这些国家的政局稳定性体现出与习惯居住在南美地区人们的传统视角的天壤之别。除了实施《南美区域基础设施一体化倡议》（IIRSA）这一将南美地区基础设施整合起来的举措之外，区域一体化也显现出加强南美洲国家联盟的建设和建立南方银行（Banco del Sur）及国防学院的迹象。

然而，挫折的升级似乎推翻了所有南美能够在这20年发展良好的积极

---

① EL OBSERVADOR, "Gobierno busca relanzar acuerdo comercial con China", https：//www.elobservador.com.uy/gobierno－busca－relanzar－acuerdo－comercial－china－n1145828, Novembro 27, 2017.

预测。阿根廷的毛里西奥·马克里、巴西的米歇尔·特梅尔、巴拉圭的奥拉西奥·卡特斯（Horácio Cartes），以及即将取得大选胜利的智利的塞巴斯蒂安·皮涅拉所采取的一系列措施，应该能让南美地区回到"正常化"的轨道上。这些领导者所采取的经济和社会改革开始显现其后果：减少工人工资，正规工作机会减少，无住房人口数量增长，收入更为集中，国家对公共政策的干预减少。另一个"具有普遍性的"现象就是人们再次对该地区民主的力量和选择性执政缺乏安全感。巴拉圭和巴西的弹劾进程，以及厄瓜多尔和委内瑞拉对政变意图的指控，使人们对选举权的有效性产生了质疑，并进一步疏远了政治生活。

最后，由于忽视了南美洲国家联盟在加强对话和解决地区争端过程中的作用，从而为外部干涉势力打开了大门，就像那些失去了权力的人一样，他们希望有群众支持的进步力量的崛起。委内瑞拉的一位前部长理查多·豪斯曼（Ricardo Hausmann）在一篇很有国际影响力的文章中指出，2018年初，要满足国外军事干涉的需求以稳定委内瑞拉的政治局势。①这样，重返"正常化"将会通过在"粉色浪潮"年代对相关政策的180度的调整的方式来实现，拉美地区的政治和经济精英们将通过完全放弃各国的公共职能，或通过贸易谈判来协调各自国家的政治和经济议程与市场议程，这些谈判应符合社会和国家利益，并对外国投资者加以支持。

---

① Hausmann, Ricardo, "D-Day Venezuela, Project Syndicate", https://www.project-syndicate.org/commentary/venezuela-catastrophe-military-intervention-by-ricardo-hausmann-2018-01, January 2, 2018.

经济社会篇

Economy and Society

Y.7
2017年巴西经济重回增长轨道及不确定前景

吴洪英*

摘　要： 巴西在经历了持续两年的严重经济危机后，2017年巴西经济终于"触底反弹"，展现出一系列的复苏迹象，GDP增长近1%，通胀率、基准利率、失业率下降，出口增长强劲，外国直接投资增多，生产活动渐趋活跃，经济衰退阴影渐行渐远，经济重新回归正常的增长轨道。但巴西这块"金砖"能否持续发光闪亮，取决于巴西内外有利环境能否保持，取决于结构性问题和基本矛盾能否真正解决。10月大选将主宰2018年巴西政治社会生活，并将对巴西经济的复苏以及未来的发展

---

* 吴洪英，博士，中国现代国际关系研究院拉美研究所所长、研究员，主要研究领域为拉美研究。

巴西黄皮书

产生重要影响。

关键词： 巴西经济　衰退　复苏

巴西作为拉美最大的经济体，一直发挥着拉美经济"压舱石"的作用。在经历2015年和2016年"历史上最严重的经济危机"后，2017年巴西经济"绝地反击"，呈现复苏迹象，在连续8个季度环比负增长后首次出现正增长，且增长态势一直持续到年底，巴西持续两年的严重衰退终于得以扭转。主要国际经济机构一致认为巴西已摆脱了经济衰退的威胁，经济重回正常增长轨道。当然，巴西经济增长前景也面临诸多不确定因素，能否筑牢复苏的基础，仍有待观察。

一　2017年巴西经济开始摆脱衰退的威胁

最近两年，受国内国际不利因素的影响，巴西经济陷入持续衰退泥潭。继2015年GDP增速下降3.5%后，2016年GDP增速再降3.5%，沦为拉美地区"差等生"，一度被外界质疑巴西崛起"风光不再"。不过，从2017年上半年开始，巴西经济出现好转迹象，呈现不断改善的态势，尽管复苏势头仍显薄弱，但一直延续到了年底。巴西经济终于"触底反弹"，开始步出经济衰退泥潭。2017年成为巴西经济重回正轨的转折点。

其一，巴西经济结束连续8个季度的环比负增长，首次实现正增长。巴西中央银行的报告显示，2017年第一、第二、第三季度GDP分别增长1.3%、0.7%和0.1%，全年GDP增长1.0%[①]，这意味着巴西经济在连续8个季度负增长后首次出现正增长。头三个季度不同程度的增长，为全年的经济增长奠定了扎实的基础。联合国拉美经委会预测，2017年巴西GDP将增

---

① Banco Central do Brasil, "Inflation Report", December 2017, p. 14.

长0.9%，人均GDP增长0.1%，这是继2014年连续三年负增长后首次正增长。① 国际货币基金组织发表的最新《全球经济展望》报告显示，2017年巴西GDP增长率将达到0.7%，人均GDP增长0.1%，较2015年和2016年人均GDP增速-4.4%和-4.3%有了明显好转，实现由负转正的增长。就三大产业而言，农业和畜牧业2017年全年增长12.8%，领跑巴西经济，但第二、第三季度增速有所放缓。其中巴西粮食作物产量创历史纪录，达到2.42亿吨，较2016年增长30%。② 工业头三个季度分别增长1.2%、-0.4%和0.8%，其中上半年工业产值增长0.5%，是自2013年以来同期最好的表现。尤其制造业表现不俗，汽车出口同比增长55.7%，2017年已累计生产56万辆汽车；国内市场的新车销售同比增长9.28%。③ 服务业也表现抢眼，2017年头三季度分别增长0.3%、0.8%和0.6%，其中港口运输量增长5.7%，国内航空市场同2016年9月相比增长6.6%。④ 正是由于2017年上半年开始好转的态势持续到了下半年，巴西经济实现了全年的正增长，一扫连续两年衰退的阴霾。正如巴西总统特梅尔所言，2017年"在国会、劳动者和企业家的重要支持下，巴西摆脱了经济危机，正在重新走上正轨"。⑤ 联合国拉美经委会也指出，"继2015年和2016年GDP连续两年下降后，2017年巴西终于结束了持续较长的经济衰退"。⑥

其二，通胀率明显下降，消费快速上升。自20世纪80年代严重的经济危机以来，巴西历届政府均制定了通胀控制目标。经过全年努力，2017年10月巴西物价指数从2016年10月的7.9%降至2.7%，低于政府预定目标4.5%，是自1998年以来的历史低位，远低于2017年拉美地区5.3%的平均

---

① ECLAC, "Preliminary Overview of the Economies of Latin America and the Caribbean (Brief Paper)", November 30, 2017, pp. 102-103.
② 特梅尔：《巴西正重新走上正轨》，新华网，http://news.xinhuanet.com/world/2017-11/15/c_129741396.htm，2017年11月15日。
③ 特梅尔：《巴西正重新走上正轨》。
④ 特梅尔：《巴西正重新走上正轨》。
⑤ 特梅尔：《巴西正重新走上正轨》。
⑥ ECLAC, "Preliminary Overview of the Economies of Latin America and the Caribbean - Brazil", November 30, 2017, p. 1.

通胀水平。① 同时，巴西通货膨胀下降部分地反映了粮食价格的下跌，从而刺激了消费者购买力。巴西购物中心商店协会（Alshop）主席那比尔·莎翁（Nabil Sahyoun）称，2017年巴西全年销售额同比增长5.3%，明显高于2014年、2015年和2016年销售水平（-1.46%、-15.84%和-0.7%）。这一数据显示，巴西销售额在经历了持续三年下跌后2017年首次出现增长，其中增长幅度最大的商品为玩具（10%）及眼镜、珠宝和配饰（9.2%）。2017年圣诞节期间巴西销售额高达512亿雷亚尔，同比增长了6%，圣诞节成为全年销售额增长幅度最大的节日。② 显然，通胀和消费水平既是巴西经济发展的具体表现，也是影响巴西经济能否复苏的重要因素。

其三，基准利率不断下降，汇率动荡中趋稳。2017年，随着经济初展复苏迹象，通货膨胀率下降，巴西中央银行多次下调基准利率，名义基准利率从2016年8月的14.25%一路下降至2017年12月7%的最低点，累计降息725个基点。③ 同时，实际利率从2016年12月的6.93%降至2017年9月的5.67%，为近4年最低水平。利率的降低无疑对经济产生一定的刺激作用。④ 一个有趣的现象是，巴西利率的下降并没有导致汇率的大幅贬值，2017年巴西本币雷亚尔仅贬值0.2%，这可能与巴西作为新兴市场仍与全球金融中心保持一定距离有关。当然，2017年，受到国内政坛多起"黑天鹅事件"的影响，巴西汇率一度出现急剧动荡，但浮动范围基本保持在3.05~3.37雷亚尔兑换1美元的区间。根据巴西中央银行统计，到2017年底汇率基本维持为1美元兑换3.20雷亚尔。2017年1~10月巴西实际汇率

---

① ECLAC, "Preliminary Overview of the Economies of Latin America and the Caribbean (Brief Paper)", November 30, 2017, p. 58.
② 《多个因素推动今年巴西圣诞节销售额增长》，南美侨报网，http://www.br-cn.com/news/br_news/20171227/99915.html，2017年12月27日。
③ ECLAC, "Preliminary Overview of the Economies of Latin America and the Caribbean (Brief Paper)", November 30, 2017, p. 86.
④ ECLAC, "Preliminary Overview of the Economies of Latin America and the Caribbean – Brazil", November 30, 2017, p. 2.

低于 2016 年同期水平的 10%，低于 1994 年 6 月雷亚尔创建时的 8%。①

其四，对外贸易复苏强劲，贸易顺差接连打破纪录。受国际大宗商品价格上扬和巴西农业生产强劲增长的影响，2017 年巴西对外贸易复苏步伐明显加快。巴西工业、外贸和服务部 2018 年 1 月 2 日公布的数据显示，2017 年巴西出口额和进口额分别为 2177.4 亿美元和 1507.4 亿美元，分别较前一年增长 18.5% 和 10.5%。对外贸易顺差为 670 亿美元，明显高于 2016 年 476.9 亿美元的贸易顺差，增幅为 40.5%，创自 1989 年开始公布外贸数据以来的最高纪录。巴西工贸部部长马科斯·佩雷拉指出，"2017 年的数据表明巴西经济已经恢复增长，外贸领域尤其明显"。② 尤其农产品出口增长强劲，2017 年 1～10 月农产品对出口贡献率较 2016 年同期增长 28.3%。全年巴西谷物、蔬菜和油料作物总产量达到创纪录的 2.42 亿吨，农业总耕种面积不断创新高。2017 年 7 月，巴西玉米出口量超过 232 万吨，远远高于上月 56.3 万吨及 2016 年同期 104.6 万吨的出口规模。其他类别的产品出口也增长迅猛，半制成品和制成品出口分别增长 32.5% 和 27%。2017 年进口虽然也有所增长，但因经济复苏仍显薄弱，1～10 月资本货进口较 2016 年同期下降 13.5%。③ 2015～2016 年经济危机导致进口急剧减少，加上 2017 年出口增长迅猛，导致出现大量贸易盈余。2017 年 1～10 月，巴西贸易盈余达到 561 亿美元，高出 2016 年 24.6%，全年贸易盈余突破 700 亿美元，创历史纪录，远远高于 2016 年的 476.92 亿美元和 2015 年的 196.85 亿美元，位列全球第五。④

其五，外国直接投资流入增多，市场信心有所恢复。巴西作为新兴市

---

① ECLAC, "Preliminary Overview of the Economies of Latin America and the Caribbean ~ Brazil", November 30, 2017, p. 2.
② 《巴西 2017 年外贸顺差创历史新高》，新华社，http://www.sohu.com/a/214316928_267106，2017 年 1 月 3 日。
③ ECLAC, "Preliminary Overview of the Economies of Latin America and the Caribbean - Brazil", November 30, 2017, p. 3.
④ ECLAC, "Preliminary Overview of the Economies of Latin America and the Caribbean - Brazil", November 30, 2017, p. 3.

场,一直受到国际资本的青睐。2017年1~10月流入巴西的外国直接投资达到600亿美元,较上年同期增长23%,全年达到750亿美元。① 同时,进入巴西股票市场的风险投资资本也在增加,2017年1~10月达到94亿美元。相比之下,2016年巴西外逃资本净额就达6亿美元。② 2017年发展中国家的股市回报率达33%,其中巴西圣保罗股市主要股指博维斯帕指数继2016年近39%的涨幅后,又获得高达20.45%的涨幅。2017年底,巴西国际外汇储备达3807亿美元。③ 显然,巴西各界的信心尤其是企业界的信心正在恢复,国际社会对巴西经济的信心也正在恢复。

其六,就业形势有所改善,实际工资水平有所提高。2017年拉美国家因创造新的就业岗位不足,加上进入劳动市场的人数急剧增加,整个地区就业形势并不乐观。2017年拉美城市失业率从2016年的8.9%上升到9.4%,自2014年以来增加了2.5个百分点;2014~2017年失业人口从1580万增加到2280万,七年时间增加了700万。④ 巴西就业形势也大同小异,不过略显复杂。一方面,巴西失业率先升后降,2017年头三季度全国失业率从11.3%升至13.1%,尤其20个大城市失业率从12.8%增至14.7%⑤,但到第四季度失业率有所下降。⑥ 另一方面,就业形势和劳工收入有所改善。根据最新发表的《巴西就业情况报告》,对比2016年1~5月减少的44.8万个工作岗位,2017年1~11月新增正规就业岗位累计达16.3万个,新增就业人数连续6个月保持增长。⑦ 根据巴西国家地理统计局(IBGE)的数据,仅

---

① ECLAC, "Preliminary Overview of the Economies of Latin America and the Caribbean (Brief Paper)", November 30, 2017, p. 10.
② ECLAC, "Preliminary Overview of the Economies of Latin America and the Caribbean - Brazil", November 30, 2017, p. 3.
③ ECLAC, "Preliminary Overview of the Economies of Latin America and the Caribbean - Brazil", November 30, 2017, p. 3.
④ ECLAC, "Preliminary Overview of the Economies of Latin America and the Caribbean (Brief Paper)", November 30, 2017, p. 63.
⑤ ECLAC, "Preliminary Overview of the Economies of Latin America and the Caribbean (Brief Paper)", November 30, 2017, p. 65.
⑥ Banco Central do Brasil, "Inflation Report", December 2017, p. 7.
⑦ Banco Central do Brasil, "Inflation Report", December 2017, p. 7.

2017年第三季度就创造了106.1万个就业岗位，52.4万人摆脱了失业状态。① 同时，2017年巴西全国实际工资增长6%以上，与2016年下降1.4%形成明显对比。随着工资水平的增长，购买力也有所提高。② 不过，需要强调的是，2017年巴西就业形势有所改善，并不是指正规就业岗位有了大幅增长，而主要是指非正式就业和自主创业有了较大增长。2017年第三季度正规就业较上年同一时期下降了2.4%，而非正规就业增长了6.2%，自主创业增长4.8%。③ 应该说，经济的复苏，尤其是劳工改革法案的通过均对增加就业、减少失业产生了积极的作用。此外，持续下降的通货膨胀也对工人实际工资收入水平产生了正面影响。

二 巴西经济重回增长轨道的主要原因

2017年巴西经济"触底反弹"、展现复苏态势，是内外多重原因综合运作的结果。

首先，国际大宗商品价格上涨，贸易条件改善，融资成本低，这一切有力推动了巴西出口和经济的增长。2017年全球范围经济形势普遍改善，世界经济增速从2016年的2.4%上升到2.9%，发达国家从1.6%升至2.1%，新兴国家从4.0%增至4.5%。④ 世界贸易增速从2016年的1.4%升至2017年的3.6%。⑤ 世界经济和贸易稳步回暖，带动国际大宗商品价格大幅上扬。继2016年国际大宗商品价格下挫4%后，2017年出现近13%的大幅增长。⑥

---

① 特梅尔：《巴西正重新走上正轨》。
② 特梅尔：《巴西正重新走上正轨》。
③ ECLAC, "Preliminary Overview of the Economies of Latin America and the Caribbean – Brazil", November 30, 2017, p. 2.
④ ECLAC, "Preliminary Overview of the Economies of Latin America and the Caribbean (Brief Paper)", November 30, 2017, p. 17.
⑤ ECLAC, "Preliminary Overview of the Economies of Latin America and the Caribbean (Brief Paper)", November 30, 2017, p. 9.
⑥ ECLAC, "Preliminary Overview of the Economies of Latin America and the Caribbean (Brief Paper)", November 30, 2017, p. 20.

原油、天然气、煤炭及矿产品和金属制品价格经历2016年的大跌后出现大涨态势，分别增长19.0%、20.0%、30.0%和19.9%。① 受亚太市场强劲需求拉动影响，2017年拉美国家出口增长11%，出口产品价格增长8%，出口额增长3%。② 其中铁矿石、原油、铜、铝出口价格分别上涨32.6%、20.9%、19.1%和18.7%，贸易条件显著改善。③ 尤其巴西作为拉美最大的经济体，2017年出口增长17%，1~9月铁矿石和石油及其衍生品分别增长62%和100%，大豆出口增长20%，制成品（包括汽车和重型卡车）出口也出现明显增长。④ 由于铁矿石、大豆和石油三类产品占巴西出口的近1/3，三类产品出口的大幅增加无疑带动拉美工业和农业生产重新活跃。同时，巴西出口增长强劲与主要贸易伙伴经济普遍向好有关。2017年，美国、欧盟、日本GDP分别增长2.2%、2.1%和1.5%，对拉美进口需求分别增长6.7%、4.8%和8.8%⑤；中国经济保持6.8%的中高速增长⑥，助推中拉双边贸易增长23%。⑦ 尤其中国和美国作为巴西第一、第二大贸易伙伴，两国经济稳健增长，有力地拉动了巴西出口和对外贸易。2017年包括巴西在内的拉美国家进出口分别增长8%和11%。⑧ 2017年巴西外汇储备增加到

---

① ECLAC, "Preliminary Overview of the Economies of Latin America and the Caribbean (Brief Paper)", November 30, 2017, p. 20.
② ECLAC, "Preliminary Overview of the Economies of Latin America and the Caribbean (Brief Paper)", November 30, 2017, p. 36.
③ CEPAL, "Perspectivas del Comercio Internacional de América Latina y el Caribe", Octobre de 2017, p. 48.
④ ECLAC, "Preliminary Overview of the Economies of Latin America and the Caribbean (Brief Paper)", November 30, 2017, p. 36.
⑤ CEPAL, "Perspectivas del Comercio Internacional de América Latina y el Caribe", Octobre de 2017, p. 42.
⑥ ECLAC, "Preliminary Overview of the Economies of Latin America and the Caribbean (Brief Paper)", November 30, 2017, p. 17.
⑦ CEPAL, "Perspectivas del Comercio Internacional de América Latina y el Caribe", Octobre de 2017, p. 16.
⑧ ECLAC, "Preliminary Overview of the Economies of Latin America and the Caribbean (Brief Paper)", November 30, 2017, p. 9.

160.4亿美元。① 此外，国际债券市场也是巴西等拉美国家重要的融资来源。2017年1~10月，拉美国家发行的债券额达到1270亿美元，较2016年增长9%，其中巴西、墨西哥和阿根廷三国占拉美债券发行的75%。2017年，巴西继续从较低的国际利率中受益，减少了金融市场动荡，降低了金融投机做空的风险。随着巴西经济不断向好，2017年国际投资者重拾对巴西投资信心，巴西商业信心指数到10月达到90.3点，是自2014年7月以来的最高点。② 正如联合国拉美经委会在2017年11月发表的最新报告里所指出的那样，"2017年国际环境是对拉美经济增长和融资更为有利的一年"。③

其次，特梅尔政府进行了一系列经济改革和政策调整，为经济复苏注入了极大的活力。特梅尔总统自2016年8月31日接替被弹劾的罗塞夫总统以来，一直希望在余任的一年多时间进行大刀阔斧的改革，调整宏观经济政策，大力推动养老金、劳工和财税三大结构性改革。

从财政政策看，采取积极稳健的财政政策，减少公共支出，降低财政赤字，尤其推动通过了一项"限制初级公共开支无限扩张的法律"，规定未来20年初级公共开支每年不得超过上一年的通胀水平。这一举措有助于减少基本公共开支在GDP中的占比，也会对社会领域开支、投资和财政政策的"反周期"效能产生不利影响。特梅尔实施的稳健财政政策产生了一定效果，公共部门基本赤字有所下降，从2016年底占GDP的2.5%降到2017年底的2.4%。由于财政开支控制严格，2017年公共开支总额仅仅增长了0.47%（只有雇员工资和养老金增长5%）。

从货币政策看，正如巴西中央银行所言："货币政策让通货膨胀保持低位、稳定、可预测性就是对可持续的经济增长、降低失业率和提高人民生活水平的最好贡献。"因此，2017年全国货币委员会专门确定了通货膨胀率

---

① ECLAC, "Preliminary Overview of the Economies of Latin America and the Caribbean (Brief Paper)", November 30, 2017, p.92.
② 特梅尔：《巴西正重新走上正轨》。
③ ECLAC, "Preliminary Overview of the Economies of Latin America and the Caribbean (Brief Paper)", November 30, 2017, p.9.

4.5%的目标计划,避免过高的通胀伤及经济增长、就业和收入。同时,自2016年10月起巴西央行启动新一轮降息活动。截至2017年12月6日,中央银行将基准利率由7.5%下调至7%,下调幅度为0.5个百分点,创1986年以来历史最低水平。这是巴西央行连续第10次降息,也是2017年第8次降息。因此,2017年货币政策不仅把通货膨胀率完全控制在4.5%的预定目标之内,而且通过降息刺激借贷和固定投资,重新激发经济活力,推动经济步上复苏轨道。

最为重要的是,特梅尔总统大刀阔斧地推动养老金、劳工和税收等结构性改革,试图通过改革来解决巴西当前面临的种种难题。由于养老金改革牵涉延长退休年龄,劳动法改革涉及减少政府对劳工的保护,财税改革牵涉重新分配"蛋糕"的问题,因此改革遭到不少人的反对。巴西民意调查机构Datafolha公布的调查结果显示,71%的巴西人反对养老制度改革。2017年4月28日,巴西爆发了近21年以来首次全国总罢工,抗议特梅尔政府的劳工改革和养老金改革。尽管如此,特梅尔总统仍意志坚定地推进改革,毫不动摇地力推改革。在特梅尔总统及其执政联盟的共同努力下,2017年7月巴西国会批准了劳工改革方案,至此,特梅尔的经济改革取得第一个回合的胜利。由于养老金改革牵涉面广,几近触动所有人利益,尤其包含"将男女最低退休年龄规定为65岁及62岁""至少缴纳40年的养老金才能领取全额退休金"等备受争议的条款,遭到了大多数人的反对。但大多数经济学家、金融机构均支持这一养老金改革方案,认为这一举措有助于弥补巨大财政亏空,实现财政平衡,扭转经济衰退,促进经济增长,增进社会责任。国际三大信用评级机构穆迪、标普和惠誉也表示将会根据改革方案是否通过来调整巴西信用评级。因此,养老金改革能否成功,是检验特梅尔经济改革能否成功的重要标志。经过多方游说和利益调整,2017年5月3日,养老金改革方案初获众议院特别委员会通过,但依据宪法还需要在众议院和参议院分别进行两轮投票,才算获得国会正式批准。因反对声浪太大、内容争议太大,原定于12月18日在众议院的投票被迫推迟到2018年2月。一旦劳工、养老金和税收三大改革获得成功,毫不夸张地说,从上台之初不被人们看好的特梅尔政府进行了一场"最近30年来最广泛的结构性改革"。同时，特梅尔制订了"巴西史上规模最大的基础设施建设和能源私有化计划"，包括出售国营的机场、石油勘探权、能源运输线、港口和高速公路等，还计划出售一些国有公司（如巴西电力公司）的股权。新一轮国企私有化运动不仅有助于增加政府财政收入，减少政府对经济干预，而且倒逼国有企业改革，让企业扭亏为盈。2015年，国有企业亏损320亿雷亚尔，2016年盈利46亿雷亚尔，2017年上半年盈利已达173亿雷亚尔。① 根据独立财政研究所（IFI）的统计，2017年8月巴西政府通过这些非常规方式获得了290亿雷亚尔的收入，预计此番国有化运动还使政府获得额外的400亿雷亚尔收入，增加公共财政收入大约1%。② 即使如此，实施上述计划所获得的收入仍然难以完全覆盖政府高达1590亿雷亚尔的基本财政赤字。

最后，出口、消费、投资"三驾马车"重新发力，成为拉动巴西经济复苏的重要因素。2003~2013年巴西经济发展的"黄金十年"就是得益于出口、消费和投资"三驾马车"的同时发力，而最近两年巴西经济持续衰退也是因为"三驾马车"同时失速。2017年受国内国际有利氛围的影响，"三驾马车"重新获得新动能，相继发力，推动巴西经济逐渐步出危机泥潭。就出口而言，受国际市场大宗商品价格上涨影响，巴西矿产品、农产品出口增长迅猛，对外贸易创近年新高，进而带动工业和农业生产快速增长，外汇储备大幅增加。就消费而言，尽管2017年头三个季度政府消费分别下降0.1%、0.1%和0.2%，但随着通货膨胀率持续下降，就业形势渐趋好转，巴西居民家庭消费水平明显提高。2017年头三个季度居民家庭消费分别增长0.2%、1.2%和1.2%，全年居民消费有望增长0.8%。③ 尤其耐用消费品、汽车和建筑材料在内的零售额增长明显。巴西银行估计，2017年

---

① 特梅尔：《巴西正重新走上正轨》。
② ECLAC, "Preliminary Overview of the Economies of Latin America and the Caribbean-Brazil", November 30, 2017, p. 2.
③ Banco Central do Brasil, "Inflation Report", December 2017, p. 14.

零售额第一季度和第二季度分别增长2.2%和1.1%。① 巴西信用评估机构Serasa Experian 公布的数据显示,12月18~24日即圣诞节前夕,全国商业销售额在连续3年下跌后首次回升。居民消费水平的提高,从需求侧刺激了国民经济的发展,也反映了人们对经济前景的信心。② 就投资而言,随着工业和农业生产展现新的活力,居民消费水平由跌转升,政府和企业均增加了扩大再生产的信心。2017年头三个季度,资本构成总额增速分别为-0.6%、0.0%和1.6%。工业信心指数在第三季度达到95.5点,较上个季度增长4.7个点;其中耐用消费品、非耐用消费品和资本品分别增长6.5%、8.4%和4.7%。③ 国际资本对巴西市场重新燃起兴趣,流入巴西的外国直接投资有所增加。2017年巴西吸引的外国直接投资达到622亿美元。

三 巴西经济复苏前景仍存在不确定性

尽管2017年巴西经济展现出较明显的复苏态势,但复苏势头并不十分强劲,GDP只增长了0.9%,既未达到拉美地区平均增长水平(1.3%),更未达到世界平均增长水平(2.9%)。④ 2018年,联合国拉美经委会预测,世界经济将增长3.0%,继续保持稳健增长态势,而拉美地区则增长2.2%,巴西增长2.0%。经合组织2017年底发表的报告预估,2018年和2019年巴西GDP将增长1.9%和2.3%。IMF最新《全球经济展望》报告预测,2018年和2019年巴西GDP将增长0.7%和1.5%。巴西央行将2018年巴西GDP增长从原先的2.2%修正为2.6%。其中工业增长2.9%,商业增长4.2%,交通、物流和零售服务增长3.2%,进出口增长6.0%和4.0%,而农业可能

---

① Banco Central do Brasil, "Inflation Report", December 2017, p. 16.
② 《华媒:多个因素推动2017年巴西圣诞节销售额增长》,中国新闻网,http://news.sina.com.cn/o/2017-12-28/doc-ifyqcsft7655696.shtml,2017年12月28日。
③ Banco Central do Brasil, "Inflation Report", December 2017, p. 15.
④ ECLAC, "Preliminary Overview of the Economies of Latin America and the Caribbean (Brief Paper)", November 30, 2017, p. 16.

略有下降。① 显然，各种预测的数据昭示，巴西经济正处于逐渐的复苏进程之中，似乎正在迎来经济危机后新一轮增长周期的乐观前景。无疑，2018年经济表现如何将对巴西能否赢得下一轮增长周期至关重要。综合看来，巴西经济增长前景仍然受到国际和国内因素的制约和影响。

从国际层面看，世界主要经济体经济政策走向的不确定性，增加了国际金融市场的不确定性。尤其美联储、欧洲中央银行和日本银行正在进行或宣布实行"逆量化宽松政策"或减少货币政策刺激的做法，导致国际金融市场更加不确定。正如联合国拉美经委会所指出的那样，"量化宽松政策的逆转可能对拉美国家在内的新兴市场来说是一个风险来源"。② 同时，特朗普政府的税收改革方案将有助于减轻企业负担，吸引更多外国资本逃离巴西等新兴市场，流向美国和欧盟等发达市场。此外，全球范围的逆全球化浪潮和日益上升的贸易保护主义也将对巴西利用两种资源和两种市场的战略产生极为不利的影响。

从国内层面看，巴西经济复苏前景取决于以下几种因素。

一是政局乱象能否尽快结束和结构性改革能否取得进展，直接影响巴西经济的发展环境和经济政策的成效。众所周知，巴西政治斗争和政局乱象并没有随着2016年罗塞夫总统被弹劾下台而结束，巴西政治秩序反而表现出更加失衡化、碎片化、分裂化、政治司法化、司法政治化、经济政治化。2017年由联邦警察和联邦司法牵头的"洗车行动"继续发酵，特梅尔政府深陷贪腐丑闻之中，接连遭到"雅各特名单"、"法金名单"、2014年大选团队账目违规案等冲击，特别是受贿"录音门"事件将特梅尔本人推上风口浪尖。巴西检方两度对特梅尔提起公诉，特梅尔总统成为巴西历史上首位在任内遭到起诉的总统，只是由于特梅尔政治经验丰富老练，并充分利用手中各种资源进行政治协调和重新利益分配才"逃过一劫"，暂时转危为安。但特梅尔政府与司法检察系统的矛盾并未完全化解，获得民众支持的反腐败

---

① Banco Central do Brasil, "Inflation Report", December 2017, p.39.
② ECLAC, "Preliminary Overview of the Economies of Latin America and the Caribbean (Brief Paper)", November 30, 2017, p.25.

行动"洗车行动"仍将继续推进,特梅尔是否在2018年再遭检方起诉,不得而知。特梅尔从上台之初就背着"司法政变"上台之嫌,不受民众待见,执政一年来的改革颇受争议,民意支持率仅有7%~8%,创历史新低。可以说在余任内特梅尔总统施政面临许多制约,虽有宏图大志,但恐怕难以施展。不过,话说回来,特梅尔总统毕竟是一位从政经验丰富又想名垂青史的政治家,在余任内全力推动劳工、养老金和税制等结构性改革,若获成功,无疑对巴西经济将是一个巨大的利好消息和推动力;若不成功,巴西政局乱象则仍将继续,且势必会恶化巴西投资环境,影响国际投资者对巴西市场的信心。在一个"信心比黄金还要重要"的年代,这无疑不是巴西各界希望看到的局面。

二是2018年大选能否顺利进行,直接攸关巴西未来经济发展前景。2018年3月巴西各个政党和政治力量正式启动大选竞选活动,全力动员,精心谋划,集中精力备战10月总统大选。巴西政坛即将进入一个分化组合、合纵连横的动荡期。各路人马都在积极备战,精心推出重量级候选人,竞相造势,各展风采,以争取民意。据目前多种民调,巴西劳工党领袖、前总统卢拉领跑各类民调,是2018年左翼冲击大选最有力的人选,但其多起官司缠身,最终能否参选仍存变数。巴西经济实力最强的州——圣保罗州州长阿尔克明有意问鼎总统大位,正在精心谋划和准备。民主工党领袖戈麦斯、网络党领袖席尔瓦等"老面孔"也在摩拳擦掌,跃跃欲试,但形象缺乏"新鲜感",且民意支持率较低。巴西最大城市——圣保罗市市长多利亚及基督教社会党众议员博索那罗等"新面孔"异军突起,但缺乏深厚的政治根基、强大政党支持和全国可见度。2018年大选可能成为巴西20世纪90年代再民主化以来形势最为复杂、结果最难预料的一届大选。无论如何,10月大选正在牵动2018年巴西政坛,左翼与右翼博弈将进入"白热化"阶段,不仅主宰和搅动2018年巴西全国政治、经济和社会生活,而且直接攸关巴西未来4年乃至8年的发展。

三是经济内生动力能否持续,直接影响巴西经济发展的业绩与可持续性。尽管2017年出口、消费和投资"三驾马车"初步展现活力,重新共同成为拉动巴西经济的新引擎,但一系列的数据表明,巴西经济复苏前景仍存在不明确性、不确定性。2017年巴西出口增长强劲,并带动工业和农业部门生产活动活跃起来,但主要得益于主要贸易伙伴需求的增长和国际市场大宗商品价格的上涨,2018年这一有利的外部环境能否持续,不得而知。更为重要的是消费与投资仍然低于2014年经济危机爆发前的水平,就业形势也不容乐观,2017年城市公开失业率达到14.5%,明显高于2015年9.3%和2016年13.0%的水平,尤其劳工改革法案若实施不当,就业形势可能进一步恶化。同时,政府为减少公共开支,导致公共投资急剧减少。2017年1~9月联邦政府投资额仅为253亿雷亚尔,国企1~8月投资额仅为303亿雷亚尔,政府投资水平创10年新低。2016年12月到2017年9月《巴西经济增长加速计划》对公共工程和社会住宅工程的投资更是减少了28%。因此,如果出口、消费和投资"三驾马车"同时乏力或三者中任何两者失速,都可能将2017年初展的复苏势头重新逆转。经济复苏的根基能否得到夯实,2018年巴西经济的表现成为关键。

四是债务负担能否减轻,直接攸关是否存在爆发新一轮金融危机的风险。尽管2017年特梅尔政府采取了多项节支开源的财政政策,但公共赤字规模仍然很大,债务负担继续增长。2017年1~10月,公共部门基本赤字达到774亿美元(2016年则为459亿美元),占GDP的2.2%,高出拉美地区0.8%的平均水平。公共债务数量自2014年开始不断增加,到2017年10月公共部门债务净额达到32986亿雷亚尔(占GDP的50.7%)。2017年1~10月联邦、州、市三级政府债务总额达到48372亿雷亚尔(占GDP的74.4%),增长4.5个百分点,创历史新高。巴西债务总额2013年占GDP的51.5%,2016年增至69.8%,2017年9月进而增至73.9%,远高于拉美地区的平均水平(38.4%)。预计到2024年,巴西公共债务将占GDP的91%左右,巴西成为拉美33国中公共债务数额最多的国家。同时,由于2017年实际利率并未大幅下降,导致公共债务负担进一步上升。联合国拉美经委会预计,2017年巴西债务总额将达到6677.63亿美元,占拉美地区债务总额(18117亿美元)的36.86%。日益沉重的债务负担,不仅极大制约了政府对公共开支结构调整的空间,还将影响政府进行结构性改革的步伐,进而影响巴西经济复苏的动力与前景。2017年10月9日,国际信用评级机构穆迪将巴西银行系统评级展望从稳定下调至负面,理由是政治不确定性让该国金融系统出现风险,而且情况可能继续恶化。因此,巴西若要保持强劲的复苏势头,首先需要保持稳定的政局,营造有利的营商环境,保持强劲增长,减少债务负担,通过源源不断的持续投资来为经济增长输血。只有这样,巴西才能迎来真正的新一轮增长周期。

Y.8
巴西农产品出口现状和制约因素分析

〔巴西〕Alexandre Pereira da Silva[*]　刘淑华 译

摘　要： 本文旨在分析巴西农产品出口现状及其制约因素。文章第一部分关注目前巴西的农业产量和农产品出口现状。由于全球需求增加、价格上涨、技术进步以及现代管理方法的应用等因素的推动，巴西的农业产量在过去20年中不断提升。随着农业在对外贸易和投资中的影响日益显著，它已经成为巴西最具活力的行业。中国是巴西农产品主要出口国，随后是欧盟和美国。文章第二部分讨论巴西农产品出口的制约因素，包括落后的基础设施、环境问题、联邦政府的财政预算限制等，同时提出一些对策建议。其中，基础设施问题的解决依赖于对铁路和水路建设的投资，使它们成为公路之外的又一选择。但是，由于预算的限制，联邦政府对此心有余而力不足；环境问题的解决关系到国内和国际两个层面。最后，本文以一些归纳性的评论作为总结。

关键词： 巴西　农业　出口　基础设施　环境

一　引言

1500年4月，葡萄牙探险队首次发现了巴西，佩罗·瓦兹·德·卡米

---

[*] Alexandre Pereira da Silva，武汉大学中国边界与海洋研究院研究员，巴西伯南布哥联邦大学亚洲研究院副教授。

拉（Pero Vaz de Caminha）是该探险队的成员，在他的第一封写给葡萄牙国王的信中，佩罗这样描述新发现的领地："这里的土地是如此肥沃，以至于种植任何东西都可以生长。"不管真实与否，这一观点表达出他对巴西的美好畅想，即巴西是一个伟大而富有潜力的国家，甚至有成为世界农场的潜力。然而，直到20世纪70年代，巴西农业面临一系列突出问题，例如，农业产量低且收益少，农业产区集中于南部和东南地区，食品供给危机（在20世纪70年代，该国是农产品净输入国），边远地区的贫困潦倒以及农民对热带农业专业知识的匮乏。

而现在则是另一番景象，巴西俨然成为主要的农业国家，目前是世界第三大农业生产国和出口国，其农业的发展主要依赖于谷物的高产量。此外，由于其出色的成绩，巴西已经被许多发展中国家视作学习的榜样。对于巴西的贸易政策而言，其农业出口活动具有一定的策略性，因为除了对贸易顺差和国家经济增长的贡献以外，这些农业活动深入融合到国际贸易当中，在坐稳现有市场和开发潜在市场方面都贡献卓越。

本文将讨论形成目前巴西农产品出口状况的一些因素，第一部分从国内层面说明其农业产量相关现状，并指出农产品的主要输出地①；第二部分致力于分析可能限制巴西农产品出口的两个因素：基础设施和环境问题，尤其是关于亚马孙雨林的争论。

二 巴西农业产量和农产品出口现状

2017年，巴西的粮食产量达到有史以来最高值。根据巴西国家供应中心的数据，粮食产量从2015～2016年的1.866亿吨增加到2016～2017年的2.385亿吨。预计到2017～2018年，这一数字将介于2.232亿吨至2.275亿

---

① 商品农业包括农业生产者进行的一系列活动（例如种植业和畜牧业领域的谷物、蔬菜、水果、牛肉生产活动），以及与此相关的工业所从事的活动（例如生物燃料、化肥、食物和饮料加工业）。这一术语在本文中也用来指那些巴西农业中大规模、资本高度集中的农业类型，以区别于小型家庭农业。

吨之间。占总产量94%的三大农作物分别是大豆（1.14亿吨）、玉米（9780万吨）和大米（1230万吨）。①

同往年相比，巴西的总耕地面积增加了6%，这意味着国内有超过6000万公顷的土地属农业用地。据官方数据，在过去的10年中，本国播种面积增加了1000万公顷，即增长了20%，同期农业产量也增长了50%~60%。专家分析，农业产量的大幅提升得益于持续的科技投入。

巴西农业的发展与一些地区可耕地的整合有关，此前这些地区的农业产量在巴西农业总产量中所占份额十分有限。早在二十世纪六七十年代，中西部地区的一些处女地就被用于农业生产，最早开始于戈亚斯和南马托格罗索两州，紧接着出现在马托格罗索州。最近，这一扩张活动已经推进到北部和东北部地区，前者以朗多尼亚州、罗赖马州、托坎斯廷州和帕拉州最为典型，后者体现在巴伊亚州、马拉尼昂州和皮奥伊州。

巴西农业在过去20年的发展非比寻常，自2000年以来，巴西的种植业和畜牧业产量持续增长；2000~2016年，巴西农产品的出口总额惊人地增长了257%，这意味着年均增长8%。同时，在过去的20年，由于全球需求增加、价格上涨、技术进步以及现代管理方法的应用等因素的推动，巴西的农业产量不断增长。农业也受益于自20世纪90年代开始实行的宏观经济调控和结构性改革，改革的初衷是增强经济稳定性、减少通货膨胀和扩大贸易，但客观上也降低了生产成本，实现了政府对咖啡、蔗糖和小麦等主要商品价格的调控，因此为竞争性的农业运作铺平了道路。

农作物管理实践的变化和丰产地区面积的扩大使巴西成为大豆、玉米、蔗糖、肉类、咖啡和酒精的主要出口国。随着生产力的不断提高和农业用地的增加，农业生产和出口的进一步增长指日可待。与此同时，

---

① Companha Nacional de Abastecimento, *Indicadores da Agropecuária*, Brasília: Conab, 2017, p.16. 直到20世纪70年代早期，大豆几乎没有经济上的重要性，但从那时起，巴西的大豆产量从1970年的150万吨增长到1988年的3000万吨，又在2013年增加到8200万吨。

人均收入和人口增长将继续推动巴西国内对农产品的需求，包括高档产品。①

因此，巴西2017年的10大出口产品中有7种是农产品绝非偶然，仅大豆一项就在总出口额中占15%，为国家创造了约130亿美元的收益。巴西已经成为第二大豆生产国和出口国，根据经合组织-联合国粮农组织《农业展望2017~2026》，巴西将在2026年超过美国，成为最大的大豆生产国。这项研究表明，巴西的大豆产量每年需增长2.6%，这一增长率在所有主要生产国中是最高的，因为同阿根廷和美国相比，巴西有更多的农业用地，阿根廷计划年均增长2.1%，美国则是1%。②

其他主要的农产品包括玉米（巴西是第三大生产国，但此前只是少量出口，95%的玉米被用于日益繁荣的养猪业和家禽饲养业。即便如此，在过去的几年中，巴西每年都出口700万~1100万吨玉米）；蔗糖（世界最大的生产国和出口国）；咖啡（世界最大的生产国和出口国，其咖啡豆在国际市场上的占有率达到30%）；橙汁（世界最大生产国和出口国，世界平均每两杯被消费的橙汁中就有一杯是巴西生产的）；牛肉（世界最大商品牛出口国，约有2亿头牛，同时也是最大的牛肉出口国）；家禽（世界最大的家禽肉类出口国）；可可（巴西在世界可可种植国家中排名第六）；木材（巴西是世界上从木材中提取纸浆成本最低的国家）；棉花（巴西是世界第四大棉花纤维生产国）；烟草（世界最大烟草生产国，烟草种植集中在南部省份）；乙醇（世界最大的甘蔗乙醇生产国，每年输出约30亿公升，还生产280亿公升，供国内以混合燃料作为动力的汽车使用）。③

此外，农产品的进出口情况对巴西贸易平衡至关重要。2016年，农产

---

① United States Department of Agriculture, "Overview", https：//www.ers.usda.gov/topics/international-markets-trade/countries-regions/brazil/，January 9, 2018.

② Governo do Brasil, "Brasil vai ultrapassar Estados Unidos na produção de soja até 2026", http：//www.brasil.gov.br/economia-e-emprego/2017/07/brasil-vai-ultrapassar-estados-unidos-na-producao-de-soja-ate-2026, Janeiro 9, 2018.

③ Property Partners, "Brazil's Main Agricultural Products and Exports", http：//www.4property.uk.com/brazil/main-agricultural-products-and-exports/，Jaunary 9, 2018.

品出口额达849亿美元,然而农产品的进口额为136亿美元,即贸易顺差713亿美元。过去几年中,贸易顺差的最大值出现在2013年(出口额1000亿美元、进口额171亿美元、顺差829亿美元)。2017年,农产品出口额达890亿美元,然而进口额仅为129亿美元(数据截至11月)。①

这些数据证实了农业在巴西经济中的核心地位,特别是在经济增速放缓时期、在国际竞争中失意时期以及在贸易顺差持续恶化时期。数据同时还反映出,尽管日用品价格增长已是强弩之末,巴西农业在2008年全球经济危机最不利的影响下,表现得比国内其他主要经济领域更有弹性。事实上,农业是其最有活力的领域,总的来说对国际贸易和投资都有重要影响,不论是就巴西国内的经济政策而言,还是在对外政策方面,这种积极的商业活动是解释其在农业出口中核心地位的关键。②

中国是巴西农产品的主要输出地。根据巴西农业、畜牧和食品供应部门2017年的数据(统计截至11月),出口到中国的农产品占巴西出口总量的28.1%,随后是欧盟(占17.4%)和美国(占6.9%)、日本(占2.6%)和中国香港(占2.5%)。③ 中国在巴西农产品出口活动中发挥着重要作用,尽管巴方发货量的增速已经放缓。2005~2016年,出口到中国的以大豆为首的农产品以令人难以置信的速度增长了577%,这说明中国快速增长的需求对巴西农产品出口至关重要。2016年,巴西出口到中国的大豆达3880万吨(价值145亿美元),单是大豆就占所有中国购买的巴西农产品的74%(收入以美元计)。2017年,出口到中国的大豆高达5200万吨(197亿美

---

① Ministério da Agricultura, Pecuária e Abastecimento, "Agrostat – Estatísticas de Comércio Exterior do Agronegócio Brasileiro", http://indicadores.agricultura.gov.br/agrostat/index.htm, Janeiro 9, 2018.

② Vaz, Alcides Costa, "International Drivers of Brazilian Agricultural Cooperation in Africa in the Post – 2008 Economic Crisis", *Revista Brasileira de Política Internacional*, Vol. 58, No. 1, 2015, pp. 173 – 174.

③ Ministério da Agricultura, Pecuária e Abastecimento, "Agrostat – Estatísticas de Comércio Exterior do Agronegócio Brasileiro", http://indicadores.agricultura.gov.br/agrostat/index.htm, Janeiro 9, 2018.

元），其次是鱼（1.417亿美元）。①

早在2009年，中国就已经超过美国成为巴西最主要的经济合作伙伴。鉴于中巴贸易发展的速度，以及此前几十年美国一直是巴西主要经济合作伙伴的事实，可以说这一地位的变化是一项伟大的成就。

同中国的贸易使得亚洲成为巴西农产品的主要出口地，巴西主要出口蔗糖、林产品、烤肉、猪肉和牛肉到亚洲。最近印度也成为巴西的一个重要贸易伙伴，出口到印度的主要商品是蔗糖，2016年巴西出口了价值9亿美元（240万吨）的蔗糖，2017年（截至11月）印度已经从巴西购买了8.5亿美元（220万吨）的蔗糖。在双边贸易中，第二大农产品是大豆，2016年双方贸易额达3.783亿美元（546466吨），2017年（至11月），印度已经购买了3.6亿美元（482602吨）的大豆。

欧盟是巴西农产品的第二大输出地。尽管在过去的17年中，巴西农产品占其进口产品总量的份额有一定的减少。欧盟在巴西主要购买的农产品是大豆、林产品、咖啡豆、水果和牛肉。2016年，巴西出口了132万吨大豆（约50亿美元）到欧盟；2017年（截至11月），出口量达到1210万吨（约44亿美元）。

美国也在巴西农业中发挥着重要作用，尽管在过去17年中所占份额有所减少。该国主要购买的是林产品、咖啡豆、酒和烟草，2016年林产品的出口额达21亿美元，与2017年大致处于同一水平，而每年出口美国的咖啡豆大约价值10亿美元。

另一个不容忽视的农产品出口地是中东。近年来，巴西加强与该地区国家建立友好关系。作为巴西石油和天然气的主要供应商之一，中东既是巴西的重要市场，也是主要贸易伙伴。另外，中东国家是巴西农产品的重要消费者。该地区的传统合作伙伴是沙特阿拉伯、阿拉伯联合酋长国和埃及。通常出口的主要农产品有冷冻鸡肉、牛肉、甘蔗、大豆和其他谷物。

---

① Ministério da Agricultura, Pecuária e Abastecimento, "Agrostat - Estatísticas de Comércio Exterior do Agronegócio Brasileiro", http://indicadores.agricultura.gov.br/agrostat/index.htm, Janeiro 9, 2018.

因此，总的来说，农产品国际贸易的发展趋势表明，在过去的几年里，巴西农产品在亚洲和中东国家的销售量显著增加。一些专家强调，中低收入国家一直是巴西的蔗糖、鸡肉、猪肉和大豆等农副产品的老主顾。而收入较高的国家有更多的购买选择，比如林产品、咖啡和水果。

为了扩大世界贸易中出口农产品的市场份额，需要考虑诸多因素，比如出口多元化，打开国内市场以进口产品（尤其是打开那些可以促进当地加工业发展的市场），增加出口农产品的附加值，提升那些市场占有率较低的产品的质量和竞争力，商谈国际贸易协定，为巴西产品开拓新市场。

许多专家认为，进一步对进口产品开放将对巴西农业综合商业模式产生积极的压力，以使产品质量和竞争力得到显著提升，进而增加其在最成熟的和高盈利的市场的参与度。以进口替代为基础的巴西工业化模式仍被认为是高度的保护主义，它排除了在国际价值链里面的生产过程，而目前这是推动全球化发展的重要因素。例如，咖啡是巴西的传统产品，但它与国际价值链脱节，而这条价值链关系到其生产和盈利能力，如极品咖啡和咖啡胶囊，在全球市场上，无论是美国、欧洲或是亚洲，都十分受欢迎。

大量研究表明，消费者对非精耕细作农产品的需求会减少，特别是到2030年左右。由此看来，随着全球范围内中产阶级的增多以及人均收入的提升，人们对新产品和新工艺的需求也会随之增长，这使得那些初级产品和未精加工产品出口商面临挑战。

三 巴西农产品出口的制约因素与对策建议

（一）基础设施

如前所述，自20世纪60年代以来，巴西农业用地扩展到北部和东北部地区，这些地区离位于南部和东南部的消费中心以及负责出口货物流通的港口越来越远。巴西农产品在竞争力方面最主要的瓶颈是物流基础设施的落后，加之距出口地过远，使这一瓶颈更难打破。

雄心勃勃的《增长加速计划》（PAC）这样规划：2007年项目启动，紧接着进入第二阶段，鉴于农业长期以来一直受到内陆地区物流的限制，投资基础设施的同时也会促进农业发展。

在国际市场上，巴西在大豆方面与其他国家相比具有相对优势，但在物流成本方面又处于劣势。因此，巴西必须改善物流基础设施，以降低运输成本和减少运输时间。一些最著名的巴西大豆出口公司指出，大豆运输的成本和在运输过程中的不确定性，成为限制其扩大出口的因素。

巴西的大豆运输分为两个阶段：第一阶段，新收获的产品被运送到仓库，通常由生产者用货车运输，这也就意味着高成本，因为在一些谷物高产的省份没有铺面道路；第二阶段是直接从仓库运送出口或送到加工厂，从生产者的仓库出发，大豆通过铁路、公路和水路等方式被直接运到出口（港口）。通常大豆是批量运输，尽管有时在运走之前会被包装成蒲式耳的大小。带壳的大豆也可以被运到加工厂，将被加工成大豆粉或食用油。①

一般来说，该国的一些结构性问题明显阻碍了巴西农业的可持续发展。此外还有交通基础设施中存在的主要问题，特别是公路缺乏维护、高昂的港口停泊成本和码头仓库的高需求量；此外，还缺乏在港口设施建设方面的投资，收获期间卡车和船舶排成长龙；一些港口因深度的限制而无法停泊大型船只。

巴西交通系统基础设施落后的第一个原因在于该行业的投资不足。从20世纪80年代初开始，随着国家财政状况的恶化，巴西有关交通基础设施的政策几乎被废弃。

一些研究已经指出了这种差距。巴西产品的平均物流成本约为26%；在经济合作与发展组织（OECD）成员国中，平均物流成本约为9%。巴西大豆运输成本远高于主要竞争对手。根据一些专家的说法，巴西的平均成本超过美国的83%和阿根廷的94%。在远离主要消费和出口中心的地区，如

---

① Lopes, Harlenn dos Santos; Lima, Renato da Silva, "Alternatives for the Soybean Exportation in Brazil: A Cost Based Analysis for Transport via the Tocantins – Araguaia Waterway", *Custos e Agronegócio*, Vol. 13, No. 1, 2017, p. 241.

中西部地区，大豆的运输费用甚至更高。①

导致这一现状的主要原因是，在20世纪50年代，虽然有公路运输可供选择，但对于距离超过150公里的谷物运输不适用，而在中西部地区，包括大豆在内的多种农产品都属于这种情况，在收获时节，桑托斯和巴拉那瓜港由于卡车过多而交通拥堵。

根据交通部、港口和民用航空部门的数据，整个巴西高速公路网总里程达143.58万公里，占县道和省道的94.7%，联邦公路只占5.3%（76500公里）。铺面道路占总数的13.7%（19.6万公里），其余的86.3%是未铺设的道路（123.92万公里）。如果只考虑联邦公路网的话，6.4万公里是铺面道路（84.7%），但只有7700公里是重复的。②

此外，高速公路的养护工作也因成本昂贵而滞后。《2017年年鉴》是由国家运输联盟（CNT）组织的年度调查结果，它评估了巴西主要的高速公路状况，通过调查103259公里的公路得出如下数据：11936公里优秀（11.5%）、31158公里良好（30.1%）、35840公里正常（34.8%），17838公里差（17.3%）和6487公里（坏，6.3%）。③

在中西部地区，这些数据甚至更糟。国家运输联盟调查了该地区的16111公里公路，评估分类如下：581公里优秀（3.6%）、3111公里良好（19.3%）、3976公里中等（24.6%）、3142公里差（19.5%），5301公里坏（33%）。结果表明，该地区公路养护的现状不容乐观。④

中西部交通基础设施落后的一个重要原因是道路体系不健全。正如前面

---

① Castro, César Nunes, "O agronegócio e os desafios da infraestrutura de transporte na região Centro-Oeste", in Neto, Aristides Monteiro; Castro, César Nunes; Brandão, Carlos Antonio, *Desenvolvimento regionalno Brasil*：*políticas*，*estratégias e perspectivas*，Rio de Janeiro：Ipea, 2017, pp. 251 – 252.

② Ministério dos Transportes, Portos e Aviação Civil, "Síntese – Setor Rodoviário", http：//www.transportes.gov.br/component/content/article.html？id＝5341, Janeiro 9, 2018.

③ Confederação Nacional do Transporte, *Anuário CNT do Transporte*：*estatísticas consolidadas – 2017*，Brasília：CNT, 2017, p. 33.

④ Confederação Nacional do Transporte, *Anuário CNT do Transporte*：*estatísticas consolidadas – 2017*，Brasília：CNT, 2017, p. 66.

所提到的,在过去40年中,农业边疆不断扩大,而率先开辟的农业地区位于远离主要人口中心的、更廉价的土地上。在农垦之后,对交通基础设施进行投资的需求进一步增加,人们要求联邦政府建设合适的基础设施,但其投资能力有限。

近年来,投资大幅增长,但仍远未达到理想水平。根据运输部、港口和民用航空公司提供的数据,通过《增长加速计划》,道路系统的投资从9104.12亿雷亚尔(2005年)跃升至49515.17亿雷亚尔(截至2017年8月)。2014年,这一数值达到106216.7亿雷亚尔。①

解决方案包括恢复铁路运输投资并更多地利用水路交通。

铁路网的扩大面临的困难是调动所需资源,包括有限的公共基础设施项目预算;其他项目对道路项目资源的竞争;目前私营领域对进一步投资的阻挠;巴西铁路轨距标准化的需要,由于历史上缺乏规划,现在的铁道轨距规格不一。

根据运输部、港口和民航部门提供的数据,巴西铁路仅有30600公里,货物运输总量约5亿吨(2016年数据)。② 铁路行业投资也很低,2005年投资总额仅为1339.35亿雷亚尔,2017年(截至8月)为3454.81亿雷亚尔,2014年达到最高值的27281.54亿雷亚尔。③

由于北部地区基础设施不足,大部分的大豆需要经过1900余公里的运输,才能到达东南部港口桑托斯和巴拉那瓜。对中西部产区而言,更好的路线是使用北部地区的港口,因为它更靠近美国、欧洲和巴拿马运河,也是货物运往中国更便捷的通道。

就此而言,纵贯南北的铁路对农产品出口尤其重要,它是为提高巴西农产品的流通水平而修建的最重要的铁路干线。最初它预计跨越戈亚斯州、托

---

① Ministério dos Transportes, Portos e Aviação Civil, "Série Histórica - PAC", http://www.transportes.gov.br/images/PAC_-__SITE__-_Fechado.pdf, Janeiro 9, 2018.
② Ministério dos Transportes, Portos e Aviação Civil, "Síntese - Setor Ferroviário", http://www.transportes.gov.br/component/content/article.html?id=5380, Janeiro 9, 2018.
③ Ministério dos Transportes, Portos e Aviação Civil, "Série Histórica - PAC", http://www.transportes.gov.br/images/PAC_-__SITE__-_Fechado.pdf, Janeiro 9, 2018.

坎廷斯州和马拉尼昂州，最终建成后长达 3500 公里，连接安纳波利斯（位于戈亚斯州）和阿卡兰迪亚（位于马拉尼昂州）。它将把位于马拉尼昂的伊塔基港与中西部和南部地区的粮食主产区联系起来，同时还将成为连接其他正在筹建铁路的纽带，例如泛东北部铁路和其他铁路分支。这条纵贯南北的铁路始建于 1987 年，其中的几段都已建成，但铁路的最终完工被推迟了好几次。

2011 年《国家物流与运输规划》（PNLT）提出建设 11500 公里铁路的计划，联邦政府几乎没有财政条件来独立建设和管理这样统一的铁路网，因此政府有意为至少 12 条铁路的建设和管理提供投标，但这一过程刚刚开始。扩建铁路能涵盖更大区域，因为目前最大的铁路网集中在南部和东南部地区。

除了铁路网络的扩展，另一个重要的步骤是提高铁路系统的效率。其中一个关键的方面是提高列车的平均速度，目前的速度被认为奇低。火车运行速度之所以低，除了其他因素外，还在于城市居民点对铁路线的侵占，从而导致在穿越这些地区时火车的速度急剧下降。为了提高列车的平均速度，需要从那些被居民区占领的地区转移一些线路，同时也要防止新的线路建在这里。[①]

水路交通成为联邦政府的优先考虑之一。《增长加速计划》和《国家物流与运输规划》为改善通航条件进行了一系列投资。但是，在这一领域仍有很大的发展空间。目前，水运在巴西的货物运输中所占比例不到 15%。

根据国家运输联盟的数据，巴西的水路系统网络里程达到 44000 公里，其中 29000 公里天然可通航，但只有 13000 公里能够被有效利用。此外，水路非常适合运输谷物等农产品和肥料等在农业生产中发挥基础作用的产品。对于农业来说，这是一个非常便利的运输方式，而且消费中心距离生产区域

---

① Castro, César Nunes, "O agronegócio e os desafios da infraestrutura de transporte na região Centro-Oeste", in Neto, Aristides Monteiro; Castro, César Nunes; Brandão, Carlos Antonio, *Desenvolvimento regionalno Brasil: políticas, estratégias e perspectivas*, Rio de Janeiro: Ipea, 2017, p. 259.

越远，水运就越划算。

国家水路运输署（ANTAQ）估计，目前每年约有4500万吨的货物经水路运输，河道的负载量比这一运输量至少要高出4倍。由此看来，巴西的水运扩张将会集环境、经济和社会效益于一体。目前的情况是，水路基础设施的公共投资需求不足，可能性也不大，私人投资所占份额很小，组织结构滞后，还有环境许可方面的一些监管障碍。巴西水道航行的现状，仍能反映出其在二十世纪八九十年代的停滞。①

首先，有必要采取措施提高河流的通航条件。一些很有运输潜力的重要水道的河床，因长期运输而变得很浅。因此，为了使较大的船舶能进入航行，这些河流的河床需采取专门措施来增加深度。第二套工程是指需要建造一些船闸，以使船只能够克服水道之间有落差的困难。另一个障碍是水力发电厂，它对一些河流的通航构成了障碍，但是可以通过建造闸门来解决。然而，在电力部门和航运部门之间似乎没有商量的余地，因为各部门的利益诉求不同，各自的规划也没有达成一致。

在《国家物流和运输规划》的框架下，运输、港口和民用航空部设立了一个未来20年目标，即将目前巴西水路运输的参与度由13%提高至29%。为了实现这一目标，《国家物流和运输规划》对一些河流提出了205项部署，尤其是那些水路和铁路相接的部分，这将有助于将一部分谷物运到北部的港口，因此对东西部粮食产区来说是一个好的经济选择，此外还额外减少了南部和东南部地区超负荷港口的来货量。

一个特别值得提及的选择是托坎廷斯－阿拉瓜亚水道，尽管2007年就提出了建设规划，但十年后仍没有最终建成，不过这条水道建成后将在粮食运输中发挥重要作用。

托坎廷斯和阿拉瓜亚两河的流域面积超过9.6万平方公里，覆盖了戈亚

---

① Castro, César Nunes, "O agronegócio e os desafios da infraestrutura de transporte na região Centro-Oeste", in Neto, Aristides Monteiro; Castro, César Nunes; Brandão, Carlos Antonio, *Desenvolvimento regionalno Brasil*：*políticas*, *estratégias e perspectivas*, Rio de Janeiro：Ipea, 2017, p. 260.

斯州、托坎廷斯州、帕拉州、马拉尼昂州和马托格罗索州。它由许多河流组成，如果航道改善完成，该水道在未来可长达约 3000 公里，纵贯本国的中西部和北部地区，将中部地区与帕拉州的贝伦港和孔迪镇相连，也可联系到伊塔基港和位于马拉尼昂州的蓬塔达马德拉。

托坎廷斯 - 阿拉瓜亚水道可以在三段范围内通航：在里奥达斯莫特（阿拉瓜亚河左侧的支流）、阿拉瓜亚河和托坎廷斯河。这里的生产运输成本低有其主要原因，即可以将其从中西部直接运到帕拉港，该港口的选址本就充分考虑到国际市场因素。在托坎廷斯 - 阿拉瓜亚航道上的货物运输仍处于起步阶段，因为改善通航条件才实施了几个月的时间。①

（二）环境问题和"法律意义上的亚马孙"地区

任何对巴西农业现状的分析，必须考虑的一个关键因素是环境问题。巴西仍然拥有广阔的可耕地，但同时这些土地中的大部分都位于环境保护区内，这增加了农业部门与环保主义者之间的潜在冲突，尤以亚马孙地区为甚。农业发展对环境留下的印迹引人关注，特别是它导致了亚马孙雨林的大面积萎缩。

亚马孙流域涵盖八个南美国家：巴西、玻利维亚、厄瓜多尔、哥伦比亚、圭亚那、秘鲁、苏里南和委内瑞拉（另有法属圭亚那），总面积约 550 万平方公里。其中，巴西占了 63%（即 400 万平方公里）的土地。

巴西在 1953 年 1 月 6 日第 1806 号法律的第 2 条中提出了"法律意义上的亚马孙"（Amazônia Legal）这一概念，这是一个包括多个州的行政单位：阿克里州、阿马帕州、亚马孙州、马托格罗索州、帕拉州、朗多尼亚州、罗赖马州、托坎廷斯州、马拉尼昂州的部分地区和戈亚斯州的一些自治市。"法律意义上的亚马孙"地区并不等同于位于巴西的亚马孙，因为上述有些州的部分地区位于亚马孙盆地的流域之外。"法律意义上的亚马孙"地区面

---

① Lopes, Harlenn dos Santos; Lima, Renato da Silva, "Alternatives for the Soybean Exportation in Brazil: A Cost Based Analysis for Transport via the Tocantins-Araguaia Waterway", *Custos e Agronegócio*, Vol. 13, No. 1, 2017, pp. 248 – 250.

积约为500万平方公里，占巴西国土面积的59%。[1]

多年来，随着农业边疆向"法律意义上的亚马孙"地区的扩大，特别是放牧和伐木活动的渗透，一系列环境退化问题接踵而至。从20世纪70年代到1997年，鼓励放牧政策是导致森林砍伐的元凶。2002~2004年，森林砍伐率的上升反映了农业的扩张，2002年全年森林损失达21651平方公里，2003年为25396平方公里，2004年为27772平方公里，这一系列数字令人扼腕。

在巴西公民社会和本国以及国际非政府组织的要求下，巴西政府在处理森林砍伐问题上的环境政策发生了重大变化，尤以2005年以来最为明显，这些政策在过去4年被固定下来。

尽管与前几年相比，2006~2008年的森林砍伐量有所下降，但巴西亚马孙地区的森林砍伐率仍然很高。2008年（12911平方公里）与2007年（11651平方公里）相比，年度森林砍伐率略有上升。然而，在接下来的几年里，每年的森林减少量趋于稳定：2009年7464平方公里、2010年7000平方公里、2011年6418平方公里、2012年4571平方公里、2013年5891平方公里、2014年5012平方公里、2015年6207平方公里和2016年7989平方公里。

巴西亚马孙雨林的砍伐主要集中在该地区南部的狭长地带，从马拉尼昂南部延伸到朗多尼亚，这通常被称为"森林砍伐的弧线"（Arco do Desmatamento）。目前在"法律意义上的亚马孙"范围内的不同地区发生的变化反映了农业和畜牧业活动的扩张以及人口的增长。最近一次在"法律意义上的亚马孙"地区的农业扩张浪潮，很大程度上要归功于新技术的实施。以大豆为首的，包括玉米、水稻和棉花等在内的农作物产量增加，是用现代农业技术培育新品种的结果。这些农业活动扩展最多的地区是马托格罗索州和托坎廷斯州，以及马拉尼昂州南部的热带草原，它们都被"法律意

---

[1] Garcia, Beatriz, *The Amazon from an International Law Perspective*, Cambridge: Cambridge University Press, 2011, pp. 23-25.

义上的亚马孙"区域所环绕。①

全球日用品商家和巴西的大型生产商，都曾推动大豆生产率先向北扩张到热带雨林边缘的大草原。短短几年时间，马托格罗索州就成为巴西最大的大豆生产州。在"法律意义上的亚马孙"地区，大豆的种植面积每年以14.1%的速度扩张（1990~2005年）。2013~2014年，约有3200万吨的大豆由"法律意义上的亚马孙"地区产出，该区9个州中有7个都是大豆生产州。总的来说，"法律意义上的亚马孙"地区的大豆农场面积非常广阔，采用机械化生产，且大量施用化肥。

农业边疆扩张带来的最显著的影响是森林砍伐，同时还伴有生态系统的恶化和生态链的断裂。巴西亚马孙地区农业边疆的扩张，使一些大型农场建立起来，而且在帕拉州南部和泛亚马孙公路沿线，土地占有比率严重失调。除了大豆生产，其他对巴西亚马孙影响最大的农业活动是大牧场放牧业。如上文所述，巴西拥有世界最大的商品牛群，也是世界最大的牛肉出口国。上述两项生产活动中，畜牧业近年来对巴西亚马孙的影响最大，大中型牧场主牧牛导致的"法律意义上的亚马孙"地区森林破坏占总破坏面积的80%。②

然而，这是个有争议的话题。一方面，一些专家说近年来农业的增长并没有破坏雨林，在过去10年中，只有1%新增的亚马孙雨林破坏面积与大豆生产的扩张直接相关。反对观点认为，森林砍伐量的下降是改变土地利用方式的结果，早先亚马孙地区牧场广阔，后来这些土地被大量地用来种植大豆。

巴西当局还必须从国际角度来考虑亚马孙森林砍伐问题。例如，2017年7月，法国环境部部长尼古拉斯·胡洛特宣布，他将停止进口世界上以森林破坏为代价而生产出来的林产品和农产品，尤其是在亚马孙、东南亚和刚

---

① Garcia, Beatriz, *The Amazon from an International Law Perspective*, Cambridge: Cambridge University Press, 2011, p. 40.
② Garcia, Beatriz, *The Amazon from an International Law Perspective*, Cambridge: Cambridge University Press, 2011, pp. 42-43.

果民主共和国，包括棕榈油和大豆等产品。①

国际非政府环保组织也可能向联邦政府施压，反对其在亚马孙地区扩大大豆种植，这不是他们首次采用此种方式。例如，2006年，在这些组织的压力下，巴西主要的大豆出口商停止购买在森林砍伐的土地上种植的作物。这源于绿色和平组织应家乐福和麦当劳等客户的要求发起的一项运动。这些非政府组织经常指出，大豆种植或畜牧业发展会对野生动物和生物多样性造成威胁。一些环保人士还指出，农牧业之间存在一种合作共生的现象，那就是在已经被牧场主采伐、放牧的土地上，接着种植大豆，牧场主们随后继续烧毁亚马孙其他地区的森林。

在监测亚马孙雨林的砍伐情况方面，巴西已经签署了一些技术合作协议。其中之一是1988年签署的中巴地球资源卫星项目（CBERS）。该项目旨在建造和发射遥感卫星，来捕获一些用于土地监测、规划和管理、森林保护、水资源保护和农业的图像。这一计划旨在降低巴西和中国在这些方面的高成本，同时为两国提供了进入卫星图像这一新兴领域的机会，中巴地球资源卫星项目也为技术信息和人员交流提供了重要平台。

在这场争论中必须考虑的另一个重要因素是国会中强大的农村问题核心决策组。在时任巴西司法部部长罗德里戈·亚诺的刑事指控压力下，总统特梅尔表示，愿意为农业部门做出有力的让步，以寻求支持。例如，特梅尔政府制定了759号临时措施（MP 759），它修改了登记土地所有权的基本规则。一些专家指出，759号临时措施显然意在使非法占用的改革土地合法化，并在市场上投入更多。后来又颁布了793号临时措施（MP 793），这又代表了农业企业部门100亿雷亚尔的债务负担。因此，在针对特梅尔的刑事指控的辩护方面，农村问题核心决策组坚决反对，就丝毫不足为奇了。

此外，环保组织指责特梅尔政府试图废止土地改革和社会土地使用政策。为了取悦与农业企业利益相关的国会议员，联邦政府提议减少土地保护

---

① Amazônia: Notícia e Informação, "França vai vetar a importação de produtos ligados ao desmatamento da Amazônia", http：//amazonia.org.br/2017/07/franca – vai – vetar – importacao – de – produtos – ligados – ao – desmatamento – da – amazonia/, Janeiro 9, 2018.

区，并将土地征收合法化。这类指控进一步增多，包括政府弱化对采矿的环境许可要求和采矿管制；批准并允许使用更多的杀虫剂，包括其他国家禁止使用的杀虫剂；占用极具环境价值的公共土地；对环境犯罪给予特赦，并削减小型地主和农村工人的劳动和社会权利。为了快速推动这一议程，特梅尔政府和农业企业游说组织在国会上提出了快速实施方案，并过度使用临时措施，以防止民间社会组织和专家的广泛参与。

经过十年的发展，亚马孙地区因采伐、农业和采矿等而造成的森林砍伐，在特梅尔政府期间有所增加。减少亚马孙地区的森林砍伐，也是巴西为应对全球气候变化做出的主要贡献。在对巴黎气候协定的承诺中，巴西承诺终止在亚马孙地区的非法采伐，并在2030年之前实现碳排放量在2005年的水平上减少43%的目标。

挪威政府每年给予巴西一笔资金，用于保护亚马孙地区，在当地的森林破坏加剧以及出现一系列由政府导致的环境破坏行为之后，作为回应，挪威将这一年度的资金支付减少了60%。挪威每年向巴西支付的这笔款项，是一项长期的数十亿美元计划的一部分，该计划意在抑制亚马孙雨林的消失，以减缓全球变暖。

2017年8月，特梅尔政府颁布了一项法令，终止了大亚马孙地区的受保护地位，这一地区被称为"国家铜矿和相关产品储备区"（Reserva Nacional do Cobre e Associados，Renca）。该地区约47000平方公里，横跨阿马帕州和帕拉州，包括7个环境保护区和2个土著人领地。这一举措激怒了环保人士，他们担心森林砍伐和破坏的潜在威胁。鉴于此项法令不受欢迎，特梅尔颁布了另一项法令取代前一项，仍致力于废除国家铜矿和相关产品储备区。对那些一直对政府施加压力的环保团体来说，这些远远不够。9月底，联邦政府最终撤销了废除国家铜矿和相关产品储备区的计划。

在国会中的农村问题核心决策组的影响下，特梅尔政府已经同意了新的标准，这一标准意在取消土著居民的土地边界合法地位。其中有一个特别的规定，即反对任何土著居民对土地的划分，只要这些传统领地在1988年没有印第安人出现，这条规定使许多原本看似合法的利益诉求变得不正当。另一个有争议的规则是,政府可以在没有得到当地人同意以及违背巴西承诺的国际义务的情况下,兴建"战略性"公共工程,比如修建水坝和道路。

四 结语

本文开头分析并指出了农业部门对巴西经济的重要性,农业对经济和政治决策的影响越来越大。农业是巴西经济中最具活力的行业之一。总的来说,几十年来巴西农业的增长率一直高于巴西经济的平均增长率。粮食产量的惊人增长,尤其是大豆产量增长使巴西位居世界农业生产国和出口国前列。

在经济增长的过程中,农业和畜牧业的生产逐步扩展到农村,所占据的偏远地区距离主要消费中心和出口港越来越远,特别是在中西部地区。这种情况带来了一些挑战,可能会在不久的将来制约巴西农产品的出口。其中一个是物流的瓶颈,另一个是环境问题。正如上文所述,第一个问题的解决依赖于对铁路和水路建设的投资,使它们成为公路之外的又一选择,但由于预算的限制,联邦政府对此也心有余而力不足。至于第二个挑战,对环境问题必须从两个视角来看待。在国内层面,农业部门和国会农村问题核心决策组一直在敦促政府实施自己的提案,并且取得了良好的效果,因为对于特梅尔政府来说,这对于防止国会的指控至关重要。在外部环境中,以亚马孙雨林的砍伐为代表的环境问题已经使政府面临困境。巴西林产品的重要进口国和国际非政府环境组织,一直在关注可能加剧该地区森林砍伐的举措,就像保护国家铜矿和相关产品储备区时所做的那样。

Y.9 教育与就业：2017年巴西社会的主要议题

〔巴西〕Kelly Ferreira 缴洁* 陈静 刘明译

摘　要： 2017年，教育和就业成为巴西社会最为关注的两大议题。巴西政治危机和经济危机的持续，导致依赖于社会公共服务的底层民众成为最大的受害者，失业率居高不下，高等教育面临危机，劳工、社会保障和养老金改革艰难推行，整个社会的发展举步维艰。本文将重点探讨教育和就业这两大巴西社会的主要议题，通过分析巴西在教育、就业方面的发展现状以及所进行的劳工、社会保障和养老金改革，来管窥2017年巴西的社会形势，并对其未来局势进行展望。

关键词： 巴西　教育　就业　社会保障　改革

一 引言

巴西2016年的社会动荡给2017年的发展造成了巨大的影响。由于罗塞夫总统被弹劾，巴西的政治危机达到顶点，再加上经济危机，给巴西民众的生活带来了很大的影响。即使在总统被弹劾之后，巴西仍然存在许多亟待解决的问题。尽管国会和参议院更倾向于特梅尔，但是双方都缺乏领导能力。

---

* Kelly Ferreira，巴西圣保罗大学国际关系学博士研究生，巴西坎皮纳斯天主教大学国际关系课程教师；缴洁，法学博士，湖北大学拉美研究院研究人员，主要研究方向为巴西法律制度。

特梅尔是一位经验丰富的政治家,自1987年担任联邦议员后开始从政,并一直在政界打拼。同僚们认为他很有能力,但是谨慎、尽力避免对抗的性格使他缺乏领导立法机构的政治权力。因而,当他被迫在民众和政策上的保守之间做出抉择之时,他往往会选择后者。

就社会形势而言,在卢拉执政期间,巴西大约有330万个家庭从所谓的D、E阶层(收入低于2166雷亚尔)上升到C阶层(收入为2166~5233雷亚尔)以及B阶层(收入为5234~16263雷亚尔)。① B和C阶层往往被称为中产阶级。然而,要使这些家庭新的社会地位得以稳固,就必须保证政治和经济的稳定,而这正是巴西长期以来所缺乏的,这也导致巴西民众的生活质量并没有真正达到中产阶级的水平。例如,尽管巴西民众购买力增强,但是他们没有养成购买家庭耐用消费品或者储蓄的习惯,而这些可以帮助他们渡过危机。因此,就目前的情况来看,巴西估计有440万个家庭将重新回落到下一个阶层。这一倒退与2017年巴西广受争议的两大社会主题直接相关:教育和工作。

二 高中教育改革和高等教育危机

2017年,巴西的教育发展主要涉及两大议题:高中教育改革和高等教育危机。本部分将从这两大议题出发,探讨2017年巴西的教育发展与变化。

(一)高中教育改革

特梅尔政府对高中教育进行了改革。2017年2月16日,巴西高中教育改革政策被政府批准。该项改革政策是指2016年9月22日联邦政府通过"临时措施"(Provisional Measure)所实施的一整套新的高中指导方针。"临时措施"由教育部制定,并得到了在2016年9月1日特梅尔就职后担任教

---

① Valor Econômico, "Na retomada, renda da classe A sobe 6 vezes mais depressa", http://www.valor.com.br/brasil/5115278/na-retomada-renda-da-classe-sobe-6-vezes-mais-depressa, Setembro 12, 2017.

育部部长的门多萨·菲力奥（Mendonça Filho）的支持。

巴西政府进行高中教育改革的主要动机是提高巴西的基础教育水平。巴西基础教育的评估结果显示，自2011年以来，巴西的基础教育一直停滞不前。其中，辍学问题严重。根据巴西国家地理统计局（IBGE）的统计数据，2004~2014年，巴西约有130万名15~17岁的年轻人辍学。辍学的主要原因包括工作、未婚先孕以及对当前课程缺乏兴趣等。①

此次高中教育改革主要是通过增加选修课内容、增加教学时长、增加高中技术学校等方式来增加高中教育对学生的吸引力，可以为学生创造更多的就业机会，但是遭到了巴西社会的批评，主要是由于政府在进行如此大规模的教育改革时，并未和民间团体尤其是和家长、学生、教师以及其他对此问题非常感兴趣的人进行讨论。同时，改革的实施面临诸多困难。巴西大约53%的市镇只有一所学校，行政管理部门严重缺乏，没有足够的力量去组织和实施相关的改革政策。此外，颁布的"新高中法"中并没有关于夜校的条款，而现实状况是目前巴西全国41.9%的学校都已有夜校。② 因此，改革的内容与现实状况存在一定的差距。此外，"一切为了教育"运动针对1551名15~19岁的青少年进行了采访调查③，结果显示他们当中大多数人对学校的安全问题、基础设施以及教师的出勤率等表现出不满。这表明，虽然课程设置对学生来说很重要，但是这并不是高中优先考虑的问题。

我们也应看到，改革的推行使授课内容更为丰富、形式更为灵活，改变了在3年学制下13个传统学科的内容分配；重新对技术教育给予重视；鼓励进一步发展全日制学校。其中，高中课程设置将以全国教育课程基础

---

① Agência Brasil, "Estudo mostra que 1,3 milhão de jovens de 15 a 17 anos abandonam escola", http：//agenciabrasil. ebc. com. br/educacao/noticia/2016 – 02/13 – milhao – de – jovens – entre – 15 – e – 17 – anos – abandonam – escola – diz – estudo, Fevereiro 27, 2017.

② Politze, "Como a reforma do ensino médio vai mudar a educação brasileira", http：//www. politize. com. br/reforma – ensino – medio/, Outubro 3, 2017.

③ Todos pela Educação Noticias, "Ensino Médio: O que querem os jovens?", http：//www. todospelaeducacao. org. br/reportagens – tpe/41997/ensino – medio – o – que – querem – os – jovens/, Maio 2, 2017.

（BNCC）为蓝本，目前正在筹备当中。新的培养方案包括以下5个领域：（1）语言及其运用；（2）数学及其技巧；（3）自然科学及其应用；（4）应用人文及社会科学；（5）技术和职业培训。

根据该培养方案，在改革之后，学校无须为学生提供以上5个领域的所有课程，但是课程的开设必须涵盖其中的一个领域。

条文还规定，60%的学时由全国教育课程基础强制规定，其余40%的学时将根据学校提供的课程和学生的兴趣选择，但须符合全国教育课程基础的要求。同时，从小学六年级开始，英语将成为外语教学的必修课。学校如果只提供一门外语，该语言必须是英语；如果提供一门以上的外语，第二语言最好是西班牙语，但这不是强制性的。而在改革之前，学校可以选择英语或西班牙语作为外语课程。

改革的另一个目标是增加学时，以达到国家教育计划（PNE）所规定的学时目标。该计划规定，到2024年，基础教育中50%的学校和25%的入学人数（包括学前教育、小学和中学教育）将会接受全日制教育。高中教育的学时必须逐步增加到每年1400个小时。根据巴西教育部的统计，目前巴西高中教育的学时为每年800个小时。在改革方案最后的条款中，参议员们提出了一个折中方案：最多在5年的时间里，巴西所有高中每年的学时至少要达到1000个小时。但是，该条款对那些没有达到目标的执行人员并没有相应的处罚规定。关于在扩大全日制教育方面州政府的支出数额，目前还没有估算。但是，联邦政府表示，它仅仅为该项目提供部分资金支持。

对该项改革的主要争议之处涉及高中必修科目。在"临时措施"颁布之前，巴西并没有法律条款来规定学校应该讲授的必修科目。在"临时措施"颁布之后，"临时措施"对政府的条文进行了修订，从条文中删除了艺术、体育、哲学和社会学等学科，并规定：在中学的三年时间里，只有数学和葡萄牙语是必修科目，并强制性地将英语作为外语进行教学。此外，义务教育阶段的其他内容将由全国教育课程基础确定，这些内容目前仍在讨论之中。

然而，在国会的相关程序中，议员们修订了被删除的部分内容：将体操、艺术、社会学和哲学作为必修科目。其中一项修正案规定，在全国教育课程基础中必须突出"研究和实践"方面的要求。

对相关条款的另一个批评则是允许没有相应文凭的教师授课。在得到国会批准的文本中，继续任用那些"在学术界名声不好"但得到教育体系认可的人，以提供专门的技术和专业培训课程，只要这些课程与其专业相关即可。代表和参议员也提议，那些没有被授予学位但已经毕业的专业人员可以在教学中作为替补，以便他们有资格上课。

专家说，这些修订内容本来应该在社会上公开讨论，而不是通过"临时措施"来实施。总检察长罗德里戈·雅诺特（Rodrigo Janot）向联邦最高法院提出，这种针对高中教育改革的"临时措施"是违背宪法的。

在众议院和参议院，该"临时措施"收到了来自代表和参议员的567项修改意见，目的是改变条文的内容。在这个过程中举行了九次公开听证会。此外也有人提出批评：公立学校实际上无法提供所有上述课程，可能会因选择面较窄而对学生的潜能发挥造成不利影响。

（二）高等教育危机

巴西的这场高等教育危机直接导致了接受高等教育的学生减少。自1991年以来，巴西接受高等教育的学生人数呈现增加态势，主要是在私立院校，占所有接受高等教育学生的80%。私立院校为年龄在18~24岁的75%的巴西青少年提供受教育的机会，但是自2015年以来，私立学校的入学率有所下降。即使在公立学校中，入学率也减少了0.9%。经济危机使年轻人难以接受高等教育，因为他们无法承担读大学的费用，或担心失去工作。[①] 高等教育资助计划的资助力度有所下降，例如前总统费尔南多·恩里克·卡多佐（Fernando Henrique Cardoso）在2001年创建的高等教育融资基金（FIES）。

---

① Estadão, "Com crise, cai número de alunos na rede particular de ensino superior no país", http：//educacao.estadao.com.br/noticias/geral,com-crise-cai-numero-de-alunos-na-rede-particular-de-ensino-superior-no-pais, 70001957789, Agosto 31, 2017.

该方案为处于人均最低工资标准（2862雷亚尔）家庭的学生提供高达100%的高等教育奖学金。

另一个问题是逃课现象严重。许多学生在第一学年就开始逃课，巴西不稳定的教育系统导致他们在上课时候很难听懂。18~24岁的巴西青少年中只有不到20%的人接受过高等教育。2014年，希望教育咨询公司调查发现，巴西新注册了200万个新生；到了2015年，新生人数下降了12%，即减少了28.4万份注册；预计到2018年，减少的人数将达到50万。①

根据教师工会的数据，受影响最严重的课程是管理、会计、工程和通信等。当私立学校正在努力吸引学生时，公立大学也在寻求政府更大的支持。政府拨款延迟而导致的公立学校系统瘫痪时有发生。里约热内卢联邦大学2017年8月因为资金短缺而中止了3600份奖学金的发放。2017年1~6月，64所联邦大学中有44所缩减预算，受影响最为严重的10所大学分别是：帕拉州联邦大学（Federal University of Pará）减少了34%；联邦佩罗塔斯大学（Federal University of Pelotas）减少了33%；ABC联邦大学（Federal University of ABC）减少了31%；拉夫拉斯联邦大学（Federal University of Lavras）减少了27%；圣保罗联邦大学（Federal University of São Paulo）减少了25%；伯南布哥联邦大学（Federal University of Pernambuco）减少了23%；里约热内卢联邦大学（Federal University of Rio de Janeiro）减少了22%；巴西利亚大学（University of Brasília）减少了22%；南里奥格兰德州联邦大学（Federal University of Rio Grande do Sul）减少了20%；里奥格兰德联邦大学（Federal University of Rio Grande）减少了20%。总的来说，相比于2014年的预算，2017年在留住现有资源方面的财政投入减少了约15%，对公立大学的投资减少了50%。② 到9月资金才会陆续到位，为了使

---

① Folha de São Paulo, "Faculdades particulares terão 500mil calouros a menos em dois anos", http://www1.folha.uol.com.br/educacao/2016/03/1747075 - faculdades - particulares - terao - 500 - mil - calouros - a - menos - ate - 2018. shtml, Ootubro 1, 2016.

② Globo News, "Quase 70% das universidades federais tiveram cortes no orçamento entre janeiro e junho", https://g1.globo.com/educacao/noticia/quase - 70 - das - universidades - federais - do - pais - tiveram - cortes - no - orcamento - entre - janeiro - e - junho.ghtml, Agosto 29, 2017.

工作不被中断，就要对安全外包服务、清洁和技术服务等领域的从业人员加以裁剪，并中断改革，对水电实行配给，减少研究和相关活动，以及限制餐饮业等相关服务。

在巴拉那联邦大学（Federal University of Paraná），有 10 项工程在建，资金缺口达 3 亿多雷亚尔；在帕拉伊巴，伯南布哥联邦大学的 4 个校区共有 45 处工程处于瘫痪或未完成状态，其中有 25 个在若昂·佩索阿（João Pessoa），还有 19 个投标项目由于缺乏资金以及建筑物没有安装管道而未启动；里约热内卢联邦大学 2017 年的预算减少了 13.5%，与 2014 年相近。在过去的 3 年里，在建筑物的安全、清洁和维护方面，外包费用减少了 50%。根据总裁万达·霍夫曼（Wanda Hoffmann）的说法，圣保罗州联邦圣卡洛斯大学（Federal University of São Carlos）得到的资金比预测的成本和投资要低 13%，并额外损失了 40% 的投资和 15% 的成本应急费用，这已经影响到诸如清洁、监控、建筑维护和耗材等方面的支出，此外还有停工和遭受损失的项目；在米纳斯吉拉斯联邦大学中，有 8 项工程停止施工，预计也不会恢复，同时与外包单位的合约也减少了。①

三　失业和就业现状

（一）失业现状②

根据巴西国家地理统计局（IBGE）发布的全国住户抽样调查（PNAD Continua）数据，2016 年巴西的失业率为 11.5%，失业人数达到 1180

---

① Folha de São Paulo, "Sem dinheiro, universidade federal reduz obra, pesquisa e até bandejão", http://www1.folha.uol.com.br/educacao/2017/10/1929952 – sem – dinheiro – universidade – federal – reduz – obra – pesquisa – e – ate – bandejao.shtml, Outubro 19, 2017.

② All the data used in this section is avaible on: Agência IBGE, PNAD Contínua Novembro, https://agenciadenoticias.ibge.gov.br/agencia – sala – de – imprensa/2013 – agencia – de – noticias/releases/19162 – pnad – continua – taxa – de – desocupacao – e – de – 12 – 0 – no – trimestre – encerrado – em – novembro.html, Dezembro 29, 2017.

万,创2012年以来历史新高。另外,就业人口从9210万人下降到9040万人。在私营企业中有正式合同的员工数量在2016年下降了3.9%,达到3430万人。人均收入下降了2.3%,从2015年的2076雷亚尔降至2016年的2029雷亚尔。根据巴西"就业和失业人员通用名录"(Caged)的数据,在132万个正式工作岗位上,被解雇的工人数量超过了新雇用人数。2016年,由于空岗数量的减少,巴西截至年底仅提供了3837.1万个正式工作岗位。这是2011年底以来的最低水平,当时有3829.6万人是有正规合同的。

根据巴西国家地理统计局的调查,2017年6~8月,巴西的平均失业率为12.6%,失业人数达1310万人。与2016年相比,失业人数增加了110万人,失业率增长了9.1%。2017年第三季度的失业率为12.4%,与第二季度(13.0%)相比,这一数字下降了0.6个百分点,而与2016年第三季度(11.8%)相比,上升了0.6个百分点。在季度比较中,几乎所有主要地区的失业率都在降低(南部地区从8.4%降至7.9%,中西部地区从10.6%降至9.7%)。尽管在季度比较中相对稳定,但东北地区(14.8%)仍然是失业率最高的地区。在年度比较中,南部和中西部地区的失业率比较稳定。

分析显示,失业率存在显著的性别差异,这一现象在五大地区得到验证。与就业人口观察结果不同,女性失业率高于男性。在2017年第三季度,女性占失业人口的50.7%。几乎在所有地区,女性失业率都高于男性。只有在东北地区例外,失业人口中女性所占比例为47.2%。中西部地区的女性失业率最高,占该地区失业人口的54.5%。

2017年第三季度中,14~17岁的人群占该国失业人口的8.3%。在18~24岁和25~39岁年龄段的人群中,失业率一直高于其他年龄群体,这一现象在巴西全国以及五个主要地区都得到了验证。其中,18~24岁的年轻人失业率为32.6%;25~39岁的成年人失业率达到34.2%。通过比较2016年与2017年第三季度的失业率可以得知:18~24岁未成年人所占的比例(32.6%)保持稳定,而25~39岁的失业人口数量在减少,同时40~59

岁的失业人口增加了0.9个百分点。

在2017年第三季度的统计中，52.0%的失业者至少完成了高中学业。大约24.8%的失业者小学未毕业。完成高等教育的占8.4%。其中，中西部地区那些完成高等教育的人口中，失业人口比例与其他地区相比最高（10.6%）。那些未完成中学教育人群的失业率为21.0%，高于其他各级受教育者的失业率。

按肤色或种族划分的失业率显示，自称为白人的失业率为9.9%，低于全国平均水平；但黑人（15.1%）和混血人种（14.5%）的比例高于全国平均水平。在2017年第三季度，巴西全国平均失业率为7.1%，其中黑人的失业率为8.5%、混血人种为8.4%、白人为5.7%。

在区域对比中，各地区的失业率水平存在差异。东北部地区仍然是失业率最高的地区，在2017年第三季度达14.8%；南部地区最低，为9.7%。与2017年第二季度相比，北部和东南部地区的失业率统计数据是稳定的。而在年度比较中，所有地区的失业率都未有显著下降。

表1 巴西失业率（2015~2017年）

单位：%

月份	2015年	2016年	2017年
11月至次年1月	6.8	9.5	12.6
12月至次年2月	7.4	10.2	13.2
1~3月	7.9	10.9	13.7
2~4月	8.0	11.2	13.3
3~5月	8.1	11.2	13.3
4~6月	8.3	11.3	13.0
5~7月	8.6	11.6	12.8
6~8月	8.7	11.8	12.6
7~9月	8.9	11.8	12.4
8~10月	8.9	11.8	12.2
9~11月	9.0	11.9	12.0
10~12月	9.0	12.0	—

资料来源：巴西国家地理统计局（IBGE）统计数据。

表2　巴西人均每月实际收入（2015～2017年）

单位：雷亚尔

月份	2015年	2016年	2017年
11月至次年1月	2159	2093	2121
12月至次年2月	2159	2075	2126
1～3月	2160	2090	2142
2～4月	2149	2078	2133
3～5月	2143	2086	2133
4～6月	2149	2059	2121
5～7月	2131	2066	2128
6～8月	2119	2082	2122
7～9月	2122	2078	2128
8～10月	2113	2085	2137
9～11月	2097	2087	2142
10～12月	2085	2114	—

资料来源：巴西国家地理统计局（IBGE）统计数据。

（二）就业现状

2017年第三季度巴西的就业率为54.1%，该指标与2016年同期相比保持稳定。在区域对比中，就业水平存在差异。对于适龄工人来说，南部地区（59.4%）和中西部地区（59.3%）就业率最高。东北地区最低（46.6%）。与上一季度相比，巴西的就业率上升了0.4个百分点，从53.7%上升到54.1%。

分析显示，男性和女性的就业水平存在差异：14岁及以上的男性就业比例高于同年龄段的女性就业比例。2017年第三季度，巴西的男性就业率为64.1%，而女性为45.0%。男女就业率之间的差别在五大地区得到验证，北部地区的男女就业率差异最大（23.4%），东南部差异最小（18.2%）。

2017年第三季度，25～39岁年龄段的就业率最高，为73.0%；其次是40～59岁的年龄段，为67.6%；18～24岁的年轻人就业率为51.2%；14～

17岁的未成年人就业率为11.2%，而老年人（60岁及以上）则为22.4%。南部和中西部地区各个年龄段的就业水平均高于全国平均水平。东南地区除了14~17岁年龄段之外，其他年龄段就业率也是如此。东北地区则低于全国平均水平。

巴西国家地理统计局的数据显示，2017年第三季度，27.4%的就业人口没有读完小学，57.3%的人至少完成了高中学业，18.9%完成了高等教育。就业人口的教育水平在地区间呈现明显差异。在北部地区（34.7%）和东北部地区（35.7%），最低教育水平（未完成小学教育）的人口占总人口的比例高于其他地区。在东南地区（62.8%）和中西部地区（56.4%），至少完成高中学业的就业人口比例高于其他地区。东南地区（21.9%）受过高等教育人口的比例最高，而北部地区最低（14.1%）。

巴西有色人种的就业率在2017年第三季度为54.1%，与2016年的结果（54.0%）相比几乎保持稳定。该数据显示，白人和黑人的就业率在2015年至2016年第三季度出现下降趋势，并在2017年第三季度出现复苏。而对于混血种人，这一指标持续下降。

2017年第二季度，就业人口包括67.8%的雇员、4.6%的雇主、25.1%的个体户以及2.5%的家政工人。劳动者进入劳动力市场的方式存在区域差异。在北方和东北地区，个体户的比例高于其他地区，分别为31.7%和29.2%。另外，在员工类别中，东南地区和中西部地区工人就业率更高，比例分别为71.4%和69.9%。在所有的工作人员中，私企的从业人员占比最高，达到71.4%；公共部门中的工作人员占18.6%；其余人员从事家政服务，占10.0%。

2017年第三季度，75.3%的私营企业员工有正式合同，相比2016年第三季度下降了1.6个百分点。在家政工人中，29.7%的员工签订了正式合同；在2016年同期，这一比例为33.1%。2017年第三季度，军人和公务员占公共部门工作人员的67.6%。在私企中，有正式合同的员工所占比例在各地区存在差异：北部（60.9%）和东北部（59.9%）低于其他地区；而南部地区（83.6%）已达到较高水平。

巴西政府需要完善扩大就业机会、改善就业质量的劳动力市场机制。巴西的创业障碍高于拉美地区和经济合作与发展组织（OECD）国家的平均水平，青年工人的失业率高。① 在知识经济中，公民需要创新、适应和利用先进的人力资本。要把握未来，就必须增强青年的技能，增加他们的创业机会。技能和创业能够帮助青年发展知识密集型经济活动，提高生产力。②

四 劳工改革

巴西具备较好的法律环境与清晰的劳动法律体系。为了应对经济危机、推动巴西社会及经济的发展，特梅尔政府在宪法允许的范围内，推行劳工改革。巴西《统一劳动法》（Consolidação das Leis do Trabalho, CLT）对劳动关系进行调整，包括城乡劳动者、个人或集体劳动关系，旨在保护劳动者、调整劳动关系并制定劳动程序法以遏制对劳动关系的滥用。巴西政府批准了劳动法改革方案，并于2017年11月11日开始生效。《统一劳动法》的修订将带来就业机会，并减少劳动力市场的非正规性。

（一）劳工改革的推进

巴西劳工改革的道路曲折而坚定。在2017年特梅尔政府推进改革之前，就启动了一系列以保障就业的项目。2015年11月19日，政府启动就业保护项目（Programa de Proteção ao Emprego），2016年特梅尔政府将这个项目更名为就业保险项目（Programa Seguro-Emprego）。

该项目是经济危机下劳工改革的重要内容之一，其目的是在经济危机的情况下，任何领域内有财政危机的企业都可以加入就业保障项目③，协助劳

---

① 经济合作与发展组织发展中心、联合国拉丁美洲和加勒比经济委员会、CAF－拉丁美洲开发银行主编《拉丁美洲经济展望（2017）：青年、技能和创业》，唐俊等译，社会科学文献出版社，2017，第299页。
② 参见《拉丁美洲经济展望（2017）：青年、技能和创业》，第2~3页。
③ 《巴西联邦参议院通过临时措施，建立就业保障项目》，环球网，http://world.huanqiu.com/hot/2015-10/7878528.html，2015年10月30日。

工保持与创造就业机会，对企业的财务予以支持，促进市场经济的劳动生产率与经济复苏。[1] 该项目从启动至今，在保障劳工就业问题上发挥了积极的作用，加强了劳工与企业的对话，促进了双方的劳动关系，有利于实现劳工与企业之间利益的双赢。从这个意义上讲，该项目的启动拉开了本次劳工改革的序幕。

2016年12月22日，特梅尔政府公布了劳工制度改革建议案。2017年1月，政府宣布社会福利支出在20年之内不再增加的决定。2017年2月，劳工制度改革建议案作为紧急法案呈交国会审议。大多数经济学家和金融机构均对巴西政府的改革方案表示支持，认为这是"能真正触及根本、改善经济结构的重要举措之一"。[2] 然而，劳工制度的改革方案遭到了广大劳工的反对。2017年4月28日，爆发了21年来首次全国罢工。2017年7月11日参议院以50票赞成、26票反对、1票弃权的结果通过了劳工制度改革总体方案，7月13日总统特梅尔签署了劳工改革法案。[3] 截至2018年4月23日，国会没有对临时措施进行投票，新法案中的临时措施失去了时效。[4] 为了保证新法案的实施，巴西高等法院（TST）成立了一个专门委员会分析新《统一劳动法》及其司法适用。[5]

劳动法的修改标志着进入一个新的历史阶段，将创造更多就业岗位，同

---

[1] Emprega Brasil, "Programa de Proteção ao Emprego（PSE）", https://empregabrasil.mte.gov.br/88/ppe/, Abril 28, 2018.

[2] 《总统特梅尔动了谁的奶酪？》，新华网，http://news.xinhuanet.com/world/2017 - 05/07/c_129592800.htm，2017年5月7日。

[3] "LEI N°13467, DE 13 DE JULHO DE 2017", http://www.planalto.gov.br/ccivil_03/ato2015 - 2018/2017/Lei/L13467.htm, Julho 14, 2017.

[4] Fernanda Calgaro, Gustavo Garcia, Alessandra Modzeleski, Lais Lis e Guilherme Mazui, "Prazo de validade da MP que alterou pontos da nova lei trabalhista termina nesta segunda; saiba o que muda", https://g1.globo.com/economia/noticia/prazo - de - validade - da - mp - que - alterou - pontos - da - nova - lei - trabalhista - termina - nesta - segunda - saiba - o - que - muda.ghtml, Abril 23, 2018.

[5] Fernanda Calgaro, Gustavo Garcia, Alessandra Modzeleski, Lais Lis e Guilherme Mazui, "Prazo de validade da MP que alterou pontos da nova lei trabalhista termina nesta segunda; saiba o que muda".

时给予劳工权利更加有力的保障。① 具体而言,劳工改革法案的内容主要体现在《统一劳动法》以下五个篇章中:远程办公;劳工损害;劳工代表;劳工损害诉讼中的责任;同意庭外调解的诉讼程序。②

(二)劳工改革的主要内容

《统一劳动法》制定了相关规则,确定了员工和雇主之间的权利和义务,为解释劳动关系做了重要的定义。例如,任何定期为个人或公司提供服务的员工都应得到报酬。此外,很多事情必须依雇主和员工的关系而定。该法律还规定,提供同等服务的员工应不分性别,享受同等待遇。

1. 工作和社会保障卡

工作和社会保障卡对任何受雇人员来说都是强制性的——受雇人员指的是任何为公司或个人提供常规服务的个体。这张卡片必须登记一个人职业生涯的所有信息,因为这些信息将使其能够获得《统一劳动法》中所规定的权利,例如失业保险和社会保障福利等。从入职第一天开始,雇主最长可保留新进员工的工作卡 48 小时以完成注册程序。退还工作卡时卡内必须包含雇主数据、聘用工资、入职时间和工作岗位相关信息。

2. 最低工资

《统一劳动法》还规定了最低工资标准,这是雇员可以得到的最基本的且一定能得到的报酬。

最低工资必须按照成年人每月日常开支来计算,应该综合考虑食物、住房、穿衣、卫生和交通等各方面。《统一劳动法》明确禁止任何合同或协议规定的薪水低于该国或该地区规定的最低工资标准。目前,国家规定的最低工资标准为 954 雷亚尔,不足以支撑一个人或一个家庭的生活支出。根据联

---

① 《总统特梅尔动了谁的奶酪?》,新华网,http://news.xinhuanet.com/world/2017-05/07/c_129592800.htm,2017 年 5 月 7 日。
② 在《统一劳动法》中修改的篇章主要有:(1)第二篇第二章 A 远程办公;(2)第二篇 A 劳工损害;(3)第四篇 A 劳工代表;(4)第十篇第二章第四节 A 劳工损害诉讼中的责任;(5)第十篇第三章 A 同意庭外调解的诉讼程序。

邦统计和社会经济研究部（DIEESE）2017年5月发布的数据，理想中支撑一个四口之家生活的最低工资为每月3899.66雷亚尔。①

3. 罢工权利

工人们也赢得了罢工的权利。他们自己可以决定何时行使这项权利，以及他们将在罢工行动中争取什么——例如，在丧失权利的情况下做斗争，并在工资调整或工作条件方面为自己争取更多的权利。

4. 工作时间

《统一劳动法》规定了员工必须为雇主提供服务或服从雇主安排的时间。员工每个工作日最多工作8小时，相当于每周40小时。最多允许每周工作44小时。员工每个工作日有权享受一小时的休息或用餐时间；如果这个时间没有兑现，那么这段时间的工资应该比正常工作工资至少高出50%。《统一劳动法》也对从晚上10点到次日上午5点之间的夜间工作进行了规定。夜间工作者的报酬必须比白天做同等工作的劳动者高20%。但是，如果员工每周或每两周轮流工作，则此规则不适用。同样，根据《统一劳动法》的规定，员工可以签署个人或集体加班协议，但每天不能超过两个小时。除此之外，加班时间的工资至少要比正常工资高出20%。每个工作人员享有每周至少连续休息24小时的权利——尤其是在周日。若必须在周日工作，则员工之间必须每月轮班。

5. 休假

每工作一年，员工有权享受30天带薪休假。也就是说，在休息期间未全额发放工资是不允许的。如果员工的合同期限不满一年，则按照工作天数计算时间，并在度假返回时重新开始计算。当员工无故缺席时，他缺席多少天，他的休假日也会相应少多少天。假期可以分为两个阶段，各不少于10天。公司还可以给所有员工或其中的某些部门提供集体节假日，这些决定必须上报给劳工部和相关工会。

《统一劳动法》对非常重要的缺勤问题进行了规定。它根据具体请假事由规

---

① Exame,"Qual o salário mínimo suficiente para sustentar uma família", https://exame.abril.com.br/economia/qual-e-o-salario-minimo-suficiente-para-sustentar-uma-familia/, Maio 9, 2017.

定员工可请假的天数。产假是指产后120天（4个月）的带薪产假——具体假期视情况而定，在一些公司和机构中产假为180天（6个月）。从确认怀孕到产后5个月，要确保女性的工作稳定。这种福利还可以扩大到丧偶或收养的情况。

6. 工龄保障金

雇主必须收取员工总工资的8%用于工龄保障金（FGTS）。这笔资金打入雇员在联邦储蓄银行的账户。工龄保障金的目标是在员工需要时保证其资金到位。因此，员工在工作期间，可在以下情况下提款：解雇（无正当理由）、购买第一处房产、癌症治疗、艾滋病治疗、退休。

7. 第13个月工资

第13个月工资的支付是根据每月的报酬制定的，最多可以分成两次支付。第一次是在11月30日，第二次是在同年的12月20日。

8. 劳动关系

《统一劳动法》规定了在城市和农村地区当中，在私人企业领域的劳动关系问题。但是，《统一劳动法》没有制定某些部门劳动者的规范。因此本法不适用于：（1）农村劳动者——那些直接从事农业和畜牧业工作的人，因为他们的工作无论在工作方式还是在工作目的上，都不能被视作"工业或商业"；（2）联邦、各州和市政的公务员；（3）不受中央政府干涉的地方自治机构的公共服务部门的劳动者。

（三）劳工改革的主要变化①

政府和改革的倡导者表示《统一劳动法》已经过时，目前的规定很难创造就业机会，也很难适应某些形式的服务（如在家办公）。而反对者认为，改革将使民众失去一些权利，因为它放松了一些条件（集体协议占主导地位，改变了工作日和最低工资标准），这会影响雇员的权利。由于《统一劳动法》的变化内容较多，涉及工资、假期、用餐等诸多方面，限于篇

---

① O Globo, "Confira tira-dúvidas sobre a reforma trabalhista", https://oglobo.globo.com/economia/confira-tira-duvidas-sobre-reforma-trabalhista-22007402, Outubro 30, 2017.

幅，本文择其部分内容进行说明。

1. 具有法律效力的集体协议

改革的主要议题是，规定工会和公司之间的协议拥有法律效力，包括出差、利润分红和工时银行等；规定雇员享有的一些基本权利，如最低工资、工龄保障金、休假时间分配等。

2. 间歇性工作

允许提供间歇性的服务，即隔天甚至每周只在几小时内提供服务。公司必须提前至少五天召集员工，并且不能在解雇工人后的 18 个月内以临时工的名义来雇用他。法案允许员工在没有固定工作时间的情况下工作，并根据工作时间获得收入。但是在这种情况下，员工没有最低工作时间保证。

3. 孕妇及产后妇女

孕妇和产后妇女不能从事不健康的工作，除非她们出示医疗证明。

4. 家庭办公

这项改革对远程办公进行了规定，即员工远程工作，或者被称为家庭办公。法律规定了家庭办公应该在用工合同的范围内，也属于工人活动的一部分。合同必须规定，员工对工作中使用的材料负责，并负责材料的维护。

5. 假期安排

法律规定：经员工同意，最多将假期分为三个时段。但其中一段不能少于 14 天。其余两段都必须连续超过 5 天。该法律还禁止在带薪假期或每周休息日之前的两天内开始休假。

6. 午餐

工会和公司有对不到一个小时的午餐时间的协商权利。如果违约，雇主将支付减少的这段时间的双倍工资。例如，如果午餐时间是一小时，员工实际享有的是 50 分钟，那么公司将支付剩余 10 分钟的工资，并是普通工资的双倍。和以前一样，高级劳动法院的一项规定中提到，支付的费用为原来的三倍。

7. 停止征收强制性工会税

草案停止征收强制性工会税。对于工人来说，税收等于每年工作一天的收入；对于雇主来说，相当于公司股份中的一部分。此后，交税成为自愿，

由工人和雇主自行选择。

8. 每日休息时间

只要补偿金能在当月发放,并且是在《统一劳动法》规定的10小时限制之内,就能够对员工的每日休息时间进行调整。工会对此不进行干涉,雇主和员工之间达成协议即可。草案规定只有在协议中签字之后,才能工作12小时后休息36个小时。

9. 辞职协议

法案提供了一种新的法律手段,即双方协议解雇。在此机制下,罚款将由以前工龄保障金的40%降为20%,并且会在15天之前事先通知。此外,员工可以获得保障金账户中80%的资金,但同时失去了领取失业保险的权利。

在法律的推动下,集体协议具备了法律效力,但是集体协议的内容不能违背劳动法的规定。

(四)劳工改革的积极作用

本次劳动法的修订,在劳工与企业对话的基础上,形成了劳工与企业之间互利共赢的劳动法律关系,推动了劳动权理论与实践的发展。

一方面,新劳动法以劳动权为基础,以谈判权为工具,实现劳工与企业利益的双赢。新劳动法在劳工代表这一篇章中明确集体谈判协议的规则。第611-A条规定,在宪法允许的范围内,可以谈判的内容包括14项,主要有:工时、工间休息;参加就业保险项目(2015年11月19日第13189号法律)、岗位和薪酬、劳动场所的劳工代表、用工模式、绩效奖金、假期的调换、危险程度界定、未经劳动部批准的在不健康环境中工时的延长、以实物或服务形式进行激励、参与企业利润等。① 这些可以谈判的要素取决于劳工和企业的环境和利益的协调,在保证劳工权利的同时,有利于企业灵活用工。新的规则有利于减少劳动关系中不确定性的因素,使法律具有可操作性

---

① "LEI N°13467, DE 13 DE JULHO DE 2017", http://www.planalto.gov.br/ccivil_03/ato2015-2018/2017/Lei/L13467.htm, Julho 14, 2017.

和灵活性。①

另一方面，新劳动法增加劳工与企业双方的义务与责任，实现劳工与企业利益的双赢。例如，新劳动法在第十篇第二章劳工损害诉讼中的责任这一节中，第793条明确在诉讼中劳工与企业违反诚实信用原则的情形与应当承担的责任。第818条规定了诉讼中的举证责任。第611-B条明确了在集体协议中企业所承担的义务，通过不允许限制劳工权利的规定体现出来。

劳动权的有效实现，还需要相关法律制度和劳动力市场机制的支撑。劳工部部长罗纳尔多·诺盖拉（2017年12月辞职）认为，新法律将在2018年11月前创造约200万个就业机会。然而，在新法律实行的第一个月，唯一一个以正式合同形式提供新职位的部门是商业，提供了68602个职位，主要集中在零售部门。因为"黑色星期五"等促销活动和节假日的临近，这个月对该行业非常重要。其他行业职位的增长均为负值，尤其是在制造业和建筑业（因为往往会在年底终止合同）。根据"就业和失业人员通用名录"的数据，经过20天的劳动法改革后，巴西撤销了12292个签订正式合同的空缺职位，这导致七个月以来就业岗位数量增长的终结。②

为保证法律的有效实施，巴西高等法院成立了一个专门委员会分析新劳动法及其司法适用。针对改革法案中已经超过时效的临时措施，可能采用法令（Decreto）或者其他法律文书的形式来弥补临时措施到期的问题，如部令（Portarias）或者法律方案（Projetos de Lei）。③新劳动法颁布后建立相关的法律制度，将为劳动权的实现提供保证。

---

① Huffpost, "O diálogo e as relações do trabalho do século 21", https：//www.huffpostbrasil.com/alexandre-furlan/o-dialogo-e-as-relacoes-do-trabalho-do-seculo-21_a_23273539/, Novembro 10, 2017.
② UOL Economia, "Após reforma, país interrompe 7 altas e fecha 12, 3 mil vagas com carteira assinada", O único setor a apresentar criação de novas vagas com carteira assinada em novembro de 2017 foi o comércio, com 68602 postos de trabalho, Dezembro 27, 2017.
③ Fernanda Calgaro, Gustavo Garcia, Alessandra Modzeleski, Lais Lis e Guilherme Mazui, "Prazo de validade da MP que alterou pontos da nova lei trabalhista termina nesta segunda; saiba o que muda", https：//g1.globo.com/economia/noticia/prazo-de-validade-da-mp-que-alterou-pontos-da-nova-lei-trabalhista-termina-nesta-segunda-saiba-o-que-muda.ghtml, Abril 23, 2018.

五 社会保障和养老金改革

巴西有 1.33 亿适龄工人，其中 6000 万人享有社会保障所规定的权利。法案关于退休实有两项规定。[①] 第一是工作时间。男性可以在向 INSS（国家社会保障局）缴纳社会保障金 35 年后的任何年龄退休，而女性在缴纳 30 年后也可退休，而且没有最低年龄限制。第二是按年龄退休。在满足 15 年的最低工龄的情况下，男性可 65 岁退休，女性可 62 岁退休。

根据政府的说法，因为财政赤字日益增加，所以必须对养老金进行改革：养老金支出占 GDP 的比例从 1997 年的 0.3% 上升至 2017 年的 2.7%。2016 年，社会保险金赤字达到 1492 亿雷亚尔（占 GDP 的 2.3%）；2017 年，赤字达到 1812 亿雷亚尔。[②] 由于巴西人的寿命越来越长，老年人口增加，能为养老金的发放提供资金来源的年轻人会减少，因此在这种情况下，出现了对现行的养老金制度进行改革的争论，最主要的争论点包括以下几个方面。

1. 最低年龄

法案规定，那些到 65 岁的男性和 62 岁的女性才能退休。然而，该规定在 2038 年才会生效。在此之前，将会出台一系列过渡条款，即私企中男性的最低退休年龄为 55 岁，公务员为 60 岁；女性则分别为 53 岁和 55 岁。目前，退休需要同时达到年龄和工龄的要求。然而教师、警察以及那些从事高风险工作的员工除外。在过渡期，教师和警察将能够不分性别地在 60 岁和 55 岁时退休。因为对于这些从事危险行业的人来说，没有最低退休年龄限制。

2. 工龄

最初，政府试图强制规定，工人在退休前至少工作 25 年。现在，这项

---

① El País, "Entenda a nova proposta de reforma da precidência de Temer", https://brasil.elpais.com/brasil/2017/11/23/politica/1511462959_394417.html, Novembro 28, 2017.

② O Globo, "Reforma da Previdência: entenda a proposta em 22 pontos", https://oglobo.globo.com/economia/reforma-da-previdencia-entenda-proposta-em-22-pontos-19744743, Abril 19, 2017.

规定将只对公务员有效（需要经过国会批准）。在私营企业，最低工作年限为 15 年。但是，只有那些工龄为 40 年的人才能获得平均工资的 100%。

3. 特殊持续津贴以及农村退休人员的待遇

特殊持续津贴（BPC）是给有特殊需求的人以及农村退休人员等提供保障，它为这些人支付相当于最低工资的费用，但是只能自 65 岁开始领取。在 2017 年 5 月众议院特别委员会批准的版本中，对特殊持续津贴做了很多修改。为了争取众议院的 308 票，特梅尔政府已经放弃在这些领域做出改变。

4. 公务员退休人员的待遇

私企员工遵循国家社会保障局制定的对养老金的限制，但公务员例外，他们能够拿到和他们的工资一样多的养老金。如果获得批准，所有人都能得到社会保障限额范围内的养老金，目前是 5531 雷亚尔。这个数额每年根据全国消费者价格指数（INPC）进行调整。养老金是一个完整的体系，但政府认为应该在现有基础上降低 60%。此外，它将不在最低工资调整的范围内，也不允许两项养老金加起来超过两份最低工资的总和。

目前，政府官员遵循特殊的退休标准——他们可以在 60 岁并且工龄满 35 年后退休。新规则预计他们不必经历过渡期。这意味着，在任职期满的那一天，只有 65 岁的议员（如果是男性）可以退休，62 岁的女性也可以退休。最低工作时间为 15 年，养老金标准与其他退休人员相同，为 5531 雷亚尔。

该提案中最具争议的一点至今尚未改变。早在 2016 年，政府就承诺分别发布法令来修改退休金计划，但至今并未实行。根据《全球时报》的调查，军人占公务员总人数的 1/3，占全国退休金计划的 725 亿美元缺口中的 44.8%。

基于公务员就业的稳定性，这项改革对公务员退休做出了更严格的规定。除了达到与私企规定的相同的最低年龄以外，他们必须至少工作 25 年。尽管需要更长的工作时间才能退休，但公务员将获得更高的最低收入。在一般情况下，仅满足最低工龄要求的员工将获得平均工资的 60%，而公务员则可以获得 70% 的平均工资。

目前的条款还规定了新的最低年龄的过渡规则。根据预测，到 2018 年，私企中的男性和女性分别到 55 岁和 53 岁就可以退休，而公务员的年龄却为

60岁和55岁。退休最低年龄是每两年增加一岁。根据上述规则，至2038年，私营企业中，男性满65岁、女性满62岁才可以退休。

和上述企业员工退休政策不同，教师将遵循不同的规则。对于国家事业编制内的专业人士（高中教师和大学教授也要遵循一般规则），最低退休年龄为50岁（女性）和55岁（男性）。对于私营企业的员工，最低年龄为48岁（女性）和50岁（男性）。

和教师一样，警察（联邦警察、联邦公路警察和民警）也有特殊规定，必须以55岁为最低退休年龄。如今，他们只计算工龄。那些在2013年2月之前加入事业编制的人将继续执行之前的养老金标准：收到的退休金与最后一笔工资相同。对于那些后来进入的人来说，将会实行新的退休金标准。

政府还发布了一项临时措施，将联邦公务员的社会保险金缴纳比例从11%提高到14%——这是养老金制度改革得以实施的重要基础。根据政府的计算，预测未来十年内，退休金金额将节省4800亿雷亚尔，低于最初预测的8000亿雷亚尔。然而，这种计算并不透明，并且没有考虑到国家在未来几年必须经历的、劳动法改革所引发的重要运动。

养老保险权是劳工与社保权体系中的重要权利。养老金改革应建立在重构劳工与社保权利体系的基础上，兼顾公平与效率，建立可持续性发展的社会保障制度。

六 结论：巴西社会发展展望

2017年，政府主要关心的是提升管理水平，这意味着可以达到协调好总统、国会和参议院关系的目的。虽然有些改革存在争议，但并未动摇政府内部结构（已经严重受到腐败丑闻的影响），并得到了一些财团（特别是拥有资金资助即将举行的总统竞选活动）的支持，同时处理了一些有争议的社会问题，使得在国会和参议院内部进行对话更加容易。总统在一些问题上采取妥协政策，以尽可能维持稳定。需要强调的是，巴西是一个联邦总统制国家，总统需要参议院和众议院的支持。

尽管已经进行了各项改革（教育、劳工和社会保障方面），但仍然有许多因素需要考虑，如政治（确立党的体制规则、组建选举联盟、为竞选投入资源、对那些罪犯的腐败行为和相关罪行进行惩罚）、税收（按照巴西人口缴纳税款的比例重新计算、富人的税收负担加重）等，并且由于将在2018年10月举行大选，因此这些改革很有可能不会付诸实施，因为它直接触犯了为选举提供资金的大型财团的利益。

农业和环境等方面的改革已经搁浅（也可以说在2017年已被遗忘），诸如巴西矿业公司（Samarco）虽然对环境和大片土地造成破坏，并导致部分人口住房紧张，但它依然没有受到处罚。医疗卫生事业仍然未被重视，远离中心城市的偏远地区缺乏医生（在某些情况下，即使在圣保罗这样富有的城市，贫困区域的医生也不足）以及药物短缺，并且由于缺乏资源，看病需要几个月（有时是几年）的排队等候（从最简单的超声波检查到复杂的手术都是如此）。

在共和主义与民主主义理念的影响之下，在2017年，即选举的前一年，政府加大力度满足人民的需求，说服民众进行投票，让这些政治家可以保住自己的职位。然而不幸的是，因为每天都会出现政治丑闻，从而让那些认为其伎俩可行的政客的想法变得幼稚不堪，虽然这些人的丑行尚未公开。

投票是普通民众表达对现状不满（甚至改变现状）的唯一方式。但是当你厌倦了繁杂的工作、饱受疾病折磨以及未受教育和惨遭失业（或者工资低下）时，投票就很难达到效果。尽管教育改革受到了一些批评，但巴西的希望寄托于此。如果所有计划都能得到落实，也许下一代将接受足够的教育来了解政治情况，并避免当前滥用权力的情况继续发生。正如一位16世纪的葡萄牙作家路易斯·德·卡蒙斯（Luís de Camões）曾经说过的那样："当我看到希望的时候，也要观察周围的险境。"[①]

---

① De Camões, Luís, *The Collected Lyric Poems of Luís de Camões*, Princeton: Princeton University Press, 2016, p. 215.

Y.10 左翼退潮下巴西社会运动的发展：以无地农民运动为例＊

刘 明＊＊

摘　要： 在特梅尔就任巴西总统后，新政府颁布了一系列旨在削弱农民和其他社会底层民众权利的政策，直接侵害了以无地少地农民和城市低收入居民为代表的中下层民众的利益。在这种情况下，巴西国内的社会运动再次高涨，尤其是无地农民运动更是加大了与政府和大土地所有者的斗争力度。该运动除了致力于为农民争取土地，还大力倡导生态农业建设，重视民众健康、环境保护以及教育、住房等问题。无地农民运动的主张和行为有其积极的一面，如在一定程度上有助于缓解粮食问题、促进巴西经济可持续发展等，但其组织分散、暴力行动频发等在很大程度上限制了自身的发展。无地农民运动是巴西经济发展和社会公正的关系不协调的产物，只有协调好两者关系，巴西的社会稳定才能得以真正实现。

关键词： 巴西　社会运动　无地农民运动　生态农业　土地改革

＊ 本文是湖北省教育厅人文社科研究一般项目"巴西农业科技发展战略研究（1950～1990）"（18Y001）和湖北大学校青年科学基金项目"巴西农业政策（1950～1990年）"的阶段性成果。
＊＊ 刘明，历史学博士，湖北大学拉美研究院、历史文化学院讲师，主要研究领域为拉丁美洲经济和外交史。

左翼退潮下巴西社会运动的发展：以无地农民运动为例

自 2002 年 10 月卢拉当选至 2016 年 8 月罗塞夫被弹劾下台，以巴西劳工党为代表的左翼势力一直引领巴西的经济和社会发展。在劳工党执政前期，受国际市场对初级产品和原材料需求猛增等因素的积极拉动，巴西经济增长势头迅猛，成为当时备受关注的新兴经济体。但在罗塞夫第二个总统任期内，国家经济严重衰退，腐败丑闻也层出不穷，动摇了劳工党的执政基础。2016 年 8 月 31 日，巴西参议院以多数通过的表决结果罢免了罗塞夫的总统职务，副总统兼民主运动党主席特梅尔接任巴西总统。特梅尔上台后，实行一些政策削减了广大中下层民众应当享有的权利。尤其是颁布新的土地立法，导致农民在激烈的土地并购大潮中处于更加不利的境地。在这种情势下，自 20 世纪 80 年代中期就已席卷巴西的无地农民运动（MST），又开始以崭新的姿态与特梅尔政府展开一系列斗争。

无地农民运动是当代巴西乃至世界范围内规模最大的社会运动之一。它由无地少地农民争取土地权利发起，之后其活动范围扩展到社会变革的各个方面，对当今巴西的政治经济，尤其是社会等方面影响很大。在当今左翼退潮、社会经济局势堪忧的巴西，无地农民运动的发展状况如何？该运动提出了哪些新理念和新政策，来抵制左翼势力的退却和人民权利的削弱带来的不利影响？如何评价该运动？该运动反映出巴西经济发展和社会公正之间一种什么样的关系？这些都是本文所要解决的问题。在此之前，有必要对 2016 年之前无地农民运动的发展历程和奋斗目标等做一简要阐述与分析，以使读者对该运动有着更深的认识。

一 无地农民运动的发展历程

无地农民运动是长久以来巴西农民争取土地权利的历史延续。早在葡萄牙殖民时期，巴西就已经开始出现多起农民起义和农民运动。在此之后，巴西无地少地农民争取土地的斗争连绵不断，其中有三次影响比较大的，即 1945 年农民联盟运动（Ligas Camponesas）、1954 年的农民和农业工人联盟（Union of Farmers and Agricultural Workers，Ultab）和 50 年代末的少地农民运动（Movement of Landless Farmers）。这几场运动尽管声势浩大，但由于组织内部的分歧以及政府的镇压，最终都没有延续下去。不过，这一系列运动却为20世纪80年代中期的无地农民运动的爆发奠定了基础。

无地农民运动起源于1978年南里奥格兰德州南部农民争取土地的运动。1978年5月，凯冈（Kaigang）印第安部落开始了恢复其领地的行动，驱赶了1200户在这块土地上耕作的小农户，这些被驱赶的小农户被迫迁往他处。1978年6月，一些农户进入朗多尼亚州的萨拉迪·法森达（Sarandi Fazenda）地区，他们在该州的主要道路两旁安营扎寨，并经常举行游行等活动。巴西政府对此颇为担忧，于是出动警察前来镇压，但农民们顽强抵抗，迫使政府让步，分给他们土地并撤回警察。农民在朗多尼亚州与政府的对峙是军政府时期农民占地运动取得的第一次成功，这次运动也推动了占地运动的进一步发展。在此之后，政府将一些农户安置到罗赖马、阿里卡、马托格罗索以及巴伊亚等州的垦殖区，但仍没有制止住农民反抗的势头。

在经过一系列与政府和地方势力的冲突后，广大无地少地农民认识到，只有将该运动发展成为全国性的运动才能有效地达到争取土地的目的。在这种思想的指导下，第一次全国无地农民大会于1984年1月21～24日召开，来自13个州的大约100名代表与会。这次会议也被视为无地农民运动正式开始的标志。在会上，与会代表们认为不能再向政府妥协了，要把斗争继续下去。本次大会提出了"耕者有其田"的口号。但是，大会并没有将土地改革的目标局限在占领土地上，而是要力图改造巴西社会。因此，大会还提出了"公正、平等的社会"的口号，以结束资本主义的统治。在会上各位代表积极交流运动经验，提出要与印第安人的运动结合起来，甚至鼓励成员加入工会组织和政党，以提升该运动的政治影响力。同时提出要在跨国公司拥有的土地上实行土地改革。最后，该会议还提出各市政、各地区和各州的委员会要联合起来。

1985年1月29～31日，第一次全国代表大会在巴拉那州的库里蒂巴举行。会议认为，尽管巴西已经由民选政府来统治，但斗争还要继续下去，要对政府施加压力。会上提出了三大目标：为农村无地农民争取土地；在更广阔的范围内进行农业改革以改变现存的土地所有制,并给予农民土地和政策上的保障;建立一个更为公平的社会。① 会上还提出了新的口号,即"占地,唯一的方式(Ocupation, the only solution)",替代了之前"耕者有其田"的口号。在该口号的指导下,1985年5月,无地农民在圣卡特里那州西部地区占领了18处庄园(fazenda)。除此之外,无地农民运动还控制着一些欧洲移民组织的合作社,并占据着土地改革与垦殖委员会的一些重要位置,已经在社会上形成了一股强大的势力。在这种情况下,政府迫于形势,开始对土地政策做出一系列调整,以维持巴西社会和政局的稳定。

1985年萨尔内上台后,政府制订了以国家土地改革计划(Programa Nacional de Reforma Agrária, PNRA)为代表的一系列土地改革方案,但由于缺乏必要的资金,加之一些大地产主联合起来破坏土地改革,其实际效果大打折扣。巴西政府在1988年颁布了巴西宪法,宪法的第184条对土地征收做出了说明。宪法指出,联邦政府应征收那些不符合其社会功能的私有财产以用于土地改革的目的。无地农民运动就利用这条作为法律武器,以实行大规模的土地占有,进而迫使政府实行土地改革。② 此外,该宪法的第186、188、189条等也规定了土地交易、土地使用权以及所有权等内容。1988年宪法在一定程度上保障农民使用土地的权利,有利于土地的合理使用。但是,巴西政府只是征收了没有用于生产的土地,那些面积很大但生产效率很低的土地不在征收之列。巴西的土地利用和占有格局并没有发生根本性的转变,农民失去土地的现象仍然十分严重,无地农民运动也继续与政府和大地产主进行斗争,为农民争得土地。

在科洛尔和佛朗哥执政时期,无地农民运动陆陆续续发起了一系列占领土地和游行示威的活动,但影响不是很大。在卡多佐就任巴西总统后,随着农民失去土地的情况进一步加重以及农业生态环境进一步恶化,无地农民运

---

① John L. Hammond, "Law and Disorder: The Brazilian Landless Farmworkers Movement", *Bulletin of Latin American Research*, Vol. 18, No. 4 (Oct. 1999), pp. 469 – 489.

② Câmara dos Deputados, *Constituição da República Federative do Brasil*, 1988, 20 edição, Brasília: Centro de Documentação e Informação, Coordenação de Publicações, 2003, p. 113.

动又与政府发生了多起武装冲突。1996年,无地农民运动成员试图封锁帕拉州的公路,结果与警察发生冲突,导致19人死亡、69人受伤。① 与此同时,无地农民运动也对包括总统在内的政府要员占据大片闲置土地深感不满。2002年,无地农民运动占据了卡多佐总统在米纳斯吉拉斯州的家庭商业农场。农场被摧毁了,当年的收成也被糟蹋了,有16名无地农民运动领导人被逮捕。该运动与政府的紧张关系在卡多佐政府时期达到了高峰。

卢拉上台后曾使无地农民运动与政府的关系得以一定程度的缓解。但卢拉政府有保守型的一面,尤其在土地改革上进展缓慢,甚至不如卡多佐第一届任期的表现。因此,2004年,爆发了占据政府大楼和巴西银行支行的运动。2005年5月,巴西有13000多名无地农民运动成员齐聚巴西利亚,他们主要针对美国大使馆和巴西财政部,而非卢拉本人。他们举着横幅在街上到处游行示威,并派出代表与卢拉谈判,卢拉承诺在2006年底安置43万户家庭,并分配必要的人力和财政资源以完成这个目标。卢拉还许诺进行相关改革,如给予一定的土地用于分配等。② 但无地农民运动批评卢拉的政策,认为这只是分配了很小一部分土地,最多算是福利性质,并不能改变农民的艰难处境。

卢拉之后的罗塞夫总统基本上沿袭了前任政府的政策,在农业领域更加注重农业企业的发展,而对土地改革并不是很关心。所以,无地农民运动与政府之间的冲突仍在继续。2012年2月16日,在阿格拉斯州,有80户家庭遭到无地农民运动的驱逐,被迫失去土地。大地产主手中有一长串无地农民运动领导者的名单,他们对其中很多人加以暗杀。2002~2013年,该运动中已经有448人在维护环境权益和获取土地的过程中被杀害。③ 在罗塞夫第二任期内,总统选择了一些对无地农民运动并不友好的大土地所有者加入内

---

① Wikipedia, "Landless Workers' Movement", https://en.wikipedia.org/wiki/Landless_Workers%27_Movement, Dezembro de 2017.
② Jorge Almeida ed., *Brazil in Focus: Economic, Political and Social Issues*, New York: Nova Science, 2008, p. 20.
③ Wikipedia, "Landless Workers' Movement", https://en.wikipedia.org/wiki/Landless_Workers%27_Movement, Dezembro de 2017.

阁，更加不利于两者之间关系的改进。尽管后来政府多少意识到土地改革对于维护社会稳定的重要性，如2016年5月土地发展部部长巴德鲁斯·安娜尼亚斯（Patrus Ananias）宣布，政府投入220万雷亚尔用于在米纳斯吉拉斯州的安埃内尔罗·纳瓦胡（Engenheiro Navarro）市购买土地以分配给无地少地农民[1]，但为时已晚，罗塞夫政府此时已危机四伏。随着巴西国内经济政治局势不断恶化，无地少地农民的生活处境也更为艰难，他们与政府的斗争进一步升级。

二 左翼退潮后无地农民运动的新发展

2016年8月31日，罗塞夫遭到国会弹劾下台，副总统特梅尔接任总统。特梅尔上台后，对民众运动、左派和民主团体实行镇压，对无地农民运动也实行打压。同时，政府还削减了劳工权利，忽视养老金改革、农村教育和卫生事业的发展，颁布不利于广大农民的土地法等。无地农民运动认为这是对农村民主的蔑视、对社会公正的践踏，更是土地民主化深入发展的重大障碍。在这种形势下，无地农民运动与政府的关系更为紧张，该运动采取了一系列措施来积极为广大农民和城市工人争取利益，同时，无地农民运动也提出了诸如生态农业等理念，以利于巴西人民的健康生活以及农业和社会的可持续发展。

（一）为农民争取土地斗争的深入开展

自无地农民运动成立之时起，为无地少地农民争取土地、敦促政府实行土地改革就一直是该运动不懈努力的重要目标。特梅尔的上台使农民的一些权利受到削弱，农村贫民的生活境遇更加恶化，加之政府通过的新土地政策使农民获取土地更加困难。对此，无地农民运动继续开展土地改革，来为农

---

[1] Governo do Brasil, CIDADANIA E JUSTIÇA, "Novo assentamento no norte de Minas vai receber 37 famílias", http：//www.brasil.gov.br/cidadania－e－justica/2016/05/novo－assentamento－no－norte－de－minas－vai－receber－37－familias, Setembro de 2016.

民争取土地。

2016年11月，无地农民运动占领了帕拉州北部的一个农场。① 这是特梅尔上台以来无地农民运动采取的第一次大规模占地行动。随后，2017年1月，无地农民运动占领了蒙特斯·克拉罗斯（Montes Claros）市前市长的土地，该市长被指控有洗钱罪以及挪用公款等腐败行为，而且其土地有3000公顷没有用于生产。② 与此同时，无地农民运动也积极致力于赢得公共舆论的支持，以扩大群众基础。2017年5月，无地农民运动在帕拉伊巴山谷举行了公众舆论听证会，讨论在帕拉伊巴山谷进行土地改革的必要性。参加活动的人员是驻扎在垦殖区的定居者，以及土地改革与垦殖委员会驻在圣保罗的监督员和一些垦殖区工会的代表。本次听证会是国家土地改革斗争的一部分，目的是谴责该地区的土地改革处于瘫痪状态③，并与社会各界讨论为农村和城市居民提供健康食品和体面的生活条件的必要性。此外，无地农民运动在塞阿拉州的土地改革中也取得了历史性的胜利。目前，无地农民运动在塞阿拉州的60多个城市设有办事处。该州也是无地农民运动取得成就的主要地区。

无地农民运动对特梅尔政府的新土地政策予以严厉谴责。2017年7月，特梅尔总统批准了新的土地立法（759号临时措施）。该土地立法是2016年底特梅尔政府开始着手制定的。该立法的批准是巴西土地改革的倒退，是巴西土地民主化的障碍。其中规定，允许农民在十年的时间内在亚马孙地区购买大量土地。特梅尔政府的目的无非是用一种微妙的方式来将农民定居地和营地私有化（他们大多是贫困人民和无地农民），以阻碍土地改革。另外，

---

① MST, "Assentamentos do MST produzem alimentos livres de veneno com base agroecológica", http://www.mst.org.br/2016/11/10/assentamentos-do-mst-produzem-alimentos-livres-de-veneno-com-base-agroecologica.html, Novembro de 2016.

② MST, "MST ocupa área de ex-prefeito de Montes Claros, acusado de corrupção", http://www.mst.org.br/2017/01/16/mst-ocupa-area-de-ex-prefeito-de-montes-claros-acusado-de-corrupcao.html, Janeiro de 2017.

③ MST, "MST comercializa seis toneladas de alimentos em Itaberaba, na Chapada Diamantina", http://www.mst.org.br/2017/05/15/mst-realiza-audiencia-publica-sobre-a-reforma-agraria-popular-no-vale-do-paraiba-sp.html, Maio de 2017.

政府有权全权出售公有土地,这些土地不仅包括那些无地少地农民的土地,还包括城市低收入家庭居住的区域。① 政府的这些政策是有利于那些房地产投机商的,削弱了工人权利。该法还规定可以向国外出售土地,这些都是无地农民运动所不能容忍的。无地农民运动发表声明,谴责这种将掠夺土地得以合法化的行径,也表达对政府阻碍土地改革的不满。

无地农民运动也积极争取宗教势力的支持,以更好地影响普通民众,扩大自己在巴西社会中的影响力。2017年8月,圣保罗伊塔贝瓦(Itapeva)教区主教阿尔纳多·加尔瓦内罗(Arnaldo Carvalheiro)会晤了圣保罗地区的无地农民运动领袖,就土地问题进行了探讨。主教认为,该地区经济发展迟缓的主要原因在于土地问题,教会积极支持土地改革,并希望找到更好的方法来替代现有农业生产模式,这样就会减少不平等现象。无地农民运动的成员还向主教介绍了一些土地改革的成就。② 不过,教会对无地农民运动的支持总的来说是比较有限的,而且教会对一些过激的占地运动以及由此引发的冲突往往持中立态度。

总的来说,在左翼退潮后的2017年,无地农民运动仍坚持致力于为无地少地农民争取土地的斗争。该运动在反对、谴责政府土地法令的同时,也联合社会其他力量以实现自身的政治目标。不过,无地农民运动的斗争手段不仅包括土地改革、占领土地等强硬手段,还诉诸倡导生态农业理念、维护民众健康等相对温和的方式。这些手段不仅使各方面相对易于接受,而且也有助于巴西经济和社会的可持续发展。

(二)生态农业理念的大力倡导

倡导生态农业理念是无地农民运动对巴西经济和社会做出的重要贡献之

---

① MST,"MST condena nova legislação fundiária aprovada pelos golpistas", http://www.mst.org.br/2017/07/11/mst-condena-nova-legislacao-fundiaria-aprovada-hoje-pelos-golpistas.html,Julho de 2017.

② MST,"MST é recebido pelo bispo Dom Arnaldo Carvalheiro, em Itapeva(SP)", http://www.mst.org.br/2017/08/04/mst-e-recebido-pelo-bispo-dom-arnaldo-carvalheiro-em-itapeva-sp.html,Agosto de 2017.

一。根据农业生态学家安托尼奥·普雷斯蒂斯·布拉加（Antônio Prestes Braga）的说法，无地农民运动所倡导的生态农业生产模式是通过加入微型拖拉机、旋耕锄等小型设备的生产过程来减少劳动力的工作量。他补充说："这样就可以减少工作时间，从而有更多的时间让工作人员投身于休闲和家庭等其他活动。"① 无地农民运动的领袖们认为，政府所倚重的大型农业企业虽然在一定程度上提升了农业产量和农业现代化水平，却忽视了生态保护和社会公正，而且这种农业生产模式注重化肥农药等投入品的使用，对民众的身心健康也是一大威胁。出于上述考虑，也为了更好地博得城市工人和农民的广泛支持，无地农民运动大力提倡生态农业理念，通过博览会、大学课堂、研讨会、支持大学对生态农业进行研究等形式扩大其影响力。同时，他们还重视在消费者中推广生态农业的好处。通过农业生态的优势，来展示无地农民运动土地改革的成就。

无地农民运动经常组织博览会以倡导绿色生态农业。2017 年 11 月 23～25 日，在大坎普的艾瑞·科埃略（Ary Coelho）广场举行第一届国家土地改革博览会。这个由无地农民运动组织的活动旨在把农业垦殖定居地及其周围农村农业生产多元化的成就加以展示，这也是无地农民运动与城市居民建立对话关系的一部分。除此之外，圣保罗和贝洛奥里藏特也在 2016 年末到 2017 年举办了多场土地改革艺术和文化节。这些活动旨在倡导维护农村生态，生产健康食品，让更多的市民认可无地农民运动在土地改革过程中的努力。无地农民运动力图证明自身的行动是对社会有益的，正如马尔西娅博士的说法："很多人称我们为流氓、破坏者，声称我们的定居点是农村贫民窟。我们现在要做的是证明我们的斗争是合理合法的。我们希望土地为工人阶级生产健康的食物。""我们力图让土地生产优质健康的食品，并以实惠的价格供给城市居民。"②

---

① MST, "Sem veneno: acampamento do MST entrega alimentos à população de Passo Fundo, no RS", http: //www.mst.org.br/2017/10/23/sem-veneno-acampamento-do-mst-entrega-alimentos-a-populacao-de-passo-fundo-no-rs.html, Outubro de 2017.
② MST, "Feira Estadual reúne diversidade da Reforma Agrária no MS", http: //www.m-st.org.br/2017/11/19/feira-estadual-reune-diversidade-da-reforma-agraria-no-ms.html, Novembro de 2017.

无地农民运动注重对农村年轻人进行农业生态学知识培训。如在 2016 年 12 月，无地农民运动在塞阿拉州向农民们阐述了半干旱地区农业生态教育的理论和实践。除此之外，无地农民运动将生态农业与土地改革有机结合起来，在土地改革的过程中积极倡导绿色生态农业，反对那些大型农业企业的生产方式。该运动也将生态农业发展理念积极扩展至其他国家。在巴西无地农民运动生态农业理念的积极影响下，2017 年 7 月，委内瑞拉都市农业部、无地农民运动和联合国粮食及农业组织合作开展了一个项目，以致力于生态农业的发展①，这也有助于打破石油在委内瑞拉经济中的垄断地位，实现国家经济多元化。

总的来说，无地农民运动所倡导的不仅是生产健康食品的问题，也是与整个社会的对话。在无地农民运动看来，国家必须停止为农业企业提供资金，取消这种破坏性的农业发展模式，因为这种模式对社会公正不利，不能有效提供更多的就业岗位，不能惠及所有人。无地农民运动的主张尽管有比较过激的一面，但总体上还是符合当今世界生态保护、健康生活的主流的，对提升巴西农业的国际竞争力尤其是增强本国粮食供给大有裨益。

（三）注重生态环境保护

在致力于土地改革和生态农业理念宣传的同时，无地农民运动也十分重视环境保护。无地农民运动严厉谴责巴西农业部，因为在他们看来，农业部纵容农业企业对环境的破坏，并极力掩盖自身的腐败行为。该运动要求政府对农业企业破坏环境的行为进行调查，实行土地改革，生产健康食品，保护自然资源。无地农民运动不断地与大型农业生产模式做斗争，捍卫以农业合作、农业生态和人民主权为基础的农村发展模式。② 此外，无地农民运动认

---

① MST, "Com apoio do MST e da ONU, Venezuela investe na produção de sementes agroecológicas", http：//www.mst.org.br/2017/07/24/com-apoio-do-mst-e-da-onu-venezuela-investe-na-producao-de-sementes-agroecologicas.html, Julho de 2017.

② MST, "As feiras são resultado de um processo organizativo do MST e um traço muito forte da cultura do nosso povo", http：//www.mst.org.br/2017/03/27/mst-se-manifesta-sobre-a-operacao-car-ne-fraca-e-denuncia-corrupcao-no-mapa.html, Março de 2017.

为农业企业的生产模式对土著居民、小农和渔民的生存构成威胁,对粮食生产构成威胁,因此它呼吁进行环境和劳工立法,并谴责警察部门对运动的迫害。

无地农民运动积极致力于水资源的保护,以防止水污染。2017年8月,北里奥格兰德州召开了瓜拉尼地区水资源保护研讨会,无地农民运动与会并在其中发挥积极作用。该组织成员普列斯特斯·安东尼奥·布拉加指出,"本次研讨会将讨论瓜拉尼地区的水污染,尤其是过量使用农药的问题。该地区是世界上最重要的水源地之一。该地区的农业企业生产模式给农产品种植带来了一系列问题。"① 本次研讨会得到无地农民运动的支持,该运动向与会代表推广生态农业常识和技术,博得了与会代表的一致喝彩和支持。后来该活动在YouTube上的"土地和生活频道"("Grupo Terra e Vida")上直播,使无地农民运动所倡导的环境保护观念深入人心,该运动也逐渐在人民心中树立了积极正面的形象。

无地农民运动在恢复森林植被方面成效显著。巴拉那州无地农民运动分部积极致力于恢复沿大西洋地区的森林植被。这些地方之前受到大牧场养牛业的严重破坏。无地农民运动成员在该州植被退化严重的地区致力于灌木的恢复,生产无农药食品②,这样不仅有助于生态保护,还通过生态农业的建设提高了农民收入。此外,无地农民运动还栽培了15万株苗木,用于恢复米纳斯吉拉斯州遭受破坏的多西河谷盆地的植被。除了多西河谷盆地之外,无地农民运动的"种植未来"项目还与其他实体和民间社会组织合作。无地农民运动的努力促使巴西政府计划到2018年12月在整个米纳斯吉拉斯州种植3000万棵树。③ 这将有力改善该州的植被状况,形成人与环境的协调发展。

---

① MST, "MST promove seminário sobre contaminação do Aquífero Guarani, em Passo Fundo", http://www.mst.org.br/2017/08/25/mst-promove-seminario-sobre-contaminacao-do-aquifero-guarani-em-passo-fundo.html, Agosto de 2017.

② MST, "Ocupação do MST no Paraná ganha prêmio por recuperação da Mata Atlântica", http://www.mst.org.br/2017/10/30/ocupacao-do-mst-no-parana-ganha-premio-por-recuperacao-da-mata-atlantica.html, Outubro de 2017.

③ MST, "MST produz 150 mil mudas para reflorestar Bacia do Rio Doce contaminada pela Samarco", http://www.mst.org.br/2017/10/25/mst-produz-150-mil-mudas-para-reflorestar-bacia-do-rio-doce-contaminada-pela-samarco.html, Outubro de 2017.

（四）其他方面的发展

无地农民运动还十分关注民众身体健康、教育问题以及住房问题等。无地农民运动一直以来都把民众的身体健康尤其是健康饮食作为奋斗的主要目标。特梅尔上台后，大力鼓励农业企业的发展。这些农业企业的粮食生产模式有很大缺陷，农药的大量施用严重影响人民的健康。无地农民运动大力推广无农药作物的种植，并经常举办各种形式的展览会，以宣传这些健康产品的好处。无地农民运动试图把土地改革和健康问题结合起来，在他们看来，土地改革不仅使农民获得土地，还会引领健康的生活方式。无地农民运动也希望通过加强对民众健康观念和意识的宣传，来扩大自身的影响力，尤其是在城市工人那里的影响力，以联合他们共同引领巴西社会变革。

尽管教育问题不是无地农民运动关注的重点领域，但该运动的一些政策也有力推动了农村教育的发展。无地农民运动对农村年轻人进行农业生态学知识培训，如2016年12月在塞阿拉州的农业研讨会上阐述了半干旱地区农业生态教育的理论和实践。[1] 通过对年轻人的教育，让他们认识到，必须通过斗争才能为自己赢得利益，鼓励他们参与到无地农民运动当中。无地农民运动也积极与政府沟通，为解决农民教育发展过程中存在的一些问题而努力。2017年4月，教育部部长门多萨·费列罗（Mendonça Filho）接待了无地农民运动的协调员，并介绍了农村教育的计划和行动。该代表指出，一些州的农村在教育方面还存在很多困难。在会谈中，部长表示，他愿意进行对话，教育部将为农民的教育需求提供帮助，使每个人都能在农村和城市接受优质教育。教育部已经建立了针对加强农村教育的部门，该部门将加大行动力度来保障更多农村居民接受教育。[2]

---

[1] MST, "Educandos das Escolas do Campo do MST – CE concluem Curso de Agroecologia", http://www.mst.org.br/2016/12/01/juventude – e – agroecologia – educandos – das – escolas – do – campo – do – mst – ce – conclui – curso – de – agroecologia.html, Novembro de 2016.

[2] Governo do Brasil, "Ministério discute educação no campo com representantes do MST", http://www.brasil.gov.br/educacao/2017/04/ministerio – discute – educacao – no – campo – com – representantes – do – mst, Abril de 2017.

三 无地农民运动的积极性与局限性

无地农民运动是巴西历史上一次大规模的社会运动，它对巴西的社会和经济等方面有着非常大的影响。对于很多政府官员和大地产主而言，该运动是叛逆的行为，甚至是一种灾难。而广大无地少地农民和城市工人却把它视为救星，他们很多人乐于接受该运动所倡导的理念，并在积极支持该运动的发展。笔者认为，无地农民运动自然有其积极的一面，但也存在一些缺陷，而且正是这些缺陷，导致无地农民运动在力图改变巴西社会和经济问题方面具有很大的局限性。

就积极的一面而言，无地农民运动所倡导的土地改革和生态农业理念对于巴西一部分无地少地农民获取土地、促进巴西可持续发展大有裨益。特梅尔上台后，政府颁布的新土地政策实质上是不利于广大无地少地农民的，甚至使他们的社会地位进一步边缘化。无地农民运动在这个时候站出来为无地少地农民发声，大力倡导真正意义上的土地改革，占据那些未被充分利用的土地并将其分给农民们，在一定程度上迫使政府就范。另外，无地农民运动将土地改革与推广生态农业理念紧密结合起来，这不仅有助于人民身心健康，还团结了城市工人和其他社会力量，加深了他们对无地农民运动的认可，与他们结成了统一战线，扩大了斗争队伍和社会影响力。而且通过组织召开展览会积极宣传生态农业理念，也有助于树立该运动在巴西人民心目中的正面形象。而无地农民运动在委内瑞拉等国的行动也扩大了其国际影响力，有利于该运动获得国际方面的支持与肯定。

粮食问题是困扰巴西经济发展的重要难题。导致巴西粮食问题的因素有很多，其中一个主要的原因就是政府积极鼓励发展出口农业以换取外汇，相对忽视了以粮食作物为代表的生计农业的发展，而小农是巴西粮食作物的主要生产者。大片土地用于种植大豆、咖啡等出口作物，小农的土地越来越少，粮食产量也一直上不去。无地农民运动大力推行土地改革，就是要为这些农民赢得更多土地，用于种植更多粮食，维持农民生计。与此同时，该运动的成员也积极致力于一些生态农产品的种植和销售，以尽量满足家庭消费之用。这些农产品主要包括豆类、木薯、甘薯、花生、大蒜、洋葱、卷心菜、西蓝花、南瓜、玉米等，同时也饲养鸡、猪、兔等动物。① 可以说，无地农民运动在一定程度上有助于缓解粮食问题给农民带来的不利影响。

无地农民运动的斗争也有其灵活性的一面，主要表现为在农村教育改革、土地分配、生态农业理念的推广等问题方面，无地农民运动还是希望政府能够给予支持。如在2017年8月，无地农民运动积极与巴伊亚州的伊塔布拉瓦（Itaberaba）市展开合作，共同举办生态农业展览会，香蕉、番石榴、鳄梨、南瓜、秋葵和各种蔬菜等在摊位上展出。② 这次展览会十分成功，不仅大力提高了这些农产品的销售量，而且使生态农业观念深入该州甚至整个巴西东北部地区。

但是，无地农民运动也存在一些缺陷，从而导致其运动无法取得理想的效果。这些缺陷主要表现在：第一，运动过于激进。无地农民运动自成立以来，就一直以暴力手段著称，如强行占领土地、与军警和政府军队发生冲突等。尽管其初衷良好，但很多成员不懂得斗争策略，盲目占地，往往殃及无辜，很多小农的土地以及生态农庄也被占据。特梅尔上台后新土地政策的出台，更激起了部分成员的不满，他们继续以暴力手段进行活动，结果导致与政府和农业企业的严重冲突，不仅问题没有解决，也消耗了自身的力量。第二，无地农民运动对巴西经济的贡献较小，无法得到政府真正的大力支持。尽管该运动大力倡导生态农业，鼓励农民进行粮食生产，提倡可持续发展的理念，但巴西政府真正关心的还是出口更多农产品以赚取外汇，偿还债务，促进国家经济增长。其实，早在罗塞夫政府时期就已经出现了经济增长与环境保护之争，即政府应将哪种发展理念置于优先地位，罗塞夫政府还是选择

---

① MST, "Sem veneno: acampamento do MST entrega alimentos à população de Passo Fundo, no RS", http://www.mst.org.br/2017/10/23/sem-veneno-acampamento-do-mst-entrega-alimentos-a-populacao-de-passo-fundo-no-rs.html, Outubro de 2017.
② MST, "MST comercializa seis toneladas de alimentos em Itaberaba, na Chapada Diamantina", http://www.mst.org.br/2017/08/23/mst-comercializa-seis-toneladas-de-alimentos-em-itaberaba-na-chapada-diamantina.html, Augusto de 2017.

了前者,特梅尔政府也是如此。因以,生态农业理念目前为止尚无法得到政府的鼎力支持。第三,运动的松散性决定了无地农民运动注定无法扭转乾坤。无地农民运动自成立以来很少有统一的领导,各州各自为战,在全国无法形成一个有机的整体,无法形成重拳给现有不合理的社会经济秩序以致命的一击。另外,该组织的斗争纲领经常变化,斗争的主要目标也不甚明确,从而导致运动的实际效果大打折扣。但无论如何,无地农民运动对巴西社会和经济尤其是农业部门的贡献还是不可忽视的,尽管对一些长久以来困扰巴西的难题束手无策,但它所提倡的生态农业、环境保护以及人类健康等理念已经深入人心,这些也必将有助于该运动在巴西的长久发展。

四 结语

无地农民运动是巴西历史上土地问题延续至今的产物,土地占有不公、土地改革进展迟缓甚至有名无实是该运动兴起的主要原因,也是推动该运动不懈奋斗的动力所在。土地问题是困扰巴西发展进步的重大障碍,是广大农民生活贫困、逐渐被边缘化的根本原因之一。无地农民运动正是抓住了农民迫切需要获取土地以改善生活的心理,才使该运动能够赢得民心,不断发展壮大,成为当今巴西政治生活中的一支重要力量。不过,无地农民运动的活动领域已不局限于土地改革,而是深入生态环境保护、教育甚至住房建设等方方面面,以力图在巴西的经济和社会生活中发挥更大作用。同时,无地农民运动也走出国界,积极致力于其他国家的农业和社会进步,有利于可持续发展理念的传播以及该运动影响力的扩大。

同时,无地农民运动的爆发及扩大反映了巴西国家发展过程中一个十分重要的问题,即经济发展与社会公正之间的关系。长期以来,巴西政府优先发展进口替代工业以及出口农业等部门,将经济增长、出口创汇等作为国家经济和社会发展的关键目标,而对粮食生产、生态保护等事关社会公正和可持续发展等问题关注力度不够,甚至在一定程度上牺牲社会下层的利益来满足大地产主和工业资产阶级的需求,进而为国家创造更多的物质财富以偿还债务，并为工业化发展提供资金。巴西政府的这些短视行为自然会导致其自食其果，无地农民运动的斗争就是最好的例子。另外，过度依赖外部市场导致巴西经济更加脆弱。2016年，由于国际市场对巴西大宗农产品和其他初级产品的需求减少，加之政府调控不当，罗塞夫政府出现执政危机，并最终下台。之后的特梅尔政府也由于未能对巴西的社会和经济状况做出实质性改变而饱受诟病，执政基础并不牢固。可以说，无地农民运动赖以生存的土壤依然肥沃，只要经济发展与社会公正的关系无法得到根本解决，经济增长未能带来社会的公平公正，以无地农民运动为代表的巴西社会运动就会一直进行下去。而无地农民运动在新的环境和局势下，又会提出什么样的新理念和新政策，我们将拭目以待。

人文科技篇
Culture and Technology

Y.11
"后奥运时代"的巴西：里约奥运遗产利用现状研究

〔巴西〕José Roberto Gnecco＊　刘笑雯　唐筱译

摘　要：本文通过参阅奥运遗产规划文件、亲身走访或网络接触等方法，介绍和分析2016年里约奥运会、残奥会的奥运遗产在后奥运时代的利用现状。早在2009年，在里约热内卢被选为2016年奥运会举办城市之前，巴西的主要智库、政府部门以及巴西奥委会就已开始参与奥运遗产利用的规划工作。但是，2016年里约奥运会后，比起比赛的实际举行情况和事前的规划，奥运遗产的管理和利用面临诸多问题和挑战，更强烈地受到巴西国情和现存组织文化的影响。由于巴西联邦政治的特点，每一个奥运场馆的后续利

＊ José Roberto Gnecco，巴西圣保罗州立大学教授，2002年南美运动会执行协调员，2007年泛美运动会运营经理，巴西体育部2016年里约奥运会顾问，巴西奥林匹克公共管理局（APO）联邦筹备中心成员等；曾为联合国教科文组织政府间体育运动委员会（CIGEPS）成员。

用情况各不相同，相关的体育基础设施遗产管理变得更加碎片化。此外，奥运设施管理机构的性质各异，同时新的管理者们不重视国家在提供体育政策等公共社会政策方面的作用。最后，本文将为完善里约奥运遗产的管理和利用提出一些方案及建议。

关键词： 巴西　里约奥运会　奥运遗产

一　引言

引言部分主要介绍 2016 年里约奥运遗产利用的相关背景。此处"奥运遗产"指的是 2016 年里约奥运会和残奥会的体育基础设施。需要注意的是，巴西作为一个联邦制国家，其联邦政府、州政府和市政府在进行决策时都享有自主权。因此，为了完成跨行政级别的大型项目，各联邦机构之间需要达成必要的一致。

奥运会能够在巴西举行是一个历史性的成果，这归功于巴西曾经成功组织举行了一系列的体育赛事，有丰富的经验，例如 2002 年南美运动会、2007 年泛美运动会暨泛美残运会、2008 年葡语国家共同体运动会、2011 年世界军人运动会、2013 年联合会杯、2014 年世界杯以及 2016 年奥运会和残奥会。这些体育赛事帮助里约热内卢和巴西打造了其城市、国家品牌，展现出支持体育运动、有能力承办大型体育赛事的形象。2009 年 10 月 2 日，巴西里约热内卢击败马德里（西班牙）、东京（日本）和芝加哥（美国），在国际奥林匹克委员会全体会议上被选为 2016 年奥运会主办地。[①] 这一成果的取得，主要归功于当时巴西良好的政治形象和经济状况。

---

① Leyser‑Gonçalves, Ricardo; Vianna, André Rego, "Inserção do Brasil no cenário internacional: a evolução da candidatura olímpica do Rio de Janeiro para 2012 e 2016", *Boletim de Economia e Política Internacional*, n. 2, pp. 55 – 60, abr. 2010 (Instituto de Pesquisa Econômica Aplicada‑IPEA), http://repositorio.ipea.gov.br/bitstream/11058/4726/1/BEPI_n2_insercao.pdf.

巴西黄皮书

奥运遗产不仅指位于里约热内卢这座城市内的体育设施，也不仅是举办比赛的场馆，还包括遍布巴西全国的训练场地、热身场地和基础体育培训基地，它们一起促进着体育文化的传播。2010年，第三届全国体育大会上通过了当时由体育部实施的《十年体育休闲计划》。该计划指出，体育遗产应该是广泛的——覆盖所有体育项目、民主的——包含从基础体育培训到高水平竞技体育各个级别以及长期的——不局限于举办2016年里约奥运会本身。①

为了更好地管理遍布巴西全境的体育实体设施，还需要进行相应的制度建设。位于里约热内卢市建设的体育基础设施遗产，对于巴西各项运动的男子、女子国家队及各运动项目的联合会而言，都是组织训练、研究的最尖端设施。其他国内的实体设施则应交由巴西国家训练网络（Rede Nacional de Treinamento，RNT）组织管理，通过与各运动项目联合会及其他巴西联邦机构（州政府和市政府）达成合作关系，共同推动"体育城市项目"（Programa Cidade Esportiva）的进行。该项目包括两个方面：由联邦政府负责用于竞技体育培训的实体设施的建设；由州政府和市政府负责这些设施的运营和维护。② 这一项目的出台，也促进了巴西体育立法领域的革新。

自2008年起，巴西就已经着手进行奥运遗产管理的相关研究。时任总统卢拉的政府提出设立一个专门机构，负责管理及最大限度地利用奥运资产。巴西体育部聘请了巴西主要智库之一的"瓦加斯基金会"（FGV）来进行规划的相关工作。2009年，瓦加斯基金会向里约奥运会负责机构提交了一份长达934页的研究报告。该报告提出了关于奥运会"制度性遗产的愿景"，并于其中提出"卓越体育研究所（Instituto de Excelência Esportiva）概念路线图"的设计方案。根据该方案，"卓越体育研究所"将负责在后奥运

---

① Brasil, Ministério do Esporte (ME), "Conferência Nacional do Esporte", Brasília, 2010, http：//portal.esporte.gov.br/conferencianacional/ (3 Conferências：2004, 2006 e 2010).
② Brasil, Ministério do Esporte, "Legado Esportivo", http：//www.esporte.gov.br/index.php/institucional/legado – esportivo.

时代奥运遗产在体育训练方面的运营。① 这些研究不仅为《里约热内卢申请主办2016年奥运会和残奥会相关档案》②（以下简称《申办档案》）这一官方提案做出了补充，还进一步充实了《遗产三细则》（在《申办档案》基础上更加详细地介绍奥运遗产利用计划的文件）。③

另外，2015年，巴西奥委会提出了《遗产设施利用计划》，希望将巴哈奥林匹克公园转变为奥林匹克培训中心，并将其划归到自身治下，但是没有明确说明实施该计划的资金来源。④ 同样，2015年，由时任里约市市长爱德华多·派希创立的市奥林匹克公司（Empresa Olímpica Municipal）所提出的《2016里约奥林匹克公园遗产计划》⑤ 也没有明确的资金来源。

从2015年到2016年5月，以瓦加斯基金会的研究报告为基础，体育部和教育部开展了有关创建"体育大学"的研究。该体育大学的目标在于培养体育人才、开展相关研究和推广体育事业，这一构想目前已写入构建"巴西体育学院"（Instituto Brasileiro do Esporte）的提案。⑥

同样在2016年，巴西奥林匹克公共管理局（APO）（负责监督奥运会

---

① Fundação Getúlio Vargas（FGV），"Visão do legado institucional"，Rio de Janeiro，2009（Elaboração de Sistema de Orçamentação de Eventos Esportivos e de Estudos em Instalações Esportivas e Acomodações Necessárias para apoiar a atuação do Governo Federal na Candidatura Rio 2016）.

② Brasil，Comitê de Candidatura Rio 2016，"Dossiê de candidatura do Rio de Janeiro à sede dos Jogos Olímpicos e Paraolímpicos de 2016"，Rio de Janeiro，2009，3v.

③ Brasil，Comitê de gestão das ações governamentais federais para a candidatura Rio 2016，"Cadernos deLegado：Esportivo，Social e Urbano e Ambiental"，Brasília：Ministério do Esporte，2009，3v.

④ Comitê Olímpico do Brasil（COB），"Plano de legado das instalações：Centro Olímpico de Treinamento"，Rio de Janeiro，2015.

⑤ Rio de Janeiro（Prefeitura），Empresa Olímpica Municipal（EOM），Plano de Legado do Parque Olímpico Rio 2016，Rio de Janeiro，2015.

⑥ Brasil，Ministério do Esporte，"O esporte brasileiro para além dos Jogos Rio 2016：completa para o COI"，Brasília，2015，Brasil. Ministério do Esporte，Instituto Brasileiro do Esporte：para a Casa Civil em 19/01/2016，Brasília，2016，Brasil，Ministério do Esporte，IBESP：justificativa em 27/01/2016，Brasília，2016.

公共资源使用情况的跨行政级别垂直合作机构）综合以前的计划，在此基础上加以深化后，提出了一个新的奥运遗产利用计划。①

与此同时，2016年9月2日，爱德华多·派希市长开启了有关巴哈奥林匹克公园建设的招标工作，欲将包括25年期的经营管理权在内的市政府相关责任转移给私营部门。25年间，市政府将会给予中标企业每年2445.35万雷亚尔的拨款。② 但是，爱德华多·派希在2016年10月的选举中落败，对巴哈奥林匹克公园经营管理权招标感兴趣的企业寥寥无几，唯一感兴趣的企业也不具备相应资质。这一切都使得里约市政府关于奥运遗产管理的计划发生了变化。

此外，2017年1月1日，里约市政府换届；2016年5月12日，联邦政府总统迪尔玛·罗塞夫遭遇弹劾；2017年10月5日；巴西前奥委会主席卡洛斯·亚瑟·努兹曼临时被捕，并于2017年10月11日提请辞职……这些事件的发生，都使先前由这些机关机构制定的、有关2016里约奥运遗产基础设施利用的规划变得难以为继。之后，这些规划又经过了新总统米歇尔·特梅尔、新市长马塞洛·克里韦拉和新主席保罗·万德雷的改编与修订。另外，自从2014年4月3日里约州前州长塞尔吉奥·卡布拉尔辞职，并随后于2016年10月17日被判监禁，里约州政府正面临财政和政治的双重危机，这也导致州政府在奥运会筹备及奥运遗产利用规划中的参与度都有所下降。

在巴西，权力机构并不总是明确地说明其将如何执行某特定的公共政策。虽然有时会就继续推进该政策实施进行表态，但由于没有事先确定财政资源的分配方式，结果总是政策无法得到落实。

---

① Autoridade Pública Olímpica（APO），"Plano de uso do legado: versão final"，Rio de Janeiro，2016，Gnecco，José Roberto，Modelos de gestão para o planejamento do uso do legado，Rio de Janeiro: APO，2016.

② Rio de Janeiro（Prefeitura），Secretaria Especial de Concessões e Parcerias Público - Privadas，Edital de Concorrência CEL/Próprios n.° 06/ 2016，Anexo 8-Cronograma de Pagamento do Aporte Público e dasContraprestações Públicas，Setembro 2，2016.

二 里约奥运遗产利用现状

里约奥运遗产包括2016年里约奥运会和残奥会的体育基础设施。本节将通过介绍里约奥运体育基础设施情况，来深入了解里约奥运遗产利用状况。里约奥运会举办期间，里约市共被划分为四个奥运赛区：巴哈赛区、蒂奥多罗赛区、马拉卡纳赛区和科帕卡巴纳赛区。

（一）巴哈赛区

巴哈赛区包括两个集群和一个独立设施，分别为巴哈奥林匹克公园（包括9个体育设施和4个临近的非体育辅助设施）、里约会展中心（包括3个比赛场地）和奥林匹克高尔夫球场。巴哈赛区的设施是运用联邦政府资金、在市政府所有的土地上建设而成的。里约会展中心曾归市政府所有，现其所有权已通过特许经营的方式授予私营企业。根据巴西法律规定，原则上，土地的所有权决定其上所建设施的初始所有权，但该所有权可以转让或授予给其他机构或企业。

1. 巴哈奥林匹克公园

巴哈奥林匹克公园拥有7个永久性专门用途的体育设施——婕斯体育馆、玛丽亚伦克游泳中心、1号竞技场、2号竞技场、3号竞技场、奥林匹克自行车馆和奥林匹克网球中心；2个临时性专门用途的体育设施——奥林匹克水上运动中心和奥运手球中心（别称"未来竞技场"）；4个非体育辅助设施——国际广播中心、主媒体中心、媒体酒店和奥运村。

奥运会后，作为奥运遗产的巴哈奥林匹克公园主要由以下部分构成：1个由联邦政府管理的集群，其中包括4个设施——1号竞技场、2号竞技场、自行车馆和奥林匹克网球中心；3个由市政府管理的设施——3号竞技场、奥林匹克水上中心、奥运手球中心（未来竞技场）和奥林匹克路入园大道（即"外场"）；1个由巴西奥委会管理的设施——玛丽亚伦克游泳中心。此外，还有5个由私营企业管理的设施：婕斯体育馆、国际广播中心、

主媒体中心、媒体酒店和奥运村。

2. 里约会展中心

里约会展中心于1977年建成,是里约热内卢最大的展览中心。这里曾经作为经过改造的永久性体育设施,承接了奥运会羽毛球、拳击、举重和乒乓球的相关赛事,以及残奥会硬地滚球、举重、乒乓球和坐式排球等项目的比赛。会展中心的5个展馆至今仍然保留奥运会之前的相应功能,此处还于2015年新建了一家国际连锁酒店旗下的五星级酒店,作为展馆的配套设施。2017年,在这里共举办了36场大型宣传和旅游推广活动。[①] 该中心已被市政府授权给私营公司GL Events特许经营。

3. 奥林匹克高尔夫球场

奥林匹克高尔夫球场是为2016年奥运会建造的永久性设施。此处现为一家高尔夫学校,其会员仍可以使用奥运会期间作为比赛场地的球场。

(二)蒂奥多罗赛区

蒂奥多罗赛区由两个建筑集群构成:蒂奥多罗奥林匹克公园(包含6个场地)和极限公园(包含3个场地)。蒂奥多罗奥林匹克公园的设施坐落在归属于巴西军方的土地上,运用联邦政府的资金建成,其中一大部分是为迎接2007年里约泛美奥运会而建的。至于极限公园,为使其能够成为一座公共公园,该建筑集群所占据的土地已由巴西军方转让给了里约市政府。

1. 蒂奥多罗奥林匹克公园

蒂奥多罗体育综合体中共有5座永久性专门用途体育设施:国家射击中心、国家马术中心、蒂奥多罗水上中心、青年竞技场及奥林匹克曲棍球中心。此外,还有一片为进行体育活动而进行过改造的多用途开放场地:奥林匹克现代五项中心(又名蒂奥多罗体育场),该场地已通过了承接现代五项和橄榄球赛事的相关验收。蒂奥多罗奥林匹克公园由巴西陆军体能训练中心

---

① Riocentro, "Eventos anteriores", 2018, http://riocentro.com.br/eventos/anteriores.

联合奥运遗产管理局负责管理,目前主要由军方使用。

2. 极限公园

极限公园是为迎接2016年里约奥运会而建,位于蒂奥多罗体育综合体近旁,是由两个永久性专门用途体育设施(皮划艇激流赛道、小轮车赛道)和一片为进行体育活动而进行过改造的多用途开放场地(山地自行车赛道)构成的建筑集群。里约市政府先前将该区域交由军队使用,后来于2017年9月21日恢复其公园功能,在每周日向周边居民开放,并承诺将在今后增加一周内开放的天数。①②

(三)马拉卡纳赛区

马拉卡纳赛区的4座场馆皆为永久性,其中3座为专门用途体育设施(马拉卡纳大球场、马拉卡纳齐诺体育馆、里约奥林匹克体育场),1座为改造过的多用途设施(桑巴馆)。这些设施原本归州政府及市政府所有,为迎接奥运,联邦财政出资支援其进行了翻修和改造。此前,里约州政府及市政府一直将该赛区的三座专门用途体育设施交由私营部门经营使用。

1. 马拉卡纳大球场

该场馆为迎接1950年足球世界杯而建,曾举办过2014年世界杯和2016年里约奥运会足球项目的赛事。因里约州政府和运营球场的私营公司间有争执,马拉卡纳大球场曾在将近一年的时间内处于关闭状态。③ 球场从2017年6月1日起重新开放面向游客的球场参观项目,从8月起重新开始承接足

---

① BRASIL, Governo do Brasil, "Parque Radical de Deodoro é reaberto no Rio de Janeiro", 21 set. 2017, http://www.brasil.gov.br/esporte/2017/09/parque-radical-de-deodoro-e-reaberto-no-rio-de-janeiro.

② Ribeiro, Gustavo, "Parque Deodoro só aos domingos", *O Dia*, Rio de Janeiro, 28 ago, 2017, http://odia.ig.com.br/rio-de-janeiro/2017-08-28/parque-deodoro-so-aos-domingos.html.

③ "Justiça manda Odebrecht reassumir administração do Maracanã", *Folha de S. Paulo*, São Paulo, 13 jan. 2017, http://www1.folha.uol.com.br/esporte/2017/01/1849808-justica-manda-odebrecht-reassumir-administracao-do-maracana.shtml.

球比赛，并在年内举行了共计43场足球赛事。① 现在，由于该球场为巴西国家队主要赛场，加上里约州政府同球场受让人之间存在司法诉讼，马拉卡纳球场使用成本高昂②，一般足球俱乐部已经很难在此地举行比赛。

2. 马拉卡纳齐诺体育馆

马拉卡纳齐诺体育馆建于1954年，在2016年里约奥运会期间承担了排球项目（巴西在该项目获得男子组冠军）的相关比赛。马拉卡纳齐诺体育馆归里约州政府所有，和马拉卡纳大球场相同，目前已交由某私营公司特许经营。因电箱在奥运会中着火后始终未得修缮③，截至2017年9月，该场馆在当年没有再举办过体育赛事，只举行过数场宗教活动。④

3. 里约奥林匹克体育场

里约奥林匹克体育场是为迎接2007年里约泛美运动会而建，后被市政府交由博塔弗戈俱乐部使用，在奥运会和残奥会期间承担了田径项目的相关赛事。2017年，该场馆由原本的"若昂阿维兰热体育场"更名为"尼尔顿桑托斯体育场"，昵称"恩热尼昂"（Engenhão）。目前该馆仍由博塔弗戈俱乐部管理，被用作球队的主场，曾举办过南美解放者杯和其他足球赛事。此地也举办过宗教活动和音乐演出。

4. 桑巴馆

桑巴馆始建于1984年，主要用于举行里约桑巴舞校的狂欢节巡游表演。此处在奥运会及残奥会期间为射箭赛场，此外还是奥运会马拉松比赛的终

---

① Odebrecht, "Maracanã foi estádio brasileiro com mais jogos em 2017", *Mundo Odebrecht*, 14 dez. 2017, http：//www.odebrechtnoticias.com.br/pt_br/post/mundo-odebrecht/maracana-foi-estadio-brasileiro-com-mais-jogos-em-2017.

② Perruso, Hugo, "Maracanã está cada vez mais caro e inviável para públicos abaixo de 30 mil", *O Dia*, Rio de Janeiro, 9 jul. 2017, http：//odia.ig.com.br/esporte/2017-07-09/maracana-esta-cada-vez-mais-caro-e-inviavel-para-publicos-abaixo-de-30-mil.html.

③ Knoploch, Carol, "Sem reparos, Maracanãzinho pode perder finais do vôlei", *O Globo*, Rio de Janeiro, 9 mar. 2017, https：//oglobo.globo.com/esportes/sem-reparos-maracanazinho-pode-perder-finais-do-volei-21034420.

④ Rafic, Rafael, "Legado da Rio 2016 após 1 ano: Parte II", 2017, http：//www.pedromigao.com.br/ourodetolo/2017/08/situacao-do-legado-da-rio-2016-parte-ii/.

点。2017 年，桑巴馆恢复了其日常功能，在新搭起的看台下继续举行桑巴舞校巡游，同时也是各种文艺活动的舞台。

（四）科帕卡巴纳赛区

科帕卡巴纳赛区共有五座场馆，其中两座为永久性专门用途体育设施——玛丽娜格洛里和拉戈阿体育场；两座为经过改造的永久性体育设施——弗拉门戈公园和科帕卡巴纳堡；还有一座临时性专门用途体育设施——科帕卡巴纳沙滩排球场。改造设施和临时性设施都利用了里约市原有的都市空间，同时借助联邦和市政财政资源进行了相应调整。奥运会结束后，这些设施便会恢复其日常功能。

1. 玛丽娜格洛里

玛丽娜格洛里是弗拉门戈市政公园的组成部分，始建于 20 世纪 60 年代。此处承担了 2007 年里约泛美运动会、2016 年里约奥运会及残奥会的帆船帆板赛事。该片区域被市政厅交由 BR Marinas 公司运营，现在已经建起各种商业及餐饮设施，向公众开放的露天平台上也举办过数次航海、时尚、美食等主题活动，以及毕业典礼、文艺演出和庆典活动。

2. 弗拉门戈公园

20 世纪 60 年代，在对里约海滩进行一系列填海造陆的基础上，建成了如今的弗拉门戈公园。该公园为市政公园，向公众开放，也是里约主干道之一。为了能够临时性地承担从蓬塔尔海滩出发的竞走及公路自行车赛事，该区域曾经历过一系列改造。此外，在雷科杜斯班迪拉里区域举行的里约残奥会公路自行车比赛，也征用了该公园作为比赛场地。奥运会、残奥会结束后，公园便恢复了其原本的锻炼、休闲用途，以及作为城市主干道的功能。

3. 科帕卡巴纳堡

科帕卡巴纳堡为国有设施，于 1914 年建成，目前是军队历史博物馆所在地。为了临时承担在里约南区举行的奥运会、残奥会铁人三项和奥运会公路自行车项目赛事，科帕卡巴纳堡接受了一系列改造。奥运会、残奥会结束

后,该地便恢复其原本作为博物馆及文化休闲区域的功能。

4. 拉戈阿体育场(拉戈阿赛艇场)

拉戈阿体育场始建于20世纪50年代,在2016年里约奥运会、残奥会期间承担赛艇、皮划艇项目的赛事。目前体育场内运动设施部分已交由里约赛艇协会使用,配套设施则被授权给一家拥有四间饭店、六间电影厅及一间音乐厅的餐饮综合体使用。① 里约赛艇协会已在拉戈阿体育场建起行政总部,并在此地进行赛艇运动员的训练。从2017年2月起,里约赛艇协会训练中心开始向运动员及教练提供食宿。中心拥有餐厅、负重训练厅,以及供运动员、运动队进行测评、训练的空间,此外还举办面向其他各种运动项目教练员、职业运动员的培训课程。

5. 科帕卡巴纳沙滩排球场

该球场是为举行奥运会沙滩排球比赛而搭建的临时性设施。拆卸后,该区域便恢复成为里约人和全球游客所热爱的科帕卡巴纳海滩。

(五)足球赛事承办城

除了里约的马拉卡纳大球场,奥运会足球赛事也在以下几个城市的场馆举行:联邦区首府、国家首都巴西利亚市的国家体育场(加林查体育场),圣保罗州圣保罗市的科林蒂安竞技场,米纳斯吉拉斯州贝洛奥里藏特市的米内罗体育场,巴伊亚州萨尔瓦多市的新水源体育场,亚马孙州马瑙斯市的亚马孙体育馆。

1. 巴西利亚国家体育场

位于巴西利亚的国家体育场属于联邦区政府资产,曾承接过巴西利亚联邦特区锦标赛、巴西甲级联赛乃至里约州锦标赛的相关赛事。

2. 科林蒂安竞技场

科林蒂安竞技场为科林蒂安保利斯塔体育俱乐部所有,是该俱乐部的主

---

① Briso, Caio Barretto, "Puxadinho indecente", *Veja Rio*, Rio de Janeiro, 5 jun. 2017, https://vejario.abril.com.br/cidades/irregularidades-lagoon/.

场所在地。该竞技场也承担圣保罗州足球锦标赛的相关赛事，提供向导引领下的球场参观项目，并承接婚礼等社会活动。

3. 米内罗体育场

米内洛体育场归米纳斯吉拉斯州政府及私营公司"米纳斯竞技场"所有。2017年，该球场承接了米纳斯吉拉斯州各大主要俱乐部的巴西杯赛事，也举办了数场音乐演出。

4. 新水源体育场

新水源体育场归巴伊亚州政府及私营公司"新水源业务及股份管理公众有限公司"（Fonte Nova Negócios e Participações S. A）所有，是巴伊亚竞技俱乐部及维多利亚体育俱乐部的主场。该球场承担巴西锦标赛、巴西杯、巴伊亚州足球锦标赛等赛事的相关比赛，也承接演唱会等音乐演出。

5. 亚马孙体育馆

亚马孙体育馆归亚马孙州政府所有，在此地举行过巴西杯、巴西绿色杯、巴西女足锦标赛、巴西男足锦标赛、亚马孙州足球锦标赛等赛事的相关比赛。

三 相关思考

需要强调的是，不论从竞技角度，还是从经由各市乃至全国的人流角度来评判，里约奥运会及残奥会本身其实组织得相当成功。巴西通过奥运会这场美妙盛宴向全世界展示出的形象，也在全球范围内得到了广泛认可。[1][2]然而，由于联邦政府、市政府乃至巴西奥委会突发的人事变动，加之州政府力量的削弱，在推进奥林匹克遗产利用进程的过程中，出现了中断和停滞。在

---

[1] Baratto, Romullo, "Jogos Olímpicos 2016: dois legados para o Rio", 29 agosto. 2016, https://www.archdaily.com.br/br/794134/jogos-olimpicos-2016-dois-legados-para-o-rio.

[2] Jiménez, Carla, "E tudo saiu bem na Rio 2016, imperfeitamente maravilhosa: O sucesso da Olimpíadasurpreendeu o mundo e os próprios brasileiros", *El Pais*, 22 agosto, 2016, https://brasil.elpais.com/brasil/2016/08/21/opinion/1471813304_331779.html.

巴西这个个案中，对奥运遗产的不充分利用并不是遗产利用计划制订不足的结果，更非由奥运会本身组织不力造成；巴西 2002～2016 年成功举办大型体育活动的进程出现中断，乃是当前困局的主要原因。

尽管理想的情况是，奥运会的组织要求会推动举办国的管理能力提升至更高的水平，然而，实际上似乎是，一国既有的组织文化塑造了奥运会在该国的举办方式。例如，巴西总是围绕其原有的组织文化来举办活动。国际奥委会主席托马斯·巴赫在奥运会开幕式前五天便有过这样的发言："我们总是会在最后关头遇到一些麻烦。但是，由于我们这几个月已经见识到了巴西人处理问题的方式，我们比过去任何时候都更有信心。我们将会迎来一届'巴西风格'的奥运会。"① 他的这一番话，也证实了巴西人确有喜欢在最后一刻处理问题的习惯，因为他们相信，凭着"小聪明"和对上帝的虔信，问题总能迎刃而解。干劲、勇气、创造力和应变力很多时候确实能够发挥效用，但是在拥有众多参与主体的复杂大型活动中，很多时候，哪怕一个微小的失误，也会造成全盘皆输的重大后果。

巴西奥林匹克遗产管理的现状，便可折射出巴西公权力和私权部门管理中人工化、经验主义化、即兴化传统的回归。在很多地方，如果想要参观比赛场所，必须得先有位于管理机构内部的人脉关系；在管理机构的官网上，一般都无法查到该机构曾经开展过哪些活动；同样在这些官网上，也无法查询到如何参与体育活动的信息——或许这意味着这些活动都不向公众开放？

关于巴西各政府机构及私营机构在奥运会体育基础设施遗产管理中的参与情况，根据国家训练网络的规定，市级、州级及联邦级实体皆可参与到遗产管理项目中来。此外，该网络已获得授权，可在竞技体育发展规划框架下，调用巴西全境的体育项目及设施，以确保在里约的奥运会、残奥会设施中能够取得最佳竞技表现。通过这种方式，从属于巴西

---

① "Presidente do COI diz que Olimpíada será à la Brasil", *Veja Rio*, Rio de Janeiro, 31 julho, 2016, https：//veja. abril. com. br/esporte/presidente - do - coi - bach - admite - que - olimpiada - tem - desafio - de - fluxo - de - caixa/.

全国 5570 市、27 州和联邦政府的全部体育设施便可被有机串联起来。不过，在高端设施管理中，联邦政府相比地方政府拥有更大的权力，因此位于里约的奥运会、残奥会设施也从而取得了竞技体育产业链的尖端位置。

从竞技角度来讲，场馆设施管理权的过度碎片化，也使各方协同发展竞技体育变得更加困难。奥运遗产的管理理应以联邦政府为中心，由联邦政府负责组织各市、各州以及私营部门的合作伙伴，而不应当反其道而行。毕竟组织竞技体育工作、为竞技体育成果负责的正是联邦政府，以及作为联邦政府合作伙伴的巴西奥委会和各运动项目的国家级协会。

如果说对奥运场馆设施进行多样化利用（如举办演出、聚会、弥撒、庆典、培训、婚礼等活动）确实是值得欢迎的举措，那么"这些场馆原本的功能是举办竞技运动比赛"更是不容置疑的事实，不利用这些场馆设施开展体育活动也会是一种损失。场馆的建设过程中投入了大量资金，而里约市和巴西对这些场馆的不充分利用，也向外界传递出一种并不光彩的形象：他们成功举办了奥运会和残奥会，现在却在浪费他们所建起的场馆设施。只要随便同哪个外国人进行一次交谈，就能了解到巴西正如何在这场公关战中节节败退。

由此观之，与其拆除奥林匹克手球中心（未来竞技场）建立学校，远不如保留该建筑作为手球中心的功能。目前，在里约州还没有具有较大公众承载力的官方手球场地。为何不能在不拆除奥林匹克手球中心的前提下建设学校呢！同样的道理，也适用于同样位于巴哈奥林匹克公园的奥林匹克水上中心。

在现任联邦政府任期结束六个月后（2019 年）便解散奥运遗产管理局，把问题遗留给下一任政府，或者把巴哈奥林匹克公园中归联邦政府所有的部分在 2018 年第二季度转让给私人公司[1]，也都是毫无意义的举措。政府的

---

[1] Brasil, Cristina Índio; Villela, Flávia, "Um ano depois da Rio 2016, arenas olímpicas são subutilizadas", *Agência Brasil*, 5 ago. 2017, http：//agenciabrasil.ebc.com.br/geral/noticia/2017‑08/um‑ano‑depois‑da‑rio‑2016‑arenas‑olimpicas‑sao‑subutilizadas.

目的,似乎只是为了尽快摆脱管理奥运会和残奥会场馆设施的责任,仿佛这些场馆设施和奥运会、残奥会是什么令人窘迫的事物,或者干脆就想当这些事物从来就没有存在过!

此外,也不能坐视里约热内卢所拥有的竞争优势白白流失。我们确实需要使奥运遗产重获活力,但是使用奥林匹克网球中心举办沙滩排球或沙滩足排的比赛,就只是在浪费在里约海滩举办这些比赛所能带来的美的享受和附加价值了!

说到这里,里约热内卢为奥运会所进行的市政改造确实是卓有成效的:新建了一条连接伊帕内玛(Ipanema)和巴哈达蒂茹卡(Barra da Tijuca)的地铁线;新建了两条连接起里约市中心主要枢纽的现代化轻轨线路;新建了三条快速公交(BRT)系统,奥运专线(Transolímpica)、卡里奥卡线(Transcarioca)、西部线(Transoeste)三条线路将最远离市中心的区域连接在一起;推翻佩里美特拉尔高架桥(Viaduto Perimetral)建起的马塞洛阿联卡尔隧道(Túnel Marcello Alencar)使里约市面貌焕然一新;奇妙港(Porto Maravilha)项目的建设使老港口区重获新生,并为海港区带来了一座由博物馆、饭店等构成的文化综合体。

此外,从2010年起,各种门类的奥运基础设施项目建设便已在巴西各地陆续展开:共新建了47条官方田径赛道、30块拥有全套设施的官方篮球场、16座全功能官方体操训练中心、27块全功能官方柔道场、50块全功能官方搏击场、15块全功能官方跆拳道场,等等。除了实体的物质遗产之外,通过举办奥运会,巴西公私部门协同举办大型活动的能力有所提高,这也是奥运会遗留给巴西人的无形资产。这方面的一个代表性例子是,国际奥林匹克委员会下属公关公司聘用了在里约奥运会中大放异彩的巴西人,以筹备2018年平昌冬奥会的相关工作。①

---

① Pessoa, Daniela, "Após Rio 2016 Comitê Olímpico leva jovens para Jogos de Inverno", *Veja Rio*, Rio de Janeiro, 22 dez. 2017, https://vejario.abril.com.br/cidades/apos-rio-2016-comite-olimpico-leva-jovens-para-jogos-de-inverno/.

四 建议

以下建议主要依照联合国教科文组织发布的体育相关声明[①]及奥运会、残奥会遗产利用主要目标[②]提出。

（一）竞技体育

竞技体育表现为高水平竞技运动和基础体育培训。

1. 高水平竞技运动方面

竞技体育中，高水平竞技运动是指由队伍或个人参与奥运会或残奥会等国内或国际锦标赛、进行竞争的体育活动。其目标群体是各项目男女专业运动员、国家代表队、州代表队，包含从青少年到专业各个级别，主要专注于代表国家参赛。

2016年里约奥运会、残奥会体育基础设施遗产是为举办世界最高水平的运动会和拥有全球影响力的媒体盛宴而建造，其设施在整个拉丁美洲都是独一无二的。如果不以发展高水平经济运动为目的，通过举行体育比赛、体育训练和体育管理来激活这些场馆设施，便是对这些场馆设施设计能力的浪费。

（1）引入体育赛事。2016年里约奥运会全部42个项目，加上国际奥委会为2020年东京奥运会选定的5个新项目，都有其相应的儿童组、幼儿组、少年组、青年组、成年组（或专业组）乃至老年组（或大师组）的男女组州级、国家级和国际赛事。这也就意味着，每个项目至少可以组

[①] ICSPE；UNESCO（1964），Declaration on Sport, Paris：UNESCO, 1968, http://www.icsspe.org/about/structure/declarations-about-sport.

[②] "Planejamento esportivo", in BRASIL, Ministério do Esporte, Autoridade de Governança do Legado Olímpico, Plano de legado, Rio de Janeiro, 2017, pp. 39-74 (Ghost-writer José Roberto Gnecco), http://www.esporte.gov.br/index.php/ultimas-noticias/209-ultimas-noticias/57566-aglo-apresenta-plano-de-legado-das-instalacoes-olimpicas-e-matriz-de-responsabilidades-dos-jogos-rio-2016.

织 12 场体育赛事；再乘以奥运会所有的项目数，可以得出，巴西每年至少可以组织 564 场国家级别的奥运项目比赛，另外每二年或四年还可组织各项目、各级别的国际大赛。

如果真能将这每年的 564 场各门类国家级赛事和各项目国际赛事落到实处，那么断不可能再出现奥运会、残奥会遗留场馆设施使用不足的问题，竞技体育、城市、国家、旅游业、文化和经济等方面也一定能焕发活力。联邦政府、里约州政府和里约市政府应当秉持积极主动的姿态，与体育团体和私营部门通力合作，携手推进奥运遗产运用再现生机。

除了各专项体育竞赛之外，下列复合项目体育赛事也可在奥运会遗留下的场馆中举行（见表1）。

表 1　可在奥运场馆中举行的复合项目赛事

活动名称	举办权获得年份	举办地点、年份
国际听障总会（ICSD）听障奥林匹克运动会	2018	里约 2021
国际足联（FIFA）U20 女足世界杯	2018	巴西 2022
国际足联（FIFA）女足世界杯	2018	巴西 2023
国际大学生体育联合会（FISU）世界大学生运动会	2018	里约 2025
南美洲体育组织（ODESUR）南美运动会	2021	里约 2026

如今巴西拥有全拉美最先进的体育设施，制订吸引全拉美各国国家队赴巴西比赛、训练的计划也迫在眉睫。这个计划中，除了体育竞技，也应包括对旅游、文化、经济和国际政治等方面的相应规划。

（2）高水平竞技运动训练。巴西公共政策采用混合制的实施办法，政府部门和私营部门都可参与，根据各自的职权开展工作。体育政策的实施也遵循此法。因此，为了实现奥运遗产利用的最大化，应当进一步巩固同各大体育协会的伙伴关系，将各项运动的竞技成果和行政管理成果交由专项议会进行审议，并将成果规划纳入工作目标。

还应以各体育组织和开展体育训练业务的私营团体为主要驱动力，筛查出所有尚未拥有自己的全国训练中心的运动项目，以促使其利用奥运设施这一优质资源开展该项目幼儿、儿童、少年、青年、成年及老年各级别男女国家队的训练工作。政府机关则应以直接或间接的方式，为实现这一目标提供必需的条件，如食宿、营养、医疗支持、科学实验室、物流等。

（3）高水平竞技运动管理。通过建立以灵活利用奥运遗产为目标的永久性伙伴关系，奥林匹克遗产所提供的广阔空间也可被用作各种全国性体育管理组织（如各种体育协会）的总部。利用奥运遗产中的各种设施，如会议室、礼堂等，使各协会完全可将代表大会其设置在奥运园区内，从而缩短体育规划、决策和执行各进程之间的距离。

除了可供国内体育管理组织使用外，奥运遗产也可被用于举办国际性体育事业管理组织的集会活动（见表2）。

表2 可在奥运遗产中举行的国际性体育组织的集会活动

活动名	举办权获得年份	举办地点、年份
南美体育委员会（CONSUDE）会晤	2018	里约2019
联合国教科文组织政府间体育运动委员会（CIGEP）会议	2018	里约2019
联合国教科文组织体育部长会晤	2018	里约2021

2. 基础体育培训方面

奥运遗产不可能时时刻刻都被用于高水平竞技运动训练，充分利用其宽阔的空间，还可以通过开办平日日间的体育训练班来实现。可以开办每周五天、面向儿童和青少年的训练班，在课余时间开课，一个班排在早上，一个班排在下午，协助目标人群在各项体育项目中得以起步、熟练、提高。

针对每项奥运、残奥项目，或者其他非奥运项目，都应开设拥有约20名学生的集体项目班和拥有约10名学生的单人项目班，各配备一名体育教育专业人士和两名实习生进行指导。学生的选拔可通过"海选"、近似于升学考试的方式每年进行，或者国家训练网络自己就可以提供学员。

（二）休闲体育

休闲体育是全民参与的体育活动，一般以休闲、健身、提高生活质量、增进人际关系、提高交际能力等为目的，各年龄段人士都可参与其中。在竞技体育中，参与者必须遵守相关体育规则；而在休闲体育中，规则可根据参与者进行灵活变动。人们并不一定要靠参与各种体育项目来进行休闲体育运动，也可以通过参加其他锻炼活动来实现运动目的。休闲体育可以是正式的，也可以是非正式的。

正式的休闲体育一般是消遣性的体育活动，但是会根据目标群体的兴趣和需要，灵活调整原本的体育项目中的各项规则。非正式的休闲体育，则一般是指各种各样的身体锻炼和娱乐休闲活动。总之，休闲体育的宗旨，是吸引全民参与到体育运动中来。

休闲体育可以在专业人士指导下进行，也可以由参与者自由、自发地进行。选择自行锻炼的参与者，一般都已经对即将进行的体育项目有了一定了解（例如，在巴西，常见的项目为网球、室内足球、游泳，等等）。

在利用平日日间于奥运场馆进行竞技体育教育的同时，休闲体育可以安排在平日夜间进行，也可以安排在周末进行。政府机关则应以直接或间接的方式为实现这一目标创造条件，例如可以在组织各种运动项目之外，举办徒步、竞走、全民健身项目、瑜伽、普拉提等活动，并增设更衣室、快餐店乃至饭店等设施，从而使市民可以舒适地利用这些设备开展体育活动。

（三）功能多样化

除了依照其原功能开展体育活动，奥运遗产所提供的空间也可用于开展体育之外的其他活动（例如已经结束的里约摇滚节），还可以用于承接其他类型的演出、集会、弥撒、节庆、培训、婚礼等活动。除此之外，若还有闲置空间，可利用这些空间开设健身房、理疗会所、医疗和牙科诊所等，甚至可开办购物中心。总之,能提供医疗、保健和提升生活质量服务的设施是最佳选择。

为了能继续吸引市民前往奥运遗产,要在全部场馆设施内提供永久性的、有导览的参观项目。项目应在每周末固定时间开放,同时还应开设永久性的2016年里约奥运会纪念品商店,提供实体店和在线销售服务。此外,还应保证有一个永久性开放的2016年里约奥运网站,由巴西体育部和巴西奥委会共同进行管理。

五 结论

从赛会模式向遗产模式转变并非易事:英国从2012年伦敦奥运会向遗产模式的转变直到2015年才告一段落[1],到2017年才能达到令人满意的效果。[2] 而且,和巴西不同,伦敦并没有经历过规划遗产使用计划的管理人员和技术人员的变更。

一般来讲(也有例外),如果公权力不准备直接管理奥运场馆设施,那么最好将管理权授权给私营部门的体育事业合作伙伴,以使前期投入能得到充分利用,如博塔弗戈和伦敦奥林匹克体育场的做法便可作为范例。[3] 另外,找到了合适的竞技用途,并不意味着管理方面也一定能取得成功。例如,上述的博塔弗戈俱乐部在授权其使用的体育场内,甚至没有配备电话线路。

如果把场馆交由试图通过运营场馆来营利的私营运营商管理,那么很可

---

[1] Rafic, Rafael, "Legado da Rio 2016 após 1 ano: Parte II", 2017, http://www.pedromigao.com.br/ourodetolo/2017/08/situacao-do-legado-da-rio-2016-parte-ii/.

[2] Pierri, Glauco, "Londrino tem o seu legado olímpico cinco anos depois dos Jogos", *Estadão*, 22 julho, 2017, http://esportes.estadao.com.br/noticias/jogos-olimpicos, londrino-tem-o-seu-legado-olimpico-cinco-anos-depois-dos-jogos, 70001900022.

[3] Maia, Chico, "Legado de verdade: o modelo que seria adotado pelo Governo em relação ao Mineirão deu certo em Londres", http://blog.chicomaia.com.br/2017/07/28/legado-de-verdade-o-modelo-que-seria-adotado-pelo-governo-em-relacao-ao-mineirao-deu-certo-em-londres/.

能会成为一个失败的案例。因为当该运营商需要在赚钱和开展体育活动之间进行选择时，多会选择单纯的经济收益，而不会考虑体育事业为其追随者所能带来的金钱以外的效益，从而抛却或低估体育本身的价值。例如，马拉卡纳大球场和马拉卡齐诺体育馆就都被交到了专精于赚钱而非发展体育的公司手中。

  总而言之，要实现奥运会、残奥会体育基础设施遗产的完全利用，还需要克服很多艰难险阻。当前政府需要保持继续将体育纳入国家公共政策工作日程的政治意愿，而不是将其当作可以抛给私营部门运作的一项生意。此外，媒体在进行大型活动和奥运遗产相关报道时，总是具有选择性的。他们传播针对举办世界杯和奥运会的批评意见，却不敦促新一届政府为遗产利用现状担负责任。私营部门参与遗产运营管理着实令人喜闻乐见，但是国家应当成为奥运会、残奥会高水平竞技运动设施利用的总指挥，以确保场馆设施可由巴西各国家队使用，进而推动从基础体育培训到高水平竞技运动管理水平的整体提升。举办过2014年世界杯和2016年奥运会的国家，从2013年起便陷入是否要实施"FIFA标准"的公共政策的争论。现在是时候要求将这些政策落到实处了。

Y.12 巴西足球国际化的发展进程、经验与建议

〔巴西〕Daniel Traina Gama 〔巴西〕Walter Gama* 蔡蕾 唐筱译

摘 要： 足球被公认为世界上最流行的运动，而巴西足球因其高素质的运动员和辉煌的成就享誉世界。但是，在足球国际化发展方面，与欧洲足球大国相比，巴西尚处于起步阶段且效果不佳。本文以巴西足球协会（CBF）和国际足球联合会（FIFA）发布的一系列文件和数据为主要参考资料，重点探讨巴西足球国际化的发展进程与经验，并就未来巴西足球国际化的发展提出对策建议。

关键词： 巴西 足球 国际化

一 巴西足球国际化的背景

国际足球联合会（FIFA，简称"国际足联"）将世界上的足球分为场地足球、五人制足球、沙滩足球和瑞士足球等不同类别。其中，水准最高、受众最广的是职业成年男子场地足球。由于该类足球对其他类别足球的发展影

---

* Daniel Traina Gama，巴西多拉杜斯联邦大学（Universidade Federal da Grande Dourados）副教授、博士，体育专业足球基础课程负责人，曾在意大利和巴西任职业足球运动员；Walter Gama，巴西圣保罗州立大学（Universidade Federal de São Paulo）教授、博士，体育专业足球理论与实践课程负责人，曾在巴西任职业足球运动员，并曾任牙买加及安提瓜和巴布达国家队技术指导。

响巨大且可以直接反映出其他类别足球的发展状况，因此本文将以职业成年男子场地足球作为主要研究类别。

目前，南美和欧洲是世界上公认的两大洲际足球巨头，其强大的表现力和主导地位从它们所获得的世界冠军数量便可见一斑：国际足联举办的所有成年男子组世界足球锦标赛的桂冠均由这两大洲的俱乐部或国家队所摘取。[1] 尽管南美和欧洲的国家足球队在发挥水准和经济潜能方面势均力敌，但是这两大洲足球俱乐部的国际化发展程度存在一定的差距。与南美相比，欧洲足球俱乐部的代表性更为广泛，其优势力量主要分布在国际足联所称的欧洲五大联赛所在国（英格兰、法国、德国、意大利和西班牙）。这些欧洲国家的足球俱乐部在国际市场备受欢迎，拥有广阔的国际市场，取得了良好的经济效益。相比之下，南美的足球俱乐部更关注其在本国或本地区内的品牌推广，其海外业务则局限于面向欧洲市场为主的球员交易[2]，国际市场狭小，所取得的经济效益无法与欧洲俱乐部相提并论。在这种情况下，南美足球的国际化发展将有助于缩小南美和欧洲足球之间的差距。

就足球国际化的发展而言，涉及经验、产品、服务、研究和知识等多方面的变化，是一个广泛而动态的过程。莱昂奇尼（Leoncini）和席尔瓦（Silva）认为[3]，足球国际化的发展最应重视的是球员和球迷这两部分。球员市场涉及国内外市场上的球员培训及球员交易，球迷市场则涉及商业化运作的各种品牌产品，包括赛事的举行、选手的肖像权、特许商品的销售等。近年来，欧洲各大足球俱乐部一直致力于开发中国和中东国家等新兴国家的球迷市场，并为此采取了一系列举措，如在这些国家举办季前热身赛和友谊赛、雇用这些国家的球员等，旨在从这些国家消费者巨大的购买力中获利。

---

[1] FIFA, Tournaments；Archive, http：//www.fifa.com/fifa-tournaments/archive/index.html, December 15, 2017.

[2] Gaspareto, Thadeu M., "Internacionalização dos clubes de futebol do Brasil", *Revista Intercontinental de Gestão Esportiva*, Vol.3, No.1, 2013.

[3] Leoncini, Marvio P.; Silva Marcia T., "A Gestão estratégica de clubes de futebol vista através do caso Manchester United", *Encontro nacional de engenharia de produção*, v.20, 2000.

与拥有悠久的足球传统的一些国家市场不同的是，亚洲大多数新兴国家目前仍然处于将足球引入本国文化的过程中，因此向这些国家推介足球俱乐部品牌将有助于进一步扩大球迷市场，从而获取高额利润。

就巴西足球而言，巴西各州足协和巴西国家足球协会（CBF，简称"巴西足协"）在推进足球俱乐部国际化发展方面举步维艰，不仅受制于足球俱乐部的管理模式，也受制于其所属联盟以及协会的比赛日程。当今，世界体育运动的发展态势愈加清楚地表明，对体育运动机构进行国际化，是增加球员市场和球迷市场收益的绝佳选择。全美篮球协会、全国橄榄球联盟和美国职业棒球大联盟可被视为美国职业体育联盟中成功的典范，它们是品牌国际化进程的先驱，也为欧洲足球俱乐部树立了榜样。

考虑到巴西足球国际化的特殊性，秉持"国际化进程可以得到充分利用和发展"这一理念，本文将重点探讨巴西足球国际化的发展历程与经验，并就未来巴西足球国际化的发展形势与对策展开分析。为了实现这一研究目的，本文将以文献分析为主要研究方法，以巴西足球协会和国际足球联合会发布的一系列文件和数据为主要参考资料，同时借鉴国际市场上有关巴西球员流动情况的学术研究成果，通过对获取的文献资料进行分析与研究，形成本研究报告。

二 巴西足球国际化的发展进程与相关讨论

作为巴西足球的主管部门，巴西足协对于巴西足球的国际化发展起到了关键性作用。巴西足协主要通过制定政策、成立组织、举行活动、召开会议、展开讨论等方式来推动巴西足球国际化的发展。

2016年2月18日，巴西足协成立了"巴西足球改革委员会"，并发布了首份关于巴西足球国际化的报告。[①] 巴西足球改革委员会由巴西足协创

---

① CBF,"Desenvolvimento: CBF lança Comitê de Reformas do futebol", https://www.cbf.com.br/noticias/comite-de-reformas/cbf-lanca-comite-de-reformas-do-futebol-1#. WITEIFQ-f-Y, Janeiro 18, 2016.

建，旨在处理一些战略性问题，以此来推进巴西足球在预定的轨道上发展。其中，该委员会的一项重要议题便是同"巴西足协、足球品牌国际化战略及海外活动战略"紧密相关。随后，2016年4月19日，巴西足协发布了第二份关于巴西足球国际化的报告。① 报告宣布，在委员会会议的基础上，成立了两个工作组：基础领域工作组和巴西足球国际化工作组。

2016年4月，巴西足协举行了第一届"巴西足球发展周"活动。② "国际化：跨越国界，征服海外球迷"是该活动所设置的重要主题之一，四位发言人受邀参与了该主题的讨论，包括巴塞罗那足球俱乐部国际业务和发展部主管阿图罗·德·拉·福恩特（Arturo de La Fuente）；佛罗里达杯足球联赛首席执行官里卡多·维拉尔（Ricardo Villar）；美国、德国体育事务观察公司主管暨德国足球甲级联赛市场部负责人安·卡罗琳·奥恩（Ann Carolin Onnen）；奥帕加图斯/哈瓦那（Alpargatas/ Havaianas）制鞋公司首席执行官马尔西奥·乌奇（Marcio Utsch）。

其中，出于对深化当前讨论的浓厚兴趣，巴塞罗那足球俱乐部国际业务和发展部主管福恩特阐释了建立足球品牌的基本事项，同时指出，巴塞罗那足球俱乐部在世界范围内品牌的树立，基本上是俱乐部内部组织得当的结果。根据福恩特所述，巴塞罗那足球俱乐部为了提高该品牌的世界知名度，制订了设计合理的管理架构，即管理人员、教练和运动员人事变动相互独立的原则。这一原则和其他原则一起，已经成为俱乐部身份认同的组成部分，也是俱乐部想要作为"注册商标"所展现的整体形象的重要组成部分。在所有这些原则中，最重要的就是让接触该品牌的人们感受快乐，这种与品牌相关的重复性快乐体验会让人们受到鼓舞，从而能够继续通过俱乐部获得积极体验。

---

① CBF, "Base e internacionalização: Comitê de Reformas cria dois novos GTs", https://www.cbf.com.br/noticias/comite-de-reformas/comite-de-reformas-cria-novos-grupos-de-trabalho#.Wl-g4JM-dQI, Abril 19, 2016.

② CBF, "Evento internacional: CBF realiza Semana de Evolução do Futebol Brasileiro", https://www.cbf.com.br/noticias/somos-futebol/cbf-realiza-semana-de-evolucao-do-futebol#.WmCbrZM-dQI, Abril 19, 2016.

为了实现这些目标，俱乐部主要依赖四大基础支柱：（1）精彩的足球比赛，主要借助技术娴熟的球员形成球队风格，吸引球迷；（2）球队工作态度，主要基于努力、谦逊、尊重和理想信念等价值观加以体现；（3）重视俱乐部各级梯队所培养的足球人才；（4）社会责任感，主要体现在面向国际社会传递信息，共同致力于解决社会问题。福恩特在报告中引用了《福布斯》杂志公布的指数①，用以展示近年来巴塞罗那俱乐部在品牌发展方面所取得的极具代表性的成绩：在最有价值足球品牌榜上，巴塞罗那俱乐部的排名由 2011 年的第 26 位一跃升至 2016 年的第 2 位，这一成功不仅得益于品牌认同的巩固，也归功于该俱乐部在绿茵场上的骄人战绩。

福恩特在报告中提到的另一重要因素是对球迷体验的关注度。该俱乐部的营销部门注重带给球迷们完美的观赛体验，无论他们是亲临现场还是守候在电视机前，都能让他们全方位地感受到精彩的比赛。对于携家带口前往现场观赛的球迷们，要在人员爆满且激情四射的体育场内，为他们营造安全、舒适、主动投入比赛中的氛围；对于守候在电视机前的球迷们，广播电视必须依靠高质量的、得益于高科技发展的国内外报道来增加球迷的参与度。此外，福恩特还提及该俱乐部品牌国际知名度迅速提升的另一重要因素，是在世界各地聘请当地熟悉相关事务的营销经理。他们深谙本地市场行情，知道如何根据实际情况处理、协调比赛电视转播权销售，进行授权和销售授权商品，在当地数字媒体上插播数字宣传广告，寻找合作赞助商等事宜，这对于开拓多样化、本地化的商机非常有利。该俱乐部采取的另一扩大品牌影响力的成功策略，是寻求和其他主要全球性品牌的合作机会，借助世界性的、大规模的公开宣传活动来增强巴塞罗那品牌的知名度。

在首届"巴西足球发展周"活动结束后，委员会于 2016 年 6 月 9 日再

---

① CBF TV, "Semana da Evolução do Futebol: Arturo De La Fuente", https://www.cbf.com.br/cbf-tv/a-cbf/semana-da-evolucao-do-futebol-arturo-de-la-fuente?page=8#.WmCc65M-dQ, Maio 3, 2016.

次召开会议①，决定通过此前会议中设立的工作组，正式启动巴西足球国际化项目。巴西足协制定并发布了巴西足球国际化项目的整体规划目标，其范围涵盖巴西国家队和巴西各足球俱乐部。此项工作由安德烈·拉莫斯·塔瓦雷斯（Andre Ramos Tavares）律师和巴西足协国际事务部主任文森特·坎迪多（Vicente Candido）主持协调。塔瓦雷斯表示，通过会议期间的讨论，各方都已认识到该项目的复杂程度以及对于未来巴西足球发展的重要性。坎迪多则在会议中强调，该工作组的主要目标是进一步推动此前陆续开展的有关巴西足球国际化各项议题的讨论，其中一项议题便是如何提高巴西足球在中国、印度尼西亚、非洲和部分中东国家市场的参与度。

根据巴西足协数据库中的另一份报告，来自巴西足球甲级联赛俱乐部的代表们曾于2017年2月6日齐聚巴西足协总部，与巴西足协国际事务部主任文森特·坎迪多和巴西足协秘书长沃尔特·费尔德曼（Walter Feldman）会面。② 此次会议的主旨是就俱乐部层面下的巴西足球国际化进程进行讨论，尤其对巴西足协组织锦标赛的国际化发展予以高度关注。与会代表们一致同意制订一项战略性计划，以便抢占国际市场份额，扩大巴西足球品牌的国际影响力。

坎迪多认为，巴西足球的潜力尚待挖掘，因此有必要组建一支有能力发掘、规划、执行及监控各项国际化举措的管理队伍。他还指出，这些举措的主要目标是使巴西足球在世界舞台上占有一席之地，而要实现这一目标，应该通过一种灵活的、标志性的、能够展现巴西足球之美的方式来实现，同时还应该具有经济效应，国际市场可以为巴西足协及巴西各足球俱乐部带来经济收益。费尔德曼认为，考虑到巴西足球甲级联赛的整体动员效果和当前报道的质量，巴西

---

① CBF，"Comitê de Reformas：Iniciadas as atividades sobre internacionalização"，https://www.cbf.com.br/noticias/comite-de-reformas/iniciadas-as-atividades-sobre-internacionalizacao#.WmCVoJM-dQI，Junho 10，2016.

② CBF，"De olho no cenário internacional：Dirigentes debatem internacionalização do futebol"，https://www.cbf.com.br/noticias/a-cbf-dirigentes-debatem-internacionalizacao-do-futebol#.WmCXR5M-dQI，Fevereiro 6，2017.

足球的国际电视转播权就是一个高品质但国际化开发不足的产品。

此次会议还强调制定并采取经济支持措施，以帮助巴西足球的授权商品进入国外市场。以瓜拉纳（Guarana）这一饮料产品为例，该品牌借助其巴西国足国际赞助商的身份，在国足比赛以及其他巴西足协举办的锦标赛上频频亮相，成功进入国际社会的视野。此外，运动员、艺术家、巴西各级国家队的相关品牌也可以进一步得到推广；巴西足协所组织的各级锦标赛以及巴西各级国家队比赛的举办日期和时间表也应得到更广泛的宣传，从而进一步开辟、拓宽通向国际市场的渠道。在巴西足协新闻办的采访中，与会的俱乐部代表们也就巴西足协的提议发表了各自的看法。

据帕尔梅拉斯足球俱乐部（Palmeiras FC）的销售总监罗伯特·特瑞纳（Roberto Trinas）介绍，现代足球是全球性的，足球品牌遍布世界各地，如巴西人会购买国外知名足球俱乐部的产品。因此，巴西足球俱乐部的品牌应该成为国际市场的一部分，从而赢得国际竞争力。他认为，国际市场是俱乐部重要的收入来源，巴西足协有责任帮助各俱乐部制订并实施国际化发展的战略计划。

弗拉门戈俱乐部（CR Flamengo）的董事长弗雷德·鲁兹（Fred Luz）指出，巴西足协所辖俱乐部的相关产品质量很好，这对其国际化发展十分重要。然而，同巴西足协主要国际贸易产品——巴西国家队的相关产品相比，各俱乐部产品的吸引力和国际知名度却不高。他建议把俱乐部产品的销售和巴西国足联系起来，例如将国足的比赛转播权和巴西国内锦标赛转播权捆绑销售，通过这一策略提升俱乐部的竞争实力，增强其知名度和在国际市场的吸引力。桑托斯俱乐部（Santos FC）的销售部经理也持相似观点，他认为巴西足球甲级联赛本身已经是优质产品，但仍可以通过向国际市场出售电视转播权等方式来扩大影响。

继此次会议之后，新一轮关于巴西足球国际化的政治高层会议于2017年2月12日在巴西利亚召开。[①] 这次在首都召开的会议仍由巴西足协国际

---

① CBF, "Futebol brasileiro no exterior: Comitê CBF debate internacionalização em Brasilia", https://www.cbf.com.br/noticias/a-cbf/comite-cbf-debate-internacionalizacao-do-futebol#.WmCZMJM-dQI, Fevereiro 16, 2017.

事务部主任兼联邦议员文森特·坎迪多和巴西足协秘书长沃尔特·费尔德曼进行组织和协调。此次会议的委员会成员包括巴西四大甲级联赛俱乐部的代表：科里蒂巴俱乐部（Coritiba FC）的卢卡斯·门德斯·佩德罗（Lucas Mendes Pedros）、弗卢米伦斯队俱乐部（Fluminense FC）的马塞洛·佩尼亚·里贝罗（Marcelo Penha Ribeiro）、博塔福戈（Botafogo FC）的阿尼巴尔·罗新诺尔（Anibal Rouxinol）和维多利亚足球队（EC Vitoria）的吉列莫·波蒂诺伊（Guilherme Portinoi）。与会代表还包括巴西国会议长罗德里戈·马亚（Rodrigo Maia）、参议院议长尤尼斯奥·奥利维拉（Eunicio Oliveira）及科技创新部部长吉尔贝托·卡萨布（Gilberto Kassab）。

文森特·坎迪多在此次会议上详述了巴西足球的具体情况，提出将足球相关议题作为巴西国策的政策目标。他认为，巴西政府尚未认可足球作为国家遗产的重要地位，应实行更有效的公共政策来给予足球事业以特殊待遇，保护足球文化和足球制度，同时还要支持巴西足球在国内外市场的发展。

此次会议还讨论了巴西足球管理方面的替代方案。吉尔贝托·卡萨布部长指出，巴西足球俱乐部向其办公室提出的主要诉求是巴西的电视网络应该优先播放国内足球联赛，而非各类国际赛事。同时，沃尔特·费尔德曼还强调，当务之急是采取措施为巴西足球谋求新的财政支持。据巴西足协称，这是首次在如此重要的代表的倡议下，将巴西足球国际化问题提升到政治高度。

当天出席会议的还有巴西出口和投资促进局（Apex-Brasil）局长罗伯托·加瓜里贝（Roberto Jaguaribe）大使。该局致力于向外推广巴西的产品与服务，并在国内为巴西经济中具有战略意义的部门引入外资。加瓜里贝大使特别强调了巴西足球国际化的重要性，并指出巴西是世界上最大的球员输出国之一。因此，他认为，巴西足球国际化既是巴西足球事业发展的需要，也是推动巴西经济发展的应有之举。他还建议巴西足协应该尽最大努力密切同中国的关系，因为中国这个新兴市场蕴含着巨大商机。他认为，中国企业在足球市场不断投入重金，因此巴方亟须出台相应政策，以进一步推动、促成中巴在足球方面的密切关系。

巴西足球国际化的发展进程、经验与建议

2017年2月23日，巴西足协国际事务部再次在总部召开会议①，文森特·坎迪多、沃尔特·费尔德曼、巴西甲级联赛俱乐部代表、巴西足协各行政部门领导层同各大足球产品国际推广公司主管汇聚一堂，为推进巴西足球的国际化进程建言献策。坎迪多提到，此次会议的主要目标是研究国际足球市场，掌握那些能够推动足球国际化发展的新技术和可供采用的商业模式，了解已经开启足球国际化进程的其他国家足球联赛的决策手段以及所采取的决策对于国际市场的影响。他在会议总结中指出，基于此次会议的讨论结果，大家认为必须尽快出台一项同时面向巴西足球俱乐部和国足的战略规划，让巴西政府意识到有必要制定相应的公共政策，以推进巴西足球的国际化发展。

此后，巴西足协改革委员会再未发布以足球国际化为主题的报告。不过，2017年5月8~11日，巴西足协组织了第二届"巴西足球发展周"活动②，讨论了关于足球发展的一系列战略议题，涵盖从技术、战术问题到足球管理政策等主题。此次活动也设置了一个关于足球国际化的主题单元③，邀请了四位发言人：英格兰足球超级联赛（以下简称"英超联赛"）伙伴关系及经营主管汤姆·格林伍德（Tom Greenwood）、曼彻斯特城足球集团（以下简称"曼城集团"）伙伴关系方向高级副总裁达米安·威格比（Damian Willoughby）、美国篮球职业联盟（NBA）拉丁美洲副总裁阿尔农·德·梅洛（Arnon de Mello）和美洲饮料公司瓜拉纳·安踏迪卡（Guarana Antarctica-Ambev）产品线出口部主管巴特里亚·舒尔沃（Patricia Schiavo）。四位发言人各自介绍了他们产品的国际化商业模式，分享了其发

---

① CBF, "Troca de experiências: CBF recebe especialistas em internacionalização", https://www.cbf.com.br/noticias/a-cbf/cbf-recebe-especialistas-em-internacionalizacao#.WmCagJM-dQI, Fevereiro 23, 2017.

② CBF, "Reveja as palestras: Somos Futebol 2017 reuniu referências mundiais", https://www.cbf.com.br/noticias/somos-futebol/somos-futebol-2017-reuniu-referencias-mundiais#.WmCe-5M-dQI, Junho 1, 2017.

③ CBF, "Assista: Somos Futebol 2017: Internacionalização", https://www.cbf.com.br/noticias/somos-futebol/palestras-internacionalizacao#.WmCfi5M-dQJ, Maio 12, 2017.

展经验，并结合巴西足球国际化的现状对其未来发展提出了一些很好的建议。

其中，汤姆·格林伍德介绍的英国足球国际化的发展战略和经验主要有以下几方面。

（1）加强协作。在过去25年里，英国足球的国际影响力大幅度提升，这主要得益于各方的共同努力和协作。正是在各方的共同努力下，20世纪80年代的极端球迷暴力等问题才能够得以解决。

（2）增加收入。按次付费系统的出现推动了英国足球的发展，大幅增加了联赛的收入，从而使他们能够为自身发展进行战略性再投资；大笔赞助合同的签署，也为英超联赛带来了丰厚利润，促使英超联赛的表现显著改观。

（3）建立良性循环。格林伍德强调，英超联赛的成功是建立在良性循环的基础之上的。这一良性循环包含三点要素：精彩且具有竞争性的比赛和观众爆满、气氛热烈又舒适安全的体育场馆；鼓励球迷、球迷群体和商业伙伴参与球队活动；激发全球观众的兴趣与热情。

（4）具有高品质且节奏明快的足球表演以及享誉全球的知名球员——他们同时也是各国国家队的成员。

（5）建立良好的制度。在格林伍德看来，要激发俱乐部的竞争潜力，需要从制度上着手。例如，英超联赛各俱乐部享有基本相同的转播权和品牌授权分成份额，这就使各俱乐部经济投资的差异得以缩小，比赛结果变得更加难以预测，从而增加比赛的趣味性。

（6）重视开拓新兴市场。格林伍德认为，英国足球的国际化在一些新兴足球市场取得了最佳效果，如南非、中国香港、新加坡等。

（7）开展长期投资。为了增加商品对于国际消费者的吸引力，俱乐部和联赛管理部门的行动应该保持一致。俱乐部需要进行长期投资，以提高自身品牌在国际市场的知名度。这些投资包括改善体育场馆、训练中心等基础设施，开发授权商品以及聘请最优秀的国际球员。由于聘请了大量世界知名球员，英超联赛成为欧洲各大联赛中球员国籍和来源地最多样化的联赛，这一特点有效地激发了球员来源国和地区球迷的兴趣,促进了他们对英超联赛产品的消费。

(8)进行充分的调研。为了更好地服务国际市场,英超联赛斥巨资对目标市场的消费群体进行了充分调研,以便制定更加完善的宣传和商业活动策略。目前英超联赛大约有12亿观众,仅在亚洲和大洋洲就有4.7亿。在2015/2016赛季,英超联赛转播时长总计达到236000小时,覆盖9亿名观众,累计观看人次达到33.4亿。全球范围内的本地市场调研有助于了解英超联赛对于国际球迷的意义、他们的观看习惯、各个地区球迷购买英超联赛产品的特点及差异等。例如,英国的球迷可能愿意在周六晚上的黄金时段观看比赛,但是美国或巴西的球迷们却更愿意选择周六或周日的早上在家中观赛,然后将周六晚上的黄金时间用于进行更为重要的活动。在了解这些调研信息的基础上,英超联赛产品的市场营销计划充分考虑到国际消费者的兴趣所在,为他们提供了极具吸引力的产品,从而帮助英超在国际市场占据领先地位,成为最受欢迎的足球产品。这一领先地位促进了英超联赛媒体转播费用的增长,并在此基础上有助于为提升产品质量而进行再投资。通过格林伍德的介绍,我们可以看到,英超联赛的国际化策略是不断提高人们对其足球产品的兴趣。让人们通过观看赛事或者关注喜爱的球星的方式,更多地参与足球运动,从而持续刺激公众对英超相关产品的购买。

除了格林伍德外,在第二届"巴西足球发展周"足球国际化的主题单元讨论中,美国篮球职业联盟(NBA)拉丁美洲副总裁阿尔农·德·梅洛介绍了NBA的国际化发展经验。

举措之一是在大型的国际赛事中加强宣传,如2016年里约奥运会的NBA主题馆就是推广NBA运动的一种宣传手段。

举措之二是关于商品的收益分配问题。NBA的特别之处在于,该联盟拥有旗下所有商品的版权和授权许可证,这就使授权商所销售的商品的收益都能够均等地分配给每支参赛队伍。

举措之三是NBA在全球各地都设有营销网点。NBA在全球14个战略要地开设了国际事务办事处,这极大地便利了同当地伙伴的合作。借助当地伙

伴对于目标市场的熟悉，可以更好地发现商机、开展工作。

举措之四是雇用外籍球员，这也是NBA在国际上享有盛誉的国际化战略之一。在NBA的主要球队中，约有超过1/4的球员是外籍球员。

举措之五是NBA的财政投资，涉及NBA品牌推广投资和目标市场的篮球运动投资。NBA品牌推广投资的主要特点是内容宣传，包括大型活动中的品牌宣传和联合本土大品牌销售NBA的特许商品。至于NBA目标市场的篮球运动投资，主要采取与当地学校的体育教师合作，赞助本地学校举办的青少年篮球课外活动、开办培训班、组织训练及学校锦标赛等方式来实现。所有这些活动都由NBA品牌冠名，并由NBA提供所需物资。据梅洛所述，这些举措十分重要，因为有科研数据表明，人们大多是在12～16岁形成了自己对某项体育运动的兴趣，而该兴趣会持续终身。因此，参与这些活动的青少年，待其成年后，就可能成为NBA品牌的潜在消费群体。

举措之六是NBA为提升国际知名度而邀请其他领域的巨星如知名运动员、演员和音乐家等，和NBA的球员一起共同出席活动，以此来激发公众的浓厚兴趣，并借助数字媒体平台在世界范围内传播相关信息。很多时候，即使篮球活动在某些地区并不十分流行，但是和NBA球星共演的该地区嘉宾则能产生巨大的影响力。

曼城集团伙伴关系方向高级副总裁达米安·威格比也展示了曼城集团国际化进程的主要成就，英格兰曼城足球品牌是其主要代表。他在报告中提到，在国际化进程之初，该集团旗下的俱乐部曾遭遇过一些战略性困难，包括由于缺乏系统的行动方案，决策的连贯性和一致性难以得到保证；各俱乐部的行为往往十分随意，巡回赛的组织毫无章法可循；孤立的宣传行为使推动国际化而投入的资金无法顺利收回等。

威格比总结了曼城集团的主要国际化战略和经验，包括以下几点。

第一，曼城集团以印度、中国等新兴市场为主要目标，随着这些国家本土文化对足球运动的认同感逐步增加，足球运动商品的消费量也显著增加。

第二，曼城集团在世界范围内增设办事处以及在战略开发目标地点进行人力资源投资。目前，曼城集团在全球设有8个国际办事处。设立办事处的目的是寻找商机，并开展有益于俱乐部的推广活动。

第三，曼城集团在新兴足球市场收购当地品牌和俱乐部，将这些品牌和队伍相关联，同时服务于曼城集团的主打品牌，从而利用这一错综复杂的关系网络进一步加强集团影响力。目前，曼城集团旗下除了英国的曼城俱乐部，还掌握有美国的纽约城市俱乐部和澳大利亚的墨尔本城市俱乐部，并持有日本的横滨水手俱乐部的部分股份。全球营销平台上的品牌互联使世界各地球迷数量激增，有利于提升品牌的知名度，大幅度增加对相关产品的消费。

第四，曼城集团大力提升人们对其品牌的认同，主要通过三个方面的举措：精彩的足球赛事；推动"足球公民荣誉感"的建设，借助全球品牌推广活动，积极构建令人称道的社会态度和价值观；全球化行动方针。

三 巴西足球国际化的经验总结与未来发展建议

综上所述，在巴西足协组织的各种关于巴西足球国际化的主题活动中，各方代表一致认为，为了促进巴西足球运动国际化的发展，开展一系列常规化、日常化的活动可谓至关重要，同时主要达成了以下四点共识。

第一，制订行动计划。各足球联合会、各级联赛和各俱乐部应制订可行的国际化行动计划，借助日常行为树立积极形象，并应提供能与世界上同类知名品牌同台竞争的高质量产品，例如各类赛事和特许商品等。

第二，构筑品牌认同。包括构建对俱乐部竞技风格的认同、对梯队建设的认同、对场馆服务设施及服务条件的认同（所有到场球迷都应获得舒适安全的观赛环境）、对电视转播质量的认同、对俱乐部品牌宣传资料的认同、对俱乐部社会价值观的认同等。

第三，建立长期战略计划。需要在世界各战略要地进行长期战略布局，通过设立海外办事处开展投资、持续推进品牌宣传活动，使各俱乐部、各级联赛能够同国际上各个市场的目标群体建立持久且广泛的联系。

第四，积极参与转会市场运作。聘用并挽留国际顶尖球员在巴西俱乐部

服役；将国际知名球员的影响力和俱乐部、联赛的品牌紧密联系起来，并在国际推广活动及针对球员来源国的市场活动中强化这种联系。

就巴西足球目前的发展情况而言，距离理想的国际化水平尚有一定距离。研究数据显示，巴西足协已经意识到巴西足球国际化进程对于该国足球事业整体发展的重要性，但由于该问题刚刚引起重视，因此有关巴西足球国际化的制度化工作尚处于研究阶段。巴西足协公布的报告中只列举了俱乐部代表、特别顾问、政府官员以及足协领导就该问题提出的个人意见，对具体的行动计划只字未提。不过，各方代表就某些方面已达成了共识。他们明确提出，无论是俱乐部、足协还是政府官员，都应该努力促成相应管理政策的出台，推动巴西足球国际化的发展。

根据以上提到的基本要点，笔者认为，要推动巴西足球国际化的发展，重中之重是巴西足协和俱乐部必须通力合作，共同制订明确的行动计划和长期的战略计划，完善巴西足球的组织架构，共同提升巴西足球的国际形象，提升其吸引力，以便在竞争激烈的国际市场上能保有一席之地。目前，巴西足协和大部分俱乐部仍然缺乏有效的组织机制来推动其产品的国际化。他们首先考虑的是解决一系列内部问题，然后才考虑如何将其产品销往国际市场。同时，巴西足协和俱乐部的行政程序不够透明，难以获得外部投资者的信任；巴西足球机构的形象还经常与违规行为联系在一起。例如，巴西足协主席就因贪腐嫌疑在美国被拘留[1]，目前已暂时停职，并被要求不得离开巴西。[2] 这些问题对于巴西足球开拓国际市场极为不利，因为这些问题暴露出巴西足球品牌的不稳定性，导致各大国际品牌对巴西足球品牌丧失信任，不愿将自己的品牌形象与其捆绑在一起。

此外，巴西足球俱乐部面临内部困境。尽管其足球品牌在国内拥有悠久

---

[1] Globo Esporte, "Marin é considerado culpado em 6 das 7 acusações feitas nos EUA e vai para a prisão", https://globoesporte.globo.com/futebol/noticia/marin-e-considerado-culpado-em-6-das-7-acusacoes-feitas-nos-eua.ghtml, Dezembro 22, 2017.

[2] CBF, "NOTA OFICIAL-Nota Oficial", https://www.cbf.com.br/noticias/a-cbf/nota-oficial-24#.WmCnCZM-dQI, Dezembro 15, 2017.

的历史和强烈的民族认同，但这些特质并未得到俱乐部管理层的重视、尊重和充分利用。俱乐部管理体系不稳定，且经常因董事会、技术人员或现役球员的个人特点而发生变化，缺乏长效稳定的机制性特征。另外，俱乐部还常常成为有组织的球迷群体攻击的对象，他们破坏俱乐部的公共财产，以此来胁迫俱乐部满足他们的利益。事实表明，他们往往能够左右董事会、技术团队乃至球员的意志，导致决策变化，破坏既定行动方案的延续性。这些球迷组织也使体育场内充满敌意和危险，导致巴西足球比赛经常出现仅允许单支队伍的球迷观看比赛的情况，也就是所谓的单方球迷比赛。这些球迷带来的敌意和暴力迫使许多普通观众离场，在很大程度上影响了比赛期间的门票和商品销售。例如，公众舆论中就经常出现"妇女、儿童不宜在大型比赛期间进入球场"的言论。① 随着风险逐渐扩大，俱乐部结构的不稳定妨碍了投资者的信心，因此向国内外市场推广足球产品的机会也就随之减少。足球赛场和周边地区的有组织球迷暴力问题在世界上已屡见不鲜，例如，20世纪80年代英国足球就深受其害，相关报道及数据显示，英格兰足球是在该现象得到控制后才实现了向国内外市场的扩张。

近年来，人们注意到，经常有巴西的大牌俱乐部出访外国参加友谊赛或锦标赛等。然而，这些活动往往与推进品牌国际化的特定项目毫无关系。显然，球队海外巡回所产生的效益，仅仅增加了比赛收入和球员在国际市场上的知名度，却与增强整体品牌影响力毫无联系。② 因此，巴西俱乐部的国际化行动必须被纳入整体战略规划，由巴西足协和其他巴西俱乐部共同参与，以足协组织的各种赛事为主体，向目标市场推介巴西足球产品。此外，这些行动计划还必须采用符合当地实际的话语方式，借由数字化渠道进行声势浩大的本地化宣传。巴西足协和俱乐部应该借鉴世界各大足球联赛和俱乐部的先进经验，

---

① Palhares, Marcelo F.; Schawartz Gisele M.; Teruel, Ana Paula; Santiago, Danilo R.; Trevisan, Priscila R., "Lazer, agressividade, e violência: considerações sobre o comportamento das torcidas organizadas", Motriz: rev. educ. fis. V. 18, N. 1, Jan. - Mar. 2012.

② Globo Esporte, "Corinthians: Após quatro anos, Corinthians inicia provável despedida da Flórida", https://globoesporte.globo.com/futebol/times/corinthians/noticia/apos-quatro-anos-corinthians-inicia-provavel-despedida-da-florida.ghtml, Janeiro 8, 2018.

建立海外业务办事处，创造并抓住机会，进行巴西足球市场扩张的战略布局，正如英超联赛利用侨民团体或新兴足球市场球迷的消费心理一样。

要推动巴西足球国际化的发展，巴西足球俱乐部迫切需要重新审视和调整他们在球员市场上的行为。目前，巴西足球俱乐部在球员市场上扮演着开发者或中间商的角色，为欧洲或日本、中国等亚洲市场输送球员。[1] 也就是说，基本上，巴西俱乐部在球员市场上的主要目标，就是将他们的球员以尽可能高的价格出售给欧洲各大联赛。尽管从该国角度来说，这种商业模式利润丰厚；但若从全球视角来看，这种运营方式并非是实现市场扩张和收益增加的最有效手段。这种行为逻辑导致巴西足球国际化市场潜力的发挥遇到了一系列困难：第一，很多时候，巴西向海外出售球员的金额，远低于该球员在海外进行转会时的身价，从而导致巴西在球员交易方面的足球财政收入回笼大幅减少[2]；第二，球员的职业发展往往在国外达到巅峰时刻，而此时球员的形象大多是和其效力的欧洲俱乐部挂钩，只有在回归巴西国足时才会与巴西联系起来，而球员为国家队效力的时间相比俱乐部可谓少之又少，"巴西身份"的曝光度也因此相对较低；第三，巴西俱乐部的中介商市场特征，也意味着著名的外国球员不会赴巴西工作，而目前在巴西工作的海外球员，很多时候既没有亮眼的国际大赛表现，更不会有针对其来源国市场设计的巴西足球产品推广方案。

国际足联在其2017年度报告[3]中发布的国际运动员市场数据显示，2016年巴西对于转会市场有着最大的影响力。根据国际足联的报告，该年度世界足球的国际化程度比以往任何时候都高。在球员转入和转出的数量方面，巴西拔得头筹（见表1.A、1.B）。然而，与巴西运动员的转会数量相

---

[1] Alvito, Marcos, "Our Piece of the Pie: Brazilian Football and Globalization", *Soccer & Society*, 8 (4), 2007, pp. 524 – 544.

[2] Lance, " Sozinho, Coutinho vale quase 20% da Serie A do Brasileiro ", http://blogs. lance. com. br/bulla/sozinho - coutinho - vale - quase - 20 - da - serie - a - do - brasileiro/? utm_ source = dlvr. it&utm_ medium = twitter, Janeiro 8, 2018.

[3] Lance, " Sozinho, Coutinho vale quase 20% da Serie A do Brasileiro ", http://blogs. lance. com. br/bulla/sozinho - coutinho - vale - quase - 20 - da - serie - a - do - brasileiro/? utm_ source = dlvr. it&utm_ medium = twitter, Janeiro 8, 2018.

比，巴西的转会收入并不理想（见表1.C、1.D）。而在按照国籍排列的转会球员国别排行榜上，巴西无论是在交易数量还是交易金额方面，均处于领先地位（见表1.E、1.F）。

表1　2016年度国际足联转会球员国籍统计排行

A. 前10 - 转入国		B. 前10 - 转出国	
国　　家	转入量	国　　家	转出量
巴　　西	678	巴　　西	806
英　　国	659	英　　国	732
葡 萄 牙	557	西 班 牙	536
西 班 牙	468	阿 根 廷	512
阿 根 廷	451	葡 萄 牙	479
德　　国	407	法　　国	410
意 大 利	388	意 大 利	387
美　　国	358	德　　国	372
土 耳 其	300	哥伦比亚	321
墨 西 哥	292	美　　国	302
C. 前10 - 支出国		D. 前10 - 收入国	
国　　家	支出（美元百万）	国　　家	收入（美元百万）
英　　国	1372.8	西 班 牙	554.5
德　　国	576.4	意 大 利	486.2
西 班 牙	508.7	法　　国	453.8
意 大 利	508.5	葡 萄 牙	419.1
中　　国	451.3	德　　国	358.7
法　　国	207.7	英　　国	312.8
葡 萄 牙	178.2	巴　　西	263.6
俄 罗 斯	114.1	俄 罗 斯	184.6
比 利 时	99.6	阿 根 廷	151.9
巴　　西	85.3	荷　　兰	139.3

续表

E. 前10-国籍、数量		F. 前10-国籍、金额	
国籍	转会量	国籍	花费(美元百万)
巴西	1642	巴西	593.9
阿根廷	922	法国	520.1
英国	671	西班牙	320.9
法国	533	阿根廷	317.9
哥伦比亚	469	葡萄牙	280.8
西班牙	450	德国	202.4
乌拉圭	416	哥伦比亚	194.8
尼日利亚	415	比利时	142.2
塞尔维亚	385	意大利	131.9
克罗地亚	235	荷兰	131.3

资料来源：国际足联，2017。

2017年8月巴西足协发布的报告表明[①]，与2016年同期相比，2017年1~7月，巴西球员的转会量（包括转入量和转出量）均大幅提高，增幅达67%（见表2.A、2.B）。这些数据表明，在未来几年，巴西将继续领跑国际球员转会量。

表2 巴西足协2016年度和2017年度1~7月球员转会数量与金额统计排行

A. 转入								
	阶段1		中间期		阶段2		总量	
	1月28日~4月20日		4月28日~6月19日		6月20日~7月20日			
	2016年	2017年	2016年	2017年	2016年	2017年	2016年	2017年
无偿雇佣	290	335	28	21	68	66	386	422
无偿租借	93	123	0	0	82	84	175	207
有偿雇佣	14	21	0	0	10	9	24	30
有偿租借	7	4	0	0	4	4	11	8
总量	404	483	28	21	164	163	596	667
价值(百万雷亚尔)	77.4	131.1	0	0	111.5	217.6	188.9	348.7

---

① CBF, "Brasil: Transferências: valores subiram 67% em 2017", https://www.cbf.com.br/noticias/a-cbf-transferencias-valores-subiram-67-em-2017#.WmCydJM-dQI, Agosto 2, 2017.

续表

B. 转出								
	阶段1		中间期		阶段2		总量	
	1月12日~4月4日		4月5日~6月19日		6月20日~7月20日			
	2016年	2017年	2016年	2017年	2016年	2017年	2016年	2017年
无偿雇佣	115	176	68	27	78	99	261	302
无偿租借	47	85	34	6	30	36	111	127
有偿雇佣	18	25	7	1	11	24	36	50
有偿租借	17	21	5	1	9	13	31	35
总量	197	307	114	35	128	172	439	514
价值(百万雷亚尔)	208.6	343	58.2	2.6	119.7	266.5	386.5	612

资料来源：巴西足协，2017。

以上数据显示，当前国际足坛形势比以往更有利于巴西足球国际化；巴西球员较高的质量和适应能力，也使其在国际市场上占有一席之地。然而，要想实现巴西足球国际化发展，就需要将这些处于事业巅峰期的球员至少是一部分球员和巴西足球产品品牌联系在一起，比如鼓励他们参与国内足球锦标赛。试想，如果这些知名球星回国参加国内的足球锦标赛，国际媒体定会对此加以报道，从而极有可能增加对巴西球员和巴西国内赛事的关注度和曝光率，自然也会大幅提升巴西足球产品在其他国家的知名度和市场潜力。另外，巴西俱乐部可以向欧洲俱乐部学习，引进欧洲或世界其他国家的国脚，鼓励他们赴巴西工作。虽然这些国际化方案意味着高额的投资和极大的风险，但如果能够提出协调各项行动的战略方案，把巴西足协和俱乐部统筹到透明、高效、稳定的管理系统之下，那么这些方案将会具有很大的可行性。

总体而言，巴西足球具有巨大的国际化潜力。巴西足协和俱乐部都对此有着深刻的理解，也已经敞开胸怀积极面对这一进程。他们也意识到，这是一个绝佳的机会，有助于扩大巴西足球品牌的知名度、提升市场竞争力，使其能够与世界知名足球品牌一较高下。然而，为了实现这一目标，巴西足协和俱乐部必须通力合作，共同制订明确的行动计划，在深入研究的基础上调整、完善巴西足球的组织架构，自国内向国外推动各项工作的开展。

Y.13
巴西高等教育国际化政策的调整：
从"科学无国界"到"科学促发展"

钟 点*

摘　要： 作为巴西政府最重要的高等教育国际化项目，"科学无国界"项目在较短的时间内为巴西培养了一批有留学经历的国际化技术及科研人才。但由于开销巨大，且其主要的出资方——巴西联邦政府随着巴西经济陷入衰退而出现较大的财政困难，因此该项目不得不在2017年3月被正式叫停。4月，巴西政府宣布将推出名为"科学促发展"的新项目来代替前者，并于11月正式通过了实施该项目的法案。本文将对两个项目的内容进行比较，指出"科学无国界"项目在实施过程中暴露的问题，评析现阶段巴西政府寻求更经济、更高效、更公平和更可持续的高等教育国际化策略的努力，预测巴西高等教育国际化策略未来的调整方向，并提出一些值得中国教育改革部门借鉴的经验和教训。

关键词： 巴西　高等教育　国际化政策

一　巴西高等教育国际化政策调整的背景

"科学无国界"（CsF）项目推出时，巴西经济总体形势较好，联邦政府

---

* 钟点，北京外国语大学西葡语系教师，主要研究领域为巴西对外政策与中巴关系。

财政充裕，因此该项目预算金额大，覆盖人数多；而"科学促发展"（MCMD）项目推出时，巴西经济总体形势不甚乐观，联邦政府财政资源紧缺，因此该项目预算金额有限，覆盖高校数量较少。

"科学无国界"项目于2011年7月巴西前总统罗塞夫执政期间启动。它由巴西科技创新部下属机构巴西国家科学技术发展委员会（CNPq）与教育部下属机构巴西高等教育人员促进会（CAPES）及高等教育和技术教育秘书处共同负责执行。该项目旨在为巴西的本科生、研究生及青年科学家出国留学深造提供奖学金资助，以及吸引国际高等教育人才前往巴西进行学习、研究及国际交流。项目原计划在4年内提供10.1万个奖学金机会，其中由联邦政府拨款提供7.5万个奖学金机会，私人部门出资提供2.6万个奖学金机会。2017年3月，该项目由于资金不足被巴西政府正式叫停。截至该月，"科学无国界"项目累计发放了92880个奖学金名额，总投入资金约120亿雷亚尔（约合36亿美元），完成了原定计划的90%以上。①

2017年3月17日，在巴西阿雷格里港市举行的南部地区高校研究生、科研及国际交流主管部门领导会议上，名为"科学促发展"的项目草案首次向公众宣布。② 2017年11月，该草案正式通过巴西教育立法部门的审批，进入实施阶段。"科学促发展"项目由巴西高等教育人员促进会全权负责，计划拨款3亿雷亚尔（约9000万美元）用以支持最多不超过40所巴西高校的国际交流项目。拨款将直接发放到符合条件的高校，由高校自主支配资金，用于支持研究生阶段的学生及教师出国深造、接收外国访问学者和其他国际交流事务。③

---

① 本文所有与"科学促发展"项目有关的数据均来自该项目官网 http://www.cienciasemfronteiras.gov.br。

② "Programa que substitui Ciência sem Fronteiras deve promover internacionalização das universidades", http://noticias.ufsc.br/2017/04/programa–que–substitui–ciencia–sem–fronteiras–devera–promover–internacionalizacao–das–universidades/, Abril 13, 2017.

③ 本文所有与"科学促发展"项目有关的数据均来自CAPES官网提供的"科学促发展"项目书，http://www.capes.gov.br/images/stories/download/editais/10112017–Edital–41–2017–Internacionalizacao–PrInt–2.pdf。

可以看出,"科学无国界"项目与"科学促发展"项目相比,前者预算金额大,覆盖人数多,实施规模和范围广;而后者预算金额有限,覆盖高校数量较少,实施规模和范围较小。这与项目推出时巴西经济的总体形势有莫大的关系——在前者推出的2011年,巴西GDP年增长率为4%,而从2014年开始,巴西经济陷入了严重的衰退,GDP年增长率自2015年开始一直为负。① 经济总体环境的恶化使所有仍处于拨款实施阶段的教育项目均受到了不同程度的影响,而规模最大的"科学无国界"项目则首当其冲。

二 巴西高等教育国际化政策的调整与变化

(一)新项目实施成本降低、学科差异性缩小、对科研重视程度提升

"科学无国界"项目旨在通过加强巴西高等教育人才的国际流动性的方式来促进巴西高等教育的整体国际化水平的提高。它具有以下特点。

第一,它直接服务于学生个人,且以本科生为主要受益对象。在项目支持的所有92880名奖学金获得者中,73353名为本科生,占总人数的79%;博士生共计13038人,占总人数的14%;博士后4652名,占总人数的5%;硕士生558名,仅占总人数的0.6%(见图1)。

第二,它以科学技术与创新为重点,以提高巴西的科技水平和国际竞争力为导向,资助的学生主要来自各新兴学科领域,如工程学、生物学与生物医学、创意产业(创造型技术开发和创新产品研发)、精确科学与地球科学、计算机与信息技术、可持续农业生产、生物技术、药物学、生物多样性与生物勘探等(见图2)。

---

① "World Development Indicators", http://databank.worldbank.org/data/reports.aspx? source = 2&type = metadata&series = NY. GDP. MKTP. CD.

巴西高等教育国际化政策的调整：从"科学无国界"到"科学促发展"

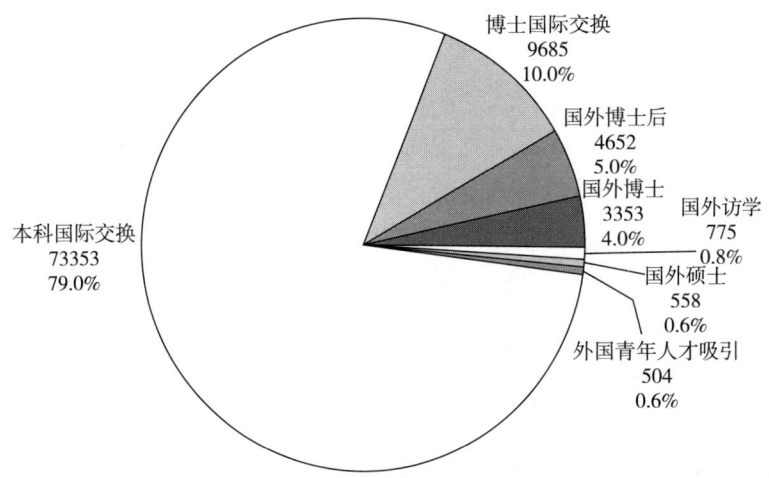

图1　奖学金名额发放情况（按学生类别）

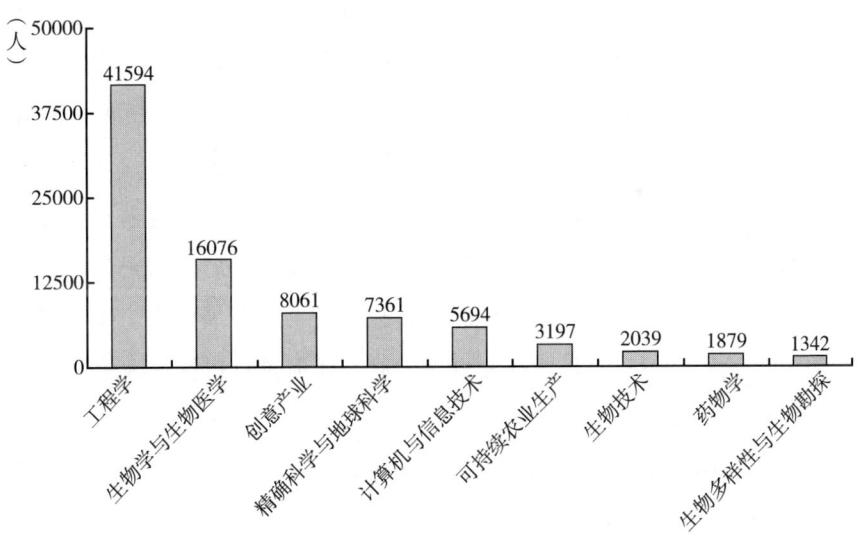

图2　奖学金名额发放情况（按学科类别）

第三，它以欧美发达国家为主要交流对象国。进入该项目的学生主要前往美国、英国、德国、法国、澳大利亚、加拿大、爱尔兰等国家学习，而这些国家普遍学费较贵、消费水平较高（见图3）。

229

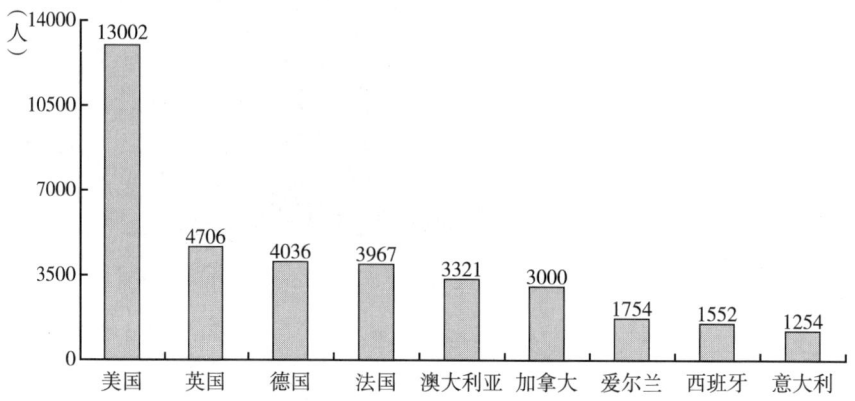

图3 奖学金名额发放情况（按对象国）

与此不同的是，新推出的"科学促发展"项目旨在通过为巴西高校的国际化项目提供经费支持，促进巴西高等教育院校的国际交流与合作，从而达到提高巴西高等教育的整体国际化水平的目的。它从资金及政策两方面鼓励巴西高校与外国高校签订校际交换协议、实现联合培养、开展联合科研等，逐步实现巴西高校与国际接轨。新项目具有以下特点。

第一，它以高等院校的具体科研单位为直接服务对象，资金直接发放给入选项目组，由后者自主支配，用于支持研究生层次以上的研究人员（包括硕士生、博士生、博士后及在职教师）出国学习及开展研究工作。

第二，该项目不对具体学科领域做限制，任何具有执行国际化项目能力和潜力的科研单位皆可提交申请。

第三，该项目不对具体交流对象国做限制，只要相关国家的教育科研水平与该科研项目的自身特点和需求相符即可。

相较之下，两个项目在制定原则及特点上最主要的差别在于以下几点。

第一，"科学无国界"项目直接涉及的学生人数众多，人员选拔工作量巨大，不仅实施难度较高，且实施成本高昂。而"科学促发展"项目直接牵涉的部门少，人员选拔和资金分配完全由各参与单位自主决策，实施难度较小，实施成本相对较低。

第二,"科学无国界"项目优先支持国家最亟待发展的领域,特别是能有效提升巴西科技水平和工业竞争力的领域,以期教育投入能在短时间内起到推动国民经济发展的作用。而"科学促发展"项目则对所有学科领域一视同仁,以各高校的学科建设水平而非该学科的发展对国家经济发展的贡献程度和稀缺程度作为最主要的考核标准。

第三,"科学无国界"项目以在较短时间内培养大量技术型、实用型人才为目的,资助的学生毕业后大部分直接进入了企业工作。而"科学促发展"项目以科研人员为服务对象,旨在促进巴西科研水平的长远发展和巴西高校国际化水平的稳步提高。

(二)新项目融资模式单一、融资风险降低

一方面,"科学无国界"项目以联邦政府拨款为主、非联邦政府及私营部门赞助为辅(前者承担总支出的75%左右,后者承担总支出25%左右)的形式开展多样化融资。其中,项目最重要的非联邦政府赞助方包括巴西基础设施及基础工业协会、美国商会巴西分会、巴西国家石油管理局、巴西全国工业联合会、巴西国家工业人才培养中心、巴西国家运输协会、美国康宝莱公司、美国壳牌石油公司、意大利电信巴西子公司等。可以发现,以上企业全部来自"科学无国界"所列出的优先发展行业,如工业、石油业、信息技术业、生物技术业等。

另一方面,"科学促发展"项目采取由联邦政府拨款的单一融资方式,所有费用均由巴西高等教育人员促进会的"高等教育奖学金预算支出"承担。

可以看出,前者的融资模式与后者相比更为灵活和多样。由于该项目的直接目的是培养一批优先学科领域的高层次技术型人才,因此吸引了很多相关私有部门的参与,有利于形成政府、学校、企业之间联合参与、责任共担、成果共享的教育合作机制,有利于促进国家教育水平发展与工业水平发展相辅相成、共同提高的良性循环。然而,由于企业赞助是自愿行为,且企业的出资额不完全受项目委员会的控制,因此项目进入后期时出现了企业违约或

拨款不能及时到位的问题①；而后者的融资模式虽然单一，但由于拨款金额、时间和方式都将由联邦预算法案严格规定，因此项目出现资金不足的风险较低。

（三）选拔对象由面向学生转为面向高校、选拔程序由"海选"转为"精筛"

一方面，"科学无国界"项目的选拔对象为全国高等院校的所有学生。任何在巴西的高等教育机构就读，且主修与"科学无国界"项目所列出的优先学科领域有关的课程的注册学生皆可提交申请。纳入选拔考核过程的主要考察项有：在巴西高考中的分数；就读期间的学习成绩；是否曾被授予国内外科学奥林匹克奖项；是否已经从巴西高等教育人员促进会或巴西国家科学技术发展委员会或类似机构获得科学或技术类的助学金等。

另一方面，"科学促发展"项目的选拔对象为巴西高等教育院校。考核从两个层面进行：在院校层面，规定提交申请的院校必须拥有至少4个巴西高等教育人员促进会认定的研究生培养点（其中2个必须为博士生培养点），且每一所院校只能提交一份项目书，具体负责执行项目的院系和专业由校方推选；在项目层面，规定申请院校的相关科研单位必须具备执行国际化项目的能力，项目主管必须由在任副校长及以上高层干部担任，项目管理团队必须由具有一定国际学术影响力的研究生导师组成，且项目组成员必须包括至少一名外国院校的外籍专家。除此之外，各院校提交的项目申请书中还需要对该校的研究生学科设置、已有的国际化项目及未来的国际化具体目标等做出详细说明。②

可以看出，由于两个项目所实施的国际化策略不同，因此选拔方式和考

---

① "Ciência sem Fronteiras terá 5 mil bolsas apenas para pós e mantém fim do intercâmbio na graduação"，*G1*，https：//g1. globo. com/educacao/noticia/ciencia – sem – fronteiras – tera – 5 – mil – bolsas – apenas – para – pos – e – mantem – fim – do – intercambio – na – graduacao. ghtml. ，Abril 4，2017.

② "Programa Institucional de Internacionalização-CAPES-PrInt"，http：//www. capes. gov. br/cooperacao – internacional/multinacional/programa – institucional – de – internacionalizacao – capes – print，Novembro 7，2017.

核标准也不同。前者本质上是对巴西全国高校学生的一次"海选",其覆盖面较广,门槛较低,因此学生获得入选资格的机会较大;而后者本质上是对巴西一流高校的一次"精筛",只有全国实力最强的高校能脱颖而出。从公平性的角度来说,前者比后者更有利于教育资源在不同地区、不同院校、不同社会阶层的学生中公平分配;从效益性的角度来说,后者比前者更有利于巴西高校在国际化进程中取得重大突破。

(四)审批方式由"资格制"转为"奖励制"、资金回报率可评估性提升

"科学无国界"实行"资格制":一旦学生获得奖学金名额,则按学生前往的国家的物价水平标准按月发放奖学金,直到学生完成在国外阶段的学习;而"科学促发展"实行"审批制",任何需要动用资金的个人需要向相关的科研单位主管部门就具体支出项提出申请,通过后才能获得拨款。

两者相比,前者资金直接发放到个人,虽然审批流程少,降低了机构腐败的可能性,但项目实施方无法对学生在国外期间的具体经费支出情况及实际学习情况进行严格把控,也缺乏对学生科研成果的硬性要求和激励,因此很难对投入资金的回报率做出评估;而后者审批程序复杂,流程烦琐,但对参与机构的科研产出有较高要求和较强激励,因此可以有效保证较高的可见回报率。

三 "科学无国界"与"科学促发展"项目的比较及评价

(一)政策合理性评价

1. 公平性

一方面,"科学无国界"项目以全国范围的高校学生为受益对象,使许多由于居住地区、家庭收入、学校层次等因素限制而缺乏国际交流机会的优

秀个人有了出国深造的机会。在参与"科学无国界"项目的学生中,有26.4%是黑人;25%来自收入少于三倍最低工资的低薪家庭;50%以上来自收入少于六倍最低工资的中薪家庭。① 在巴西这个贫富差距、地区差异巨大的国家,该项目有力地促进了教育资源更公平的分配,从而提升了巴西的社会流动性,在一定程度上改善了巴西的社会结构,有利于巴西经济社会的长远发展;而"科学促发展"项目以全国最顶尖的一流大学为主要受益对象,这些大学一般都分布于巴西最发达的东南部与南部地区,因此,是一个针对精英学者、在一定程度上将普罗大众排除在外的项目,非但不能促进教育公平性,还会在一定程度上加大教育资源分配不均的趋势。

2. 效益性

一方面,"科学无国界"项目以提升最能促进国家科技和创新水平发展的关键领域的教育国际化水平为直接目的,许多被列为"优先领域"的学科,例如石油工业、信息技术、基础建设、运输等都是巴西亟待发展的行业,而许多接受项目资助的学生也的确在上述领域有所建树。除此之外,巴西在生物技术、可持续农业生产等领域具有国际一流的研发水平,为这些专业的学生提供国际交流的机会也有助于巴西国际竞争力的进一步巩固。而"科学促发展"项目并没有突出对国家经济社会发展最为关键和最为紧缺的学科,而是无差别地以学科建设情况、研究生培养点数量等衡量各申请高校的资质,难免会陷入"大学科、基础学科易获立项,小学科、新兴学科易受冷落"的问题。可以看出,如果从教育的经济效益来看,前者优于后者。

另一方面,"科学无国界"项目所实施的教育国际化政策以个人为着力点,参与项目的学生个人扩展了自己的国际视野,丰富了个人的阅历,但是这种个人的进步和改变很难带来巴西整体教育国际化水平的提升。正如巴西高等教育人员促进会(CAPES)的主席所说:"'科学无国界'的奖学金获得者们的个人素质能力得到了加强,但这个项目并没有对巴西的教育体系产

---

① "Ciência sem Fronteiras terá 5 mil bolsas apenas para pós e mantém fim do intercâmbio na graduação", https://g1.globo.com/educacao/noticia/ciencia-sem-fronteiras-tera-5-mil-bolsas-apenas-para-pos-e-mantem-fim-do-intercambio-na-graduacao.ghtml, Abril 4, 2017.

生长远影响。从海外归来的学生们并没有改变我们的大学课堂的授课方式，他们在国外接触的教学方法并没有在巴西的大学得到实践。"① 而"科学促发展"项目采取的是"以高等院校国际化水平的提升带动巴西整体教育国际化水平的提升"的策略，且高校教师是计划的重要参与者，因此更有可能在授课方式、研究范式、学科理论创新等方面真正使巴西大学与国际接轨。除此之外，"科学促发展"项目还对申请高校的外语教学以及出国人员的外语水平有严格的要求，这也有效地促进了国际技术与经验的有效回输。因此，如果从提升教育本身的国际化水平的效果来看，后者优于前者。

（二）政策可行性评价

巴西政府之所以颁布"科学促发展"项目来取代"科学无国界"项目，主要就是因为前者在实施过程中出现了许多困难，变得不可持续。而后者也是巴西政府寻求更经济、更高效、更公平和更可持续的高等教育国际化策略的一次努力。总体说来，后者在以下几方面吸取了前者的教训，改进了前者在可行性方面的缺陷。

第一，有效减少了项目的预算负担，以避免出现债务危机。"科学促发展"项目是一个雄心勃勃的计划，实施周期长，涉及资金庞大。然而，它在制订时并没有充分核算其长期成本，也没有一个合理的融资机制来充分保证其资金运行的可持续性。项目虽然规定了每年发放的奖学金名额的数量，但是每年具体投入的奖学金金额是根据学生申请的交换国的物价水平发放的，因此很难有效控制预算。而"科学促发展"项目则有严格的预算控制，且拨款审批程序更严谨，出现资金不足的可能性较小。

第二，缩小了项目覆盖的人群范围，专注于高层次人才的国际化培养，以有效提高资金投入的回报率。"科学无国界"项目资助了近 8 万名本科生出国留学，平均每个学生一年的奖学金高达 9.28 万雷亚尔（约合 2.8 万美

---

① "Ciência Sem Fronteiras chega ao fim por falta de dinheiro", http://g1.globo.com/bom-dia-brasil/noticia/2017/04/ciencia-sem-fronteiras-chega-ao-fim-por-falta-de-dinheiro.html, Abril 4, 2017.

金),然而只有不到20%的学生选择毕业之后继续深造。[1] 这说明,"科学无国界"项目对学生的投入的回报主要体现在学生个人在就业市场上的优势和对巴西相关领域的企业的人才供给上,而非巴西教育和科研水平的提升。而"科学促发展"项目在选拔阶段,重质而不重量,"择优"而不"遍种"。能够获得项目青睐的院校,本来就是巴西国际化水平较高的院校,奖学金接受者也往往具有一定的国际交流的经验。这就相当于把好钢用在刀刃上,激励那些已经展现出潜力的学科更进一步,更容易实现突破。

第三,实施了一系列配套政策来保证国际交流成果的有效转化。根据巴西高等教育人员促进会在巴西各高校做的有关"科学无国界"项目的调查结果,许多专家反映,由于该项目人员选拔时只看专业成绩,不看外语水平,因此许多学生无法快速有效地接受国外高校教授的专业课程知识,而是将大量的宝贵的在国外学习的时间花在了语言学习上,回国后对本专业领域的知识及国际理论视角的贡献非常有限。[2] 而"科学促发展"项目不仅对项目人员的外语水平有要求,还会优先考虑那些提供外语学习课程或用外语开设本专业课程的院校。此外,巴西高等教育人员促进会预计还会陆续在巴西中学推出促进英语教学的计划,使语言障碍不再成为巴西教育国际化的绊脚石,切实将国际交流活动的成果更高效地转化为巴西国内本专业的学科优势。

第四,从"向国外输送学生"的"单方面国际化",转向"输送本国学生和吸引外国学生相结合"的"双向国际化"。"科学无国界"项目虽然也包含吸引外国人才赴巴学习研究的意向,但联邦政府为国外学者提供的奖学金名额及金额极其有限,且各巴西高校也并无如何接收、利用外国人才的具体规划,导致该项目到后期基本只服务于巴西学生;而"科学促发展"项

---

[1] "Ciência sem Fronteiras vai excluir graduação e focar no ensino médio", https://g1.globo.com/educacao/noticia/ciencia－sem－fronteiras－vai－excluir－graduacao－e－focar－no－ensino－medio.ghtml,Julho 25,2016.

[2] "Programa Institucional de Internacionalização-Capes－PrIntEDITAL n°.41/2017",https://www.capes.gov.br/images/stories/download/editais/10112017－Edital－41－2017－Internacionalizacao－PrInt－2.pdf.

目以巴西院校为着力点,通过各院校搭建的合作平台,有效吸引外国人才赴巴西学习、研究、工作,这有助于在巴西本土各高校内部形成国际化研究趋势,或许比将学生送到国外学习更有助于提高巴西高等教育的国际化水平。

第五,政策重心从短期的国际化人才培养转变为长期的国际交流机制的建立。"科学促发展"项目重视巴西高校与外国高校以校际或院际合作协议的方式建立长期的国际交流机制,虽然短期内可能不会看到明显成效,但这有助于优化巴西高校扩大国际合作的整体环境,更有利于促进巴西科研水平的长远发展和巴西高校国际化水平的稳步提高。

四 结语

在全球化时代,教育的国际化是一个国家有效应对当今世界经济、政治、文化、科学各个领域所带来的挑战的必经之路,也是包括巴西和中国在内的发展中国家突破发展瓶颈的重要途径。高等教育的国际化能有效促进不同国家的跨文化交流、学科互涉和知识共享,在培养具有国际视野和国际竞争力的人才,进而促进国家社会经济的长远发展方面有着深远的意义。因此,国际化是一种手段、一个过程,而不是教育改革本身的最终目的。结合巴西高等教育国际化的经验,我们在制定国家的高等教育国际化政策的时候,必须注意以下四点。

第一,必须根据国家发展的需求,确定优先推进国际化的重点研究领域,找准突破口,使国家在高等教育领域的投入能源源不断地转化为高校的学科优势、相关产业的创新能力和国家的整体发展潜力。巴西在实施"科学无国界"项目的过程中,投入了大量资金,受益人数远超巴西所有其他同类项目,但在提升巴西高等教育的整体国际化水平方面的收效并不明显。这是因为,该项目过于重视对个人发展的支持,而忽视了对巴西整体教育环境的系统性的改善。个人能力素质的提升固然重要,但一个国家层面的、具有战略意义的教育政策必须具有高屋建瓴的视野,必须立足于国家发展的核心需求,必须能够服务于国家重点产业的创新与发展,必须有利于国家整体

发展潜力的释放,而不能将学生个人发展作为唯一的标准。

第二,必须有合理的选拔机制,确保执行国际化项目的机构和个人具备相应的能力、毅力和执行力。不仅需要设立明确的国际化目标,还要合理使用定量和定性指标来衡量各项目进展,有效避免国家教育资源的浪费。巴西"科学无国界"项目以其受益人群之多、覆盖范围之广而扬名,但如果我们仔细研究就会发现,许多入选该项目的学生并不具备执行国际化项目的专业能力素养,甚至完全受制于语言障碍,不仅缺乏对国外相关研究领域教学方法的基本了解,而且没有自发加入外国高校科研团队、开展国际科研合作的动力,自然无法在项目进行期间实现重要突破。因此,我们在制订相关国际化项目的选拔规则和评价标准时,必须针对每个学科领域的特点和要求,将学生的外语能力、留学经验、国际竞争力等纳入考虑范围,并要在项目执行的整个过程中设立阶段性的、可量化的指标,为项目参与人员提供长期科研激励,以有效提高教育投入的转化率,避免国家教育资源的浪费。

第三,必须采用多样化促进人才国际流动的策略,不仅要促进本国学生"走出去",还要大力将外国人才"引进来"。巴西"科学无国界"项目效果不佳的一个很重要的原因是,它是一个单向的国际化策略。一方面,巴西本土院校未能通过该项目提升国际交流经验;另一方面,受益于该项目的学生分散在各个地区、各个学校、各个学科,学成归来后无法将其国际交流所获得的个人经验(包括实践经验和教学方法论的经验)有效转化为巴西各大高校的整体科研竞争力。因此,我们在实施促进人才国际流动的各项政策时,必须考虑多样化的国际合作形式,不仅要促进学生的国际交换,还要促进学校间的国际交流;不仅要努力将我们的人才送到国外的一流大学深造,还要更多地将外国的优秀人才吸引到我国的高校中来。可以设立专项基金,促进我国与外国高校间建立长期合作伙伴关系,实现定期互换学生、合作办学、联合研究,同时应该为外国关键技术人才和专家来华研究或授课提供优待,促进国内外人才更深层次和更长远的交流。

第四,必须充分发挥各高等院校的自主性和积极性,鼓励各院校利用互联网资源,从不断革新自身的授课方式和科研方式出发,朝着国际化的目标稳步前进。正如负责"科学促发展"项目的巴西高等教育人员促进会的国际交流处处长康塞塔·皮门特尔女士所言:"教育国际化不是一种行为,而是一种习惯。各个院校需要从自身的管理和发展策略开始思考,如何有效实现与国际接轨。"高等教育的主体不是国家教育监管部门,而是各个高校。从高校的管理者、教师到学生,都必须意识到教育国际化的重要性和必要性,也必须具备开展国际交流的能力和信心。在互联网时代,教育的国际化战略并非只能通过异地交换来实现,而是应该从每一位教师、每一位学生开始,最大限度地利用现今技术创新的各项成果,不断发现、学习、借鉴国外高校领先的教学实践和科研方法,真正享受到互联网带来的教育红利。

总而言之,巴西的经验告诉我们,教育国际化水平的提高是一个漫长而循序渐进的过程,无法一蹴而就。因此,我国政府、教育主管部门以及各高校人员应当注意避免功利主义,遵循教育体制改革为保障、科研环境优化为重点、高水平人才培养为最终落脚点的原则,继续拓宽高等教育国际化改革的思路。

Y.14
巴西生物燃料产业迈向新时期

吴志华*

摘 要: 2017年12月27日,巴西政府颁布了国家生物燃料政策,其目标是推动巴西生物燃料的生产和应用,履行《巴黎协定》应对气候变化的义务,同时,也标志着巴西生物燃料产业将提质升级,迈入新的发展阶段。巴西政府采取的一些措施对刺激生物燃料生产起到了积极的作用。国家生物燃料政策的实施,标志着巴西生物燃料产业迈入了第三个发展时期。第一个发展时期是在20世纪80年代。随着酒精计划的实施,巴西开始使用乙醇和生物柴油来替代汽油和柴油。第二个发展时期是灵活燃料汽车的研制成功和推广使用,支持了生物燃料的生产,扩大了市场的需求。第三个发展时期将是开发新型生物燃料、提高生物燃料在能源结构中的比重的新时期。

关键词: 巴西 生物燃料 能源安全 环境保护

2017年12月27日,巴西政府颁布了国家生物燃料政策。这是巴西政府在一年多时间里广泛听取业界意见和建议,并经过国会审议批准的具有法律性质的纲领性文件,其目标是推动巴西生物燃料的生产和应用,履行《巴黎协定》应对气候变化的义务,同时,也标志着巴西生物燃料产业将提

---

* 吴志华,人民日报国际部高级记者,原人民日报驻巴西分社首席记者。

质升级,迈入新的发展阶段。对巴西来说,大力发展生物燃料是减少温室气体排放的一项非常重要的措施。

一 生物燃料政策的主要内容和意义

2015年12月,《联合国气候变化框架公约》缔约方一致通过《巴黎协定》。根据《巴黎协定》,各缔约方将"自主"承诺在2030年前履行减少温室气体排放的义务,为全球应对气候变化做出贡献。目前,已经有155个国家签署了《巴黎协定》。2016年9月,特梅尔总统代表巴西在《巴黎协定》上签字。同年,巴西在摩洛哥举行的第22次《联合国气候变化框架公约》缔约方大会(COP 22)上做出庄重承诺:将在2030年前将巴西温室气体(GEEs)的排放量在2005年的基础上减少43%。

对巴西来说,大力发展生物燃料是减少温室气体排放的一项非常重要的措施。在全球范围,温室气体主要来自三大行业:发电(占42%)、交通运输(占23%)和工业生产(占19%)。但是,巴西温室气体排放主要来自交通运输(占43%)、工业生产(占31%)和发电(占16%)。交通运输业温室气体的排放量居第一位,高于工业生产的排放量(见图1)。

交通运输的温室气体排放主要来自机动车使用燃料时所产生的废气。减少交通运输的温室气体排放需要综合治理,例如改善公交汽车运营效率,大力发展地铁和电动汽车等。但是,最直接、效果最显著的则是扩大生物燃料生产,以替代对环境污染严重的汽油和柴油。

为此,巴西政府把扩大生物燃料生产作为履行《巴黎协定》义务、减少温室气体排放的重点目标。2016年12月,巴西矿能部、环境部和农业部联合制定了国家生物燃料政策草案,以规范和鼓励国内生物燃料生产和应用。2017年2月,国家生物燃料政策草案在政府网站公布,广泛征求相关产业部门及社会各界意见。根据国家能源委员会的意见,巴西矿能部召集生物燃料领域的专家及生产商、批发商和用户代表组建了联合工作组,在90天里对社会各界反映的意见和建议进行汇总研究,进一步修订和完善国家生

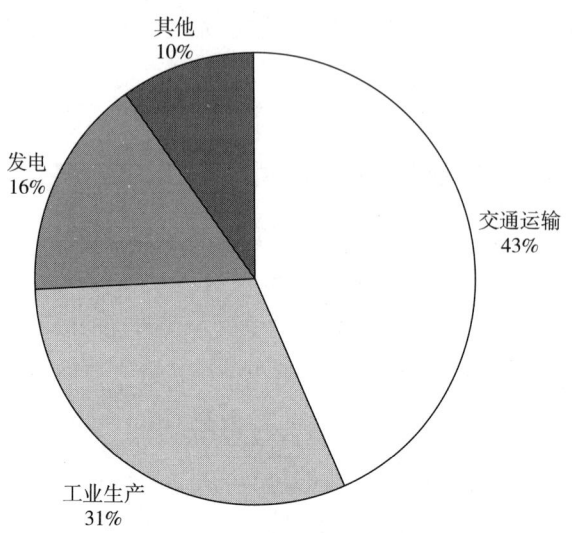

图 1　巴西各行业温室气体排放比重

资料来源：巴西瓦加斯基金会：《生物燃料专刊》2017 年 8 月，第 10 页，http：//fgvenergia.fgv.br/publicacao/caderno-de-biocombustiveis。

物燃料政策。2017 年 12 月 12 日，巴西国会批准了国家生物燃料政策（RenovaBio）。同年 12 月 26 日，总统特梅尔签署的国家生物燃料政策颁布生效，成为巴西第 13576 号法律。

国家生物燃料政策是巴西政府制定的具有战略意义的法律文件，强调了生物燃料在保障国家能源安全和减少温室气体排放上的重要作用。这个政策主要有 4 点内容：（1）明确生物燃料在能源结构中的地位和作用。制定国家生物燃料政策是履行《巴黎协定》的重要手段，是为了扩大生物燃料生产，并明确提出 2030 年前将可再生能源在全国能源结构中的比重提高到 45%，其中生物燃料的比重占 18%。（2）确立生物燃料交易的规则。今后从事生物燃料生产或进口的企业，在经过"国家石油天然气和生物燃料管理署"（ANP）的资格审批后，可获得"减排信用证"（Crédito de Descarbonização，CBIO），这样不仅可以知道每家企业为实现减排做出多大贡献，而且减排信用证还可以上市交易，成为生物燃料企业新的资金来源。为此，国家生物燃料政策就减排信用证交易做出一些原则性的规定。制度透明化和市场有序化有利于企业增强对未来投资收益的可预见性，从而释放出投资的积极性。（3）强调经济、财政和社会环境效益的平衡。国家石油天然气和生物燃料管理署认为，巴西在2030年前要实现的温室气体减排量为10多亿吨的二氧化碳，约相当于6年的巴西工业排放量。另外，到2030年，全国有1/3的城市投资开发生物燃料，可为国民经济提供大约1500亿雷亚尔的产值，有助于提高国民经济增长率2.5个百分点，还可创造大约100万个就业岗位。①（4）鼓励开发新型生物燃料。生物煤油、生物沼气等将得到国家优惠政策的支持，成为有利可图、可持续发展的新型能源产业。

巴西石油天然气和生物燃料管理署（ANP）秘书马尔西奥·菲利克斯在阐述这项政策的意义时说："扩大巴西生物燃料的产量建立在环境、经济和社会的可预见性和可持续性的基础上，并且与市场发展同步进行。"

二 发展生物燃料产业，保障国家能源安全

生物燃料是利用生物质作为原料的能源。目前，巴西生物燃料的原料主要有两类：第一类是油性植物或含油脂成分的植物。经过工业化程序，植物油脂被提炼出来作为能源使用。例如，巴西从大豆、蓖麻、油棕榈、向日葵、巴巴萨（亚马孙地区一种植物果实）中提炼油脂，生产出生物柴油。在普通柴油中添加一定比例的生物柴油，就能有效地降低柴油燃烧过程中对大气造成的污染。第二类是从甘蔗、玉米或是甘蔗渣中提炼乙醇（酒精）作为汽车燃料使用。巴西生产的乙醇燃料有两种：无水乙醇（Etanol anidro）和含水乙醇（Etanol hidratado）。无水乙醇是含水率不到0.4%的乙醇，按一定比例添加在汽油中，成为"混合汽油"，作为汽车燃料使用。巴西将普通汽油称为"A号汽油"（Gasolina A），将混合汽油称为"C号汽油"（Gasolina C）。含水乙醇是指含水率在4%～4.9%的乙醇，可直接作为乙醇

---

① 巴西石油天然气和生物燃料管理署（ANP）秘书马尔西奥·菲利克斯（Marcio Felix）2017年6月5日在圣保罗州工业联合会介绍国家生物燃料政策时的讲话。

动力汽车的燃料。

生物燃料是一种可再生的能源。通过种植甘蔗和油料作物,就能源源不断地生产出生物燃料。巴西发展生物燃料的初衷是保障国家能源安全,特别是保障汽车燃料的供应。1973年,国际石油危机爆发,全球原油价格大幅上涨。当时巴西石油年消费量近4亿桶,但国内石油产量只有6200万桶,85%的石油消费依靠进口。① 每年进口石油的开支从1972年4亿多美元猛增到1980年的106亿美元。② 1975年,深受石油短缺折磨、背负巨大财政压力的巴西,开始实施"全国酒精计划"(Proálcool),利用国内潜力巨大的土地资源,大规模扩大种植甘蔗,从甘蔗中提取乙醇(酒精)作为替代汽油的燃料,从而减少石油的进口。

酒精计划初始阶段,政府为种植甘蔗和乙醇生产提供补贴和税收优惠,使乙醇燃料的价格在市场上具有竞争优势,同时还逐步提高了混合汽油中的乙醇比例,从最初的4.5%调整到1977年的15%,1985年提高到22%,以此扩大对乙醇燃料的需求。1979年,巴西成功研制出以乙醇为动力的汽车。乙醇汽车直接使用含水乙醇,不再使用汽油或混合汽油。尽管汽油动力车每升汽油可以跑更多的路程,但乙醇辛烷值较高,可以弥补这一缺陷,而且售价比汽油便宜,性价比上仍然具有一定优势,因此,乙醇汽车很快在巴西打开市场。1983年,巴西乙醇汽车已占当年汽车销售总量的90%。到20世纪80年代末,巴西乙醇燃料企业有400多家,年产量达到100多亿升,对缓解巴西财政和能源危机起到了积极的作用。随着国际原油价格回落、国内石油产量逐步提高以及乙醇生产因气候和库存等带来的市场波动,汽油消费再度回升并逐步排挤了乙醇,使乙醇生产陷入了困境。

三 发展生物燃料产业,履行环境保护义务

20世纪90年代末,全球对气候变暖和环境保护的重视使得生物燃料受

---

① 安建国:《面临石油挑战的巴西经济》,《人民日报》1980年12月10日。
② 焦震衡、王锡华:《外国习俗丛书:巴西》,世界知识出版社,2000,第52页。

到青睐。生物燃料开发早于石化燃料。1895年,德国柴油工程师鲁道夫研发出第一辆柴油汽车,当时的柴油是用花生油生产的。随着人类对石油的认识和开发,以石油为原料的汽油和柴油取代了生物燃料,成为汽车的主要燃料。然而,汽油和柴油对环境和空气的污染性很大,是造成全球温室气体上升的主要原因之一。

据巴西瓦加斯基金会(FGV)的研究,与普通汽油相比,玉米乙醇可减少19%的温室气体排放量,甘蔗乙醇可减少78%的温室气体排放量,而用纤维素生产的乙醇可减少86%的温室气体排放量(见图2)。巴西甘蔗工业联盟(Unica)的数据也表明,用乙醇替代汽油,每升乙醇的二氧化碳排放量要比汽油减少2.2公斤。[①] 这些研究成果清楚地显示出乙醇燃料优越的环保效应。为减少温室气体排放,减轻对环境的污染,具有可持续发展的乙醇产业在巴西再次兴起,不仅是为了保障国家能源安全,而且成为保护环境的重要手段。

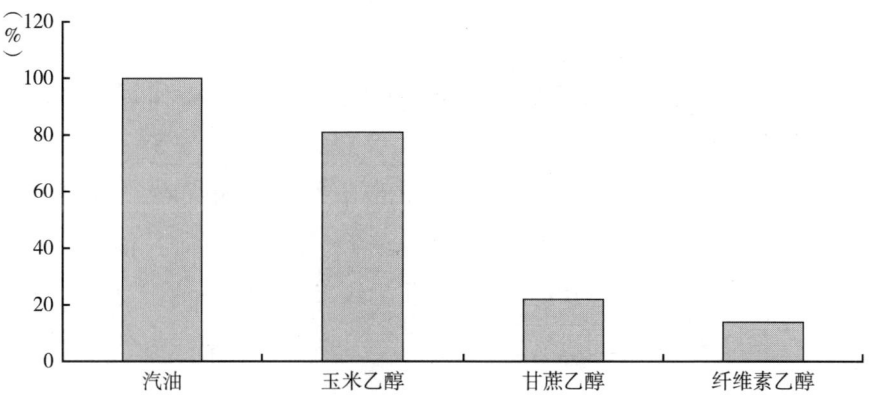

图2 温室气体排放量比较

资料来源:巴西瓦加斯基金会:《生物燃料》专刊2017年8月,第26页,http://fgvenergia.fgv.br/publicacao/caderno-de-biocombustiveis。

[①] Queila Ariadne, "Após 40 anos e três crises, etanol vê a luz no fim do túnel", http://www.otempo.com.br/capa/economia/ap%C3%B3s-40-anos-e-tr%C3%AAs-crises-etanol-v%C3%AA-a-luz-no-fim-do-t%C3%BAnel-1.1155963, Novembro 1, 2015.

除保护环境的需要外,巴西政府采取的一些措施对激发生物燃料生产也起到了积极的作用。20世纪90年代中期,巴西放开了对乙醇价格的管制。2001年底,巴西颁布《石油法》,再次确立了生物燃料的市场化机制。生物燃料的市场价格由生产商和批发零售商自主决定,鼓励了生物燃料产业的竞争和投资。2003年,巴西政府积极推广新研制的"灵活燃料"汽车(Flex-Fuel)。这种汽车既可使用汽油,也可使用乙醇,或使用添加乙醇的混合汽油。驾车人可以根据自己的需求,灵活地选用燃料。灵活燃料汽车的出现和普及扩大了生物燃料的消费需求。2016年,巴西销售汽车200万辆,其中88%是灵活燃料车,柴油车仅占8%,汽油车为4%。[①]此外,从事乙醇燃料生产的企业还继续享受国家税收优惠。2013年,巴西政府又决定免除销售生物燃料的社会保障税(PIS/Cofins),进一步拉大乙醇与汽油的价格剪刀差。据有关部门调查,税收在汽油零售价中所占比重高达45%,而乙醇只有28%。巴西政府还颁布法令,强制性地提高混合汽油中的乙醇比重,2011年为20%,2013年为25%,2015年3月以来提高到了27%(见图3)。

上述这些措施有力地促进了乙醇燃料的生产。2017年12月22日,巴西石油天然气和生物燃料管理署(ANP)公布的统计数据显示,巴西乙醇产量2006年只有169亿升。2013~2017年,乙醇年产量已经稳定在274亿升以上,最高年份超过300亿升(见图4)。巴西甘蔗工业联盟(Unica)估算,1975~2015年的40年间,巴西生产的乙醇替代了大约25亿桶的汽油。[②]此外,巴西在扩大生物柴油上也取得进展。最初,巴西生物柴油原料主要使用蓖麻籽。

---

① 巴西能源研究所(EPE):《2016年生物燃料分析报告》,第20页,https://r. search. yahoo. com/_ylt=Awr9J. g45_JaPEYAOgfz6Qt. ;_ylu=X3oDMTEycDhsdW02BGNvbG8DZ3ExBHBvcwMyBHZ0aWQDQjEzOTZfMQRzZWMDc3I-/RV=2/RE=1525897145/RO=10/RU=http%3a%2f%2fwww. epe. gov. br%2fsites-pt%2fpublicacoes-dados-abertos%2fpublicacoes%2fPublicacoesArquivos%2fpublicacao-167%2fAn%25C3%25A1lise%2520de%2520Conjuntura%2520dos%2520Biocombust%25C3%25ADveis%2520-%2520Ano%25202016. pdf/RK=2/RS=IpRgcKABvLpPpm3i40CMK67nCl8-。

② Queila Ariadne, "Após 40 anos e três crises, etanol vê a luz no fim do túnel", http://www. otempo. com. br/capa/economia/ap%C3%B3s-40-anos-e-tr%C3%AAs-crises-etanol-v%C3%AA-a-luz-no-fim-do-t%C3%BAnel-1. 1155963, Novembro 1, 2015.

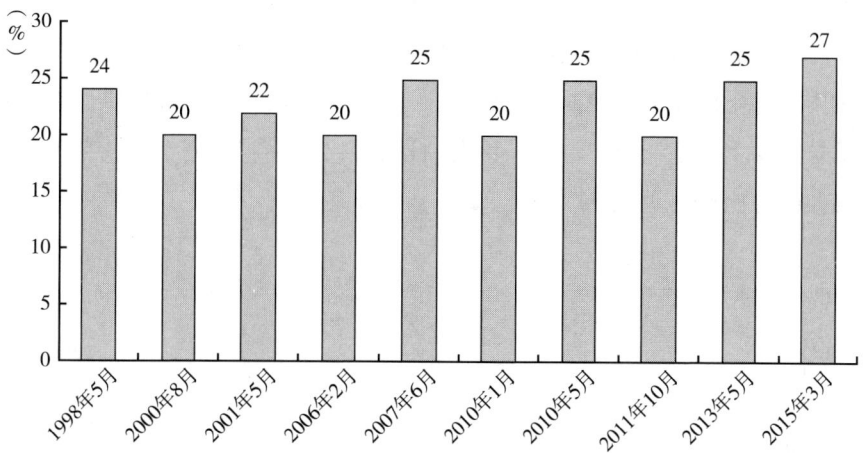

图 3　巴西乙醇在混合汽油中的比重

资料来源：巴西瓦加斯基金会：《生物燃料》专刊 2017 年 8 月，第 27 页，http://fgvenergia.fgv.br/publicacao/caderno-de-biocombustiveis。

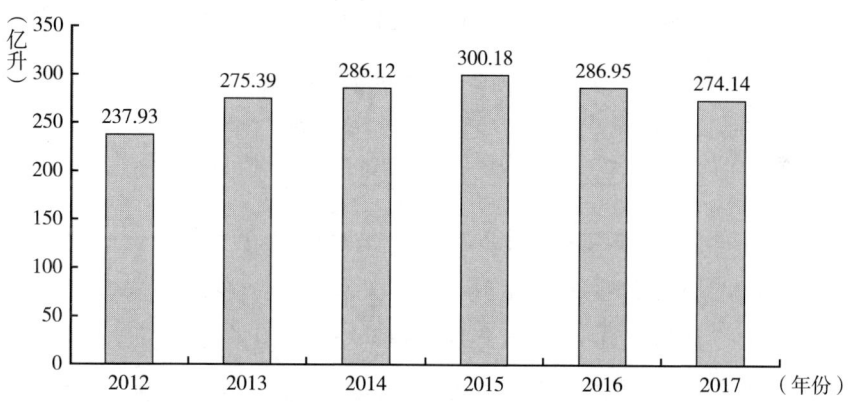

图 4　巴西乙醇年产量统计（2012～2017 年）

资料来源：根据巴西石油天然气和生物燃料管理署发布的统计数据整理，http://www.anp.gov.br/dados-estatisticos，30 de Abril de 2018。

在东北部的皮奥伊州建立了巴西最大的生物柴油厂，年产量有 700 万升。但是，东北部气候干燥，限制了蓖麻的增产。此后，巴西用大豆油作为生物柴油的主要原料。目前，巴西生物柴油 70.87% 的原料来自大豆油，12.12%

来自牛脂肪，其余来自猪、鸡等动物脂肪或棉籽油、棕榈油等植物油。[1]

巴西农业部执行秘书诺瓦科基（Eumar Novacki）说："生物柴油的温室气体排放量要比石化柴油减少70%。"[2] 按国家规定，全国各地供应的柴油必须是添加生物柴油的"混合柴油"。此后，巴西逐步提高了生物柴油在混合柴油中的比重（见图5）。

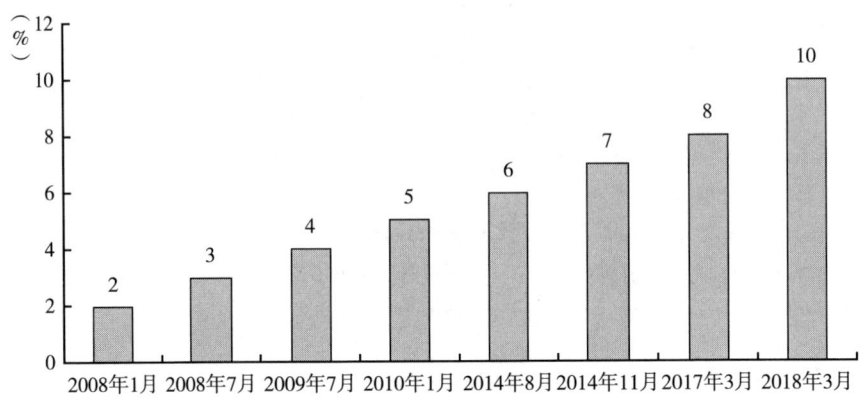

图5 巴西柴油中的生物柴油比重

资料来源：巴西瓦加斯基金会：《生物燃料》专刊2017年8月，第69页，http://fgvenergia.fgv.br/publicacao/caderno－de－biocombustiveis，访问时间：2018年3月4日。

巴西石油天然气和生物燃料管理署（ANP）的报告显示，巴西生物柴油的产能在2013年曾达到75亿升，是仅次于美国的世界第二大生物柴油生产国。然而，受2015年和2016年连续两年经济衰退的影响，巴西生物柴油年产量目前不到40亿升，产能闲置率高达50%。一些企业陆续退出市场，全国生物柴油企业从2013年的64家下降到2016年的50家（见图6）。

---

[1] 巴西瓦加斯基金会：《生物燃料专刊》2017年8月，第66页，http://fgvenergia.fgv.br/publicacao/caderno－de－biocombustiveis。

[2] Alex Rodrigues e Olga Bardawil, "Conselho antecipa para março aumento do percentual de biodiesel no diesel", http://agenciabrasil.ebc.com.br/economia/noticia/2017－11/conselho－antecipa－para－marco－aumento－do－percentual－de－biodiesel－no－diesel, Novembro 9, 2017.

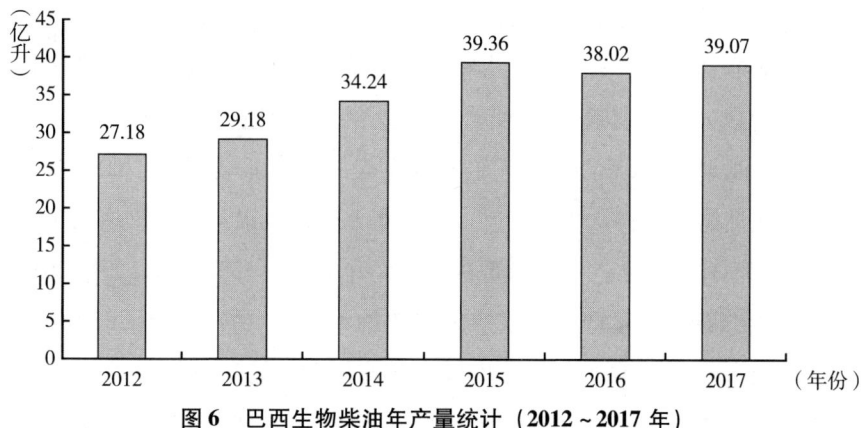

图6 巴西生物柴油年产量统计（2012～2017年）

资料来源：根据巴西石油天然气和生物燃料管理署发布的统计数据整理，http://www.anp.gov.br/dados-estatisticos，30 de Abril de 2018。

四 夯实"生物燃料大国"地位

国家生物燃料政策的实施，标志着巴西生物燃料产业迈入了第三个发展时期。第一个发展时期是20世纪80年代。随着酒精计划的实施，巴西开始使用乙醇和生物柴油来替代汽油和柴油。第二个发展时期是灵活燃料汽车的研制成功和推广使用时期，支持了生物燃料的生产，扩大了市场的需求。第三个发展时期将是开发新型生物燃料、提高生物燃料在能源结构中的比重的新时期，其发展趋势主要有以下几个方面。

（一）继续扩大生物燃料产量

尽管巴西已经成为世界第二大生物燃料生产国，但是，目前巴西交通运输的能源消费结构中，仍然是以石化燃料为主。据巴西农业部经济助理法比奥·格拉介绍，2016年，巴西交通运输领域能源消费中，汽油占29.8%，普通柴油占45.2%，乙醇占15.1%，生物柴油仅占2.4%，其余为天然气和煤油等。[①] 显

---

① Fábio Guerra, assessor econômico do Ministério de Agricultura, "Pecuária e Abastecimento do Brasil: Perspectiva para o Biodiesel no Brasil", dia 17 de março de 2016.

然，巴西生物燃料还有很大的发展空间和消费需求。

巴西矿能部预测，实施国家生物燃料政策后，巴西每年乙醇消费量将从现在的280亿升左右提高到2030年的500亿升，创造90万个就业岗位。① 巴西瓦加斯基金会（FGV）2017年8月发表的研究报告指出，2014~2030年，巴西汽油需求量将从334亿升增加到418升，无水乙醇需求量从111亿升增加到156升，含水乙醇需求量从130亿升增加到333亿升。如果2014~2030年混合汽油中的乙醇比例保持在27%的水平上，那么，到2030年，巴西乙醇需求量将达到540亿升，比2014年增加250亿升。②

在生物柴油方面，巴西政府曾在2016年3月23日颁布法令，规定未来3年普通柴油中的生物柴油比重：2017年3月为8%，2018年3月调整到9%，2019年3月达到10%。③ 但是，2017年11月，巴西能源委员会决定提前实施生物柴油调整计划，即从2018年3月起，生物柴油的比重就将调整到10%④，并且有可能在2025年将这一比重提高到15%，到2030年时达到20%。⑤ 巴西植物油生产商协会（ABIO）预测，提前实施生物柴油调整计划，将拉动对生物柴油的需求量。仅在2018年，为满足生物柴油的需求，就要扩大150万吨的大豆消费量。⑥ 巴西瓦加斯基金会（FGV）的研究报告

---

① Queila Ariadne, "Após 40 anos e três crises, etanol vê a luz no fim do túnel", http://www.otempo.com.br/capa/economia/ap%C3%B3s-40-anos-e-tr%C3%AAs-crises-etanol-v%C3%AA-a-luz-no-fim-do-t%C3%BAnel-1.1155963, Novembro 1, 2015.

② 巴西瓦加斯基金会：《生物燃料专刊》2017年8月，第12页，http://fgvenergia.fgv.br/publicacao/caderno-de-biocombustiveis。

③ "Dilma sanciona lei que aumenta a adição de biodiesel ao óleo diesel", http://www.otempo.com.br/capa/economia/dilma-sanciona-lei-que-aumenta-a-adi%C3%A7%C3%A3o-de-biodiesel-ao-%C3%B3leo-diesel-1.1265675, Março 23, 2016.

④ Queila Ariadne, "Após 40 anos e três crises, etanol vê a luz no fim do túnel", http://www.otempo.com.br/capa/economia/ap%C3%B3s-40-anos-e-tr%C3%AAs-crises-etanol-v%C3%AA-a-luz-no-fim-do-t%C3%BAnel-1.1155963, Novembro 1, 2015.

⑤ 巴西瓦加斯基金会：《生物燃料专刊》2017年8月，第107页，http://fgvenergia.fgv.br/publicacao/caderno-de-biocombustiveis。

⑥ Queila Ariadne, "Após 40 anos e três crises, etanol vê a luz no fim do túnel", http://www.otempo.com.br/capa/economia/ap%C3%B3s-40-anos-e-tr%C3%AAs-crises-etanol-v%C3%AA-a-luz-no-fim-do-t%C3%BAnel-1.1155963, Novembro 1, 2015.

也认为，2014～2030年，巴西普通柴油需求量将从594亿升增加到878亿升，生物柴油的需求量从34亿升增加到94升。

那么，巴西有没有能力为扩大生物燃料提供充足的原料呢？2016年，巴西企业加工甘蔗6.7亿吨，生产蔗糖3890万吨、乙醇280亿升。为扩大乙醇产量，巴西需要扩大甘蔗种植面积，开发玉米乙醇或纤维素乙醇。据农业部经济师达尼埃尔·弗兰的分析，2018年巴西大豆产量约为1.08亿吨，其中出口6500万吨，国内加工大豆4300万吨。生产生物柴油的大豆需求量约为370万吨。到2025年，巴西生物柴油比重提高到15%后，每年需要770万吨大豆作为生物柴油的生产原料。2030年，生物柴油比重达到20%的话，每年需要1220万吨大豆来加工生物柴油。巴西农业部预测，巴西大豆产量2025年将提高到1.33亿吨，2030年达到1.65亿吨。[①] 世界粮农组织2017年7月发布的报告称，2017～2026年，巴西大豆产量每年将增产2.6%，高于世界平均水平，也是大豆生产国中产量增长最快的国家。另外，目前巴西生物柴油的产能还有50%的闲置率，因此，扩大生物柴油产量具有良好的前景。巴西农业部部长玛吉（Blairo Maggi）2017年12月28日在德国访问时指出，巴西农作物种植面积约为6400万公顷，仅占全国土地面积的7.6%，其中大豆种植面积3390万公顷，甘蔗种植面积900万公顷。扩大甘蔗和大豆产量，巴西有充足的土地资源，生物燃料不会与粮食生产发生"争地"冲突。[②]

（二）制定行业减排指标

作为国家生物燃料政策实施的第一步，巴西将根据所承诺的温室气体减排义务制定出在时间上可行的、明确的、细化到企业的碳排放指标。为完成

---

① Daniel Furlan Amaral, gerente de economia do Ministério de Agracultura, "Pecuária e Abastecimento do Brasil: Mistura Obrigatória de Biodiesel: Caminhos para o B15 e o B20", dia 23 de novembre de 2017.

② "Lavouras são apenas 7,6% do Brasil, segundo a NASA", http://www.agricultura.gov.br/noticias/dados–da–nasa–demonstram–que–apenas–7–6–da–area–do–brasil–e–ocupada–por–lavouras, Dezembro 28, 2017.

指标，将制定出限制温室气体排放的相关细则。今后企业每年温室气体排放指标不能超过政府所规定的上限，否则就要花钱购买"减排信用指标"（CBIO）。燃料油供应公司要逐步提高生物燃料的消费比重，并对私人汽车、摩托车、机动车和货车使用生物燃料的比例做出明确的规定，以保证完成每年温室气体减排的指标。据悉，相关细则将在2019年出台生效。

（三）增加生物燃料产业投资

实施国家生物燃料政策面临的一个重大挑战是增加生产性投资。巴西环境部提供的文件显示，2020～2030年，巴西生物能源领域的投资额大约为1610亿雷亚尔（折合500多亿美元）。巴西甘蔗工业联盟（Unica）认为，目前巴西乙醇燃料年产量不到300亿升。到2030年，巴西乙醇产量要达到500亿升。为实现这一目标，巴西需要再建75家乙醇企业，平均每家企业每个季节压榨甘蔗350万吨。整个投资大约需要400亿美元。① 巴西矿能部认为，到2030年，生物燃料在巴西能源产量中的比重提高到18%后，将激励私人部门在生物燃料领域增加5000亿雷亚尔的投资。总而言之，国家生物燃料政策向市场提供了生物燃料发展的前景，有利于投资者评估投资风险，增强投资信心。

（四）鼓励研发第二代乙醇燃料

目前世界上生产乙醇的主要原料是甘蔗和玉米。利用植物的纤维素生产出来的乙醇被称为"第二代乙醇"（E2G）。二代乙醇的原料主要有甘蔗加工后剩余的甘蔗渣以及玉米或甘蔗的秸秆等。巴西每年要加工6亿多吨的甘蔗，生产后产生的甘蔗秸秆和甘蔗渣数量非常可观。据有关部门测算，如果甘蔗秸秆、甘蔗渣和玉米秸秆得到充分利用，可以将现有的乙醇产能再提高50%。巴西从2011年起就着手研发二代乙醇。2014年，在银行的融资支持

---

① "Governo Federal prepara incentivo para biocombustíveis"，http://www.otempo.com.br/capa/economia/governo - federal - prepara - incentivo - para - biocombust% C3% ADveis - 1. 1413344，Dezembro 17，2016.

下，第一批 3 家二代乙醇生产企业陆续开工。二代乙醇生产过程需要更高的科技含量和更多的投资，成本就要比一代乙醇高出 30% 左右。目前二代乙醇生产过程中遇到的困难还比较多。要想推动二代乙醇进入商业化生产并获得比较优势，自然需要投入更多的科研力量和投资。不过，二代乙醇开发具有良好的前景。巴西瓦加斯基金会认为，到 2030 年，巴西二代乙醇年产量有望达到 25 亿升。[①]

（五）开发新型生物燃料

2017 年，巴西维索萨联邦大学的科研人员经过长期的研究，发现巴西当地一种棕榈树的果实具有生物燃料开发的商业前景。据科研人员介绍，这种棕榈树名叫玛卡乌巴（Macauba），是广泛分布在巴西绝大部分地区的原产树种，树高 5~15 米，玛卡乌巴的果壳内层和果仁含有丰富的油脂，可以作为生物柴油的原料。每公顷的玛卡乌巴每年可生产出 4~6 吨的油脂，其产量优于大豆。大豆每公顷的产量只能生产 0.6 吨的豆油。而玛卡乌巴不必占用巴西耕地。巴西有 1.6 亿公顷的牧场，在牧场种植玛卡乌巴，不会与牧草抢地，又能为牲畜遮阴。玛卡乌巴是耐旱植物，在巴西东北部和中西部地区广泛存在，仅在维索萨联邦大学的所在地米纳斯吉拉斯州，就有 250 万公顷的野生玛卡乌巴。[②]

在乙醇方面，巴西将鼓励开发玉米乙醇。美国是目前世界上最大的玉米乙醇生产国。巴西玉米一年可收获两季。夏季玉米是主产，冬季玉米为副产。冬季玉米利用夏季作物收获后的空闲土地进行种植，目的是保养土、肥、水，减少环境污染。由于生产率较低，巴西人戏称冬季玉米为"小收成"。近些年来，巴西农业科研人员通过品种改良和轮作制度使冬季玉米生

[①] 巴西瓦加斯基金会（FGV）：《生物燃料》专刊 2017 年 8 月，第 12 页，http：//fgvenergia. fgv. br/publicacao/caderno – de – biocombustiveis。

[②] "Pesquisa da Ufla comprova uso do óleo de macaúba como combustível"，http：/g1. globo. com/mg/sul – de – minas/noticia/2016/07/pesquisa – da – ufla – comprova – uso – do – oleo – de – macauba – como – combustivel. htm，Julho 29，2016.

产率得到很大提高，不再是"小收成"而是"大收成"。巴西农业部下属的全国供应公司（Conab）2018年1月公布的调查报告显示，巴西玉米单位产量从2004/2005年度的每公顷3026公斤提高到2016/2017年度的5562公斤。2017年巴西冬季玉米和夏季玉米的产量分别达到3046.20万吨和6738.09万吨。① 玉米产量的大幅度提高，为开发乙醇提供了新的原料来源。2017年巴西第一家玉米乙醇厂在中西部地区的戈亚斯州投产。这家企业是巴西和美国合资企业，投资为4.5亿雷亚尔，企业产能为每年6000吨玉米油和2.4亿升玉米乙醇。② 巴西生产玉米乙醇还有两个优势：第一，玉米乙醇具有投入产出快的特点；第二，可以利用企业闲置产能。甘蔗生产有很强的季节性，而且甘蔗不易库存。甘蔗生长期间，乙醇企业就要停工待料。现在，这些企业可以在甘蔗生长期用玉米加工乙醇，从而利用了企业闲置的产能。随着国家生物燃料政策的实施，将会有更多的企业利用玉米生产乙醇，加盟到生物燃料产业。

此外，巴西还在积极扶持生物燃气、生物煤气和乙醇柴油的研发，以尽快使这些新型生物燃料能够进入商业化生产。国际能源署预测，到2050年，巴西乙醇产量将增长200%，从而进一步夯实巴西"生物燃料大国"的国际地位，在实现全球温室气体减排目标上做出新的贡献。

---

① Companhia Nacional de Abastecimento – Conab：Acompanhamento da Safra Brasileira, em dia 18 de janeiro de 2018.

② "Brasil ganha primeira usina de etanol de milho", http://www.otempo.com.br/capa/brasil/brasil-ganha-primeira-usina-de-etanol-de-milho-1.1505607, agosto 6, 2017.

中巴关系篇

Sino–Brazilian Relations

Y.15
金砖国家机制下巴中经贸合作：新特点与新趋势

〔巴西〕Luís Antonio Paulino* 孙怡译

摘　要： 本文将以金砖国家合作机制为框架，从三个维度对巴西与中国的经贸合作关系进行诠释，即宽度、高度和深度。宽度是指两国合作所涵盖的领域；高度是指两国合作发展的机制建设程度，或者说，促进合作发展的机制数量和质量；深度是指双边合作在各领域中的水平与强度。本文的分析基于的假设前提是促进合作的机制，诸如金砖国家组织、中国－拉共体论坛和"一带一路"项目向拉美的延伸，将有助于扩大合作领域、深化经贸合作。在这些机制的促进作用下，双边合

---

* Luís Antonio Paulino，经济学博士，巴西圣保罗州立大学玛利亚校区哲学与科学学院副教授，巴西圣保罗州立大学孔子学院院长。

作持续扩大和深化，巴中两国经贸合作发生了质的变化——在双边贸易增长的同时，中国企业扩大了在巴西的直接投资。

关键词： 金砖国家　巴西　中国　贸易　投资

一　引言

巴中两国关系在合作机制的推动下一直呈现良好的发展态势，双边框架如中国－巴西高层协调与合作委员会（COSBAN）和巴西－中国扩大产能合作基金，以及多边框架如金砖国家组织、中国－拉共体论坛以及"一带一路"项目向拉美的扩展，共同促进了两国间经贸合作的不断扩展与深化。

巴西与中国的双边经济关系发生了重要的质的变化，具体表现为贸易和直接投资的同步增长。根据中国－巴西企业家委员会的数据，2007～2016年，中国企业在巴西的投资额达461亿美元。[1] 如果加上2017年的投资额119亿美元[2]，那么在过去的11年里中国企业在巴西的投资总额达到了580亿美元。巴中两国的贸易关系也呈现出同样的增长趋势。巴西对中国的出口额从2000年的10.85亿美元跃升至2017年的474.88亿美元，增长了42倍多。巴西从中国的进口也呈现上升趋势，从2000年的12.22亿美元增加到2017年的272.31亿美元，增长了21倍。

值得注意的是，巴中两国经贸合作的增长并不像中国与非洲国家的关系，而是以严格的市场准则为基础，即追求符合两国及各方公司的利益，以"共赢"精神来指导对外关系。

巴西在中国发展中扮演着重要角色，既作为资源来源国以供应中国经济

---

[1] Conselho Empresarial Brasil – China, *Investimentos Chineses no Brasil 2016*, http://cebc.org.br/sites/default/files/investimentoschinesesnobrasil2016_pt.pdf, Maio 2016.

[2] Daniel Rittner, "China flerta com projetos novos no Brasil", *Valor*, Dezembro 26, 2017, p. A3.

长期增长所需的自然资源和能源资源，也作为市场以支持中国企业对外扩张、减少闲置产能以及提升其在全球价值链中的地位。同样重要的是，巴西和拉美是扩大人民币国际影响力以及创造未来全球"人民币区域"的战略地区，这是其国际化的必要条件。

另外，中国经济的加速增长已成为近年来巴西经济增长的支柱之一。自2009年以来，中国一直是巴西的主要贸易伙伴，成为巴西出口的主要目的地以及巴西进口的主要来源国。值得注意的是，由于巴西向中国主要出口矿产和农产品等大宗商品并从中国进口高附加值的制成品，双边贸易存在结构性不平衡。但尽管如此，2009～2017年，巴西和中国一直保持着贸易顺差，这一时期巴西积累的贸易顺差达到780亿美元，约占巴西外汇储备的1/5。

中国在巴西的投资一直对巴西基础设施现代化起着重要作用，如港口、机场、铁路、电力生产和运输以及天然气运输管道。中国三大石油公司（中国海洋石油总公司、中国石油天然气集团公司和中国石油化工集团公司）正在积极参与巴西盐下层油田的开发。中国在巴西工业领域的投资，如汽车制造、机器设备制造、高科技产品等，对于抑制巴西扩大矿产品、农产品等大宗商品出口（大部分出口中国市场）而造成的去工业化趋势一直发挥着重要作用。2017年，巴西-中国扩大产能合作基金正式启动，启动资金达200亿美元，用于支持巴西政府规划的基础设施优先投资项目，以促进巴中工业领域的合作，在深化两国工业合作的道路上迈出了重要一步。

尽管局部的贸易冲突在拥有巨额贸易的国家间是不可避免的，巴西政府对这种贸易关系的结构性不平衡表示担忧，同时中国企业在进入巴西时也因语言、文化、劳工法、税收制度和环境法规等方面的差异而面临重重困难，但事实上，中国企业在巴西的存在已经成为现实，并且仍在不断增长。

如果不将中国作为关键变量进行考量，就很难描绘巴西甚至是世界的未来情景。我们正面临新国际环境，中国已变为第三轮经济全球化浪潮的领导者，以至一些学者将其称为"全球中国化"。

在巴西，中国企业的存在已成为人们日常生活的一部分，人们日渐熟悉中国品牌的汽车、电子产品和家用电器。中国作为廉价低质产品生产商的形

象已经成为过去,"中国制造"的产品质量已大大提升并日益受到中高收入消费群体的青睐。巴西人普遍对在巴西成立的中国公司持正面的看法,因为他们认识到这些公司为当地创造了就业机会,并在促进技术发展和改善国家基础设施方面做出了重要贡献。巴西企业家越来越清楚地意识到在巴西投资的中国企业虽然看重利益,但中国企业希望巴西当地合作伙伴也同样获利,以此建立持久的合作关系。这是促进两国企业合作开拓巴西市场的重要因素。根据巴西规划部的统计数据,中国在巴西的直接投资额累计达到1170亿美元,其中45%集中在三大领域:能源、矿业和农业。①

为了分析巴西和中国经贸合作在2017年的进展并对2018年做出展望,本文除引言部分外,将分三部分展开论述,并在文末进行总结。第一部分将分析合作机制在深化中巴双边关系中的作用,如金砖国家组织、中国-拉共体论坛以及"一带一路"项目向拉美的扩展。第二、三部分将分别分析巴中两国在贸易和投资领域加深合作的情况,特别是在2017年出现的新变化。结论部分将指出巴中双边经济合作的未来前景以及需要克服的主要困难。

二 合作机制的作用

本文所采用的假设是两国之间的关系可分为三个维度进行分析:宽度、高度和深度。宽度是指两国合作所涵盖的领域。合作范围越广泛,各领域合作发展的基础就越坚实。例如,当两国就贸易便利化、投资保护、税法、植物检疫标准、政府采购、电子商务、金融合作和技术合作等达成协议,将有利于双边贸易和直接投资的增长。

高度是指合作发展的机制建设程度,换言之,即促进合作发展的机制数量和质量。诸如金砖国家集团、金砖国家新开发银行(NDB)、应急储备安排(CRA)、中国-拉共体论坛等多边倡议,以及中国-巴西高层协调与合作委员会(COSBAN)和巴西-中国扩大产能合作基金等双边倡议,不仅为

---

① Daniel Rittner, "China flerta com projetos novos no Brasil", *Valor*, Dezembro 26, 2017, p. A3.

解决问题提供了明确渠道,也为开拓和探索新合作带来了可能。

深度是指双边合作在各领域中的水平与强度。合作机制的存在有利于合作发展但并不能保证每个具体领域的合作都取得进展。为了确保合作在各领域的深化,需要存在共同利益,特别是参与各方在各个领域、各个项目中都有获得收益的可能性。

我们的假设是在合作机制的促进下,无论是多边机制,如金砖国家组织、中国-拉共体论坛和"一带一路"项目向拉美的延伸,还是双边机制,如中国-巴西高层协调与合作委员会(COSBAN),都将有助于双边合作领域的持续扩大和经贸合作的不断深化。

基于该假设的推理思路是:这些合作机制可以被看作因共同目标而团结在一起的积极议程,它能够抑制伙伴关系中的消极议程,削弱边缘议程,并鼓励各方寻求共识。就巴西而言,成立巴西-中国扩大产能合作基金或金砖国家新开发银行(NDB)将有助于扩大中国在巴西的基础设施投资、增强两国间的工业合作。

(一)金砖国家合作机制的作用

金砖国家组织是传统国际关系框架下的一项创新,因为它将世界经济中具有足够分量的发展中国家聚集在一起,它们不仅要求改变全球经济治理,而且具备将其付诸实践的能力,比如近期创建的金砖国家新开发银行(NDB)就是例证。自2009年成立以来,2011年又纳入南非,金砖国家组织一直是扩大及深化五个成员国之间合作领域的重要推动者。"自2009年第一次金砖国家领导人峰会以来,合作领域已逐渐涵盖公共卫生、贸易便利化、农业、统计、合作社、学术界和商业界,甚至还包括竞争、司法和国防等问题。"[1] 金砖国家新开发银行(NDB)和应急储备安排(CRA)的建立是金融合作制度化迈出的重要一步。同样,《金砖五国经济伙伴关系战略》的制定也表达了成

---

[1] Oliver Stuenkel, *BRICS e o Futuro da Ordem Mundial*, São Paulo: Editora Paz e Terra, 2017, p. 91.

员国以最适合其发展需求的新模式取代新自由主义发展模式的共同愿望。

第九届金砖国家峰会于2017年9月4日在中国厦门举行,旨在进一步加强优先领域的经济务实合作,诸如贸易投资、矿产品生产与加工、基础设施建设、金融一体化、科学、技术创新、信息和通信技术合作,以及加强工业合作,实施《2030年可持续发展议程》。正如习近平主席在大会开幕式演讲中所指出:"我们应该紧紧围绕经济务实合作这条主线,在贸易投资、货币金融、互联互通、可持续发展、创新和产业合作等领域拓展利益汇聚点。今年,我们制定了《金砖国家服务贸易合作路线图》、《金砖国家投资便利化纲要》、《金砖国家电子商务合作倡议》、《金砖国家创新合作行动计划》、《金砖国家深化工业领域合作行动计划》,成立了新开发银行非洲区域中心,决定建立金砖国家示范电子口岸网络,在税收、电子商务、本币债券、政府和社会资本合作、金融机构和服务网络化布局等方面达成积极共识,各领域务实合作不断机制化、实心化,含金量不断提升。"[①]

(二)中国-拉共体合作计划和"一带一路"倡议的作用

2014年建立的中国-拉共体合作计划(简称"中拉合作计划")和"一带一路"倡议的目标相同,即为基础设施项目融资以及加强中国大型企业与沿线国家在全球价值链中的产业合作。

习近平主席在2014年宣布的"1+3+6"合作计划,即中国-拉共体合作计划,由贸易、投资和金融合作三大经济动力驱动,针对中国有意投资的六个行业:能源和自然资源、基础设施建设、农业、制造业、科技创新和信息技术,指明了中国与拉美在围绕"一带一路"两个主要目标下的合作可能性,即基础设施融资和产业合作。

李克强总理在2015年访问拉美期间,提出了一个新数字来形容中国对拉美地区的新政策:中国与拉美经济"3×3"合作模式。该政策旨在鼓励中国

---

① Xi Jinping, *Full Text of President Xi's Remarks at Plenary Session of BRICS Xiamen Summit*, https://www.brics2017.org/English/Headlines/201709/t20170904_1906.html, November 1, 2017.

和拉美的企业、社会、政府三方在物流、发电和信息技术三个领域开展合作。

习近平主席关于中拉贸易未来几年将达到5000亿美元的论断是基于对中国的农产品和矿产品需求将在未来几年继续上涨,以及中国近期在工业、基础设施和能源领域的新一轮投资将会带来新贸易机会等方面的认知。

巴西在此新框架下所面临的挑战不仅是如何吸引中国投资,更是如何促进其产业结构实现现代化,以便更好地融入全球产业价值链。巴西当前以生产大宗商品和加工业为主的经济特色限制了其工业结构与世界其他地区的整合以及巴西对外贸易的扩展。此外,基础设施的缺陷以及该区域各国(特别是巴西和南方共同市场成员国)在自由贸易协定中的参与程度较低更加大了这种一体化的难度。南美一体化虽然有助于扩大市场规模并刺激区域价值链的形成,但这种趋势是脆弱的。或许,中国在该地区投资基础设施的最大益处之一就是促进南美物流渠道的一体化,并以此确保其经过太平洋的运输渠道的安全性。南美一体化,加之巴西所拥有的强大技术基础、众多优秀的行业领域、与西欧在历史文化上的接近度以及庞大的内部市场需求等事实,将会为中国与拉美关系带来新机遇,对该地区产生积极的影响,并为中国和拉美企业带来共赢。

通过巴西和秘鲁将大西洋与太平洋连接起来的两洋铁路建设是"一带一路"倡议向拉美延伸的战略轴线之一,它将为中国在太平洋海域开辟一条安全的补给通道,从而避开复杂的马六甲海峡通道。

对于拉美而言,特别是巴西,两洋铁路的建设将带来众多好处,可为巴西对中国乃至整个亚洲的出口提供便利。目前,对该地区的出口额占巴西出口总额的一半以上。

三 巴中贸易关系

自2009年以来,中国一直是巴西的主要贸易伙伴。巴西对中国的出口从2000年的10.85亿美元跃升至2017年的474.88亿美元,增幅超过42倍。巴西从中国的进口同样呈现增长的趋势,从2000年的12.22亿美元增加到2017年的272.31亿美元,增长了21倍。两国贸易额在2013年达到

83.33亿美元的高峰后出现大幅下降，2016年达到58.498亿美元，在三年内下降了30%。双边贸易额的下降一方面是由于中国经济增长速度减缓，巴西对中国的出口从2013年的462.66亿美元下降到2016年的351.34亿美元，下降幅度为24%；另一方面是由于巴西经济在2014~2016年出现严重衰退，巴西从中国的进口量也从2013年的373.04亿美元下降到2016年的233.64亿美元，下降幅度37%。

（一）2017年新拐点

最新数据显示，巴西与中国双边贸易的下降趋势在2017年实现扭转。从表1可以看出，巴西2017年对华出口额达到474.88亿美元，比2016年增加35%。巴西从中国的进口也增加到273.21亿美元，与2016年相比增长17%。

这一切都表明，2017年是两国当前贸易下降趋势的转折点。与2016年相比，中国大幅增加从巴西进口的大豆、铁矿石、石油、纤维素和牛肉，增长率分别是41.2%、42.1%、88.1%、18.7%和32.2%（见表2）。巴西从中国的进口也再次上升，因为巴西经济最终从2015年和2016年的经济衰退中走出并再次呈现小幅增长。

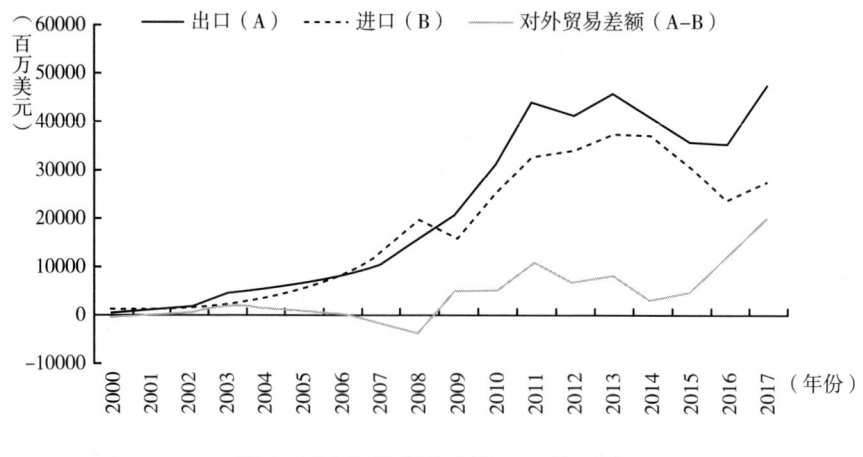

图1 巴中贸易情况（2000~2017年）

资料来源：巴西工业、贸易和服务部。

表 1　巴中双边贸易情况（2000~2017 年）

单位：百万美元

年份	出口（A）	进口（B）	对外贸易差额（A-B）	对外贸易总额（A+B）
2000	1085	1222	-137	2307
2001	1902	1328	574	3231
2002	2521	1554	967	4075
2003	4533	2148	2386	6681
2004	5441	3710	1731	9152
2005	6835	5355	1480	12190
2006	8402	7990	412	16393
2007	10749	12621	-1872	23370
2008	16523	20044	-3522	36567
2009	21004	15911	5093	36915
2010	30786	25595	5190	56381
2011	44315	32791	11524	77105
2012	41228	34251	6976	75479
2013	46026	37304	8722	83330
2014	40616	37345	3271	77961
2015	35608	30719	4888	66327
2016	35134	23364	11770	58498
2017	47488	27321	20167	74810

资料来源：巴西工业、贸易和服务部。

表 2　巴西对中国出口的主要产品

单位：百万美元，%

产品	2017 年	2016 年	比例（2017 年）	比例（2016 年）	2017 年/2016 年百分比变化
未磨碎大豆	20310	14386	42.8	40.9	41.2
铁矿石	10393	7315	21.9	20.8	42.1
石油	7351	3908	15.5	11.1	88.1
纤维素	2568	2163	5.4	6.2	18.7

续表

产品	2017年	2016年	比例（2017年）	比例（2016年）	2017年/2016年百分比变化
新鲜、冷冻牛肉	929	703	2.0	2.0	32.2
新鲜、冷冻鸡肉	761	859	1.6	2.4	-11.5
铁合金	564	475	1.2	1.4	18.7
皮革	523	571	1.1	1.6	-8.4
飞机	396	344	0.8	1.0	14.9
烟草	276	279	0.6	0.8	-1.2
其他产品	3420	4130	7.2	11.8	-17.2
总计	47491	35133	100	100	35.2

资料来源：巴西工业、贸易和服务部。

（二）双边贸易的结构性不平衡

另外值得注意的是，2017年，巴西与中国的贸易顺差达到201.67亿美元，创下了历史新高，相当于巴西在2017年与所有贸易伙伴对外贸易顺差总额的近1/3（见表3）。巴西与其后两个主要贸易伙伴——美国和阿根廷之间的贸易顺差分别为20.26亿美元和81.84亿美元。

表3 巴西出口、进口、对外贸易差额和总贸易额情况

单位：百万美元离岸价

国家	出口(A)		进口(B)		对外贸易差额(A-B)		对外贸易总额(A+B)	
	2017年	2016年	2017年	2016年	2017年	2016年	2017年	2016年
总计	217739	185235	150749	137552	66990	47683	368489	322787
中国	47488	35134	27321	23364	20167	11770	74810	58498
美国	26873	23156	24847	23803	2026	-646	51719	46959
阿根廷	17619	13418	9435	9084	8184	4333	27054	22502

资料来源：巴西工业、贸易和服务部。

尽管巴西在与中国的贸易关系中取得了较大的顺差，但巴西政府仍为双边贸易的结构性不平衡格局而担心。从表2中可以看出，2017年，巴西对

中国出口的三大产品——大豆、铁矿石和石油所占比例高达80%。类似情况在过去几年中多次出现。相反，巴西从中国进口的主要产品则是制成品（见表4）。

表4 巴西对中国进口的主要产品

单位：百万美元，%

产品	2017年	2016年	比例（2017年）	比例（2016年）	2017年/2016年比例变化
其他制成品	4635	3618	17.0	15.5	28.1
发送或接收装置和组件	3774	3000	13.8	12.8	25.8
杂环化合物及其盐和磺酰胺	851	791	3.1	3.4	7.5
集成电路和微型组件	780	607	2.9	2.6	28.6
电机、发电机和变压器	683	620	2.5	2.7	10.2
自动化设备零部件	679	600	2.5	2.6	13.2
汽车拖拉机零部件	568	365	2.1	1.6	55.6
纺织及人造纤维	551	481	2.0	2.1	14.7
其他初级产品	488	494	1.8	2.1	-1.1
铁或铝的平轧产品	486	265	1.8	1.1	83.1
其他产品	13826	12523	50.6	53.6	10.4
总计	27321	23364	100	100	16.9

资料来源：巴西工业、贸易和服务部。

从表5和图2可以看出，巴西向中国出口初级产品的比重在逐渐增加：2000年初级商品占对中国出口总额的68.2%，而2017年已达到86.5%。从巴西出口中国制成品的比重则呈现出相反的轨迹：从2000年的18.8%下降到2017年的4%。相反，正如表6和图3所示，中国向巴西出口制成品的比重在逐渐上升：2000年，制成品占巴西进口中国总量的90.4%；在2017年，这一比例已经达到97.3%。

表5 巴西对中国的出口情况

单位：百万美元，%

年份	总计	初级产品	比例	半成品(A)	比例	制成品(B)	比例	工业制成品(A)+(B)	比例
2000	1085	740	68.2	141	13.0	204	18.8	345	31.7
2001	1902	1155	60.7	274	14.4	464	24.4	738	38.8
2002	2521	1551	61.5	442	17.5	520	20.6	963	38.2
2003	4533	2266	50.0	1080	23.8	1175	25.9	2254	49.7
2004	5441	3232	59.4	1234	22.7	966	17.8	2200	40.4
2005	6835	4674	68.4	1005	14.7	1140	16.7	2145	31.4
2006	8402	6213	73.9	1275	15.2	879	10.5	2155	25.6
2007	10749	7927	73.8	1937	18.0	867	8.1	2804	26.1
2008	16523	12830	77.7	2586	15.7	1095	6.6	3681	22.3
2009	21004	16311	77.7	3262	15.5	1422	6.8	4684	22.3
2010	30786	25755	83.7	3622	11.8	1395	4.5	5017	16.3
2011	44315	37661	85.0	4594	10.4	2031	4.6	6626	15.0
2012	41228	34147	82.8	4671	11.3	2373	5.8	7045	17.1
2013	46026	38973	84.7	5458	11.9	1559	3.4	7017	15.2
2014	40616	34292	84.4	4668	11.5	1625	4.0	6293	15.5
2015	35608	28590	80.3	4699	13.2	2290	6.4	6990	19.6
2016	35134	28428	80.9	4778	13.6	1908	5.4	6686	19.0
2017	47488	41056	86.5	4535	9.6	1883	4.0	6418	13.5

资料来源：巴西工业、贸易和服务部。

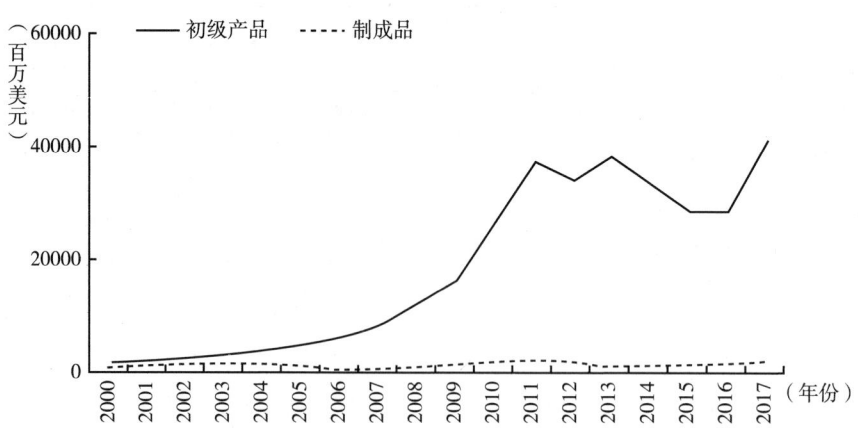

图2 巴西对中国出口的总体情况

资料来源：巴西工业、贸易和服务部。

表6 巴西对中国的进口情况

单位：百万美元，%

年份	总计	初级产品	比例	半成品(A)	比例	制成品(B)	比例	工业制成品(A)+(B)	比例
2000	1222	101	8.2	16	1.3	1105	90.4	1122	91.8
2001	1328	140	10.5	19	1.4	1170	88.1	1189	89.5
2002	1554	227	14.6	19	1.2	1308	84.2	1327	85.4
2003	2148	326	15.2	27	1.2	1795	83.6	1822	84.8
2004	3710	389	10.5	51	1.4	3270	88.1	3321	89.5
2005	5355	246	4.6	67	1.3	5041	94.2	5109	95.4
2006	7990	203	2.5	85	1.1	7703	96.4	7788	97.5
2007	12621	322	2.5	92	0.7	12208	96.7	12300	97.5
2008	20044	864	4.3	106	0.5	19074	95.2	19180	95.7
2009	15911	256	1.6	43	0.3	15612	98.1	15655	98.4
2010	25595	536	2.1	105	0.4	24955	97.5	25060	97.9
2011	32791	888	2.7	103	0.3	31800	97.0	31903	97.3
2012	34251	724	2.1	104	0.3	33423	97.6	33527	97.9
2013	37304	852	2.3	65	0.2	36386	97.5	36451	97.7
2014	37345	673	1.8	93	0.2	36579	97.9	36672	98.2
2015	30719	759	2.5	117	0.4	29843	97.1	29960	97.5
2016	23364	637	2.7	86	0.4	22641	96.9	22727	97.3
2017	27321	663	2.4	66	0.2	26593	97.3	26658	97.6

资料来源：巴西工业、贸易和服务部。

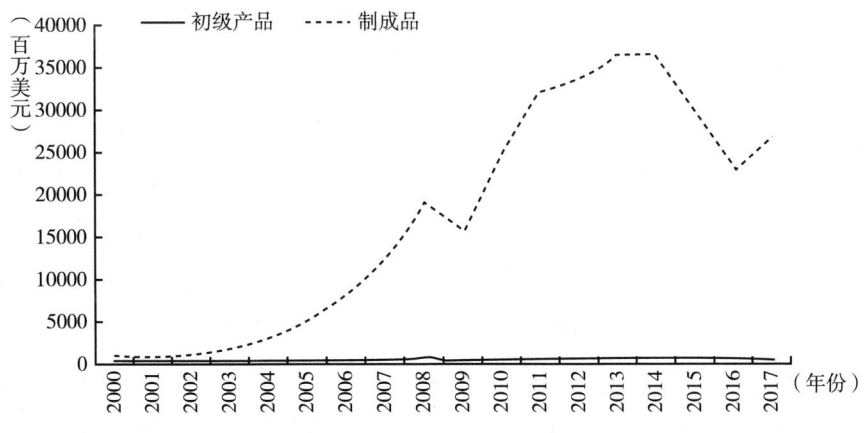

图3 巴西对中国进口的总体情况

资料来源：巴西工业、贸易和服务部。

巴西工业的国际竞争力低下主要是由于巴西宏观经济政策以长期的汇率升值作为控制通货膨胀的一种手段，使得巴西制造业产品在国外缺乏竞争力，进而导致巴西经济的去工业化进程。此外，包括中国在内的一些巴西贸易伙伴采用"阶梯关税"的做法，即对未加工的原材料采用非常低的进口关税，关税幅度随着这些原材料的附加值增加而递增。以大豆为例，中国对粮食实行的关税是3%，麸皮为5%、大豆油为9%，使得出口附加值较高的大豆更为困难。

中巴双边贸易议程上的这种结构性不平衡已经引起巴西一些行业部门的投诉，主要是巴西制造业，如贸易保护主义的压力以及针对中国进口产品的反倾销调查和相关措施。《中国加入世贸组织议定书》中的第15条规定为针对中国出口产品征收反倾销关税提供了便利。该条款规定，在反倾销和反补贴调查中，倾销幅度的确定可以以一个市场经济第三国的商品价格为依据。自2016年12月16日该条款到期以来，有必要放弃这种方法来针对中国的反倾销决定，但这在巴西以及其他许多国家仍尚未实现。根据我们对2017年在巴西实施的反倾销措施的调查，我们注意到在90项有效措施中，有56项是针对中国的。国际学术界对于贸易议程中这种结构性不平衡的批评也很频繁，在拉丁美洲主要分为两大流派：第一种流派将双边关系归类为中国的"新殖民主义"。持这种观点的学者主要是历史学家，如哈维尔·瓦德尔（Javier Vadell），他们认为中国正在榨取巴西的战略产品，如矿产和自然资源，购买巴西的原材料，并让巴西市场充斥着各式各样的高价值但质量低下的中国产品。他们将中国与拉美的关系与19世纪殖民时期拉美与欧洲的关系进行对比。第二种流派的代表是菲利普·谢莱肯斯（Philip Schellekens）等一些经济学家，他们认为双边贸易关系实际上是由各国的生产结构决定的。也就是说，巴西向中国出售大豆和铁矿石，并从中国购买制成品和半成品（如化学品和电子设备）是因为巴西在大豆和铁矿石方面具有竞争力，但它在其他具有更高附加值的产品上不具备同等的竞争力，这些产品在中国生产的效率更高、价格更低廉，因此中国没有兴趣从巴西购买那些产品。①

巴西和中国政府都十分关注这一问题，并一直在寻找方案使双边贸易议程更加平衡。中国驻巴西大使李金章在此前接受《华尔街日报》采访时明确表示：中国和巴西之间的贸易平衡可以从多个角度进行分析。抛开巴西出口额远高于从中国进口额的这一事实，李金章认为，近年来，由于优势互补，双边贸易一直保持高位，这带动了两国的经济增长。这种伙伴关系正处在一个新的历史时刻，两国正在努力实现双边贸易的转型和现代化。首先，"一带一路"倡议和产能合作将有助于经贸合作的扩大并实现质的飞跃。中国愿与巴西协调发展战略，推动巴西基础设施建设，尝试新模式，如共同建立工业产业园和科技园区，推动巴西经济在全球产业价值链中的结构转型与升级。巴西也是中国产能合作的重要伙伴，特别是在基础设施、农业、能源、电信和设备机械等领域。中国将鼓励其优质产业和环保型产业在巴西投资。②

然而，必须承认的是，巴西与中国的贸易关系不仅在贸易平衡方面对巴西有利，而且在就业机会方面也产生利好。在过去的 9 年里，即 2009～2017 年，巴西累计对华贸易顺差达到 780 亿美元，约占巴西外汇储备的 1/5。世界劳工组织（ILO）最近发布的题为"中国对拉丁美洲和加勒比地区就业数量和质量的影响"的研究表明，与中国的贸易对巴西创造就业机会产生了积极影响。1995～2011 年，考虑到就业机会数量和失业人数，研究人员估算巴西与中国的贸易可带来 135 万个就业岗位，占该时期创造的就业机会总数的 4.38%。③

---

① Thais Moretz‒Sohn Fernandes, *Comércio Brasil‒China*: neocolonialismo chinês ou relações de mercado? http://www.politize.com.br/comercio‒brasil‒china/.

② Daniel Rittner, "É nos tempos ruins que conhecemos os nossos bons amigos", *Valor*, Dezembro 26, 2017, p. A4.

③ André Soares, "China cria empregos no Brasil", *Valor Econômico*, http://www.valor.com.br/opiniao/5152602/china‒cria‒empregos‒no‒brasil, Outubro 11, 2017.

四 巴中对外直接投资

巴中两国经贸关系的新动态是贸易和直接投资的同步增长，这表明双边经济关系正在发生质的飞跃，从仅仅基于贸易层面的"浅层一体化"阶段演变为基于直接投资的生产系统整合的"深度一体化"的新阶段。根据中国－巴西企业家委员的数据，2007～2016 年，中国公司在巴西投资 461 亿美元。[①] 如果再加上 2017 年的投资额 119 亿美元[②]，那么在过去的 11 年里，总投资额达到了 580 亿美元。

《中资企业协会成员名录（2016～2017 年）》收录了中国在巴西的重要企业，共计 70 家注册企业会员，其中大部分活跃在多个行业之中：基础设施（14 个）、能源（8 个）、制造业（24 个）、农业综合企业（7 个）、信息技术（7 个）、运输和物流（8 个）、采矿和炼钢（4 个）、贸易和投资。[③]

值得注意的是，与中国在巴西投资只是为了寻求安全的原材料供应来源这一常识相反，大部分中国投资是制造业（汽车、建筑设备、高端技术）和服务业（电子商务、IT、电信、金融服务），以及基础设施和能源。巴西国家规划部国际事务秘书长乔治·阿尔巴什（Jorge Arbache）曾这样评价："今天，中国企业不仅要保证大宗商品的供应，还要向其他国家转移本国工厂的闲置产能……他们正寻求在优质项目中提升规模和参与度，稳步地朝多元化发展，摈弃只注重商品的传统，对服务领域也同样关注，包括技术发展水平较高的领域。"[④]

2017 年中国在巴西直接投资的一个重要特征是并购现有资产，对此可以有多重解释。除了巴西凭借其自有的巨大市场潜力而具有很高的吸引投资

---

① Conselho Empresarial Brasil – China, *Investimentos Chineses no Brasil 2016*, http://cebc.org.br/sites/default/files/investimentoschinesesnobrasil2016_pt.pdf, Maio 2016.
② Daniel Rittner, "China flerta com projetos novos no Brasil", *Valor*, Dezembro 26, 2017, p. A3.
③ ABEC, *Diretório dos Membros da Associação Brasileira de Empresas Chinesas (ABEC) 2016 – 2017*, São Paulo: Associação Brasileira de Empresas Chinesas (ABEC), 2017.
④ Daniel Rittner, "China flerta com projetos novos no Brasil", *Valor*, Dezembro 26, 2017, p. A3.

能力这一事实之外，在2016年和2017年出现的这一势头还主要有两方面原因：一方面是由于巴西公司的债务负担过重，需要出售资产来维持资产平衡；另一方面是巴西公司市值在过去3年间大幅下跌。受严重的经济危机影响，巴西经济在2015年和2016年两年间大幅下滑，经济缩水近7%，影响了许多公司的盈利能力和财务状况①，导致其市值急剧下降，便宜的价格刺激了外国投资者收购这些公司的行为。此外，当期经济表现不佳，也阻碍了以扩大生产力为目的的绿地项目建设。

如表7和表8所示，中国是2016年和2017年收购和兼并巴西企业最多的国家。2017年，中国投资者斥资106.8亿美元收购和兼并巴西公司；2016年投资额为119.2亿美元。尽管2017年的投资总额略低于2016年，但投资项目的数量更多：2016年有7个项目，2017年有16个项目。② 2017年，中国企业公布的主要投资项目包括中国国家电网收购圣保罗电力公司（CPFL）、招商局港口控股有限公司兼并巴拉那瓜集装箱码头（Terminal de Contêineres de Paranaguá）、维多利亚州电力投资公司（Vitória da State Power Investment Corporation）中标圣西蒙水电站（Hidroelétrica de São Simão）以及海航接管里约热内卢加利昂机场（Galeão）的运营权。③

从表7和表8中还可以看出，虽然中国占2016年和2017年巴西外国投资总额的35.06%和32.57%，几乎是投资第二多国家投资额的两倍，即2017年的加拿大和2016年的美国，但中国近两年的投资项目数量明显低于美国。2017年，在173个并购项目中，中国占16个，美国占41个。2016年，在217个并购项目中，中国只有7个，而美国有67个。这种差异的原因在于，中国的投资主要集中在基础设施和能源上，需要大量资金来获得中期和长期回报，而美国的投资则更加多元化。一方面，这种投资模式显示出

---

① 计算公司市值有多种方法，其中最常用的一种方法是将年度结算乘以一定的年数，通常为五年。因此，如果其营业额下降，公司的市值也会随之下降。
② Marta Watanabe, "Chineses avançam na fatia de fusões e aquisições estrangeiras no país", *Valor*, Dezembro 26, 2017, p. A3.
③ Daniel Rittner, "China flerta com projetos novos no Brasil", *Valor*, Dezembro 26, 2017, p. A3.

中国对巴西的信心增强，避险情绪减弱，但另一方面减缓了两国的产业一体化。这很自然地反映在巴西出口上，因为国际贸易主要是以企业间的零部件贸易为主。如表9所示，2017年制成品占巴西对美国出口总额的56.3%，但仅占巴西对中国出口总额的4%。由此可见，使中巴贸易模式更加平衡的最佳途径是增加两国的产业合作。

表7 2017年主要国家在巴西的并购情况

主要投资国	投资金额(10亿美元)	投资项目数量	比例(%)
中　　国	10.68	16	35.06
加 拿 大	5.59	5	18.34
美　　国	3.83	41	12.56
墨 西 哥	1.61	2	5.28
挪　　威	1.59	7	5.2
阿 根 廷	1.49	3	4.88
荷　　兰	1.19	4	3.89
西 班 牙	0.7	4	2.3
瑞　　士	0.61	10	2.02
德　　国	0.61	6	1.99
总　　计	30.47	173	

资料来源：Dealogic apud Valor（数据统计截至2017年12月11日），23/12/2017。

表8 2016年主要国家在巴西的并购情况

主要投资国	投资金额(10亿美元)	投资项目数量	比例(%)
中　　国	11.92	7	932.57
美　　国	6.39	67	17.45
加 拿 大	17.17	14	17.17
法　　国	8.39	29	8.19
挪　　威	7.14	6	7.14
墨 西 哥	4.09	3	4.09
意 大 利	3.75	6	3.75
奥 地 利	1.14	3	1.12
英　　国	0.68	11	1.85
哥伦比亚	0.32	2	0.86
总　　计	36.59	217	

资料来源：Dealogic apud Valor, Dezembro 23, 2017。

表9 2017年巴西出口情况

单位：百万美元，%

国家	总计	初级产品		制成品	
		金额	比例	金额	比例
中国	47488	41056	86.5	1883	4.0
美国	26873	4766	17.7	15146	56.3

资料来源：巴西工业、贸易和服务部。

与之相反，越来越多的巴西公司在中国拥有工厂，如航空和工业设备、食品加工、金融服务和港口设施等。投资中国的巴西企业主要有Embraer（主营飞机制造）、Vale（主营采矿）、BRF（主营肉类出口）、Marfrig（主营食品）、WEG（主营发动机）、Maxion（主营铁路货车）、Marcopolo和Frasle（主营汽车配件）以及Votorantim（主营水泥）。此外，诸如Gerdau（主营钢铁）、Suzano（主营纸浆和造纸）、Riachuelo（主营服装）、Tramontina（主营国内公用事业）、Soprano（主营水利冶金）、Oxiteno（主营溶剂）和Caloi（主营自行车）等企业，以及巴西银行、Itaú-BBA银行和BTG Pactual银行，均在中国设有商业办事处。

五 2018年展望与建议

尽管2018年存在诸多不确定性，特别是总统选举在极端两极化的政治环境下进行，大多数分析人士认为巴西经济可增长约3%，这将加剧来自企业以及家庭的进口需求。国际货币基金组织预测2018年世界经济增长3.7%，其中包括中国等重要巴西贸易伙伴的经济增长，除中国预计增长6.5%以外，美国（2.3%）、阿根廷（2.5%）、欧元区（1.9%）以及拉丁美洲和加勒比（1.9%）等地均呈现增长之势。世贸组织预计2018年国际贸易量将增长3.2%。"世界经济和贸易的增长都将有助于巴西贸易平衡的良好表现。"①

2017年巴西-中国扩大生产能力合作基金启动，价值200亿美元（巴西出资50亿美元、中国出资150亿美元），将用于投资新的绿地项目，而不仅是像2017年那样并购正在运营的公司。2018年，巴西和中国将开会评估基金预选的8个项目，它们或将得到这一双边机制的资金支持。市场猜测最有可能入选的两个项目是Ferrogrão项目——在帕拉州建设一条连接巴西中西部大豆主产区和Miritituba港口的铁路和CBSteel项目——在马拉尼昂州建设钢铁厂。此外，中国铁路资本和中国铁路第一集团公司也有可能加入圣保罗地铁6号线项目的建设。可能获得中国投资的项目还有东西一体化铁路项目（Fiol），该铁路将位于巴伊亚州内陆地区的大豆主产区连接到Ilhéus港口。②

为了使双边贸易关系达到一个更好的平衡，无论是贸易额还是贸易产品种类，"双方采取互相尊重、合作和互利共赢的态度，根据世贸组织规则以及对话和磋商途径，以适当的方式来解决争议与分歧是至关重要的"。③ 在这方面，双方需要采取措施来消除贸易壁垒，促进贸易自由化和便利化。比如，巴西在认定中国出口产品倾销幅度时，可以根据世贸组织的相关规定，以中国实际成本价格取代以市场经济第三国的商品价格为依据，这一点很重要。对中国而言，需要改变目前的"阶梯关税"做法，这将限制较高附加值产品的出口。而中国也需要减少使用以植物检疫为主的非关税壁垒来阻碍一些巴西产品的出口，比如肉类和蔗糖。

同时，中国对巴西的直接投资如能超越对当地企业的收购和兼并，朝着新项目建设和投资多元化的方向进展，对增强两国之间的产业合作来说是十分重要的。为此，中国企业必须更好地了解巴西的文化和商业环境，以加强

---

① Ministério da Indústria, Comércio e Serviços, "Marcos Pereira destaca saldo histórico de US $ 67 bilhões na balança comercial de 2017", http：//www.mdic.gov.br/index.php/noticias/3008 - marcos - pereira - destaca - saldo - historico - de - us 67 - bilhoes - na - balanca - comercial - de -2017, Janeiro 2, 2018.
② Daniel Rittner, "China flerta com projetos novos no Brasil", Valor, Dezembro 26, 2017, p. A3.
③ Daniel Rittner, "É nos tempos ruins que conhecemos os nossos bons amigos", Valor, Dezembro 26, 2017, p. A4.

人际关系,正如2017年9月习近平主席在厦门举行的金砖国家会议开幕式上所说:"国之交在于民相亲。只有深耕厚植,友谊和合作之树才能枝繁叶茂。加强我们五国人文交流,让伙伴关系理念扎根人民心中,是一项值得长期投入的工作。"①

---

① Xi Jinping, *Full text of President Xi's Remarks at Plenary Session of BRICS Xiamen Summit*, https：//www.brics2017.org/English/Headlines/201709/t20170904_1906.html, November 1, 2017.

Y.16
巴西亚洲政策的变化及对中国"一带一路"倡议的认知与回应

〔巴西〕João Paulo Nicolini Gabriel 〔巴西〕Desirée Almeida Pires
〔巴西〕Carlos Eduardo Carvalho* 王珺珺 译

摘　要： 近年来，巴西外交以"减少参与国际政治事务、专注于吸引投资"为总基调。这一基调直接影响到巴西亚洲政策的制定及其对中国"一带一路"倡议的关注与回应。同时，巴西国内的政治危机、经济危机与社会动荡也深刻影响其亚洲政策的制定。由于国内局势混乱，巴西在国际舞台上有所作为变得更加困难，导致其在2017年金砖国家峰会以及首届"一带一路"国际合作高峰论坛期间，外交乏善可陈。当前，中国的"一带一路"倡议规模宏大、目标雄伟。相比之下，美国却正在大兴"民族主义"之道，这些都表明国际力量的平衡正在发生变化。尽管巴西外交界和学术界对亚洲局势的认识在不断深化，但是囿于国内局势的混乱，巴西并没有在外交上突出亚洲这一主题。即使是在当前与亚洲新兴国家的交往中，巴西依然无法与其展开新的对话，也无法有效地利用这些国家的发展所带来的机遇。

---

* João Paulo Nicolini Gabriel，巴西圣·蒂亚戈·丹塔斯国际关系研究项目硕士研究生，美国外交政策研究中心研究人员（NEPEU）；Desirée Almeida Pires，巴西圣·蒂亚戈·丹塔斯国际关系研究项目博士研究生，受巴西国家科学技术研究院美国研究所奖学金资助（INCT‐INEU），圣保罗州立大学国际事务研究与分析中心研究人员（NEAI‐Unesp）；Carlos Eduardo Carvalho，巴西坎皮纳斯州立大学经济学博士，巴西圣·蒂亚戈·丹塔斯国际关系研究项目副教授，ABC联邦大学经济学研究生项目客座教授。

巴西亚洲政策的变化及对中国"一带一路"倡议的认知与回应

关键词: 巴西 中国 "一带一路"倡议 亚洲政策 地缘政治

一 引言

20世纪初,巴西尚能够对国家政策进行务实的调整以应对世界秩序的变化,并制定出长期、有计划、协调一致的政策框架,以维护国家在政治、外交、商业和军事领域的利益。[①] 巴西一些高水平的外交官曾经阐述过巴西对国际关系的看法,从而使巴西的外交闻名遐迩。当然,这其中最著名的便是被称为里奥·布兰科男爵的何塞·玛丽亚·达·席尔瓦·帕拉尼奥斯·朱尼尔(José Maria da Silva Paranhos Junior, 1845~1912年)。他意识到,巴西需要立即审视自己,并寻求能够加强其国际影响力的外交策略,这也是他于1902~1912年任巴西外交部部长之前,巴西外交团队一直追求的目标。[②] 由于国际格局的变化,不同于以往一直聚焦于以英国为首的欧洲国家的外交策略,里奥·布兰科男爵提出,巴西需要更加关注美国。他的外交策略表明,对巴西而言,美国不仅是一个世界强国,更是一个潜在的贸易与政治合作伙伴。

当前的环境与里奥·布兰科男爵在20世纪初所察觉的情形有很多相似之处:国际秩序正在发生变化,这种变化包括美国的相对衰落和由中国主导的东亚崛起。亚洲不仅是世界上人口最多的大陆,也是一个充满活力的地区。印度、日本、印度尼西亚,尤其是中国等国家在国际政治中逐渐变得更加重要。这些国家与巴西之间的关系也越来越密切。2016年,巴西与亚洲国家的贸易额分别占巴西进出口总额的31.6%和35.8%。中国自2009年开始成为巴西最大的贸易伙伴,2016年,中国占巴西出口总额的23.2%,高

[①] Cervo, Amado; Bueno, Clodoaldo, *História da Política Externa do Brasil*, Brasília: Editora UnB, 2015.
[②] Cervo, Amado; Bueno, Clodoaldo, *História da Política Externa do Brasil*, Brasília: Editora UnB, 2015.

于包括阿根廷、巴拉圭、乌拉圭和委内瑞拉等南美国家15.5%的占比,这些国家和巴西都是区域关税联盟"南方共同市场"的成员国。①

在巴西外交官和学者们看来,巴西同亚洲伙伴国家的外交不能再这么低调了。2017年,巴西驻新德里、北京和东京的大使联合致函巴西联邦政府,敦促其营造更好的环境以对亚洲实施更具实质性的政策。② 同时,隶属于巴西外交部的亚历山大·德·古斯芒基金会(FUNAG)于2017年8月出版了《年轻外交官视角下巴西——亚洲关系面临的挑战和机遇》③ 一书。这两项举措都聚焦一个主题:巴西必须在外交上加强同亚洲国家的关系,因为世界权力的中心正在从大西洋地区向印度洋-太平洋地区转移。洛佩斯④将这些主张总结为一个需求:为发展战略创造更好的条件来应对新的国际格局。

从地缘政治的角度来看,亚洲也与巴西息息相关。在历史上,巴西一直在寻求与亚洲大国之间的对话,通过达成国际协议来在全球谈判中展现自己的力量。通过团结发展中国家来应对老牌西方国家的要求,是巴西的传统外交技巧。巴西在多轮世贸组织谈判中以及在对联合国、国际货币基金组织等国际组织的审查中,都凭借此技巧寻求亚洲国家的支持。例如,巴西同另外三个成员国共同审查联合国安全理事会的制度架构,其中日本和印度两个国家都来自亚洲。事实上,尽管巴西与印度之间的贸易额并不大⑤,但是两国

---

① Ministry of Foreign Relations of Brazil, "Intercâmbio Comercial com o Brasil e Comércio Exterior", https://investexportbrasil.dpr.gov.br/arquivos/IndicadoresEconomicos/wcb/pdf/INDChina.pdf, November de 2016.

② Spektor, Matias, "Começou o embate pela nova diplomacia do Brasil na Ásia", *Folha de São Paulo*, http://www1.folha.uol.com.br/colunas/matiasspektor/2017/08/1906675-comecou-o-embate-pela-nova-diplomacia-do-brasil-na-asia.shtml, Agosto 3, 2017.

③ 葡语书名为 *Os Desafios e Oportunidades na Relação Brasil - Ásia na Perspectiva de Jovens Diplomatas*。

④ Lopes, Dawisson Belém, "Temer já vai tarde (para a Ásia)", *O Estado de São Paulo*, http://politica.estadao.com.br/blogs/gestao-politica-e-sociedade/temer-ja-vai-tarde-para-a-asia/, Setembro 1, 2017; Lopes, Dawisson Belém, "Brazilian Malaise in the 'Asian Century'", *The Diplomat*, https://thediplomat.com/2017/09/brazilian-malaise-in-the-asian-century/, Setembro 9, 2017.

⑤ 2017年,印度与巴西间的贸易仅占巴西进出口的1.88%和2.03%(Ministry of Industry, Foreign Trade and Services, 2017)。

巴西亚洲政策的变化及对中国"一带一路"倡议的认知与回应

在全球治理领域曾共同制定过重要举措,如印度-巴西-南非对话论坛(IBSA)就是印度、巴西和南非在 2003 年发起的社会发展和政策协调机制。然而,没有任何组织比金砖国家(BRICS)更能吸引巴西。金砖国家从一开始的首字母缩略词发展成为一个政治协作机制,被认为是巴西最近实施的最重大的外交举措。巴西的各类文献中频繁地记载着巴西外交部前部长塞尔索·阿莫林(Celso Amorim,2003~2011 年)对金砖国家发展进程所做出的贡献,这被认为标志着美国霸主时代的结束。[①] 需要考虑到的一点是,金砖国家的体制化促成了金砖国家新开发银行(NDB)的成立。金砖国家新开发银行于第六届金砖国家峰会期间(2014 年)在巴西福塔莱萨正式建立,其基本任务是为新兴国家和发展中国家的基础设施和可持续发展项目提供资金。[②]

因此,令一些学者和外交官疑惑的是:巴西什么时候以及为什么在国际舞台上失去了重要性?在费尔南多·恩里克·卡多佐(Fernando Henrique Cardoso,1994~2002 年)执政的最后几年,尤其是卢拉·达·席尔瓦(Lula da Silva,2003~2010 年)任期内,巴西被认为是一个新兴经济体,不仅在全球事务中发挥着举足轻重的作用,而且大力开辟与亚洲伙伴对话的新渠道。然而,近年来巴西的外交开始面临一些窘境,例如,2015 年巴西驻日本大使馆电费欠费问题;2017 年 5 月,中国组织首届"一带一路"高峰论坛,巴西未派遣部长级官员参与,遭到巴西媒体的批评,因为阿根廷和智利都是总统出席此次论坛。[③]

巴西国内的政治环境导致其国际合作逐渐冷却,并影响其外交能力,无法针对亚洲大陆所呈现的新态势来制定长期有效的外交战略。如果说巴

[①] Stuenkel, Oliver, *BRICS e o futuro da ordem global*, São Paulo:Paz e Terra, 2017.

[②] New Development Bank, "About us", https://www.ndb.int/about-us/essence/history/, Dezembro de 2017.

[③] Cantanhêde, Eliane, "Caindo do mapa-múndi", *O Estado de S.Paulo*, http://politica.estadao.com.br/noticias/geral,caindo-do-mapa-mundi-imp-,1634692,Fevereiro 15,2015;Lopes, Dawisson Belém, "Temer já vai tarde (para a Ásia)", *O Estado de São Paulo*, http://politica.estadao.com.br/blogs/gestao-politica-e-sociedade/temer-ja-vai-tarde-para-a-asia/, Setembro 1, 2017.

巴西黄皮书

西外交部部长塞尔索·阿莫林时期的外交政策以"极度自信和主动"而著称,那么自迪尔玛·罗塞夫政府(2011~2016年)以来,我们所看到的是,巴西无法在国际舞台上保持更加坚定的立场并抓住国际转型过程中出现的机会。此外,罗塞夫对外交事务缺乏兴趣的原因之一,在于她任期内开始的政治危机和经济危机。这场危机最终导致她被弹劾,其影响一直持续至今。

本文旨在分析巴西在2017年如何制定本国的亚洲政策并如何影响其对中国"一带一路"倡议的认知与回应。就地缘政治和经济而言,亚洲舞台在世界范围内变得非常重要。正如里奥·布兰科男爵当年一样,巴西自21世纪初以来显然已经洞察到这些国际格局的变化。然而,受制于国内的政治条件,巴西无法使外交战略长效化。巴西当前的国内政治危机使其对国际事务的关注减少,因而难以应对目前复杂的世界形势。即使是在当前巴西同亚洲新兴国家的交往中,巴西也依然无法与其开展新的对话,也无法有效地利用这些国家的发展所带来的机遇。

本文分为五个部分:第一部分为引言;第二部分将以巴西国内政治危机为背景,讨论其2017年的亚洲外交政策;第三部分简要介绍"一带一路"倡议,并介绍巴西媒体对该倡议的报道情况,同时分析它所带来的机遇以及相关讨论。与一些国际媒体关于可能的"脱金"① 报道的情况完全不同,巴西从未考虑过要离开金砖国家,也不希望减少与中国的外交和贸易往来。尽管中国政府拒绝将"一带一路"与地缘政治战略画上等号,但是根据有关报道,西方分析人士普遍认为"一带一路"是21世纪地缘政治中最重要的项目之一。因此,许多对巴西政府的批评都源于巴西政府对中国于2017年5月组织的"一带一路"高峰论坛缺乏应有的关注。最后,文章结尾主要讨论巴西外交的宏观战略,即巴西应该如何制定连贯协调的政策以应对国际舞台上的外交新格局。

---

① Rakesh Krishnan Simba, "BRICS should Prepare for 'Braxit': A Brazilian Exit", Russia Beyond, https://www.rbth.com/blogs/stranger_than_fiction/2016/07/04/brics-should-prepare-for-braxit-a-brazilian-exit_608637, July 2016.

二 巴西亚洲政策的变化与调整

自 2011 年迪尔玛·罗塞夫政府上台开始,巴西对国际事务的参与逐渐减少。罗塞夫执政的最初两年,当时巴西还没有面临经济危机和政治危机,这种趋势就已初见端倪,因为当时对腐败问题的调查已经直接影响到巴西政府。在这种情况下,巴西无法在国际事务中起到带头作用,并且在 2015 年欠下联合国约 2.6 亿美元的债务。[①] 巴西媒体一贯认为罗塞夫是一个顽固的、对全球事务关注甚少的人。然而,在巴西外交政策和商业利益如此官僚化和制度化的结构之下,似乎更可以说,巴西对国际事务参与的减少源于其国内的重重危机。在卢拉(2003~2010 年)任期结束后不久,这些危机使巴西的外交野心不断缩小。

米歇尔·特梅尔(Michel Temer)于 2016 年接替被弹劾的迪尔玛·罗塞夫成为巴西总统,致力于恢复巴西衰退的经济。在当时的经济危机下,2015 年巴西的 GDP 下降了 3.8%;政治气候不明朗导致巴西国内投资困难重重;另外,巴西的失业率在 2016 年第一季度就高达 10.9%。[②] 很快,巴西的外交政策就带上了某种民粹主义色彩,外交被视为服务于国家的工具。也就是说,外交应该服务于吸引外资和扩大贸易,而不是设法将巴西变为国际事务的主角。

由于南南合作在巴西官方话语中已经失去了根基,因此与历届政府相比,新政府外交战略的变化是不切实际的。事实上,关于巴西融入国际社会

[①] Chade, Jamil, "Dívida do Brasil na ONU aumenta em 52% e chega a R $ 781 milhões", *O Estado de S. Paulo*, http://internacional.estadao.com.br/blogs/jamil-chade/divida-do-brasil-na-onu-aumenta-em-52-e-chega-a-r-781-milhoes/, Maio 6, 2015.

[②] Mendonça, Heloísa, "Economia brasileira encolhe 3,6% em 2016 com aperto do cinto das famílias", *ElPaís*, https://brasil.elpais.com/brasil/2017/03/07/economia/1488889751_879439.html, Marco 7, 2017; Alvarenga, Darlan, "Veja os números da economia brasileira que Temer irá enfrentar", Portal G1, http://g1.globo.com/economia/noticia/2016/05/veja-os-numeros-da-economia-brasileira-que-temer-ira-enfrentar.htm, Maio 12, 2016.

的讨论存在许多争议，而且讨论已变得更加局限于学术团体、非政府组织（NGOs）和商业团体当中。巴尔博萨（Barbosa）①的主张与巴西总统迪尔玛·罗塞夫执政期间外交政策的主导思想形成了鲜明对比。他认为，既然巴西已经融入了全球价值链，就应该对贸易问题更加关注，并努力在国际条约的国际化过程中减少官僚主义风气。

当前巴西政府的外交政策力求将重点放在巴西的利益上而非任何政治意识形态上，这将有助于巴西重视海外以加强巴西与其产品消费国之间的关系，并促使资本家对向巴西这样的国家进行投资产生兴趣。如果巴西鼓励产品出口，则亚洲市场便自然成为其关注的焦点。亚洲消费者的消费额占全球市场的61%，具有强大的消费能力。受益于此，巴西在与亚洲的大宗商品贸易中保持了顺差。② 2016年，巴西农业部部长布来罗·马吉（Blairo Maggi）出访南亚和东南亚25天，旨在促进巴西对南亚及东南亚国家的农产品出口。③

2017年2月，巴西外交部部长若泽·塞拉（José Serra）任命乔治斯·拉美齐埃（Georges Lamazière）为负责亚太事务的副外长，这可能是巴西外交部中最具战略意义的职位之一。④ 拉美齐埃接受任命，并主要在贸易合作方面寻求新的方式，以加强和扩大巴西与亚洲国家的关系。尽管塞拉担任部长时间不长，但他在2016年的就职演说中对巴西政府外交政策的主要指导方针进行了界定。在亚洲事务上，塞拉的主张非常明确：对巴西而言，加强与亚洲国家，

---

① Barbosa, Rubens, "A nova superpotência", *O Estado de São Paulo*, http://opiniao.estadao.com.br/noticias/geral, a–nova–superpotencia, 70002099388, Novembro 28, 2017.

② Ministry of Agriculture of Brazil, "Ásia é o mercado com maior potencial para expandir exportações do agro brasileiro", http://www.agricultura.gov.br/noticias/asia–e–o–mercado–com–maior–potencial–para–expandir–exportacoes–brasileiras–do–agro, Julho 31, 2017.

③ Lima, Maurício, "Blairo Maggi fará viagem a sete países da Ásia para vender agronegócio brasileiro", *Veja*, https://veja.abril.com.br/blog/radar/blairo–maggi–fara–viagem–a–sete–paises–da–asia–para–vender–agronegocio–brasileiro/, Agosto 16, 2016.

④ Jardim, Lauro, "Dança das Cadeiras no Itamaraty", *O Globo*, http://blogs.oglobo.globo.com/lauro–jardim/post/danca–das–cadeiras–no–itamaraty.html, Fevereiro 14, 2017.

巴西亚洲政策的变化及对中国"一带一路"倡议的认知与回应

尤其是中国和印度的关系至关重要。① 即便是2017年阿洛伊西奥·努内斯（Aloysio Nunes）接替塞拉担任外交部部长，重视亚洲市场的这一特点也仍然保持不变。前几届政府的一些外交政策重点以某种方式被保留下来，只是关注点发生了些许变化而已。例如，在巴西贸易与投资促进局（Apex-Brasil）内部专门设立了一个部门，以扩大巴西对亚洲国家的出口，并使出口产品多样化。②

此外，巴西与中国的全球战略伙伴关系也反映在中国对巴西投资的增加上。有趣的是，为了加强彼此的外交关系，两国在2012年进一步巩固了这一合作伙伴关系。自1993年以来，中巴两国便达成战略伙伴关系，这是两个发展中国家之间第一次建立这种战略伙伴关系。随着2012年新形势的变化，双方制定了更加强有力的政治外交框架以加强两国关系并使其制度化，诸如中巴高层协调与合作委员会（COSBAN）的成立与运行。③

巴西成为仅次于美国的第二大受益于中国的国家。2017年，中国加快与巴西合作的步伐，这一态势在2016年就已显示出来。这一年，中国在能源领域收购了巴西的几家公司，并就基础设施项目方面与巴西建立了伙伴关系。在特梅尔政府任期内，曾有几家中国国有企业对进入巴西可再生能源、铁路、港口等领域产生过兴趣。2017年1~10月，中国对巴西的投资总额超过了100亿美元。最近，中国的公司和金融机构已被巴西政府视为公司私

---

① Serra, José, " Discurso por ocasião da cerimônia de transmissão de cargo ", http：// www. itamaraty. gov. br/pt－BR/discursos－artigos－e－entrevistas/ministro－das－relacoes－exteriores －discursos/14038－discurso－do－ministro－jose－serra－por－ocasiao－da－cerimonia－de－transmissao－do－cargo－de－ministro－de－estado－das－relacoes－exteriores－brasilia－18－de－maio－de－2016, Maio 2016.

② Barbosa, Rubens, " A Política Externa do Governo Temer", *O Estado de São Paulo*, http： // opiniao. estadao. com. br/noticias/geral, a－politica－externa－do－governo－temer, 70001664253, Fevereiro 14, 2017.

③ Correa, Germano Faria Corrêa; Barbosa, Pedro Henrique Batista, "Uma Tentativa Brasileira de Entendero Funcionamento do Governo e do Setor Privado da China", in Barbosa, Pedro Henrique Batista, *Os Desafios e Oportunidades na Relação Brasil－Ásia na Perspectiva de Jovens Diplomatas*, Brasília：FUNAG, 2017, pp. 21－64.

有化进程中潜在的利益相关者。① 相比之下，巴西政府与其他亚洲国家的外交进程发展缓慢，主要侧重于吸引投资和扩大贸易。2016 年，特梅尔总统访问了印度和日本；2017 年，出访俄罗斯。值得关注的是，在 2017 年金砖国家峰会期间，巴西总统与印度总理纳伦德拉·莫迪（Narendra Modi）举行了会谈；2017 年 9 月，巴西外交部部长阿洛伊西奥·努内斯对东盟进行了访问。联合国贸易和发展会议（UNCTAD）的数据显示，大宗商品出口额占巴西总出口额的 65%。② 中国所购买的产品首次占到了巴西出口总量的 25%，其中包括巴西大豆总量的 45%、铁矿石总量的 21%。因此，这就不难解释，即使特梅尔总统对国际事务参与甚少，却已经两次访问了中国。中国和美国是迄今为止被其访问最多的国家。③

虽然巴西与印度和东盟各国（南方共同市场曾在 2009 年中止与东盟的对话，直到 2017 年才恢复）的贸易量仍低于预期，但巴西与中国的贸易发展前景大好——巴西向中国的出口总额已于 2017 年跃过了 400 亿美元大关。尽管如此，有些人还是对此持担忧态度，因为在巴西对中国的出口贸易中，87.3% 为大宗商品（主要是大豆和铁矿石），而巴西从亚洲国家价值 226 亿美元的进口额中，97.4% 为工业制成品。④ 这一事实使巴西一些决策者和经

---

① Hirata, Taís, "China investe R $ 35 bi no país e consultores preveem mais aportes", *Folha de São Paulo*, http：//www1.folha.uol.com.br/mercado/2017/11/1933341 – china – investiu – r – 35 – bi – no – pais – e – consultores – preveem – mais – aportes.shtml, Novembro 7, 2017; Barrucho, Luís, "O raio – X dos investimentos da China no Brasil", *BBC Brasil*, http：//www.bbc.com/portuguese/brasil – 41088186, Agosto 31, 2017.

② United Nations Conference on Trade and Development, "The State of Commodity Dependence", Genebra：Special Unit on Commodities, UNCTAD, 2014.

③ Fagundes, Álvaro, "Pela 1° vez, China compra um quarto de todas as exportações brasileiras", *Folha de S. Paulo*, http：//www1.folha.uol.com.br/mercado/2017/07/1903460 – pela – 1 – vez – china – compra – um – quarto – de – todas – as – exportacoes – brasileiras.shtml, Julho 22, 2017.

④ Ministry of Industry, Foreign Trade and Services of Brazil, "Exportações, Importações e Balança Comercial – Parceiro：China", http：//www.mdic.gov.br/comercio – exterior/estatisticas – de – comercio – exterior/comex – vis/frame – pais? pais = chn, Novembro de 2017; Ministry of Foreign Relations of Brazil, "Intercâmbio Comercial com o Brasil e Comércio Exterior", https：//investexportbrasil.dpr.gov.br/arquivos/IndicadoresEconomicos/web/pdf/INDChina.pdf, Novembro de 2016.

济学家感到恐慌,他们对中国从巴西进口农产品和矿产品持保留态度,认为这会使巴西陷入对国际初级产品价格依赖的危险。

对于巴西与印度的关系,两国元首讨论了在印度和南方共同市场之间扩大特惠贸易协定(PTA)范围的可能性、乙醇使用相关问题以及在太空计划及航空工业领域建立并深化伙伴关系等问题。① 对于巴西与东盟的关系,努内斯试图恢复与该区域成员国的对话,东盟已有50年历史,并被巴西对外关系秘书长马科斯·伽尔瓦(Marcos Galvão)称为南方共同市场的天然合作伙伴。② 巴西外交部部长访问马来西亚、越南和新加坡的主要原因包括:增加贸易额、吸引投资,以弥补美国在退出跨太平洋伙伴关系协定(TPP)后所造成的损失;使南方共同市场能够与亚洲区域集团之间弥合差距、双方立场更加趋于一致;在新加坡会见巴西驻新加坡、菲律宾、泰国、东帝汶、缅甸和印度尼西亚大使(该国有巴西驻东盟的代表),共同努力制定出更具凝聚力的亚洲政策。③

由于国内政治危机,巴西无法在外交上投入过多精力,但是特梅尔还是赴中国参加双边会谈,并着重参与企业家推广论坛,希望证明其经济政策已经开始产生积极效应,巴西对外国投资的吸引力正在恢复。在国际谈判期间,巴西主张对中印之间一度紧张的局势采取低调的态度。由于中印两国对

---

① Gabriel, João Paulo Nicolini; Carvalho, Carlos Eduardo, "O BRICS e o complexo jogo asiático", *Valor Econômico*, http://www.valor.com.br/opiniao/5118688/brics-e-o-complexo-jogo-asiatico, Setembro 14, 2017.

② Romildo, José, "Brasil quer promover comércio entre Mercosul e Sudeste Asiático", *Agência Brasil*, http://agenciabrasil.ebc.com.br/economia/noticia/2017-08/brasil-quer-promover-comercio-entre-mercosul-e-sudeste-asiatico, Agosto 30, 2017.

③ Ministry of Foreign Relations of Brazil, "Viagem do ministro Aloysio Nunes Ferreira ao Sudeste Asiático", http://www.itamaraty.gov.br/pt-BR/notas-a-imprensa/17380-viagem-do-ministro-aloysio-nunes-ferreira-a-malasia-singapura-e-vietna, Setembro 4, 2017; Racy, Sonia, "Mercosul quer lugar deixado por Trump no comércio com bloco asiático", *O Estado de S. Paulo*, http://cultura.estadao.com.br/blogs/direto-da-fonte/mercosul-quer-lugar-deixado-por-trump-no-comercio-com-bloco-asiatico/, Setembro 9, 2017; Dib, Ana Cristina, "Brasil mira a Asean, bloco formado por dez países e comércio exterior de US $ 2,2 trilhões", *Comex do Brasil*, https://www.comexdobrasil.com/brasil-mira-asean-bloco-formado-por-dez-paises-e-comercio-exterior-de-us-22-trilhoes/, Setembro 28, 2017.

巴西而言都涉及商贸和投资利益，因此巴西更倾向于在中印争端问题上保持中立。① 特梅尔访问中国的目的还在于向巴西开放中国市场，增加巴西的工业产品和服务参与到中国的食品供应行业当中。② 在访问结束时，特梅尔重申了巴西与中国在商业、空间合作、文化、旅游业等领域的伙伴关系。特梅尔总统指出，在巴西有很多中国企业，在中国也有很多相关的巴西企业，这说明，巴西可以为中国带来很多机遇。他还强调，两国的企业都有责任保证两国之间的经济交流与投资的顺利进行。③

特梅尔于2017年9月访问中国，参加在厦门举行的金砖国家峰会。此时正值巴西国内对其政府的腐败问题疑云重重，国内充满不确定性，处于动荡时期。因此，巴西媒体很晚才报道了"与会国家的国内形势"与"各国首脑在会上的表现"之间的对应关系：由于习近平、莫迪和普京得到了其国内民众的支持，所以他们能够在会上表现出坚定自信的立场；而巴西总统特梅尔和南非总统祖马由于在国内都面临被弹劾的危险，所以在会上表现得低调些。④

巴西总统更加关注与国家元首的双边会晤，这表明其认为金砖国家的主要作用是与其他国家建立良好的外交关系，而巴西本身在历史上从未与印度有过

---

① Gabriel, João Paulo Nicolini; Carvalho, Carlos Eduardo, "O BRICS e o complex jogo asiático", *Valor Econômico*, http://www.valor.com.br/opiniao/5118688/brics-e-o-complexo-jogo-asiatico, Setembro 14, 2017; Stuenkel, Oliver, "What to Look out for in the Run-up to the 9th BRICS Summit in Xiamen", *Post-Western World*, http://www.postwesternworld.com/2017/05/18/brics-summit-xiamen/, Maio 18, 2017.

② Ministry of Foreign Relations of Brazil, "Parceria para o século XXI", http://www.itamaraty.gov.br/pt-BR/discursos-artigos-e-entrevistas-categoria/ministro-das-relacoes-exteriores-artigos/17343-parceria-para-o-seculo-xxi-o-globo-31-08-2017, Agosto 31, 2017.

③ Temer, Michel, "Discurso do Presidente da República, Michel Temer, durante Cerimônia de Encerramento do Seminário sobre Oportunidade de Investimento-Pequim-China", http://www.itamaraty.gov.br/pt-BR/discursos-artigos-e-entrevistas-categoria/presidente-da-republica-federativa-do-brasil-discursos/17381-discurso-do-presidente-da-republica-michel-temer-durante-cerimonia-de-encerramento-do-seminario-sobre-oportunidade-de-investimento-pequim-china-02-de-setembro-de-2017, Setembro 2, 2017.

④ Saccomandi, Humberto, "BRICS é cada vez mais o grupo da China", *Valor Econômico*, http://www.valor.com.br/politica/5103530/brics-e-cada-vez-mais-o-grupo-da-china, Setembro 1, 2017.

这样的接触。① 具体地说，在金砖国家厦门会议上，特梅尔总统认同中国在组织会议上发挥的重要作用，强调中国将传统和现代有效结合的能力，他甚至声称，尽管金砖国家成员国间存在差异性，但各国的合作目的是一致的，是能够相互协作共促发展的。② 此外，特梅尔再次强调了在政府框架之外加强商业关系的重要性，即金砖国家的私营企业之间也应该加强商业合作。③ 梅特尔的态度直接促成巴西同中国签订了若干协议。此外，巴西外交代表团还向外界力证，巴西将于2019年之前成立一个类似于金砖国家新开发银行的机构。

特梅尔的外交政策是否给巴西带来了重大影响还有待商榷，但巴西国内正在开展的在劳工和公共抚恤金领域进行的私有化进程和经济改革使外国投资者对巴西的兴趣得到恢复。④ 因此，尽管巴西国内政局混乱，巴西在风险机构年底测评中被降级，但巴西获得的国外直接投资和资本市场投资额仍然

---

① Gabriel, João Paulo Nicolini; Carvalho, Carlos Eduardo, "O BRICS e o complexo jogo asiático", *Valor Econômico*, http://www.valor.com.br/opiniao/5118688/brics-e-o-complexo-jogo-asiatico, Setembro 14, 2017.

② Temer, Michel, "Discurso do Presidente da República, Michel Temer, durante reunião ampliada dos Chefes de Estado e de Governo do Brics-Xiamen – China", http://www.itamaraty.gov.br/pt-BR/discursos-artigos-e-entrevistas-categoria/presidente-da-republica-federativa-do-brasil-discursos/17411-discurso-do-presidente-da-republica-michel-temer-durante-reuniao-ampliada-dos-chefes-de-estado-e-de-governo-do-brics-xiamen-china-4-de-setembro-de-2017, Setembro 4, 2017; Temer, Michel, "Discurso do Presidente da República, Michel Temer, durante reunião reduzida dos Chefes de Estado e de Governo do Brics-Xiamen – China", http://www.itamaraty.gov.br/pt-BR/discursos-artigos-e-entrevistas-categoria/presidente-da-republica-federativa-do-brasil-discursos/17412-discurso-do-presidente-da-republica-michel-temer-durante-reuniao-reduzida-dos-chefes-de-estado-e-de-governo-do-brics-xiamen-china-4-de-setembro-de-2017, Setembro 4, 2017.

③ Temer, Michel, "Discurso do Presidente da República, Michel Temer, durante cerimônia de abertura do Fórum Empresarial do Brics-Xiamen – China", http://www.itamaraty.gov.br/pt-BR/discursos-artigos-e-entrevistas-categoria/presidente-da-republica-federativa-do-brasil-discursos/17382-discurso-do-presidente-da-republica-michel-temer-durante-cerimonia-de-abertura-do-forum-empresarial-do-brics-xiamen-china-03-de-setembro-de-2017, Setembro 3, 2017.

④ Costa, Rodolfo, "Temer promete a investidores estrangeiros seguir com as reformas", *Correio Braziliens-e*, http://www.correiobraziliense.com.br/app/noticia/economia/2017/09/20/internas_economia,627510/temer-promete-a-investidores-estrangeiros-seguir-com-as-reformas.shtml, Setembro 20, 2017.

保持了原有水平。然而,巴西媒体和学者注意到,巴西政府未能对2017年5月在中国举办的首届"一带一路"高峰论坛给予足够的重视。一些分析人士和记者认为,"一带一路"倡议作为全球化的新标志和地缘政治的未来,必须受到巴西政府更多的关注;巴西应该在顺应新的全球趋势的同时,充分利用该倡议所带来的机遇。

三 中国"一带一路"倡议的提出与主要内容

在特朗普当选美国总统之后,全球化真正开始呈现中国特色。特朗普的保护主义政策与美国在二战结束后主张创建的国际新秩序大相径庭。2016年,美国突然退出跨太平洋伙伴关系协定(TPP),这一行径与习近平在2017年达沃斯经济论坛上的讲话形成了鲜明对比,也与厦门金砖国家峰会上所强调的"通过自由贸易和多边主义解决国际争端"相悖,而后者也是巴西所大力倡导的。①

为了从新的国际格局中获益,中国政府在贸易和地缘政治方面制定了明确的政策。为了应对当前的形势,中国有必要重新部署宏观战略。② 2017年,中国共产党第十九次全国代表大会通过决议,明确了中国在参与国际事务过程中所坚持的立场。

2013年,习近平在对哈萨克斯坦的访问中首次提出了"一带一路"倡议。③

---

① Abdenur, Adriana Erthal; Muggah, Robert, "A Nova Rota da Seda e o Brasil", *Le Monde Diplomatique*, https://diplomatique.org.br/a-nova-rota-da-seda-e-o-brasil/, Junho 12, 2017.

② Rolland, Nadège, "China's Eurasian Century? Political and Strategic Implications of the Belt and Road Initiative." *Journal of Democracy*, v. 28, n°4, 2017, pp. 170-174; Clarke, Michael, "The Belt and Road Initiative: China's New Grand Strategy?", *Asia Policy*, v. 24, n°1, 2017, pp. 71-79.

③ Rolland, Nadège, "China's Eurasian Century? Political and Strategic Implications of the Belt and Road Initiative", *Journal of Democracy*, v. 28, n°4, 2017, pp. 170-174; Clarke, Michael, "The Belt and Road Initiative: China's New Grand Strategy?", *Asia Policy*, v. 24, n°1, 2017, pp. 71-79.

"一带一路"倡议是一个长期项目,计划在2049年全面实施,体现了中国国家发展与国际自信的结合。① 无独有偶,习近平在中国共产党第十九次全国代表大会上的讲话强调,"一带一路"倡议是使中国人民和世界人民互利共赢的成功举措。② 中国将在国际经济和地缘政治结构的变革中进一步实现"中国梦",而"一带一路"倡议则是助推"中国梦"的最伟大的构想。该倡议以中国为导向提升太平洋地区的影响力,使中国成为一个为世界提供公共产品的国家。

"一带一路"以贸易为导向,将过剩的产能、资本和货币国际化,并倡导和平发展。正如"一带一路"行动计划所描述的那样:"'一带一路'恪守《联合国宪章》的宗旨和原则。遵守和平共处五项原则,即尊重各国主权和领土完整、互不侵犯、互不干涉内政、平等互利、和平共处。"③

北京方面已经加快了金融领域体制框架的制定。2015年亚洲基础设施投资银行(简称"亚投行")的成立和金砖国家新开发银行的建立,都得益于由中国所倡导建立的国际合作机制;而这一合作机制的创建并没有依靠发达国家的广泛参与。这显然是以中国为代表的新兴国家对其在国际货币基金组织和世界银行等全球机构中受挫的回应。正如萨科曼迪(Saccomandi)所说,中国的政治、经济比例为吸引国际协议(如金砖国家)和新兴国家在中国影响的背景下成立银行发挥了向心力。④ 中国在2013年首次宣布"一带一路"倡议之时,就为其实施制定了相应的资金方案。除亚投行外,中

---

① Pautasso, Diego; Ungaretti, Carlos Renato, "A Nova Rota da Seda e a Recriação do Sistema Sinocêntrico", *Estudos Internacionais*, v. 4, n°3, 2017, pp. 25 – 44.
② Xi Jinping, "Discurso de Xi Jinping na abertura do 19° Congresso do Partido Comunista da China", http://operamundi.uol.com.br/conteudo/geral/48290/leia + integra + do + discurso + de + xi + jinping + na + abertura + do + 19 + congresso + do + partido + comunista + da + china.shtml, Outubro de 2017.
③ The State Council of The People's Republic of China, "Action plan on the Belt and Road Initiative", http://english.gov.cn/archive/publications/2015/03/30/content_ 281475080249035.htm, May de 2015.
④ Saccomandi, Humberto, "BRICS é cada vez mais o grupo da China", *Valor Econômico*, http://www.valor.com.br/politica/5103530/brics – e – cada – vez – mais – o – grupo – da – china, Setembro 1, 2017.

国国家外汇管理局、中国投资有限责任公司和中国进出口银行还联合出资，成立了总金额达400亿美元的丝路基金，用于提供期限相对较长的贷款。①

"一带一路"倡议不仅投资规模宏大，其设计架构也非常宏伟。2017年5月，习近平宣布将投资5400亿人民币用于加强基础设施和数字集成项目建设。"一带一路"倡议被西方学者拿来与美国在二战后制定的马歇尔计划相比较，这项倡议所体现出来的宏大目标和动机应得到进一步的关注。② 与中国传统的在全球事务中重视双边对话的外交方式相反，"一带一路"倡议将创建以北京为中心的跨国网络，从而使全世界受益。③ 从国际关系中所谓的"现实主义"观点来看，有一点是可以肯定的，即在"一带一路"倡议的驱使下，其他国家都对中国采取了"搭便车"（Bandwagoning）④ 的策略，许多国家元首都对"一带一路"大加赞许。⑤

金奇（Kynge）指出，中国很清楚"一带一路"倡议可能带来的风险⑥，然而，中国正试图克服这些困难。中国的官方发言具有令人信服的论据。亚洲开发银行的数据显示，到2030年，亚太地区基础设施投资仍需约26万亿

---

① Silk Road Fund, "About us", http：//www.silkroadfund.com.cn/enweb/23775/23767/index.html, Dezembro de 2017; Silk Road Fund, "Investment Managements", http：//www.silkroadfund.com.cn/enweb/23798/23768/index.html, December, 2017.

② Stokes, Jacob, "China's Road Rules", Foreign Affairs, https：//www.foreignaffairs.com/articles/asia/2015-04-19/chinas-road-rules, April 19, 2015.

③ Phillips, Tom, "The $900bn Question: What is the Belt and Road Initiative?", The Guardian, https：//www.theguardian.com/world/2017/may/12/the-900bn-question-what-is-the-belt-and-road-initiative, May 12, 2017.

④ 国际关系研究人员用"搭便车"（英文：Bandwagoning）一词表示某些国家通过靠近大国，以使用其军事或经济权力来应对国际危机，保护本国利益。见 Cf. Stephen Walt, "Alliances: Balancing and Bandwagoing", in Robert Jervis and Robert J. Art, "International Politics: Enduring Concepts and Contemporary Issues", Pearson Higher, 2016, pp.110-117.

⑤ Phillips, Tom, "The $900bn Question: What is the Belt and Road Initiative?", The Guardian, https：//www.theguardian.com/world/2017/may/12/the-900bn-question-what-is-the-belt-and-road-initiative, May 12, 2017; Tzogopoulos, George N., "Time to reappraise the value of Sino-EU ties", Global Times, http：//www.globaltimes.cn/content/1064710.shtml, September 4, 2017.

⑥ Kynge, James, "How the Silk Road Plans will be Financed", Financial Times, https：//www.ft.com/content/e83ced94-0bd8-11e6-9456-444ab5211a2f, May 9, 2017.

美元来解决持久的社会问题，比如现在仍然有"超过4亿人的用电需求得不到满足，3亿人安全饮水困难，约15亿人缺乏基本的卫生服务"。① 联合国秘书长安东尼奥·古特雷斯（António Guterres）在"一带一路"国际合作高峰论坛期间强调，中国是国际多边主义的支柱，能够通过开展"一带一路"这样的倡议帮助其他国家解决社会问题。② 因此，"一带一路"倡议在周边国家中为中国树立了一种公共物品提供者的形象，并让周边地区相信中国能够加强国际经济繁荣、促进和平与发展。

四 巴西对中国"一带一路"倡议的认知与回应

在巴西看来，"中国在当前全球形势下究竟代表了什么"这一问题似乎已经得到了解答：对世界而言，中国是重新定义地缘政治格局的新因素。中国共产党第十九次全国代表大会或许成为巴西报纸和学术界最为关注的焦点。巴西清楚这个项目的规模：它涉及沿线60多个国家，GDP总量占全球的1/3，影响到65%的世界人口。③ 该项目的6个陆路走廊和海路通道不仅是基础设施项目，更是在"一带一路"所涵盖的亚、欧、非三大陆中使资本、产品和人民币得以国际化的工具。在中国作为全球大国的复兴时期，巴西需要扮演马可·波罗的角色，更多地寻求这一由中国政府领导的基础设施项目所带来的机遇。④

在巴西，"一带一路"倡议通常被称为"丝绸之路"，被认为是推动

---

① Asian Development Bank, *Meeting Asia's Infrastructure Needs*, *Mandaluyong City*, Philippines: Asian Development Bank, 2017.
② Guterres, António, "Remarks at the Opening of the Belt and Road Forum", https://www.un.org/sg/en/content/sg/speeches/2017-05-14/secretary-general%E2%80%99s-belt-and-road-forum-remarks, May 14, 2017.
③ Abdenur, Adriana Erthal; Muggah, Robert, "A Nova Rota da Seda e o Brasil", *Le Monde Diplomatique*, https://diplomatique.org.br/a-nova-rota-da-seda-e-o-brasil/, Junho 12, 2017.
④ Jank, Marcos, "A 'nova rota da seda' e o Brasil", *Folha de São Paulo*, http://m.folha.uol.com.br/colunas/marcos-jank/2015/05/1623761-a-nova-rota-da-seda-e-o-brasil.shtml, Maio 2, 2015.

当前全球力量中心向中国转移的一项具体措施。① 关于这一倡议，巴西人最关心的问题如下：中国将如何为"一带一路"所覆盖的项目融资？这一问题与巴西直接相关。中国对扩大国际影响力重要性的认识也是值得关注的，因为中国需要找到新的路径和合作伙伴，以减少未来可能面临的挑战。

巴西学者和外交官们关注的另一个问题是：中国将如何应对"一带一路"倡议所带来的地缘政治影响？尽管"一带一路"被视为中国通过开放新市场和提升信贷自由度的方式来避免限产减产的手段，但中国对中亚和南亚地区的强势介入也不可避免地要同金砖国家的其他大国产生激烈的竞争，例如印度和俄罗斯。② 由于金砖国家在一些问题上长期存在分歧，巴西担心，金砖国家之间达成一致的可能性会越来越小，而这也必然会导致其与印度之间的利益产生割裂，美国和俄罗斯将乘机参与到对中亚地区的竞争中来。

能够将巴西的国家利益与"一带一路"直接联系的一点，即是"一带一路"的大胆融资方式。中国政府选择为基础设施项目提供资金，并为其企业开辟新的外交渠道和市场，而不是像美国那样通过从各国购买主权债券来扩大其国际储备。中国的这一抉择是需要付出一些代价的。从这个意义上讲，"一带一路"倡议对于巴西发展的潜在重要性在于，金砖国家新开发银行将可能直接通过推动项目的发展来助力"一带一路"倡议的完成。③ 这样一来，这项庞大的中国基础设施项目将会对金砖国家新开发银行原本的理念

---

① Stuenkel, Oliver, "China's Silk Road Fund: Towards a Sinocentric Asia", *Post – Western World*, http://www.postwesternworld.com/2014/11/21/chinas – towards – sinocentric/, November 21, 2014.

② Stokes, Jacob, "China's Road Rules", *Foreign Affairs*, https://www.foreignaffairs.com/articles/asia/2015 – 04 – 19/chinas – road – rules, Abril 19, 2015; Pautasso, Diego; Ungaretti, Carlos Renato, "A Nova Rota da Seda e a Recriação do Sistema Sinocêntrico", *Estudos Internacionais*, v. 4, n°3, 2017, pp. 25 – 44.

③ Abdenur, Adriana Erthal; Muggah, Robert, "A Nova Rota da Seda e o Brasil", *Le Monde Diplomatique*, https://diplomatique.org.br/a – nova – rota – da – seda – e – o – brasil/, Julho 12, 2017.

进行重塑。①

对于"一带一路"倡议,金砖国家新开发银行副行长及首席财务官莱斯利·马斯多普(Leslie Maasdorp)表示,该行将不会同亚投行竞争,而是可以与亚投行、国家开发银行和丝路基金合作。② 根据俄罗斯总统普京的说法,金砖国家新开发银行所引领的合作可以促进金砖国家一体化相关项目的完成。2015 年,普京在欧亚经济联盟国家元首峰会上提出,欧亚经济联盟、丝绸之路经济带和东盟的一体化进程会为大欧亚伙伴关系奠定良好的基础。普京还表示,"金砖国家的合作潜力也有利于这一倡议的实施"。③

2017 年初,金砖国家新开发银行行长瓦曼·卡马特(K. V. Kamath)表示,在 2016 年使用人民币筹集资金后,该行正计划用印度货币卢比筹集资金来完成基础设施项目建设,并以此促进经济增长和可持续发展,因为金砖国家是全球经济增长的推动力。在他阐述项目融资重要性的讲话中,卡马特强调了"一带一路"倡议的作用:对参与国都有利,并可以促进区域经济活动的发展。④

然而,同中国的一些银行相比,金砖国家新开发银行和亚投行在"一带一路"倡议中的影响力微乎其微。据统计,中国国家开发银行已经为"一带一路"沿线国家的项目出资 1100 亿美元,中国四大国有商业银行已经出资 1500 亿美元。

相比较而言,金砖国家新开发银行和亚投行则各自出资 20 亿美元。⑤

---

① Abdenur, Adriana Erthal, "A Nova Rota da Seda: Oportunidades e Desafios para o Brasil", https://www.egn.mar.mil.br/eventos/seminariochina/palestras/Palestra% 20Adriana% 20Abdenur_25Out17.pdf, Outubro 25, 2017.
② New Development Bank, "BRICS Bank Readies Debut Bond Issue for Clean Energy Projects", https://www.ndb.int/media/brics – bank – readies – debut – bond – issue – clean – energy – projects/, March 25, 2016.
③ Putin, Vladimir, "As the NDB Gets Stronger, Its Output will only Increase", https://www.ndb.int/media/ndb – gets – stronger – output – will – increase – putin/, October 13, 2016.
④ Kamath, K. V., "New Bank Aims to Double Loans", https://www.ndb.int/media/new – bank – aims – double – loans/, February 3, 2017.
⑤ Wildau, Gabriel; Ma, Nan, "In Charts: China's Belt and Road Initiative", *Financial Times*, https://www.ft.com/content/18db2e80 – 3571 – 11e7 – bce4 – 9023f8c0fd2e, 2017.

此外,习近平宣布,2017年,人民币将放开信贷额度,以促进"一带一路"倡议的实现;中国将加大对"一带一路"建设资金的支持,向丝路基金新增资金1000亿元人民币,鼓励金融机构开展人民币海外基金业务,规模预计为约3000亿元人民币。由此可见,中国在鼓励各国使用人民币的同时,也认为有必要创造机会帮助那些无法支付巨额资金的国家的发展,比如塔吉克斯坦和吉尔吉斯斯坦。

虽然"一带一路"倡议没有得到巴西政界和社会的足够重视,但是巴西学界和媒体都将其视为重塑全球地缘政治的关键因素。这也使我们更容易理解,为什么当前巴西政府对"一带一路"的忽视会招致如此多的批评。与其他拉美国家的参与度相比,巴西缺乏一以贯之的亚洲政策,这一点也体现在其对"一带一路"倡议的回应中。

一些拉美国家担心"一带一路"倡议会影响它们与中国的贸易关系。乍一看,"一带一路"倡议似乎没有包括美洲大陆。因此,一些美洲国家领导人担心这可能对它们与亚洲重要贸易伙伴国之间的贸易关系产生影响。对此,中国外交部部长王毅于2017年9月做了相关回应。在访问巴拿马期间,王毅指出,一旦欧亚市场逐步变得更加和谐互通,"一带一路"将会对这些国家的出口贸易间接产生积极的影响。① 此外,中国政府也一直强调,即使对于没有直接参与其中的国家而言,"一带一路"作为一项长期计划,对整个国际社会都是有益的。这一点,从中国邀请美洲国家参与2017年5月举办的首届"一带一路"高峰论坛之举便可见一斑。

在制定"一带一路"倡议的应对策略方面,智利和阿根廷等国显得更为积极主动。这使巴西深感不安,因为这关系到巴西能否稳住较本地区其他国家更为重要的国际地位。② 尽管巴西是中国重要的贸易伙伴,但巴西在制

---

① Ministry of Foreign Affairs of People's Republic of China, "Wang Yi: The Belt and Road Initiative Becomes New Opportunity for China-Latin America Cooperation", http://www.fmprc.gov.cn/mfa_eng/zxxx_662805/t1494844.shtml, September 18, 2017.

② Gabriel, João Paulo Nicolini; Carvalho, Carlos Eduardo, "O BRICS e o complexo jogo asiático", *Valor Econômico*, http://www.valor.com.br/opiniao/5118688/brics-e-o-complexo-jogo-asiatico, Setembro 14, 2017.

定长期的外交政策来应对新的国际格局方面，仍存在很大的探索空间。巴西同亚洲国家的交往，是拓展和丰富其贸易伙伴关系的必要条件，也为巴西的制成品出口开拓了市场。

五 结语

巴西历来以实用主义和对国际局势变化的迅速把握来指导其外交政策，但是这也使巴西政府的外交立场不稳定。自上届罗塞夫政府和现任特梅尔政府以来，巴西一直面临着政治、经济双重危机，这使巴西很难制定出能够更大程度上融入新的国际形势的国家战略。2017年，巴西的外交政策受制于国内混乱的政治环境，从而导致其外交代表团的谈判能力降低，因为联邦政府的主要精力都集中在处理政党的腐败丑闻包括总统特梅尔的丑闻以及推进劳动法规、社会保障和税收体系的结构性改革上。

尽管面临这些国内困难，但作为一个新兴大国，巴西需要认识到过渡时期的国际背景下地缘政治的变化，从而更好地部署21世纪的总战略。在此问题上，巴西需要营造更为和谐的国内环境以提升其在国际上的影响力。巴西在国际谈判中的斡旋举步维艰，这不仅体现在它对金砖国家模糊的外交态度上，也体现在它无法迅速应对新的国际互动，以及试图寻求多样化的出口模式方面。

巴西有必要关注过渡时期世界范围内地缘政治的变化。巴西国内的问题意味着当前这个过渡性政府并没有很大的空间来制定长久有效的战略方案。考虑到巴西目前外交政策的重点在于加强贸易，巴西更应该关注"一带一路"倡议，因为该项目是当前地缘政治变化和建立国际关系新秩序的催化剂。①

随着亚洲消费者购买力的不断增长，亚洲消费市场的地位也日趋稳定。

---

① Abdenur, Adriana Erthal, "A Nova Rota da Seda: Oportunidades e Desafios para o Brasil", https://www.egn.mar.mil.br/eventos/seminariochina/palestras/Palestra%20Adriana%20Abdenur_25Out17.pdf, Outubro 25, 2017.

对此,巴西已经启动了相关项目来促使其国内公司打入亚洲市场,并主动增加其出口产品的附加值。然而,由于无法对国外投入更多的关注,巴西的这一举措也受到牵制而无法推进。因此,对中国企业在南方共同市场的发展,巴西一直心存忧虑,因为南方共同市场是巴西制成品的重要出口地。值得注意的是,巴西对中国在其出口关税问题上所取得的进展持保留态度,因为与美国等大国相比,中国对大宗商品有着明显的偏好。

总的来说,巴西媒体认为"一带一路"倡议是最近几年规模最大的基础设施建设项目,其规模令人震惊。它将中国与来自欧洲、亚洲和非洲的60多个国家通过6条陆路和海路相连,这将影响到全球65%的人口和1/3的GDP。这一想法引发了国际社会的关注,这其中当然也包括巴西。巴西社会应该鼓励对这一问题的研究,这是至关重要的。然而令人遗憾的是,尽管近年来巴西对中国的兴趣有所增加,这方面的研究却一直很少。例如,在巴西政府主持的对外交换生项目"科学无国界"计划中,选择到匈牙利留学的学生要比选择到中国的多。①

尽管中巴两国一直强调双方在贸易流通方面的全球战略伙伴关系,但巴西在加强与亚洲地区关系方面的表现远未达到预期。在2017年5月举办的首届"一带一路"高峰论坛上,巴西仅派出了由巴西总统府战略事务部特别代表侯赛因·阿里·卡罗特(Hussein Ali Kalout)带领的小规模代表团。这表明,巴西的这种平庸外交无法迅速应对新的国际形势,这与巴西的"全球大国"目标是不匹配的。一些拉美国家如阿根廷和智利,都是总统出席本次高峰论坛。②

"一带一路"倡议为拉美国家提供了很多机遇。然而,要正确应对和充分利用这一倡议,巴西必须事先做好准备。巴西必须从长远、多方面的角度

---

① Lopes, Dawisson Belém, "Temer já vai tarde (para a Ásia)", *O Estado de São Paulo*, http://politica.estadao.com.br/blogs/gestao-politica-e-sociedade/temer-ja-vai-tarde-para-a-asia/, Setembro 1, 2017.

② Abdenur, Adriana Erthal, "A Nova Rota da Seda: Oportunidades e Desafios para o Brasil", https://www.egn.mar.mil.br/eventos/seminariochina/palestras/Palestra%20Adriana%20Abdenur_25Out17.pdf, Outubro 25, 2017.

来考虑制定协调一致的亚洲政策，而不仅仅强调贸易上的盈余。"一带一路"倡议为加强中巴关系提供了多种可能性，这一东方国家也已经表示愿意开辟新的渠道，以便同那些未参与"一带一路"的国家加强交流与合作。中国将把澳门打造成加强中国同葡语国家关系的中心城市，这一想法正是对上述意愿的印证。① 巴西应当进一步加大对"一带一路"倡议的关注。在今后的"一带一路"相关会议中，巴西需要派出部长级别的政府人员参与，更多地与商业部门及民间社会组织进行商讨，进一步拓展巴西与中国的关系，这不仅是因为两国间贸易的增加，更因为"一带一路"倡议所带来的地缘政治影响势必会改变全球力量的平衡。②

---

① Barbosa, Rubens, "A volta da China como grande potência", *O Estado de São Paulo*, http：//opiniao. estadao. com. br/noticias/geral, a－volta－da－china－como－grande－potencia, 70001884775, Julho 11, 2017.

② Abdenur, Adriana Erthal, "A Nova Rota da Seda：Oportunidades e Desafios para o Brasil", https：//www. egn. mar. mil. br/eventos/seminariochina/palestras/Palestra% 20Adriana% 20Abdenur _ 25Out17. pdf, Outubro 25, 2017；Ribeiro, Valéria Lopes；Schutte, Giorgio Romano, "Transformações exigem política externa ativa：a nova Rota da Seda", *Carta Capital*, https：//www. cartacapital. com. br/blogs/blog－do－grri/transformacoes－exigem－politica－externa－ativa－a－nova－rota－da－seda, Junho 15, 2017.

Y.17
澳门在深化中巴全面战略伙伴关系中的角色与作用

叶桂平*

摘 要： 中国和巴西分别是东西半球最大的发展中国家，都是重要的新兴市场国家。近年来，中国和巴西不断加强合作，推动两国全面战略伙伴关系发展。源于澳门特区在历史、语言及人脉上与巴西在内的葡语国家间的传统渊源，以及其自身独特的"一国两制"和自由港优势，澳门完全可以在中国和巴西关系中担当平台角色，有助深化中巴关系。本文对澳门平台的作用与内涵进行梳理和归纳。

关键词： 中国 巴西 全面战略伙伴关系 澳门平台

一 前言

巴西是第一个与中国建立全面战略伙伴关系的拉美国家，也是中国在拉美的第一大贸易伙伴和第一大投资目的地。近年来，中国、巴西两国高层交往密切。2016年9月，习近平主席和特梅尔总统在G20杭州峰会期间就丰富全面战略伙伴关系内涵、推动全球经济增长和治理、扩大双边务实合作等

---

* 叶桂平，澳门城市大学助理校长、葡语国家研究院院长、教授，澳门国际法及国际关系学会理事长，中国拉美学会理事，澳门亚太拉美交流促进会常务理事，主要研究方向为中国与葡语国家关系问题。

达成广泛共识；2017年9月，习主席在同来华进行国事访问并出席金砖国家领导人厦门会晤和新兴市场国家与发展中国家对话会的特梅尔总统会谈时，一致同意深化中巴传统友谊，推动中巴全面战略伙伴关系取得新的更大发展，两国合作机制运转顺畅，双边关系拥有广阔的发展空间。[1]

中国与巴西关系良好发展不但为澳门特区与巴西开展交流合作提供了更多机遇，而且澳门特区在中央人民政府的支持下，致力于打造中国与葡语国家商贸合作服务平台，亦将有助于深化中巴全面战略伙伴关系，进一步加强中国与巴西在经贸、人文等各领域的务实合作，增进两国人民友谊。

二 中葡论坛机制下澳门特区在中巴关系中凸显"平台"作用

中国－葡语国家经贸合作论坛（澳门）（简称"中葡论坛"）于2003年10月在澳门创立，由中国中央人民政府发起、中国商务部主办、澳门特别行政区政府承办，安哥拉、巴西、佛得角、几内亚比绍、莫桑比克、葡萄牙、圣多美和普林西比（圣普于2017年3月正式加入论坛）和东帝汶8个葡语国家共同参与，是以经贸促进与发展为主题的非政治性政府间多边经贸合作机制，旨在加强中国与葡语国家之间的经贸交流，发挥澳门联系中国与葡语国家的经贸平台作用，促进中国内地、葡语国家和澳门的共同发展。[2]

中葡论坛设立至今已成功召开5届部长级会议，并内设常设秘书处，规划和开展大量与会各国共同关注的重点领域的各类活动，为推动和深化中国与包括巴西在内的葡语国家的经贸合作，促进相互共同发展发挥了积极作用。事实上，澳门在历史、语言、文化上与包括巴西在内的葡语国家有着密

---

[1] 《习近平同巴西总统特梅尔举行会谈》，中国外交部网，http://www.fmprc.gov.cn/web/wjb_673085/zzjg_673183/ldmzs_673663/xwlb_673665/t1489258.shtml，2017年9月1日。

[2] 《中葡论坛（澳门）》，中国－葡语国家经贸合作论坛（澳门）常设秘书处网，http://www.forumchinaplp.org.mo/about-us/mission-and-objectives/?lang=tw，2017年12月31日。

切的联系，可为中国与葡语国家在经贸、文化等方面的交流与发展做出实实在在的贡献。

其中，更为突出的一项优势，就是澳门特区的"一国两制"优势。按照《澳门特别行政区基本法》的规定，澳门拥有高度自治权，包括独立行政权、立法权、司法权及终审权，可自行制定有关行政、经济、民事、刑事等方面的法律；可以"中国澳门"的名义单独同世界各国、各地区及有关国际组织保持和发展关系、签订和履行协议，并参加国际商务、文化及体育活动。

澳门在国际上拥有特殊的地位。澳门参加各类国际组织和国际公约与全球接轨，并参与国际事务，同时继续在经济、贸易、金融、航空、航运、文化、教育、环保、卫生等方面拓展对外关系。以"中国澳门"名义参加11个政府间国际组织及29个非政府国际组织，适用共计161项的国际公约[①]，与近90个国家保持领事关系，并和超过100个国家、地区有联系。

澳门是著名的国际自由港。自由港制度有利于资金、商品、人才、信息的自由流动，与国内已设立的四个自贸区还未能实现全方位完全开放的情况相比，澳门具备窗口作用，可以在"一带一路"的资金融通、贸易畅通方面发挥优势作用。澳门具有独立的关税区地位；外汇不受管制，税制简单，相对其他发达的市场经济国家或地区，具有经营成本低的优势；政府没有外债，且公共财政收支平衡；享有多项外贸优惠；人员流动方便，目前全世界共有136个国家或地区给予澳门护照持有人免签证或落地签证待遇[②]；澳门的发展水平已经跻身中等发达经济体行列。

在"一国两制"的制度优势下，澳门作为自由港、单独关税区，奉行简单低税制度，具备多方面的营商优势，连续九年被美国传统基金评为

---

① 《对外关系》，澳门特区政府网，http：//www.gov.mo/egi/Portal/rkw/public/view/showcomp.jsp？id＝InfoShowTemp&docid＝c373e9ffdd746b538f7e1584228bdec3，2017年6月30日。

② 《新增澳门特区护照持有人入境便利》，澳门特区政府身份证明局网，http：//www.dsi.gov.mo/download/2018－01－02_Press%20Release_Chinese2018120161.pdf，2018年1月2日。

"较自由"经济体,2017年的排名升至亚太区第八位。① 澳门正处于最好时期,并有祖国作为坚强后盾。目前需要积极探索在"一国两制"下的制度创新和国际化的营商环境,力争在中医中药、科技服务、外包服务、商贸服务、会议展览、会计法律等领域,为中国与包括巴西在内的葡语国家经贸和人文合作取得突破。

三 澳门特区有助充实中巴全面战略伙伴关系内涵

(一)中葡论坛机制强化中巴高层互访

从近年来的发展来看,中葡论坛在澳门,各项以葡语国家为主题的活动不但给中国内地、澳门特区与巴西带来实实在在的经济利益,而且拉近了中国与巴西的距离,加深了双方人民的友谊,密切了国家间的友好关系。

中葡论坛机制渐趋成熟又为包括巴西在内的各国政府合作提供了有力支撑。至今举办五届的中葡论坛部长级会议,巴西均派出部长级以上的重要官员参加,其中在2013年10月底举行的第四届中葡论坛部长级会议上,更由现任巴西总统、时任副总统的特梅尔率领政府代表团及企业家代表团来澳门参加活动,代表巴西和与会各国代表签署《中国－葡语国家经贸合作论坛第四届部长经贸合作行动纲领(2014~2016年)》,并与我国国务院副总理汪洋举行会晤。随后,时任巴西副总统特梅尔于2013年11月初实现首次访华,出席了中巴高层协调与合作委员会第三次会议,就两国关心的问题进行了探讨,并解决了两国关系发展中遇到的一些贸易上的"小问题"。他认为"此次访华取得了积极成果,对促进巴西与中国的进一步密切交往有着积极意义",并肯定中葡论坛是一个促进中国与葡语国家关系的平台。②

---

① 《充分发挥澳门优势,有机结合中葡平台与"一带一路"建设》,《澳门日报》2017年5月29日。
② 《巴西副总统特梅尔积极评价中巴全面战略伙伴关系》,中华网,http://news.china.com/news100/11038989/20131108/18136943.html,2013年11月8日。

（二）以葡语国家为主题的活动密切中国和巴西的各领域交往

借助澳门平台，有效促进了中国和包括巴西在内的葡语国家的贸易投资和企业合作。中葡论坛常设秘书处和澳门特区政府组织召开中国和葡语国家经贸洽谈会，每年轮流在葡语国家举办，2017年在佛得角的活动圆满举行，可见其作用日益显现，也得到了各与会国政府企业的认可。另外，持续在中国内地及澳门参加和举办经贸投资促进活动，包括京交会、广交会（设展位）、中博会、厦门98（设展馆）、活力澳门推广周（设展馆及举办企业交流会）、澳门国际环保合作发展论坛及展览（MIECF）（设展馆）、澳门国际贸易投资展览会（MIF）（设展馆）、国际基础设施投资与建设高峰论坛、江苏－澳门·葡语国家工商峰会、中国与葡语国家省市长圆桌会、中国与葡语国家青年企业家论坛及葡语国家专题工作坊等活动，均有巴西的政府官员或企业家参与，很好地发挥了澳门作为中国与葡语国家商贸合作服务平台的作用。①

许多以葡语国家为主题的活动，让中巴两国进一步发挥经济互补优势，有助推动彼此的经贸合作，促进共同发展。特别在加强产业对接和产能合作方面，巴西和中葡论坛其他与会葡语国家共同在澳门参与签署《中国－葡语国家经贸合作论坛（澳门）关于推进产能合作的谅解备忘录》。巴西与签署各方同意加大贸易投资便利化，反对贸易投资保护主义，不断完善贸易和投资促进机制，考虑商签包括与澳门在内的双边投资协定；同意根据各国法律法规及政策，给予重点产能合作项目法律保障和提供政策便利，为产能合作创造良好的营商环境；同意协调和推动相关部门和机构，围绕产能合作重点领域和重点项目，创新融资合作方式，丰富融资合作内容，扩大企业融资合作规模；以及愿意进一步利用多边和双边资金促

---

① 《经贸投资促进》，中国－葡语国家经贸合作论坛（澳门）常设秘书处网，http://www.forumchinaplp.org.mo/promotion-of-trade-investment/?lang=tw，2017年12月31日。

进产能合作。①

2017年2月，澳门尚琴国际投资有限公司与三家巴西公司代表在澳门与巴西的经贸官员见证下签署《战略合作框架协议》。双方所签署合作意向的内容包括：（1）确立双方互为战略合作关系，并予以长期保持。（2）尽可能支持对方发展，宣传对方形象，维护对方声誉，拓展合作领域。（3）积极响应第五届中国与葡语国家部长级会议上关于"进一步推动中国与葡语国家经贸关系发展"的倡议，双方将积极利用李克强总理在中葡部长会议上关于给予部分葡语国家97%的税目零关税的优惠政策，加强贸易往来；探讨引入适合澳门、促进澳门多元化发展的产业投资建设"中葡线下产业园区"的可能性，打造新常态下中国与葡语国家企业间合作的典范；发展跨境贸易服务，致力于为中葡双方的企业特别是中小企业提供贸易上的便利及服务，令达成交易共识的双方可更高效、更便捷地完成交易，如仓储、物流、跨境贸易电子商务平台、线下展示展销平台等，把握中国与葡语国家经贸合作进入加速发展期所带来的其他领域的合作机会。② 巴西企业希望先将业务延伸到澳门，借助澳门特有的平台优势，再探索如何将业务最终延伸至中国内地这一庞大市场。

2008年以来，每年在澳门举办的"澳门国际环保合作发展论坛及展览（MIECF）"均吸引不少来自中国和巴西的环保企业及政府官员参与，对于深化中巴两国节能环保、可再生能源等新兴领域合作具有积极作用。MIECF过去九年一直致力搭建绿色平台，为企业缔造绿色商机，九年间MIECF安排逾4000场配对洽谈并签署241个合作项目。根据跟踪和检视统计，77.6%即187个合作项目已落实执行。2017年3月，会议主办方更组织"泛珠9+2省区代表商务洽谈团"出访巴西和葡萄牙，进行调研和

---

① 《中国－葡语国家经贸合作论坛（澳门）关于推进产能合作的谅解备忘录》，中国－葡语国家经贸合作论坛（澳门）常设秘书处网，http：//www.forumchinaplp.org.mo/action－plans/memorandum－of－understanding－on－promoting－co－operation－in－production－capacity－forum－for－economic－and－trade－co－operation－between－china－and－portuguese－speaking－countries－forum－macao/？lang＝zh，2016年10月11日。

② 《巴澳企整合优势共拓商机》，《澳门日报》2017年2月18日。

交流环境保护和流域管理等情况，并专门举办"泛珠三角环节"分享考察成果。① 其中，代表团成员还拜访了亚马孙河管理中心——巴西利亚总部，赴马瑙斯进行访问和考察亚马孙河流域环保项目，以及与巴西环境部、巴西规划发展及管理部官员会面。② 此次访问，有助中国政府及企业借鉴巴西方面环境保护及河流整治的成功经验，并借助澳门作为中国与葡语国家商贸合作服务平台的桥梁作用，加强内地省区与葡语国家之间的联系和合作。尤其是巴西政府对允许生物资源进行开发利用的规定，对中国西部地区如何将生态优势转变为发展优势有所启迪；亚马孙地区利用当地资源开展生态旅游的经验，中国亦可参考，尤其是在贫困山区因地制宜做好该项工作。此外，巴西在生态监控系统建设方面亦为其他国家提供了良好范例。③

（三）具备基本功能的"三中心"通过线上和线下发挥作用

随着澳门平台作用的日益增强，已经逐步具备中葡中小企业商贸服务中心、中葡经贸合作会展中心、葡语国家食品集散中心的基本功能。同时，"中国－葡语国家经贸合作及人才信息网"已于2015年4月1日正式开通，设有中葡双语人才及专业服务资料库、葡语国家食品资料库、中国及葡语国家的最新会展信息、葡语国家相关的经贸信息及当地营商法规资讯等，与上述"三中心"相结合，发挥线上、线下协同功能，加强联系互动，一系列的工作促进中国与巴西的经贸交流与合作，有助中国和巴西企业开拓商机。

一方面，线上功能体现"信息网"的中葡双语人才登记及通过中国及葡语国家相关部门、多间本地学术机构及本地商协会等提供中葡双语人才的资料；搜寻功能；展示安哥拉、巴西、佛得角、几内亚比绍、莫桑比克、葡

---

① 《环保展周四开锣450展商》，《澳门日报》2017年3月28日。
② 《泛珠团借鉴巴西环境治河》，《澳门日报》2017年3月9日。
③ 《绿色论坛泛珠环节交流经验》，2017年澳门国际环保合作发展论坛及展览网，http://www.macaomiecf.com/miecf2017/archives/4264，2017年3月31日。

萄牙和东帝汶 7 个葡语国家的食品；供应商资料；中国、葡语国家以及澳门的市场信息、投资环境、投资资讯、法律法规、最新会展信息及会展名录等，为企业提供实务且多元资讯服务。

另一方面，线下则由"三个中心"的实体综合信息平台推广活动。（1）葡语国家食品资料库与"葡语国家食品集散中心"相结合，线下在澳门贸易投资促进局下设的商汇馆及葡语国家食品展示中心，以实体平台展示葡语国家食品。（2）中国及葡语国家的最新会展信息结合"中葡经贸合作会展中心"，线下由澳门贸易投资促进局举办展会及提供展会服务等。（3）葡语国家相关的经贸信息及当地营商法规资讯则配合"中葡中小企业商贸服务中心"的推行，线下通过澳门贸易投资促进局下设的中小企服务中心，提供顾问咨询服务、商业配对、专业配套服务以及举办工作坊，协助中小企业获取资讯，了解最新投资环境，开展新的营商市场。①

（四）中葡合作发展基金推动中巴重大项目取得实质性进展

中葡合作发展基金是 2010 年中国政府在"中国 – 葡语国家经贸合作论坛第三届部长级会议"上宣布的合作举措之一。自 2013 年 6 月正式设立后，旨在促进中国（包括澳门特区）企业和葡语国家企业间的金融、投资和经贸合作。目前中葡基金总规模为 10 亿美元，由国家开发银行和澳门工商业发展基金共同出资设立，中非发展基金受托管理。中葡基金积极推进中国和葡语国家间的项目合作，逐步成长为中葡合作论坛框架下促进中葡经贸合作的重要投融资平台。中葡基金已在莫桑比克、安哥拉、巴西等国投资支持了一批项目，带动当地农业现代化建设以及制造业、能源等领域的产能合作，目前已跟踪推动了 20 多个项目，争取覆盖所有葡语国家。2017 年 6 月，为进一步落实中央支持澳门发展的一系列措施当中关于中葡合作发展基金总部落户澳门的工作，"'中葡合作发展基金'总部揭牌及签约仪式"于澳门举

---

① 《"信息网"结合中葡商贸合作"三个中心"发挥"线上线下"功能助企业拓展商机》，澳门贸易投资促进局网，https://www.ipim.gov.mo/zh – hans/ipim – news – sc/，2015 年 4 月 1 日。

行，标志着基金正式落户澳门。①

值得一提的是，目前中巴两国拓展融资合作，借助中葡合作发展基金，在推动重大项目取得实质性进展方面已有成功案例——巴西阿特斯太阳能电站项目。资料显示，中葡基金联合阿特斯阳光电力公司在巴西投资的光伏电站项目，装机总量为200MW，该项目已于2017年下半年并网发电。②

（五）教育与人力资源合作的各项安排支持中巴人才培养

在澳门特区政府支持下"中葡论坛（澳门）培训中心"自2011年成立至2016年，在国家商务部、澳门各大院校及社团协助下，总共举办了31期培训班，累计为葡语国家（安哥拉、巴西、佛得角、几内亚比绍、莫桑比克、葡萄牙及东帝汶）、中国内地及澳门特区政府人员和技术人员培训了783人。主要包括酒店与旅游、医疗与公共卫生、政府管理现代化、招商引资、品质控制与产品认证、土地测绘、会展产业、商法及国际法、汉语与葡萄牙语教学、中小企业发展、经济特区开发、中医药开发、环保产业、商贸企业管理、海关、社区合作、公共行政、税收及税务政策及运输及通信基建等多元范畴，并组织学员走访内地省市，考察当地发展情况及参观企业等。

多年来，培训班皆邀请澳门城市大学等院校参与承办，一方面发挥澳门培训教育优势，另一方面为本地生营造学习葡语、进一步了解葡语国家的良好环境和氛围，通过与包括巴西在内的葡语国家不同领域专业人士交流和分享经验，不断提升本地生葡文水平和各领域的专业知识。

此外，包括巴西在内的葡语国家相当重视澳门平台和教育优势，至2016年已分别有23批近150位葡语国家相关官员和专业人士先后来澳门，围绕机场管理、广播电视、旅游局及娱乐等领域进行实习，从而贯彻中葡论坛在

---

① 《中葡合作发展基金总部正式落户澳门》，澳门特区政府新闻局网，http://www.gcs.gov.mo/showCNNews.php?DataUcn=112321&PageLang=C，2017年6月1日。
② 《中葡合作发展基金介绍》，中国－葡语国家经贸合作论坛（澳门）常设秘书处网，http://www.forumchinaplp.org.mo/wp-content/uploads/2017/03/CPD-Fund-Seminar_PPT2_20170125_PT_final.pdf，2017年10月12日。

教育与人力资源领域的合作，发挥澳门作为中葡商贸合作服务平台作用。[①]

《澳门特别行政区五年发展规划（2016～2020年）》制订了中葡人才培养的长远行动计划，通过短、中、长期的各项政策和措施，持续推动葡语教育的发展，支持中葡双语人才培训，以配合澳门作为"一个中心""一个平台"的定位，并为澳门逐步发展成为"亚太地区葡语人才培训基地"奠定坚实的基础。通过这些政策举措，澳门特区可以为国家培养更多精通中葡双语的专业人才，无论是作为外事工作还是葡语翻译，都可广泛使用在深化和促进中国与巴西推进全面战略伙伴关系发展的过程中。

（六）各项文化交流活动将中华文化与葡语文化紧紧相连

因历史渊源的关系，澳门与葡语国家、欧盟及拉丁语国家之间在经济、文化、法律和社会等方面一直保持紧密联系。澳门犹如一条多彩的纽带，将博大精深的中华文化与独具特色的葡语文化紧紧相连，强化了中国和包括巴西在内的葡语国家之间的人文、青年、体育领域的交流合作。澳门致力推动中葡文化交流合作，促进多元产业发展。

"中国-葡语国家文化周""葡韵嘉年华""拉丁城区幻彩大巡游"等活动进一步丰富了澳门中葡文化特色内涵。创办于2008年的"中国-葡语国家文化周"系列活动，是澳门作为中葡文化交流纽带的一大板块，亦是多元文化会演的一大盛会。时至今日，文化周活动已成功举行了九届，印证了澳门作为中国与葡语国家文化交流平台的作用。每届活动期间澳门本地和来自多个葡语国家和地区的艺术团体、民间艺人、文化人士齐聚一堂，通过文艺表演、音乐舞蹈、绘画作品展、美食和手工艺等多种形式展示各自特色。文化周每次邀请一个内地省（市）参加活动，过去几年，来自辽宁（沈阳）、四川、吉林、新疆、安徽、浙江、广东（汕头）及广西壮族自治区（百色市）的文艺团体和民间艺人先后赴澳与当地市民热情互动，澳门

[①] 《教育与人力资源合作》，中国-葡语国家经贸合作论坛（澳门）常设秘书处网，http://www.forumchinaplp.org.mo/training-human-resources/? lang=tw，2017年10月12日。

不可替代的中葡文化、风俗习惯受到认同。中葡论坛（澳门）常设秘书处将继续大力支持并推广文化领域合作和活动，以不断加强澳门作为中国及包括巴西在内的葡语国家的沟通和文化交流平台作用。①

四 结语

中国和巴西都是发展中大国和重要新兴经济体，两国关系的发展需要相互巩固政治互信，扩大务实合作，密切人文交流。未来，贸易、投资、金融仍将是中巴合作持续稳中有进的重要抓手。然而，不可否认的是，中巴两国在贸易结构上仍有优化的空间，需要以双向开放促进双边贸易平衡发展。经济政治往往交缠影响，巴西国内的政治环境难免形成对华贸易的一些偏见，对此，如能借助澳门这一中国的特别行政区，这个国际化的自由港，以及具有与巴西在历史、语言及人脉上的传统渊源，将有助中国和巴西两国消除贸易壁垒，进一步深化和促进两国间的全面战略伙伴关系。

回归以来，澳门与内地兄弟省市互动交往越来越紧密，亦与包括巴西在内的葡语国家保持着传统而广泛的联系；地理位置上，又能背靠珠三角和粤港澳大湾区，辐射东南亚。因此，澳门是中国"21世纪海上丝绸之路"的重要节点，澳门优越的地理位置和文化特色将令其成为"一带一路"倡议和中葡论坛合作的重要节点。如此，值得巴西政府和企业重视关注，如能善用澳门平台将有助更多巴西的优质产品走入中国和澳门特区庞大的消费市场。

此外，巴西作为最大的葡语国家和世界重要经济体之一，与中国在经贸领域有着更为广阔的合作空间，两国在贸易、产能合作等重要领域有着广泛的需求。特别是与中国一样，巴西正在努力推进工业化和城镇化，改善基础设施条件，市场潜力巨大。深化双方合作，如能将中国的优势产能、先进技

---

① 《中葡文化交流》，中国－葡语国家经贸合作论坛（澳门）常设秘书处网，http：//www.forumchinaplp.org.mo/cultural-exchanges/? lang=tw，2017年10月12日。

术和充裕资金与包括巴西在内的葡语国家的区位优势、丰富资源和潜在市场有效对接，将更有助实现中国和巴西互利共赢、共同发展。伴随着中葡论坛的发展，澳门平台的独特优势已经越来越成为包括巴西在内的论坛与会国的普遍共识，相信可以为中国和巴西在内的葡语国家在经贸、文化等方面的交流与发展做出实实在在的贡献。希望巴西政府及企业充分利用澳门平台优势，搭乘中国发展这班快速列车，分享中国改革开放的巨大红利。

Y.18
中国－巴西旅游交流与合作成效评析*

程　晶**

摘　要： 中国与巴西作为世界知名的旅游大国，在开展旅游交流与合作方面虽然受到距离遥远、交通不便、语言不通等客观因素的制约，但是具有良好的政治基础、上层动力、资源基础和市场条件。自2004年双方签署旅游谅解备忘录、巴西成为中国公民组团出境旅游目的地以来，两国旅游交流与合作进入快速发展的新航道，不仅双方相关部门、机构之间的交流日益频繁，而且两国游客往来的人数不断增加。但是，总体来说，中巴旅游交流与合作仍然规模较小，市场潜力尚待挖掘，同时面临成本较高、便利性不足、宣传不到位、软硬件建设落后、交流平台欠缺等问题与挑战。未来，中巴需要提升旅游便利性，加强软硬件建设，扩大旅游宣传，加大旅游产品开发，打造高层次的交流平台，挖掘两国旅游市场的潜力，更好地发挥旅游交流在中巴经贸合作和人文交流中的作用。

关键词： 中国　巴西　旅游交流与合作　中巴关系　人文交流

---

* 本文是国家社科基金"中国与巴西建交以来人文交流研究"（14CGJ017）、广东省哲学社会科学规划项目（GD16TW08-16）、中国侨联项目（17BZQK219）和教育部项目（16JZD029）阶段性成果。

** 程晶，历史学博士，湖北大学历史文化学院、拉美研究院副教授，中华文化发展湖北省协同创新中心、国家领土主权与海洋权益协同创新中心、国务院侨务办公室侨务理论研究武汉基地副研究员。

国之交在于民相亲。以民众往来为主要内容的旅游交流是"传播文明、交流文化、增进友谊的桥梁"。① 作为世界第一大出境旅游客源国、第一大出境旅游消费国和第四大入境旅游接待国,中国旅游业的发展备受世界瞩目。2015年中国国家旅游局正式提出"旅游外交"的概念;2016年首届世界旅游发展大会在北京的举行以及中国旅游年、中外旅游部长会议等一系列活动的举行,凸显旅游交流在服务中国整体外交、联通中国与世界、加强中外人文交流中的重要作用,旅游交流"已成为我们发出中国声音、讲好中国故事、加强与世界联系的重要平台,已成为新阶段我国对外交往合作的重要内容"。② 在中国积极"走出去"并主动"引进来"、加强旅游交流与合作的过程中,南美大国巴西是中国在拉美地区的第一大入境旅游客源国和第一大出境旅游目的地国,也是中国旅游业"走出去"的潜在市场和对外旅游交流亟待加强的对象。自2004年中巴签署《关于中国旅游团队赴巴西旅游实施方案的谅解备忘录》、巴西正式成为中国公民组团出境旅游目的地以来,中巴旅游交流与合作迎来了发展的新机遇,进入快速发展的新航道,双方越来越多的民众走进对方的国土,亲眼见识、亲身体会大洋彼岸别样的风土人情,不仅带动两国旅游经济的发展,更为重要的是,拉近彼此的距离,增进双方民众之间的相互认识与了解,为中巴关系的发展厚植社会民意基础。正如来华参观访问的拉美民众讲到,地域的遥远让很多拉美人不能接收到正确认识中国的信息,以至于产生了很多误解;如果想真正认识中国,一定要亲自来中国看看;认识一个国家最好的方式就是来这里看看。让外国人倾听中国的声音是件不容易的事,但是我们交流了,就开启了新的相互理解之路。③

---

① 《习近平在俄罗斯中国旅游年开幕式上的致辞》,中国政府网,http://www.gov.cn/ldhd/2013-03/23/content_2360500.htm,2013年3月23日。
② 中华人民共和国国家旅游局:《中国旅游年鉴2015》(上册),中国旅游出版社,2015,第25页。
③ 《中拉青年学者:中国与拉美需要更多的对话与交流》,国际在线,http://news.cri.cn/20160630/9d6aa39d-66c4-ed3b-2d9f-5596d701bff9.html,2016年6月30日。

巴西黄皮书

一 中巴开展旅游交流与合作的基础条件

作为东西半球最大的发展中国家，中巴之间虽然相隔万里，在开展旅游交流与合作方面面临距离遥远、成本高昂、耗时较长、语言不通等多种挑战与困难，但是两国一直以来关系友好，双方旅游交流日益受到两国政府的重视和支持，同时作为世界知名的旅游大国，中巴都拥有丰富多样、独具特色的旅游资源，并且出境旅游规模不断扩大，从而为双方旅游交流与合作的发展提供了良好的政治基础、上层动力、资源基础和市场条件。

（一）政治基础：中巴友好关系的稳步发展

旅游交流作为国家之间的交往行为和国际关系的重要组成部分，被誉为国家间政治关系的"晴雨表"。良好的国家间政治关系是旅游交流得以开展的基础条件和重要保障。中国与巴西虽然远隔重洋，但是两国友好交往源远流长并不断向前发展，为两国旅游交流与合作的发展奠定了政治基础。

中巴之间的友好交往可以追溯到19世纪初。当时，一批中国茶农经葡萄牙殖民者招募，远赴巴西种茶授艺，这批中国茶农成为中巴最早的民间友好使者，由此开启了双方早期友好交往的序幕。"中巴人民在漫长岁月中结下的真挚情谊，恰似中国茶农的辛勤劳作一样，种下的是希望，收获的是喜悦，品味的是友情。"① 1974年中巴正式建交，"开启了两国关系发展的新纪元"。② 建交40余年来，中巴关系总体呈现稳步发展态势，双方在平等互利的基础上，积极开展交流与合作，互相尊重、友好相处、共同发展，被誉为"南南合作的典范"，尤其是1993年中巴战略伙伴关系建立后，两国关

---

① 习近平：《弘扬传统友好 共谱合作新篇——在巴西国会的演讲》，新华网，http://www.xinhuanet.com/world/2014-07/17/c_1111665403.htm，2014年7月17日。
② 习近平：《弘扬传统友好 共谱合作新篇——在巴西国会的演讲》，新华网，http://www.xinhuanet.com/world/2014-07/17/c_1111665403.htm，2014年7月17日。

系的发展日益提速,两国民众的交往也日渐频繁。其中,1993年中巴战略伙伴关系的建立成为"双边关系中的一个里程碑,对推动两国友好合作关系有重要意义"①,巴西也因此成为第一个同中国建立战略伙伴关系的国家,"它不仅表明了两国政府对发展两国关系的高度重视,而且也为两国关系发展指明了方向,奠定了坚实的政治基础"②。随后,2012年双方政府将两国关系提升为全面战略伙伴关系并建立了全面战略对话机制,巴西成为第一个同中国建立全面战略伙伴关系的拉美国家,"反映了两国全球性和战略性影响日益提升","两国政治互信不断深化"③。当前,中巴高层互访频繁,政治互信不断加深,经贸合作快速发展,人文交流日益加强,两国关系朝着全方位、多层次、宽领域的方向发展,努力构建命运共同体,打造不同文明积极对话的典范。

总之,中巴同为发展中大国和新兴大国,不仅具有相似的历史遭遇、共同的身份、共同的目标和共同的发展诉求,而且两国之间既无历史恩怨,又无领土纠纷,平等互利、友好交往成为两国关系发展的主旋律,从而为两国旅游交流与合作的发展提供了良好的政治环境,畅通了双方民众交往的渠道。

(二)上层动力:中巴旅游交流日益受到双方政府的重视

旅游具有经济、文化、外交等多重功能,"既是开展文明交流、促进民间友好的重要桥梁,也是拉动经济增长的新兴产业"④。进入21世纪以来,中巴政府日益重视双方旅游交流与合作,将之作为中巴经贸合作和中巴人文

---

① 《江泽民同卡多佐总统会谈》,载曾言、胡正民主编《江总书记抓学习》,红旗出版社,1998,第1138页。
② 吴志华:《论中国与巴西的战略伙伴关系》,载朱鸿博、江时学、蔡同昌主编《国际新格局下的拉美研究》,复旦大学出版社,2007,第271页。
③ 《中华人民共和国政府和巴西联邦共和国政府联合声明》,中国政府网,http://www.gov.cn/jrzg/2012-06/22/content_2167498.htm,2012年6月22日。
④ 《旅游交流为中欧合作注入新动力》,中国文化和旅游部网站,http://www.cnta.gov.cn/xxfb/jdxwnew2/201801/t20180124_854602.shtml,2018年1月24日。

交流的重要领域加以开拓，不仅签署了一系列合作协议，而且在重要的双边关系及多边关系文件中给予了指导和规划，为两国旅游交流与合作的发展提供了必不可少的上层动力和政策支持。一方面，两国政府将双方旅游交流与合作作为吸引对方游客、发展旅游经济的重要渠道。为此，中巴政府于2004年共同签署了《关于中国旅游团队赴巴西旅游实施方案的谅解备忘录》，巴西正式成为中国公民组团出境旅游目的地，为两国旅游交流与合作的发展提供了良好的条件。随后，在共同发表或制定的多个双边及多边关系文件中，"双方认为旅游合作潜力巨大"[1]，强调双方将继续加强"旅游合作以进一步增进双边经贸关系"[2]，同时"鼓励国内企业赴对方国家旅游部门投资"[3]，"推动旅游双向投资，鼓励双方企业合作开发旅游项目"[4]，以此来推动两国旅游经济的发展。

另一方面，两国政府将双方旅游交流与合作作为增进两国民众往来与友谊、夯实两国友好关系的重要桥梁。长期以来，由于距离的遥远、交通的不便、语言的不通、文化的差异等因素的制约，中巴两国民众之间相互交往与认知十分有限，存在一定程度的不解甚至误解。为了增进两国民众之间的相互认识、了解和友谊，两国政府日益重视和加强包括旅游交流在内的多项人文交流活动。双方政府一致认为应该扩大旅游合作，多次"重申愿在教育、文化、新闻、旅游和体育等领域开展密切合作"，"促进两国人民之间的相

---

[1] 《中华人民共和国和巴西联邦共和国联合公报》，中国政府网，http：//www.gov.cn/jrzg/2011-04/12/content_ 1842651. htm，2011年4月12日。

[2] "Plano de Ação Conjunta entre o Governo da República Federativa do Brasil e o Governo da República Popular da China 2015 – 2021"，Ministério das Relações Exteriores，http：//www. itamaraty. gov. br/pt – BR/notas – a – imprensa/9687 – documentos – assinados – durante – a – visita – oficial – do – primeiro – ministro – da – republica – popular – da – china – li – keqiang – ao – brasil – brasilia – e – rio – de – janeiro – 19 – de – maio – de – 2015#pac – pt, 19 de Maio de 2015.

[3] 《中国与巴西2010~2014年共同行动计划》，中国外交部网站，http：//www. fmprc. gov. cn/ce/cebe/chn/zxxx/t684715. htm，2010年4月22日。

[4] 《中国与拉美和加勒比国家合作规划（2015~2019）》，新华网，http：//www. xinhuanet. com/world/2015-01/09/c_ 1113944648. htm，2015年1月9日。

互了解，巩固中巴友好的基础"①，公开宣布"双方将继续积极推动文化、教育、体育、旅游等领域的交流与合作，密切人文交流，深化传统友谊"②，为两国旅游交流与合作的发展注入了活力和动力。

（三）资源基础：中巴拥有丰富多样的旅游资源

良好的旅游资源禀赋是形成旅游吸引力、促进旅游业发展的基础条件。作为世界知名的旅游大国，中巴都拥有极为丰富的旅游资源，具有较强的国际旅游竞争力，同时两国的旅游资源各具特色、互补性较强，双方游客可以从中领略别样的异域风情，体验不同的历史文化，从而为双方开展旅游交流与合作提供良好的资源基础与巨大的市场潜力。

作为世界四大文明古国之一的中国，以其辽阔的国土、悠久的历史、丰富的文化和秀丽的自然风光驰名中外，自然景观与人文景观交相辉映。根据联合国教科文组织（UNESCO）2018年的统计数据，中国一共有52处景观被列入世界遗产名录，包括36处世界文化遗产、12处世界自然遗产和4处世界文化与自然双遗产③，数量居世界前列。此外，根据世界经济论坛（WEF）发布的《2017年旅游业竞争力报告》，在全球旅游业竞争力排行榜上，中国旅游业的总体竞争力排名较为靠前，在全球136个国家/经济体中居第15位④（见表1）；在具体指标上，中国的文化资源（第1位）和自然资源（第5位）竞争力排名全球领先⑤，每年吸引大批中外游客前来参观，

---

① 《中国和巴西关于进一步加强中巴战略伙伴关系联合公报》，载中华人民共和国条约法律司编《中华人民共和国条约集》（第56集 2009），世界知识出版社，2012，第521~522页。
② 《中国和巴西关于进一步深化中巴全面战略伙伴关系的联合声明》，新华网，http://www.xinhuanet.com/world/2014-07/18/c_1111685756.htm，2014年7月18日。
③ 数据来源于"China: Properties inscribed on the World Heritage List"，http://whc.unesco.org/en/statesparties/cn。
④ 数据来源于 World Economic Forum，"The Travel & Tourism Competitiveness Report 2017"，https://www.weforum.org/reports/the-travel-tourism-competitiveness-report-2017，p. 9。
⑤ 数据来源于 World Economic Forum，"The Travel & Tourism Competitiveness Report 2017"，https://www.weforum.org/reports/the-travel-tourism-competitiveness-report-2017，p. 128。

中国已成为世界第四大入境旅游接待国。2016年，中国国际入境旅游人数达5930万人次，国际旅游收入达444亿美元，均居世界第4位。① 中国丰富多样的人文景观和自然景观成为吸引巴西等外国游客来华的重要元素。根据世研旅游智库发布的《巴西来华旅游舆情调查报告》，中国悠久的历史是巴西来华游客最感兴趣的中国旅游要素，其次是自然风光，两者相加超过7成。②

与中国源远流长的东方历史文化不同的是，巴西是一个历史较为短暂、以欧洲文化为主体的南美国家，但是旅游资源同样极为丰富，以其得天独厚、风光迤逦的热带自然景观和独具特色、包容并蓄的多元混合文化而享誉世界。巴西一共有21处景观被列入世界遗产名录，包括14处世界文化遗产和7处世界自然遗产。③ 根据世界经济论坛（WEF）发布的《2017年旅游业竞争力报告》，巴西旅游业的总体竞争力排名较为靠前，在全球136个国家/经济体中排第27位（见表1）；在拉美国家中排第2位，仅次于墨西哥④；在具体指标上，巴西的自然资源（第1位）和文化资源（第8位）竞争力排名全球领先⑤，吸引了包括中国在内的世界游客。2016年，巴西国际入境旅游人数达657.8万人次，居南美国家第1位、世界排名第43位；国际旅游收入达60.24亿美元，居于南美国家第1位、世界排名第42位。⑥ 对于中国游客而言，巴西丰富多样的旅游资源具有较大的吸引力，从中可以领略别样的南美风情。

---

① 数据来源于UNWTO，"Tourism Highlights 2017 Edition"，http：//mkt.unwto.org/publication/unwto - tourism - highlights，p.6。
② 《巴西来华旅游舆情调查报告》，《中国旅游报》2015年2月13日。
③ 数据来源于"Brazil：Properties inscribed on the World Heritage List"，http：//whc.unesco.org/en/statesparties/br。
④ 数据来源于World Economic Forum，"The Travel & Tourism Competitiveness Report 2017"，https：//www.weforum.org/reports/the - travel - tourism - competitiveness - report - 2017，p.9。
⑤ 数据来源于World Economic Forum，"The Travel & Tourism Competitiveness Report 2017"，https：//www.weforum.org/reports/the - travel - tourism - competitiveness - report - 2017，p.110。
⑥ 数据来源于UNWTO，"Tourism Highlights 2017 Edition"，http：//mkt.unwto.org/publication/unwto - tourism - highlights，p.10。

表1 2017年全球旅游业竞争力排名前27位国家/经济体

全球排名	国家/经济体	得分
1	西班牙	5.43
2	法国	5.32
3	德国	5.28
4	日本	5.26
5	英国	5.20
6	美国	5.12
7	澳大利亚	5.10
8	意大利	4.99
9	加拿大	4.97
10	瑞士	4.94
11	中国香港	4.86
12	奥地利	4.86
13	新加坡	4.85
14	葡萄牙	4.74
15	中国	4.72
16	新西兰	4.68
17	荷兰	4.64
18	挪威	4.64
19	韩国	4.57
20	瑞典	4.55
21	比利时	4.54
22	墨西哥	4.54
23	爱尔兰	4.53
24	希腊	4.51
25	冰岛	4.50
26	马来西亚	4.50
27	巴西	4.49

资料来源：World Economic Forum,"The Travel & Tourism Competitiveness Report 2017", https://www.weforum.org/reports/the-travel-tourism-competitiveness-report-2017, p.9。

（四）市场条件：中巴拥有较大的出境旅游客源市场

中巴都是国际舞台上重要的新兴大国和人口大国，人口多，旅游潜在市场巨大。同时，伴随着经济的发展，两国民众的生活水平不断提升，中产阶级群体迅速扩大，从而刺激了出境旅游的快速增长。目前，中巴无论是出境旅游规模还是出境旅游消费能力都引人注目,成为全球重要的出境旅游客源大国和出境旅游消费大国,尤其是中国,吸引了世界主要旅游国家的广泛关注,为中巴加强旅游交流与合作提供了良好的市场条件和巨大的市场潜力。

目前,中国已成为世界第一大出境旅游客源国和第一大出境旅游消费国,已形成世界上规模最大、增速最快、潜力最强的旅游市场。就出境旅游人数而言,2012年,中国出境旅游人数达到8318万人次,超过德国和美国,成为世界第一大出境旅游客源国,并在随后的几年中一直稳居世界首位;2014年,中国出境旅游人数首次过亿,达到1.17亿人次[1];2017年,中国出境旅游人数约为1.31亿人次[2],继续保持世界第一大出境旅游客源国的地位。就出境旅游消费而言,2012年,中国出境旅游花费首次超过1000亿美元,达到1041亿美元,跃居全球第一位,并在随后的几年中一直稳居世界第一位;2014年,中国出境旅游消费首次超过2000亿美元,达到2119亿美元,较之2012年翻了一番;2017年,增至2653亿美元,继续保持世界第一大出境旅游消费国的地位(见图1)。[3]

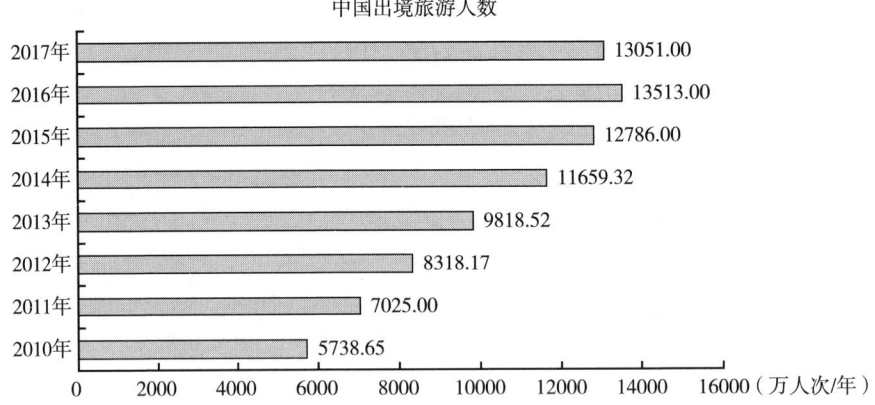

中国出境旅游人数

---

[1] 数据来源于中国国家统计局,http://data.stats.gov.cn/easyquery.htm?cn=C01。

[2] 数据来源于《2017年全年旅游市场及综合贡献数据报告》,中国文化和旅游部网站,http://www.cnta.gov.cn/zwgk/lysj/201802/t20180206_855832.shtml,2018年2月6日。

[3] 数据来源于WTTC,"Data Gateway: Outbound Travel & Tourism Expenditure",https://www.wttc.org/datagateway/。

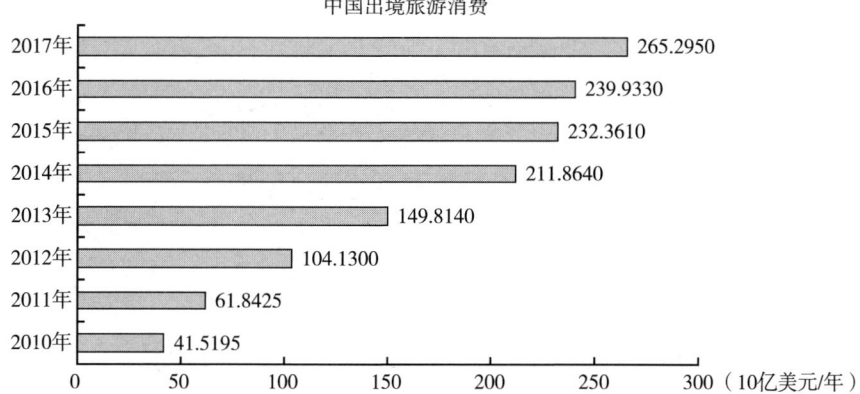

图 1　中国出境旅游人数和出境旅游消费

资料来源：2010～2016 年的数据来源于中国国家统计局，http：//data. stats. gov. cn/easyquery. htm？cn = C01；2017 年的数据来源于《2017 年全年旅游市场及综合贡献数据报告》，中国文化和旅游部网站，http：//www. cnta. gov. cn/zwgk/lysj/201802/t20180206_855832. shtml，2018 年 2 月 6 日；WTTC，"Data Gateway：Outbound Travel & Tourism Expenditure"，https：//www. wttc. org/datagateway/。

作为拉美第一大国和世界新兴经济体，巴西拥有 2 亿多人口，其出境旅游规模同样不可小觑，是世界重要的出境旅游客源国。就出境旅游人数而言，2010 年，巴西出境旅游人数为 644.8 万人次；2012 年，增至 849.7 万人次，超过了同期巴西入境旅游的规模；2014 年，增至 961.7 万人次，接近 1000 万人次的规模。① 就出境旅游消费而言，2011 年，巴西出境旅游消费额为 232 亿美元，居世界第 12 位；2014 年，增至 285 亿美元，达到历史最高点；2017 年，有所回落，达到 220 亿美元（见图 2）。②

中巴两国较大的出境旅游规模和较强的出境旅游消费能力对于对方旅游业的发展而言具有一定的吸引力，尤其是中国每年过亿的出境旅游规模和中国游客强大的购买力引起了巴西的浓厚兴趣，成为中巴加强旅游交流与合作

---

① 数据来源于 OECD，"Brazil：Domestic, Inbound and Outbound Tourism"，in *OECD Tourism Trends and Policies 2018*，2018，p. 112。
② 数据来源于 WTTC，"Data Gateway：Outbound Travel & Tourism Expenditure"，https：//www. wttc. org/datagateway/。

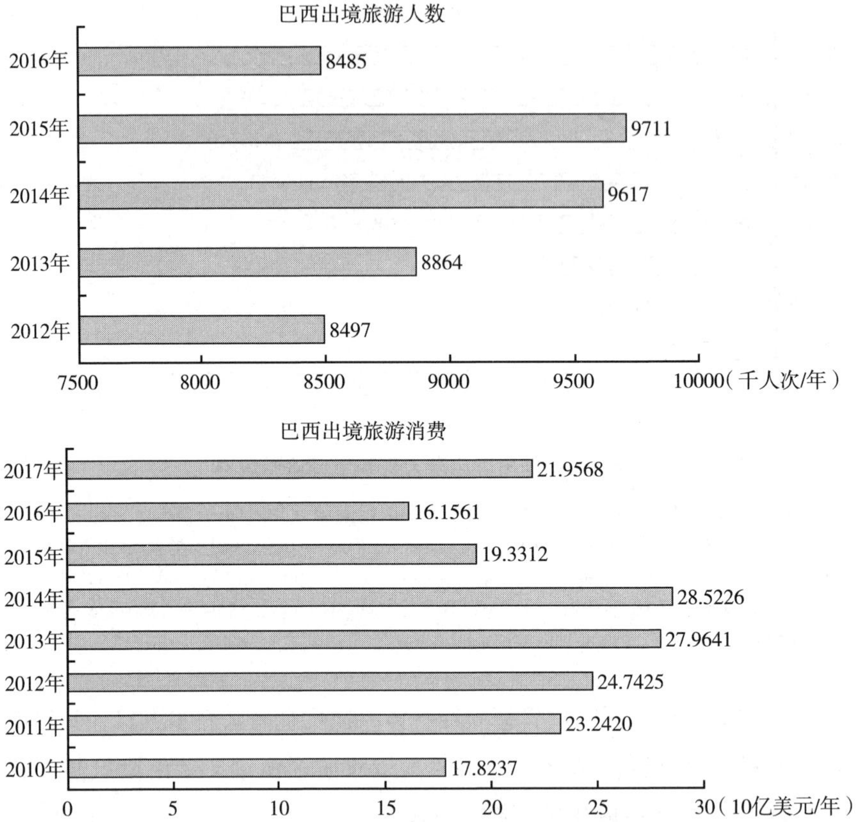

图2 巴西出境旅游人数和出境旅游消费

资料来源：OECD, "Brazil: Domestic, Inbound and Outbound Tourism", in *OECD Tourism Trends and Policies 2018*, 2018, p.112; WTTC, "Data Gateway: Outbound Travel & Tourism Expenditure", https://www.wttc.org/datagateway/。

的重要诱因。自2014年起，巴西政府将中国列为重点开发的旅游客源市场，出台了多项政策，旨在吸引更多的中国游客入境，分享中国庞大的出境旅游市场红利，增加旅游收入，推动巴西旅游业的发展。巴西旅游部部长曾多次提及，"中国目前是全球最大的游客输出国，整个巴西都希望能够吸引更多中国游客来到巴西旅游"。①

---

① 《巴西最受欢迎旅游目的地热盼中国游客》，南美侨报网，http://www.br-cn.com/news/br_news/20171211/98903.html，2017年12月11日。

二 中巴旅游交流与合作取得的主要进展

2004年11月,在时任中国国家主席胡锦涛访问巴西期间,中巴两国旅游部门共同签署了《关于中国旅游团队赴巴西旅游实施方案的谅解备忘录》,相隔万里之遥的巴西正式成为中国公民组团出境旅游目的地,巴西也因此成为拉美国家中仅次于古巴、第二个向中国公民开放自费旅游的国家,这一举措被时任巴西总统的卢拉赞誉为"增进双方相互认知、深化中巴关系的关键性步骤"[1],由此中巴旅游交流与合作步入正轨。虽然中巴旅游交流与合作起步较晚,但是发展迅速,不仅双方相关部门、机构之间的交流日益频繁,而且游客往来的规模不断扩大,对于两国旅游经济的发展和两国友好关系的深化都产生了积极影响。

(一)相关部门与机构之间的交流日益频繁

中巴自2004年签署旅游谅解备忘录、巴西成为中国公民组团出境旅游目的地以来,为了推进两国旅游交流与合作,两国旅游主管部门、地方政府、友好城市、企业等相关部门、机构之间日益增进交流与合作,包括进行互访与磋商、签署旅游合作协议、举办或参加旅游推介活动、开展旅游项目投资等。其中,为了推进两国之间签证的简化与航班的便利化,为两国旅游交流与合作的发展创造有利条件,双方相关部门、机构之间多次进行磋商与沟通,并达成了一系列共识,出台了多项政策,签署了多项合作协议。例如,2006年12月,在中巴相关部门的推动下,中国国际航空公司(Air China)正式开通了北京—马德里—圣保罗航线,这是国内航空公司首条到达南美洲巴西的直飞航线,缩短了中巴之间民航飞机的飞行时

---

[1] "Declaração à Imprensa do Presidente da República, Luiz Inácio Lula da Silva, após Encontro com o Presidente da China, Hu Jintao, no Palácio do Planalto, 12 de novembro de 2004", em Ministério das Relações Exteriores, *Resenha de Política Exterior do Brasil*, a. 31, n. 95, 2004, p. 173.

间,方便了两国游客出行。2014年7月,在中国国家主席习近平访问巴西期间,在两国元首的见证下,双方相关部门签署了《中华人民共和国外交部和巴西联邦共和国外交部关于简化商务人员签证手续的协议》和《中国民用航空局和巴西联邦共和国总统府民航委员会关于加强民航全面合作的谅解备忘录》。随后,2017年9月,在巴西总统特梅尔访华期间,中巴双方就简化签证手续达成了新的协议,将中国公民赴巴西的签证有效期由3个月延长至5年,并可多次入境;同年12月,中国北京、天津和河北开始对巴西等53个国家的外国人实施144小时过境免签政策,有利于吸引巴西过境旅客。

此外,为了增进对方民众对于本国旅游资源的认识、吸引对方游客入境,中巴以友好城市为主要平台,相互举办或参加了一系列旅游推介活动,旅游宣传已成为两国地方政府之间旅游交流的重点内容。例如,中国北京市和巴西里约热内卢市都是国际知名的旅游城市,双方于1986年结为友好城市。近年来,伴随着巴西世界杯、里约奥运会等一系列国际赛事的举行,两市增进旅游交流,加强旅游宣传。2014年6月,在巴西世界杯前夕,北京市在里约热内卢举行了极具特色的北京旅游展览;2015年3月,在里约热内卢建城450周年之际,北京市旅游发展委员会在里约热内卢举行了北京旅游图片展;2016年2月,在巴西奥运会前夕,正值北京市和里约热内卢市结为友好城市30周年之际,北京市旅游发展委员会再次前往里约热内卢,举行了"魅力北京——2016年北京旅游资源巴西推介会"。在中国走入巴西、加大旅游宣传的同时,巴西也多次来华参加中国国际旅游交易会(ITB China)、广州国际旅游展览会(GITF)等国际知名的旅游推介会,并联合阿根廷、智利、秘鲁等南美国家在中国广州、北京、上海等多个城市多次举行南美旅游推介路演,旨在吸引中国游客和中国企业前往巴西。

(二)游客往来的规模不断扩大

中巴自2004年签署旅游谅解备忘录、巴西成为中国公民组团出境旅目的地以来，两国越来越多的民众开始跨越大洋远赴对方国土，亲眼饱览对方丰富而独特的自然景观与人文景观，两国游客往来的规模不断扩大。其中，巴西来华的游客人数虽然有所起伏，但是总体呈现快速增长态势，规模不断扩大。2004年，巴西来华游客为2.95万人次，接近3万人次的规模；2005年，突破3万人次，达到3.79万人次；2006年，突破4万人次，达到4.78万人次；2007年，突破6万人次，达到6.74万人次，比上年增长了41%；2008年，突破7万人次，达到7.47万人次；2010年，突破8万人次，达到8.51万人次，比上年增长了34%；2011年，突破9万人次，达到9.79万人次，比上年增长15%；2012年，增至9.94万人次，接近10万人次的规模，巴西来华游客的人数达到历史最高点，在所有来华的外国游客国别中排第27位。随后，2013~2016年，巴西来华的游客人数虽然有所回落，但是除2015年（8.55万人次）外，每年的规模均超过9万人次，巴西成为中国在拉美地区的第一大入境旅游客源国（见图3）。

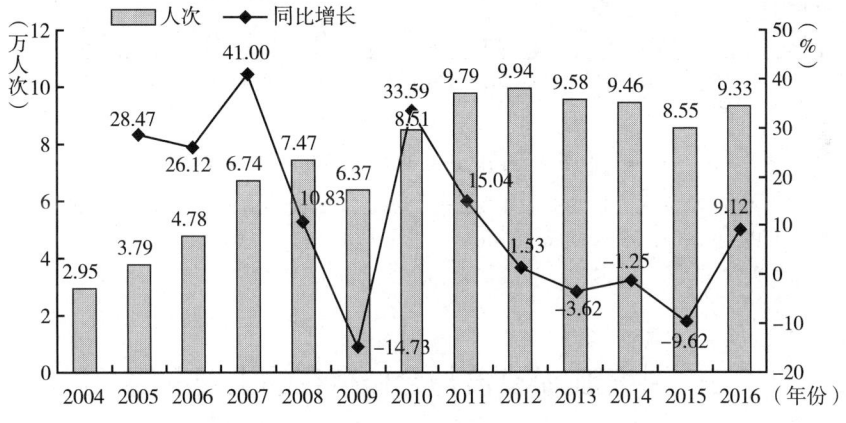

图3 巴西来华的游客人数（2004~2016年）

资料来源：中国国家旅游局《中国旅游统计年鉴》，见EPS全球统计数据/分析平台。

同样，中国赴巴西的游客人数增长迅速，规模不断扩大。2004年，中国赴巴西的游客人数为1.63万人次；2006年，突破3万人次，达到3.12万人次，较之上年增幅超过73%；2008年，增至3.95万人次，接近4万人次的规模,较之上年增幅超过68%;2011年,突破5万人次,达到5.6万人次,比上年增长了48%;2012年,突破6万人次,达到6.59万人次,中国赴巴西的游客人数达到历史最高峰。随后,2013~2016年,中国赴巴西的游客人数虽然有所回落,但是每年的规模均超过5万人次(见图4)。目前,中国仅次于日本成为巴西在亚洲地区的第二大入境旅游客源国,巴西则成为中国在拉美地区的第一大出境旅游目的地国。

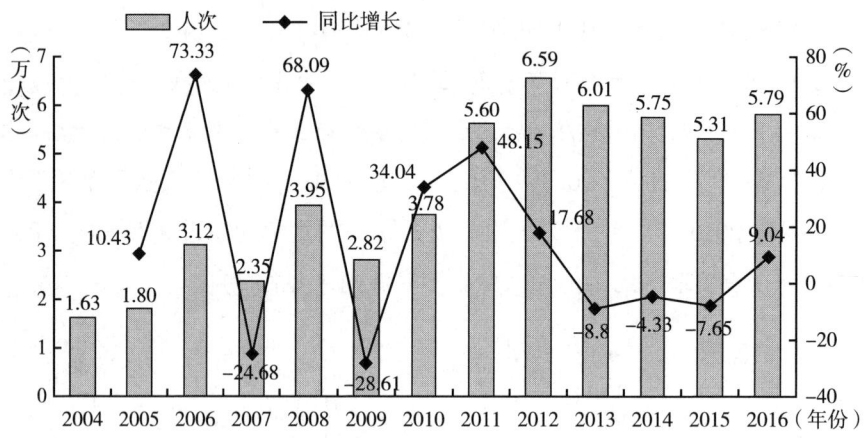

图4　中国赴巴西的游客人数(2004~2016年)

资料来源：Ministério do Turismo do Brasil, "Anuário Estatístico de Turismo EMBRATUR", 2004-2015, Brasília：Ministério do Turismo。

三　中巴旅游交流与合作存在的主要问题

中巴自2004年签署旅游谅解备忘录、巴西成为中国公民出境旅游目的地以来,双方游客往来的人数增长迅速,但是相比较于两国庞大的出境旅游规模,两国旅游交流与合作仍然规模较小,市场潜力尚待挖掘,同时受到距离遥远、成本高昂、交通不便、语言不通、签证烦琐、宣传不足、软硬件建设落后、交流平台欠缺等客观和主观因素的制约。

（一）规模较小，市场潜力尚待挖掘

作为全球重要的出境旅游客源大国，当前中国每年出境旅游的人数已超过1亿人次，巴西则超过800万人次。相比较于两国庞大的出境旅游规模，中巴旅游交流与合作仍然规模较小，市场潜力尚待挖掘。每年，巴西来华的游客人数或中国赴巴西的游客人数均未超过10万人次，拥有很大的提升空间。例如，2012年，巴西来华的游客人数（9.94万人次）和中国赴巴西的游客人数（6.59万人次）均达到历史最高点，但是在两国出入境旅游市场所占份额很小。其中，巴西来华的游客人数（9.94万人次）仅占同年巴西出境旅游总人数（850万人次）的1%左右、占中国外国游客入境总人数（2719万人次）的0.4%左右；中国赴巴西的游客人数（6.59万人次）仅占同年中国出境旅游总人数（8318万人次）的0.08%左右、占巴西国际入境旅游总人数（568万人次）的1%左右。

中巴两国还未互为出境旅游主要目的地国和入境旅游主要客源国，双方的出入境旅游市场以周边国家和地区或欧美国家为主。其中，中国的出入境旅游市场以韩国、日本、越南等周边国家和中国港澳台地区为主，巴西的出入境旅游市场以美国、法国、阿根廷等欧美国家和周边国家为主（见图5、图6）。与上述国家相比，中巴游客往来的规模相去甚远。基于此，中巴媒体、政府多次强调：尽管近五年来中国赴巴西的游客人数增长了70%，巴西成为中国在拉美地区的第一大出境旅游目的地国，但是与阿根廷、美国等其他国家相比，中国赴巴西的游客人数仍然较少[1]；现在每年出境旅游的中国公民的人数在不断地增长，已经接近1亿人次，可是来巴西旅游的中国人只有6万……巴西每年出境旅游有几百万人，但是去中国的也就7万多人，所以人员交流和实际我们所拥有的潜力相比，

---

[1] Adriana Lampert, "Brasil é principal destino para os turistas chineses na América Latina", Jornal do Comércio, http://jcrs.uol.com.br/_conteudo/2016/01/economia/476369 – brasil – e – o – principal – destino – de – viajantes – chineses – na – america – latina.html, 10 de janeiro de 2016.

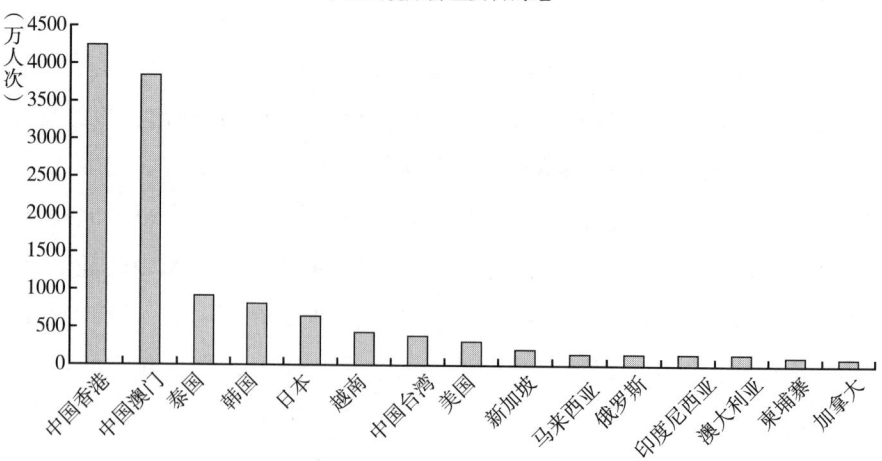

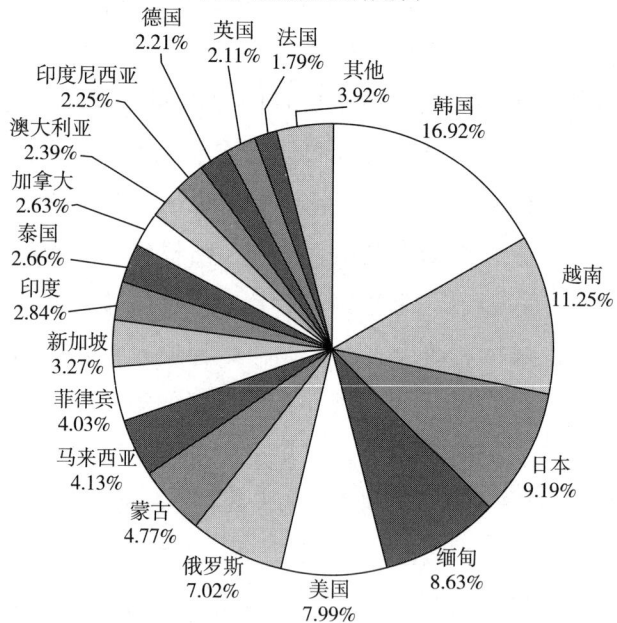

图5 2016年中国出境旅游主要目的地和入境旅游主要客源国

资料来源：中国旅游研究院《中国出境旅游发展年度报告2017》，旅游教育出版社，2017。

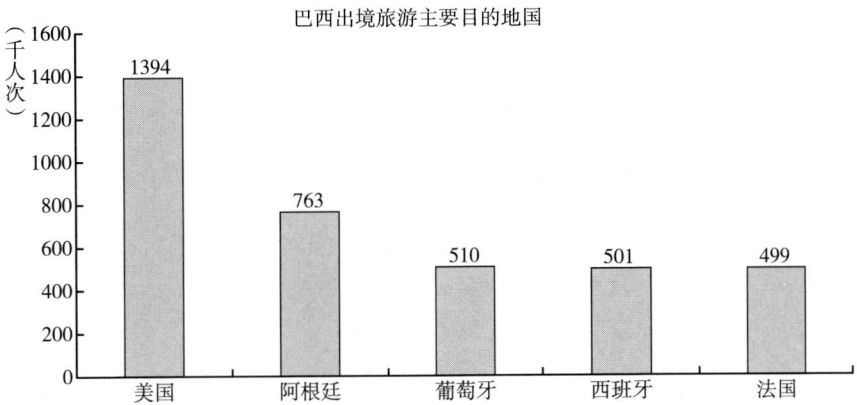
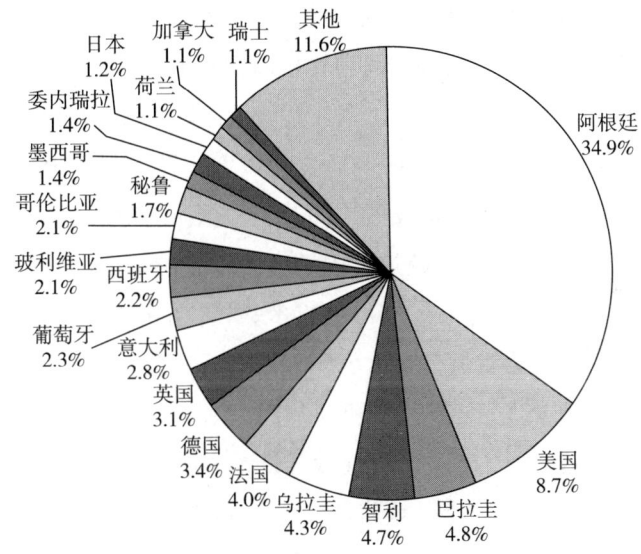

图 6　2016 年巴西出境旅游主要目的地和入境旅游主要客源国

资料来源：OECD,"Brazil: Domestic, Inbound and Outbound Tourism", in *OECD Tourism Trends and Policies 2018*, 2018, p. 112; Ministério do Turismo do Brasil, "Anuário Estatístico de Turismo EMBRATUR-2017", Brasília: Ministério do Turismo, janeiro 2018, p. 298。

还是有很大的差距。① 未来，如何吸引对方更多的游客入境、扩大中巴旅游交流的规模、挖掘两国旅游市场的潜力，成为中巴旅游交流与合作发展的重中之重。

（二）成本较高，便利性不足

距离、花费、旅游便利性等是游客出行重点考虑的因素，直接影响游客目的地的选择。中巴虽然都是世界知名的旅游大国，旅游资源丰富多样且各具特色，但是两国旅游交流与合作受到距离遥远、成本高昂、耗时较长、交通不便、签证烦琐、语言不通等客观和主观因素的制约，导致两国民众赴对方旅游的意愿不高，严重地制约了两国旅游交流与合作规模的扩大。其中，费用高成为影响两国民众赴对方旅游的最重要因素（见图7）。中巴位于东西半球，相距遥远，空中飞行时间和转机时间加起来超过20个小时，导致往返机票价格过高且耗时较长。民调数据显示，近半数来华的巴西游客在华停留时间超过8天，花费多数在3000美元以上，平均花费3800美元②，超过巴西游客赴欧美等地的平均花费。同时，中国游客赴巴西的费用也较高，人均花费一般在5～6万元，超过中国游客出境旅游平均消费的10倍以上；耗时较长，通常为10天左右。高昂的成本和较长的时间花费使中巴许多游客只好望洋兴叹、舍远求近，在出境旅游方面更乐于选择距离较近、出行较为方便、花费较为合理且旅游资源不错的周边国家。

除了距离遥远、成本较高、耗时较长外，中巴旅游交流与合作还面临签证烦琐、语言不通、航班较少等旅游便利性问题。其中，办理签证便利与否，是一个国家旅游业是否发达的重要标志，直接影响入境游客的数量和国际旅游收入。前文提及，当前中巴政府都在为简化签证、吸引对方游客而采取一系列措施，但是双方在签证办理上仍然存在申请时间较长、签证点较少、程序较为烦琐等问题，需要进一步提升签证办理的便利性。此外，在语

---

① 中国驻巴西大使李金章的评语。见钮璇《发展中巴旅游将有力促进两国人文交流》，国际在线，http://gb.cri.cn/42071/2014/07/13/5931s4613081.htm，2014年7月13日。
② 《巴西来华旅游舆情调查报告》，《中国旅游报》2015年2月13日。

言交流方面,巴西的母语为葡语,英语交流并不十分普遍,语言不通成为中巴旅游交流与合作的一大障碍,特别是对于以自由行为主要来华旅游方式的巴西游客而言,语言不通极大地降低了巴西游客来华的意愿。民调数据显示,未来3年想去中国旅游的巴西受访民众的比例不足4%,费用高(44.8%)和语言不通(40.5%)成为其不愿来华旅游的最主要原因,此外也与签证不便(4.9%)相关(见图7)。目前,中巴两国旅游业都十分缺乏熟练掌握中巴两国语言的专业人才和高层次人才,从而在很大程度上影响了双方旅游服务的质量,限制了两国旅游交流与合作的发展。未来,中巴需要共同解决旅游成本较高、便利性不足等问题,提升两国游客赴对方旅游的意愿。

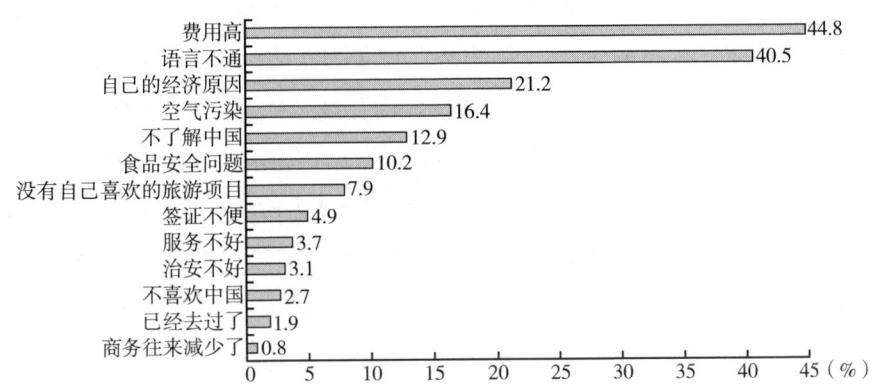

图7 巴西民众不愿来华旅游的原因

资料来源:《巴西来华旅游舆情调查报告》,《中国旅游报》2015年2月13日。

(三)软硬件建设落后,发展环境有待优化

作为世界知名的旅游大国,中巴因其丰富多样、别具特色的旅游资源而享誉世界,具有较强的旅游吸引力和较高的旅游知名度。但是,两国旅游业在软硬件建设方面落后,整体发展环境有待优化。其中,中国旅游业在环境、食品安全、安全保障、旅游服务基础设施、服务质量、营商环境等方面问题突出,降低了中国旅游的吸引力,成为巴西等外国游客不愿来华的重要

影响因素。根据世界经济论坛（WEF）发布的《2017年旅游业竞争力报告》，在旅游业竞争力的具体指标上，中国在环境可持续性方面排名末尾，在136个国家中居第132位；在安全保障（第95位）、旅游服务基础设施（第92位）、营商环境（第92位）方面排名也不佳，有待完善。① 此外，民调数据显示，巴西游客不愿来华除了费用高（44.8%）和语言不通（40.5%）这两个主要原因外，空气污染（16.4%）、食品安全问题（10.2%）、服务不好（3.7%）、治安不好（3.1%）（见图7）等也是影响因素；在巴西游客来华旅游满意度调查方面，中国的出入境服务、旅游餐饮、安全状况、与当地居民交流评价较低②，中国旅游业的发展环境有待优化。

同中国一样，巴西旅游业的发展也存在诸多问题，如营商环境不佳、交通基础设施落后、社会治安不良等，降低了巴西旅游的吸引力。根据世界经济论坛（WEF）发布的《2017年旅游业竞争力报告》，在旅游业竞争力的具体指标上，在136个国家中，巴西在营商环境（第129位）、地面和港口基础设施（第112位）、安全保障（第106位）、旅游业的优先程度（第106位）、国际开放度（第96位）和人力资源与劳动力市场（第93位）方面排名较为靠后。③ 其中，因行政效率低下、手续烦琐且税收较高，巴西的营商环境不佳，在全球排名居末尾，极大地降低了巴西商务、公务旅游的吸引力。此外，巴西里约热内卢、圣保罗等著名的旅游城市治安问题堪忧，游客遭遇抢劫、偷窃事件时有发生，巴西的安全保障全球排名靠后，在136个国家中居第106位，较之上年下降了2位，安全问题不仅没有得到改善，反而进一步恶化，给巴西旅游业的发展和巴西国家形象带来了消极影响。民调数据显示，在中国游客对巴西旅游满意度问卷调查中，得分最低的项目是巴西

---

① 数据来源于World Economic Forum, "The Travel & Tourism Competitiveness Report 2017", https://www.weforum.org/reports/the-travel-tourism-competitiveness-report-2017, p.128。
② 《巴西来华旅游舆情调查报告》，《中国旅游报》2015年2月13日。
③ 数据来源于World Economic Forum, "The Travel & Tourism Competitiveness Report 2017", https://www.weforum.org/reports/the-travel-tourism-competitiveness-report-2017, p.110。

的中文标识、信息和服务（7.24分）、旅游价格（7.50分）、工业旅游（7.59分）、性价比（7.61分）、施工管理（7.63分）、农业现代化（7.65分）、安全感（7.66分）等①，巴西旅游业的软硬件建设亟待加强。

（四）宣传不足，相互了解有限

中巴两国虽然拥有丰富多样且独具特色的旅游资源，但是双方民众对于对方的旅游资源缺乏基本的认识和了解，在很大程度上降低了双方民众赴对方旅游的兴趣和意愿。中国外文局等机构进行的中国国家形象全球调查的民调数据显示，除了科技（44%）、文化（35%）和经济（35%）领域外，巴西民众对于中国媒体（27%）、政治（25%）、军事（24%）、外交（21%）等其他领域的了解存在很大的认知空白。② 对此，时任巴西文化部部长苏普利西访华时强调，中巴之间虽然很亲密，但是距离很遥远；我们对中国非常感兴趣，但是了解得并不多。此外，根据世研旅游智库发布的《巴西来华旅游舆情调查报告》，对中国的不了解（12.9%）是巴西民众不愿来华旅游的原因之一（见图7）。其中，巴西民众对于中国主要旅游城市和主要旅游景区的认知度较低，除了北京（80.1%）、上海（70.3%）、广州（15.4%）和西安（13.0%）这4个旅游城市和万里长城（57.3%）、故宫（34.4%）、少林寺（10.8%）和天坛（10.2%）这4个旅游景区外，巴西民众对于中国其他主要旅游城市和主要旅游景区的认知度均低于10%（见图8）。由于对于中国丰富多样的旅游资源缺乏了解，巴西民众在来华旅游时往往集中于认知度较高的长城、故宫、少林寺等旅游景点和上海、北京、广州等旅游城市，忽略了对于中国内陆地区丰富而独特的自然景观和人文景观的探索。同样，中国民众对于巴西丰富的旅游资源也缺乏基本的了解。目前，中国赴巴西的游客主要集中于巴西圣保罗以及里约热内卢两地，对于巴西其他旅

---

① 中国旅游研究院：《中国出境旅游发展年度报告2015》，旅游教育出版社，2015，第168页。
② 黄廓：《中国在金砖国家的公共外交效果2013年调查报告》，载赵启正、雷蔚真主编《公共外交蓝皮书：中国公共外交发展报告（2015）》，社会科学文献出版社，2015，第185页。

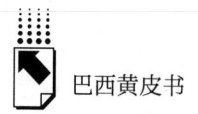

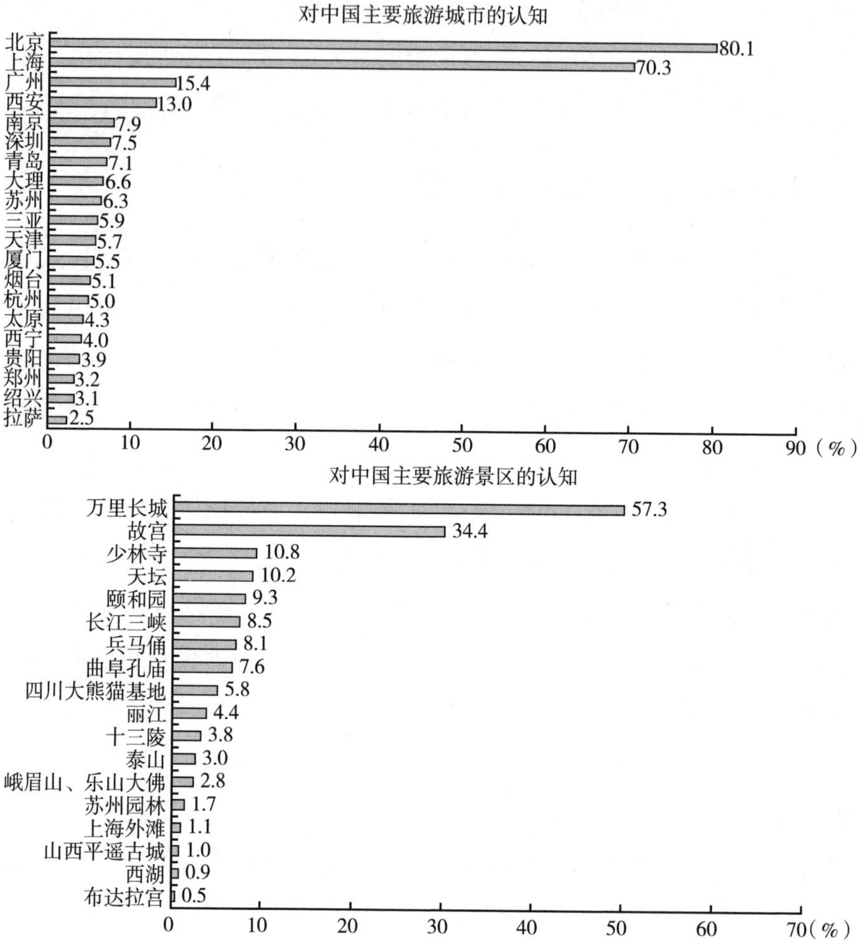
对中国主要旅游城市的认知
北京 80.1
上海 70.3
广州 15.4
西安 13.0
南京 7.9
深圳 7.5
青岛 7.1
大理 6.6
苏州 6.3
三亚 5.9
天津 5.7
厦门 5.5
烟台 5.1
杭州 5.0
太原 4.3
西宁 4.0
贵阳 3.9
郑州 3.2
绍兴 3.1
拉萨 2.5
0 10 20 30 40 50 60 70 80 90（%）
对中国主要旅游景区的认知
万里长城 57.3
故宫 34.4
少林寺 10.8
天坛 10.2
颐和园 9.3
长江三峡 8.5
兵马俑 8.1
曲阜孔庙 7.6
四川大熊猫基地 5.8
丽江 4.4
十三陵 3.8
泰山 3.0
峨眉山、乐山大佛 2.8
苏州园林 1.7
上海外滩 1.1
山西平遥古城 1.0
西湖 0.9
布达拉宫 0.5
0 10 20 30 40 50 60 70（%）

图 8　巴西民众对中国旅游资源的认知

资料来源：《巴西来华旅游舆情调查报告》，《中国旅游报》2015 年 2 月 13 日。

游城市不甚了解、游览较少。此外，民调数据显示，除了桑巴、足球、狂欢节、亚马孙热带雨林、巴西铁矿石等这些常见的巴西元素之外，从整体上而言，中国民众对于巴西等拉美国家“了解不多，甚至基本上不了解”，“认知程度偏低”①，从而降低了中国民众赴巴西旅游的意愿。

① 郑秉文、刘维广：《中国人心目中的拉丁美洲：中国社会科学院国际问题舆情调研结果分析》，《拉丁美洲研究》2008 年第 5 期，第 38 页。

中巴两国民众对于对方丰富的旅游资源缺乏了解,这既与两国相距遥远、语言不通等客观因素相关,也与旅游宣传不足、信息来源有限等主观因素有关。目前,中巴之间虽然日益加强旅游宣传,但是总体来说力度不够、效果欠佳。例如,关于巴西民众对于中国旅游推广活动的认知情况,根据民调数据,对于"美丽中国之旅"的推广活动,80%以上的巴西受访民众表示不甚了解,其中完全不了解的民众占据一半以上(52.7%),不太了解的民众达30.5%,仅有3.2%的受访民众表示非常了解;对于中国各省区的旅游传播活动,除了上海(28.9%)、北京(24.5%)外,认知度均低于8%(见图9)。同样,巴西针对中国民众的旅游宣传活动也较少、效果欠佳,中国民众所能获取的巴西旅游信息较少,对于巴西旅游资源的认知有限。其中,信息来源少是中国民众了解巴西等拉美国家的最主要障碍。① 因此,中巴亟须加强旅游宣传和信息交流,增进双方民众对于对方旅游资源的认识和了解,提升其赴对方旅游的兴趣和意愿。

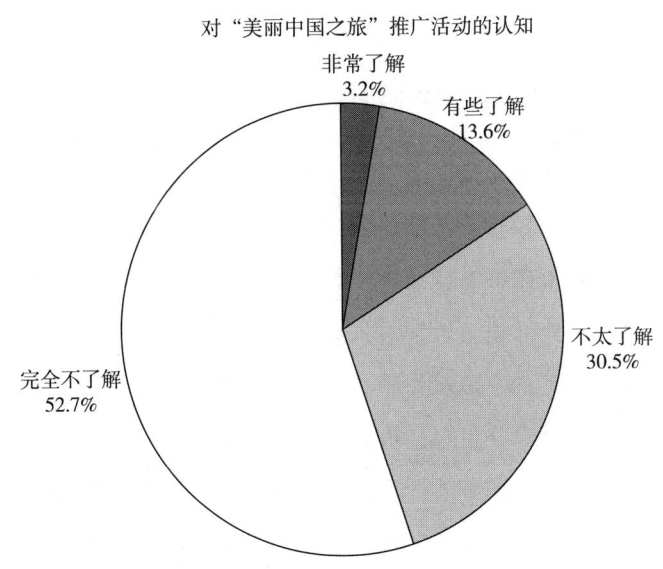

---

① 郑秉文、刘维广:《中国人心目中的拉丁美洲:中国社会科学院国际问题舆情调研结果分析》,《拉丁美洲研究》2008年第5期,第36页。

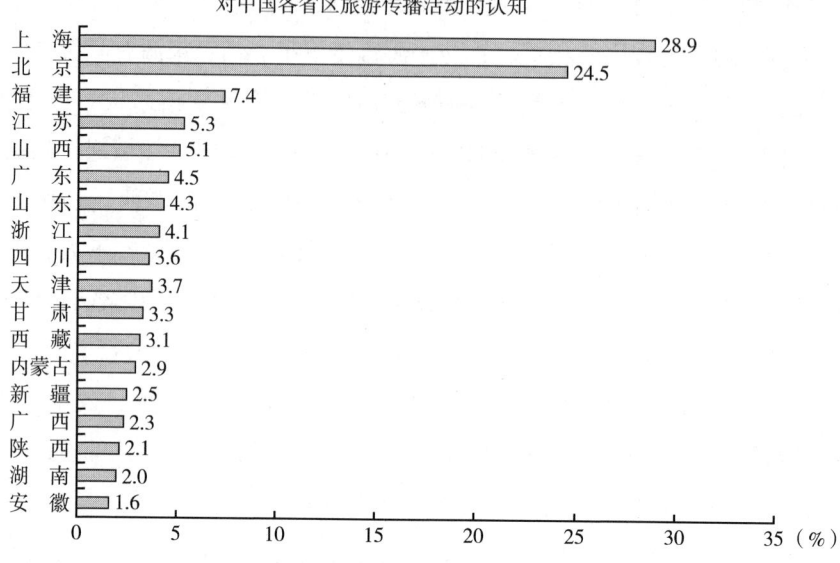

图9 巴西民众对中国旅游推广活动的认知

资料来源:《巴西来华旅游舆情调查报告》,《中国旅游报》2015年2月13日。

(五)平台欠缺,机制建设有待加强

为了增进中外旅游交流与合作,发挥旅游的经济、文化、外交等功能,联通中国与世界,近年来,中国搭建了中国旅游年、中外旅游部长会议、旅游合作论坛、旅游工作组会议、旅游友好省州等多个高层次的中外旅游交流与合作平台,极大地推动了中国对外旅游交流与合作的发展。但是,遗憾的是,巴西等南美国家是中国对外旅游交流与合作的薄弱地区,双方高层次的旅游交流与合作平台十分欠缺,机制建设有待加强。

迄今为止,中巴双方政府部门之间尚未举行诸如旅游年等大型的旅游宣传活动,也未建立诸如中巴旅游部长会议、旅游合作论坛等双方旅游主管部门之间定期的磋商机制。在两国政府间现有的最高级别的对话与合作机制——中巴高层协调与合作委员会(简称"中巴高委会")框架内,目前已经设立了政治、经贸、文化等12个分委会,但是尚缺乏旅游交流与合作相关的

机制。此外，旅游办事处等常设机构还未建立。根据中国国家旅游局2017年6月公布的消息，中国国家旅游局计划在巴西开设拉丁美洲首家旅游办事处。①如能尽快开设，将为中巴及中拉旅游交流提供一个很好的平台。在多边机制方面，目前中巴之间正在运行的多边旅游交流与合作平台主要有金砖国家旅游部长会议、G20旅游部长会议、东亚-拉美合作论坛经社工作组旅游小组等。2012年，时任中国国务院总理温家宝访问巴西等拉美国家时，曾公开提出"要尽快建立中拉旅游工作促进机制"。②遗憾的是，截至目前，该机制尚未建立。此外，在中国-拉共体论坛（简称"中拉论坛"）这一重要的中拉整体合作机制内，迄今尚未搭建中拉旅游交流与合作相关平台。在2018年1月召开的中拉论坛第二届部长级会议上，中拉在共同制定的《中国与拉共体成员国优先领域合作共同行动计划（2019~2021年）》中提出要"适时举办中国-拉共体旅游部长会议"③，目前仍在规划中。总之，中巴旅游交流与合作尚处于初始阶段，缺乏高层次的交流平台，机制建设有待加强。

四 推进中巴旅游交流与合作的对策建议

未来，中巴旅游交流与合作的发展可以从提升旅游便利性、加强软硬件建设、扩大旅游宣传、加大旅游产品开发、打造高层次的交流平台等方面着手，将政府推动与企业开发相结合、内部环境建设与对外宣传相结合，提高本国旅游的吸引力，增进双方民众赴对方旅游的兴趣和意愿，挖掘两国旅游市场的潜力，扩大中巴旅游交流的规模与深度，更好地发挥旅游交流在中巴经贸合作和人文交流中的作用。

---

① 《促旅游交流 中国将在巴西设立旅游办事处》，南美侨报网，http://www.br-cn.com/news/br_news/20170627/88494.html，2017年6月27日。
② 温家宝：《永远做相互信赖的好朋友——温家宝在联合国拉丁美洲和加勒比经济委员会的演讲》，人民网，http://cpc.people.com.cn/n/2012/0628/c64094-18396930.html，2012年6月28日。
③ 《中国与拉共体成员国优先领域合作共同行动计划（2019~2021年）》，中国外交部网站，http://www.fmprc.gov.cn/web/zyxw/t1531472.shtml，2018年2月2日。

（一）提升便利性，加强软硬件建设

当前，中巴两国民众赴对方旅游的兴趣和意愿不高，这与两国旅游的便利性不足以及国内旅游环境不完善密切相关。为了吸引对方更多的游客入境，中巴需要提升旅游的便利性，加强软硬件建设。一方面，两国需要在交通出行、签证办理、语言交流等方面加以完善，提升旅游的便利性。例如，在中巴之间的航班服务方面，虽然两国之间的地理距离无法改变，但是两国可以通过增加直飞航班班次、减少转机时间、降低机票价格、提高航班服务质量等方式来提升游客出行的便利性、舒适性和经济性；在签证办理方面，两国可以通过增加签证办理点、减少签证办理时间、降低签证办理费用、简化签证办理程序、放宽签证有效期、实行免签试验区、启用电子签证及落地签证等方式来增加连通性、打破签证障碍，提升游客通关的便利性；在语言交流方面，中巴可以通过开展双方高校旅游相关专业人才的联合培养、联合培训等方式，为双方输送更多熟练掌握两国语言的旅游专业人才和高层次人才。

另一方面，两国需要练好内功，优化旅游发展环境，加强旅游软硬件建设，在社会治安、旅游服务设施、基础设施、服务质量、营商环境、环境可持续性发展、食品安全等方面不断完善。只有把旅游目的地的整体环境建设好，才能吸引对方更多的游客入境，赢得游客的真正认可和认同，为中巴旅游交流与合作的发展提供坚实的基础和持续的动力。当然，旅游软硬件建设并非短期内能够完成，也非某一部门一己之力能够实现，需要着眼长远、制定战略规划、持之以恒，同时也需要政府、社会和民间力量合力为之，共同营造良好的旅游发展环境。

（二）扩大宣传，增进相互了解

对于旅游而言，了解是产生兴趣、激发动机的前提。了解不足甚至存在误解、偏见，很难产生出游的兴趣。当前，中巴旅游宣传不足，两国民众对于对方丰富多样的旅游资源缺乏基本的认识和了解，从而降低了双方民众赴对方旅游的兴趣和意愿。因此，为了吸引对方更多的游客入境，中巴亟待加强旅游宣传，增进相互认识和了解。双方可以借助本国已有的传播渠道和平台，诸如互联网、广播、影视、书刊等媒体以及文化机构、企业、友好城市等平台，用对方母语向对方民众推介本国的旅游资源、旅游产品、历史文化等内容。同时，相比较于其他国家媒体，本国媒体仍是中巴民众获取信息的最主要渠道。因此，为了提升旅游宣传的力度和成效，中巴需要"借船出海"，通过与对方媒体、旅游机构、旅游组织等机构加强信息交流与合作，借助对方的传播渠道与平台加强旅游宣传。例如，民调数据显示，互联网（66.4%）和电视（42.3%）是巴西民众获取中国旅游信息的最主要途径。①为了向巴西民众更好地推介中国的旅游资源和旅游产品，中国需要加强与巴西互联网、电视等媒体的交流与合作，通过互相传送节目，邀请对方来华拍摄或合作拍摄影视节目，赴巴西举行或参加电视周、电影节等方式加强旅游宣传。

需要注意的是，中巴在加强旅游宣传的过程中，需要根据对方民众的喜好、思维方式、思维习惯、审美情趣等，有针对性、有重点、因地制宜地进行宣传推广。其中，在宣传内容上，不仅需要重点宣传对方民众感兴趣的热点旅游城市和热点景区，也需要选择一些双方差异较大，能够激发对方民众兴趣的精品、高端旅游线路加以推广；在宣传对象上，由于中巴相距遥远、旅游成本较高、耗时较长，目前两国之间的游客以中产阶级为主要群体，因此在宣传对象上需要以对方中产阶级为重点推介人群；在宣传方式上，鉴于中巴相距遥远、语言不通的客观现实以及两国互联网发展迅速且已成为两国民众获取对方旅游信息的最主要渠道，两国需要重点利用互联网等新兴媒体，用对方母语加大旅游推介，既可以节约成本、克服时空障碍，也可以扩大信息受众面、提升宣传成效；此外，双方需要充分利用友好城市这一平台加大旅游宣传，同时加强区域及次区域旅游的联合宣传。

---

① 《巴西来华旅游舆情调查报告》，《中国旅游报》2015年2月13日。

（三）推动企业合作，加大产品开发与投资

21世纪以来，中巴经贸合作发展迅速，目前中国已成为巴西第一大贸易伙伴、第一大出口市场和第一大进口来源国，巴西则成为中国在拉美地区的第一大贸易伙伴和第一大投资目的地国。但是，中巴经贸合作主要集中于农业、矿业、能源等领域，在旅游业方面的投资与合作较少，两国旅游市场的潜力尚待挖掘。因此，中巴政府需要进一步地鼓励和支持双方企业走进对方，加强在酒店、餐饮、旅游基础设施、旅游服务设施等方面的投资与合作，既可以开拓市场，又可以为当地旅游业的发展带来急需的资金，完善当地旅游环境建设，实现互利共赢。

同时，双方还需要加大旅游产品的开发，推陈出新，打造一些具有特色、创意、品位和深度的旅游线路和旅游套餐，满足两国民众出境旅游的多样化需求和全面、深入认知两国旅游资源的需要。例如，根据巴西民众喜欢中医、武术等中国传统文化的特点，可以将旅游与养生保健、中医培训、武术学习等相结合，打造中国养生文化之旅等特色旅游产品。此外，中巴位于东西半球，在季节上刚好相反，具有季节差的旅游优势。中国可以利用这一优势，根据巴西民众对于雪景和中国传统文化感兴趣的特点，打造美丽中国冰雪之旅+春节民俗文化体验，让生活在热带的巴西民众能够在炎炎夏日来到中国欣赏美丽的雪景、进行多种有趣的冰上运动，并体验丰富多彩的中国春节传统民俗文化。与此同时，巴西也可以利用季节差的优势，打造巴西狂欢节+热带雨林生态探险之旅，让中国民众在寒冬之际赴巴西享受温暖的热带阳光，并领略巴西亚马孙、伊瓜苏等地独特的热带生态之美和感受"地球上最伟大的表演"——巴西狂欢节的热情奔放。此外，为了吸引中国游客，巴西需要进一步加大与阿根廷、秘鲁、智利等南美国家旅游合作的力度，共同打造南美区域高端旅游产品，促进南美旅游的互联互通，让中国游客远道而来时可以饱览南美多国的美景和别样的风情。

（四）打造高层次的交流平台，加强机制建设

政府是中巴旅游交流与合作的主要推手。未来，为了挖掘中巴旅游市场的潜力、扩大两国旅游交流的规模，中巴政府需要加强政策支持和政策沟通，共同打造高层次的交流平台，加强机制建设。其中，在双边机制建设方面，中巴可以互设旅游办事处，为双方旅游交流与合作提供一个固定的、常设的实体平台；推动中巴旅游资源互补性较强的省州或城市缔结为中巴旅游友好省州或友好城市，加强旅游信息交流与旅游业合作；在两国政府间现有的最高级别的对话与合作机制——中巴高委会框架内，建立旅游交流与合作相关的机制；举行中巴旅游合作论坛或中巴旅游部长会议，建立中巴旅游主管部门定期会晤机制；增进两国旅游机构和旅游组织之间的交流与磋商；吸取中国与其他国家或地区旅游合作的成功经验，创建中国与巴西或者中国与南美旅游合作实验区，实行签证互免、人员自由流动等优惠政策。在多边机制建设方面，两国可以继续加强并不断完善现有的多边交流平台，如金砖国家旅游部长会议、G20旅游部长会议、东亚-拉美合作论坛经社工作组旅游小组等，同时需要尽快建立中拉旅游工作促进机制；在中拉论坛框架下尽快举办中国-拉共体旅游部长会议，建立中拉旅游部长定期会晤机制，并设立旅游合作分论坛；举行中拉旅游年等大型的旅游宣传活动等。总之，中巴政府部门需要加大引导和支持力度，加强机制建设，为双方旅游交流与合作的发展创造更多的条件。

Y.19
2017年巴西主流媒体涉华报道分析

唐 筱*

摘　要： 巴西主流媒体受众面广、社会信任度高，它们对于中国相关议题的报道频度、主题选择和语言组织，很大程度上影响着巴西民众对中国的认知，对于巴西社会对华情感的塑造乃至中巴关系的发展都有着不容忽视的影响力。综合考虑各种媒体形态特点、数据获取和分析难度以及媒体代表性后，本文选取巴西四家主流媒体作为研究对象，搭建"巴西主流媒体官方推特涉华报道数据库"，从报道频度、主题分布、热点分布和语言组织四个角度出发，借助语料库软件等技术手段分析2017年巴西媒体涉华报道的主要特点，并就进一步推进中巴媒体交流、在巴西"展示更加真实鲜活的中国"提出两点建议：继续支持中国媒体"走出去"和巴西媒体"走进来"；充分利用新媒体、新技术，推动中巴民间交流。

关键词： 巴西　主流媒体　涉华报道　中巴关系

一　引言

媒体关系和舆情反响一定程度上是国家间关系的"晴雨表"，新闻媒体

---

* 唐筱，湖北大学外国语学院葡萄牙语系教师，主要研究领域为巴西对外政策与中巴关系。

深度参与和影响了国际关系和国民情感的塑造。① 巴西主流媒体受众面广、社会信任度高,是巴西民众了解中国的主要信源。它们对于中国相关议题的报道频度、主题选择和语言组织,很大程度上影响着巴西民众对中国的认知,对于巴西社会对华情感的塑造乃至中巴关系的发展都有着不容忽视的影响力。

一方面,目前以电视、广播、报纸为代表的传统媒体在巴西依然拥有较大的影响力。根据巴西政府发布的《2016年度媒体消费习惯报告》,73%的巴西人以传统媒体作为自己获取信息的首选渠道。其中,电视的受众面最广(约90%的受访者有收看电视的习惯),报纸也拥有可观的受众群体(约占受访者总数的30%)。② 除了拥有较广的受众面,传统媒体在巴西还享有较高的社会公信力。根据位于智利的非政府研究机构"拉美晴雨表"2003~2015年的统计结果,巴西公众对政府的平均信任率在40%左右,而同期对于报纸、电视、广播这三大大众媒介的平均信任率分别为57%、53%、59%,均远高于对政府的信任度。③ 在这种背景下,相比政府通过官方渠道发布的信息,巴西公众更容易接收到,也更倾向于相信大众媒介所传达的内容。可以认为,在同巴西的互动交流中,巴西媒体始终在加强中巴互信、培养集体认同、构建"命运共同体"等进程中发挥着不容忽视的重要作用。

另一方面,随着巴西网络设施的不断完善和移动通信设备持有率的不断提高,依托于互联网的新媒体越来越呈现出蓬勃发展的态势。根据巴西政府发布的数据,2015年,48%的巴西人有通过互联网获取信息的习惯,而这一数字在2016年上升至约67%;其中,接受过高等教育的精

---

① 黄坤明:《为促进中拉友好合作贡献媒体智慧和力量——在中拉媒体领袖峰会上的讲话》,中国文明网,http://www.wenming.cn/ldhd/hkm/201707/t20170721_4349749.shtml,2016年11月25日。
② Secretaria de Comunicação Social da Presidência da República, "Pesquisa brasileira de mídia 2016: hábitos de consumo de mídia pela população brasileira", http://www.secom.gov.br/atuacao/pesquisa/lista-de-pesquisas-quantitativas-e-qualitativas-de-contratos-atuais/pesquisa-brasileira-de-midia-pbm-2016.pdf/view, p.14, acessado em 2 de outubro de 2017.
③ 数据来源于拉美晴雨表在线数据库。

英人群和青少年是使用新媒体的主力，智能手机则是这一人群接入互联网的主要渠道。① 各种新媒体形式中，社交媒体因其社交性和信息的轻量化的特点，加之同智能手机这一移动终端极佳的亲和性，更加适应当今时代信息碎片化的趋势，相比传统媒体有着更强的渗透性和更广的受众面，从而在议程设置方面越来越展现出独特的优越性。巴西是社交媒体使用大国，约92%的巴西互联网使用者拥有自己的社交媒体账号；此外，在各项网络活动中，巴西网络使用者在社交网络上耗费的时间也是最多的。② 面对脸书（Facebook）、推特（Twitter）等社交媒体为代表的新媒体的快速发展，巴西传统媒体也在调整自身经营与消息发布策略，通过在主流社交网络平台上开设官方账号等方式，立足于自身已有的公信力与影响力基础，不断探索增强用户黏性、扩展用户群的可能性，力争在当前的社交网络时代抢占先机。

尽管在巴西最为普及的社交媒体网站是脸书③，但是该网站一般更多被视为与朋友和家人联系的工具，而非资讯获取渠道。脸书私密性极强的信息发布和查看方式，也决定了在该平台上发布的内容很难作为理想的数据源被收集使用。而推特更多被看作发现、分享和学习的信息平台，承担更多与传统媒体近似的传播功能；该网站所提供的开放式的信息流，也为大数据的收集工作提供了更多便利。④ 此外，推特对信息发布字数的限制，导致发布人必须要对报道进行主观的精炼与浓缩；便捷的发布机制和评论机制等设计，

---

① Secretaria de Comunicação Social da Presidência da República：" Pesquisa brasileira de mídia 2016：hábitos de consumo de mídia pela população brasileira"，http：//www. secom. gov. br/atuacao/pesquisa/lista – de – pesquisas – quantitativas – e – qualitativas – de – contratos – atuais/pesquisa – brasileira – de – midia – pbm – 2016. pdf/view, p. 33, acessado em 2 de outubro de 2017.
② " Brazil Digital Future 2014 "，http：//www. slideshare. net/jacquelinee/2014 – brazil – digitalfutureinfocuspt, p. 17, acessado em 13 de agosto de 2017.
③ "¿Usa Ud. alguno de los siguientes servicios de redes sociales si es que Ud. usa alguno？"，详见拉美晴雨表在线数据库，http：//www. latinobarometro. org/latOnline. jsp。
④ Kantar Millward Brown：《如何利用社交媒体数据？》，http：//www. millwardbrown. com/docs/default – source/china – downloads/newsletter/3 – millward – brown – pov – social – measurement – depends – on – data – quantity – and – quality. pdf？sfvrsn=2，p. 3。

也使得发布人可以根据自己的主观需求或喜好,结合同其受众的实时互动效果,对所发布的新闻进行有选择性的反复推送,从而使推定作为内容发布者的媒体自身议题设置的倾向性变得更为简单。因此,在综合考虑各种媒体形态特点、数据获取和分析难度和媒体代表性后,本文根据巴西报业协会[①]和拉美报业协会[②]的统计报告,从巴西发行量前十的报纸中选出四家作为研究对象:《圣保罗页报》(Folha de São Paulo)、《环球报》(O Globo)、《时代报》(O Tempo)和《圣保罗州报》(O Estado de São Paulo)。研究方法以定量研究为主,通过收集四家媒体官方推特账号2017年(截至第三季度)推送的中国相关报道,搭建"巴西主流媒体官方推特涉华报道数据库",并基于该数据库,从报道频度、主题分布、热点分布、语言组织四个角度出发,借助语料库软件[③]等技术手段分析当前巴西媒体涉华报道的特点及其变化趋势,并在以上分析的基础上提出具有针对性的对策与建议。

二 2017年巴西主流媒体涉华报道分析

(一)报道频度

从报道频度来看,2017年,巴西对于中国的关注度相对2016年整体略为下降。2017年,截至第三季度,四家媒体共发布涉华报道764篇,相比2016年同期(1037篇)下降了约1/5。涉华新闻发布数量下降的同时,发布频率同样在降低,从2016年的平均1.37天发布一条涉华新闻,减缓到平均1.48天发布一条。此外,涉华报道占四家媒体报道总数的比例也有所缩减,从2016年的0.74%下降至2017年的0.60%。

---

① 数据来源于Associação Nacional de Jornais(ANJ),"MAIORES JORNAIS DO BRASIL, Ano 2015",http://www.anj.org.br/maiores-jornais-do-brasil/#。
② 数据来源于Associação Latino-Americana de Publicidade(ALAP),"OS 50 MAIORES JORNAIS DO BRASIL",http://alap.com.br/noticias/os-50-maiores-jornais-do-brasil-jan14。
③ 本文使用的软件为AntConC3.3.5b。

具体到各家对象媒体，《圣保罗页报》《环球报》《时代报》的涉华新闻发布总量、发布频率和总体占比均呈现下降态势，其中《圣保罗页报》《环球报》所有指标下降趋势均较为明显，而《时代报》尽管发布涉华报道的数量和频率有所下降，总体占比则保持了相对较为稳定的走势。四家媒体中，只有《圣保罗州报》的涉华报道频度相关指标呈现出上升趋势，展现出该社对中国不断提升的关注兴趣（见图1、图2）。

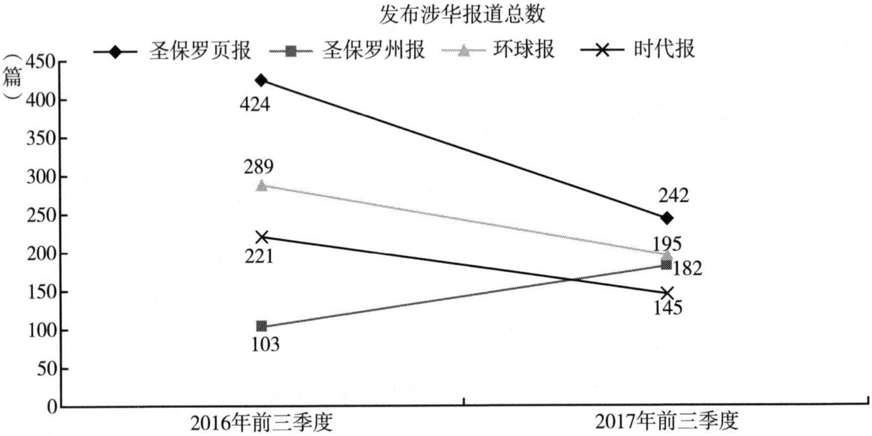

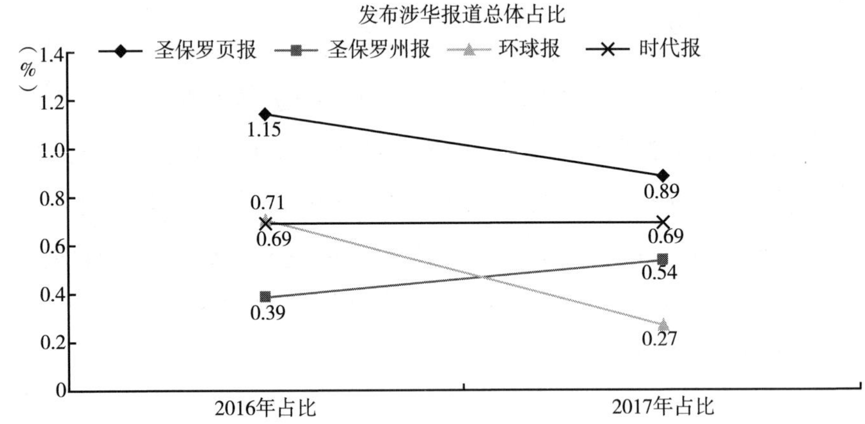

图1 2016～2017年前三季度巴西媒体发布涉华报道总数及总体占比变化趋势

资料来源：根据《环球报》《圣保罗页报》《圣保罗州报》《时代报》官方推特数据整理。

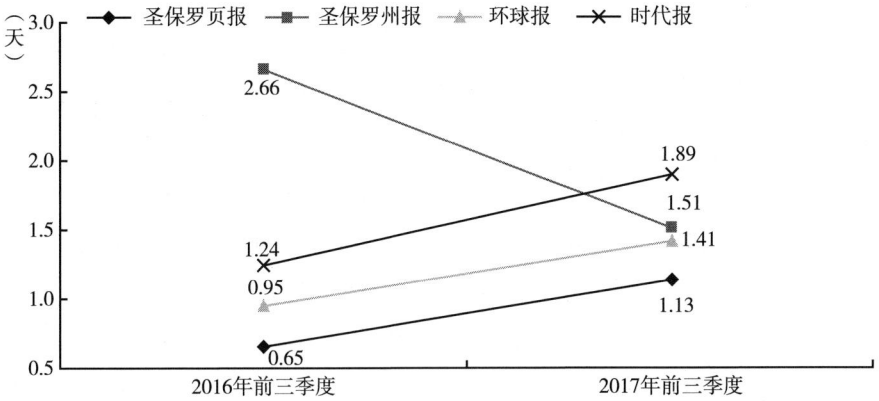

图 2 2016～2017 年前三季度巴西媒体涉华报道发布频率（篇均所需发布天数）

资料来源：根据《环球报》《圣保罗页报》《圣保罗州报》《时代报》官方推特数据整理。

考虑到 2016 年是奥运年，而巴西在该年作为奥运会主办国，获得了更多近距离与中国接触、互动的机会，从而也获得了更多涉华报道的一手材料；加上当时巴西举国瞩目的弹劾案终于尘埃落定，而新总统特梅尔上任后第一次出访便是赴中国参与 G20 峰会，各种因素使得巴西媒体在 2016 年对中国保持了较高的关注度。而在 2017 年，一方面，巴西国内失业率高企、贪腐丑闻持续发酵、监狱暴动不断，继续深陷政治、社会、经济等多方面纷繁复杂的棘手局面，使得巴西媒体报道资源和关注重点有所倾斜，更多时候集中在国内事务上；另一方面，虽然中巴依然通过金砖国家峰会、中拉新闻交流中心等机制保持持续的沟通与交流，但会议和活动多在中国举行，而巴西媒体驻华记者数量十分有限，很难进行大规模的采编和长期的跟踪报道，也在一定程度上限制了巴西媒体涉华报道的深度和广度。

（二）主题分布

2017 年，经济仍是巴西媒体关注的重点。四家主流媒体在统计期间所发布的764篇涉华报道中，与经济主题相关的多达264篇①，重点关注了中国对于从巴西进口肉类的态度、中国企业在巴西进行的竞标和收购、巴西地方政府和企业家赴中国寻找合作机遇等与中巴双方相关的经济议题。和2016年一样，排在第二位的是文化主题相关报道，其中许多聚焦中国在考古、航空航天、互联网等方面取得的科技成就，也有对中国文化审查制度的报道。政治相关报道数量排在第三位，相比2016年重要性有所上升，主要覆盖2017年内朝鲜问题、中美关系、中巴关系、台海关系等方面的新动向。社会相关新闻的重要性相对2016年则有所下降，大多是关于公共安全突发事件的报道和一般社会生活新闻（见图3）。

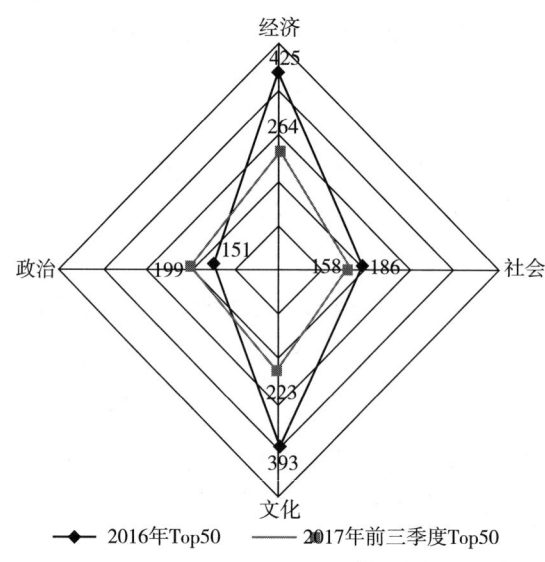

图3　2016年至2017年前三季度巴西媒体涉华报道主题分布

资料来源：根据《环球报》《圣保罗页报》《圣保罗州报》《时代报》官方推特数据整理。

巴西媒体涉华报道的主题分布特点一定程度上折射出中巴关系的特点。经济关系目前仍是中巴关系的重点，因此巴西媒体对于中巴经济关系尤为关

---

① 因同一篇报道可能涉及多个主题，故各主题下数量统计有所重合。下同。

注。两国在科技文教方面长期保持着良好的合作关系，加上中国政府对科技创新的扶植力度不断加大，中国科学技术方面的进步也不断吸引着巴西媒体的眼球。对政治主题关注的升温主要由国际局势变化导致，根据下文对词表的分析，可以认为2017年朝鲜半岛的紧张局势是导致涉华报道中政治相关报道增加的主要原因。

（三）热点分布

主题分布反映出巴西媒体在报道时对于中国的关注特点，而热点分布体现了作为读者的巴西民众对于中国的关注特点。热点分布主要靠计算各条涉华新闻的总热度（转发数＋收藏数）进行统计和分析。

根据统计，一方面，在总热度前50的涉华报道中，19篇涉及经济主题，19篇涉及社会主题，并列第一；12篇涉及文化主题，另有6篇涉及政治主题。结合上文主题分布的分析结果可以发现，尽管2017年巴西媒体对中国社会的报道力度有所减弱、政治相关报道力度有所加强，巴西民众依然对中国社会抱有很大兴趣，而对政治的关注度相对较低。巴西媒体对于涉华报道主题的选择，似乎并不能完全左右巴西民众对于中国的兴趣所在。另一方面，与2016年同期相比，巴西民众对于中国经济的关注显著提高，对中国社会关注度略微下降，对文化相关话题关注显著下降，对政治关注度基本持平（见图4）。

此外，通过对收集到的所有2017年前三季度巴西主流媒体涉华报道进行分类统计，可以发现社会主题相关报道的平均总热度最高（86），经济相关排第二位（65），文化排第三位（61），政治相关报道热度最低（54），和巴西媒体发布涉华报道的主题分布态势并不一致。这也佐证了前文的观点：巴西民众对中国相关话题关注热点的分布，同巴西媒体设置的涉华议程并没有完全重合（见图5）。巴西媒体对于中国在政治领域表现的热衷并没有明显影响到巴西民众，而巴西民众最感兴趣的社会议题并没有被巴西媒体作为重点进行报道。

此外，通过对收集到的所有2017年前三季度巴西主流媒体涉华报道进

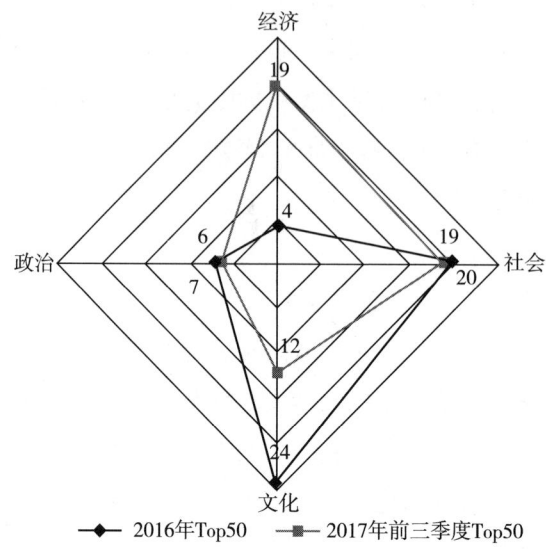

图 4　2016 年至 2017 前三季度年高热度涉华报道热点分布

资料来源：根据《环球报》《圣保罗页报》《圣保罗州报》《时代报》官方推特数据整理。

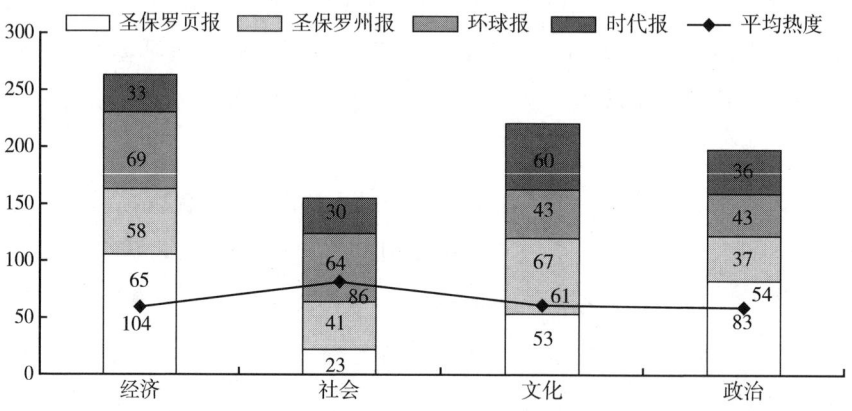

图 5　2017 年前三季度巴西主流媒体涉华报道主题分布与各主题平均总热度对比

资料来源：根据《环球报》《圣保罗页报》《圣保罗州报》《时代报》官方推特数据整理。

行分类统计，可以发现社会主题相关报道的平均总热度最高（86），经济相关排第二位（65），文化排第三位（61），政治相关报道热度最低（54）。与上一节主题分布统计结果对比可以发现，巴西民众对中国相关话题关注热点的分布，同巴西媒体设置的涉华议程并没有完全重合（见图5）。巴西媒体对于中国在政治领域表现的热衷并没有明显影响到巴西民众，而巴西民众最感兴趣的社会议题并没有被巴西媒体作为重点进行报道。

具体而言，总热度前50的涉华报道中，数量最多的是关于中国社会生活和中巴关系的新闻（皆为13条），其次是关于中国科技进展的新闻（9条），再次是关于中美关系（4条）和朝鲜问题（3条）的新闻，另外还有关于大熊猫（2条）、食品安全（2条）、金砖峰会（2条）、汽车（2条）等议题的报道，再次体现了巴西民众对于中国社会的强烈关注（见图6）。

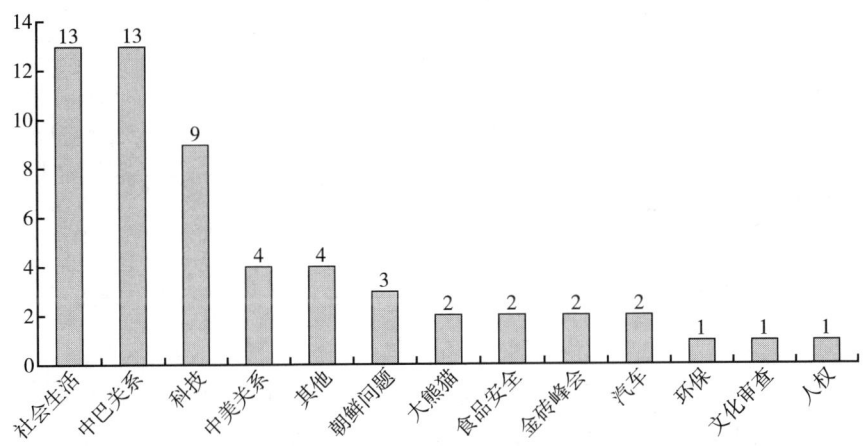

图6 2017年总热度前50报道焦点话题分布

资料来源：根据《环球报》《圣保罗页报》《圣保罗州报》《时代报》官方推特数据整理。

（四）语言组织

1. 词表与主题词

利用语料库软件对收集到的所有2017年前三季度巴西主流媒体涉华报

道进行分析后，可以得出2017年巴西媒体涉华报道最经常使用的"关键词"。词表排名前20的词汇代表了本年度巴西媒体涉华报道中使用频度最高的20个词，将这些词同2016年同期的分析结果进行对比，可以发现巴西、足球、特梅尔、美国、美元、雷亚尔等词是两年共同的关键词，体现了巴西媒体对中国足球、中国经济、中巴政经关系、中美关系等议题的持续关注。2017年的词表中也出现了新的词汇，如朝鲜、特朗普、巴西肉、市场、公司等（见表1）。

表1　2016~2017年巴西媒体涉华报道生成词表对比（按频度倒序排序，前20）

序号	2016年	2017年	序号	2016年	2017年
1	Brasil 巴西	norte 北（朝鲜）*	11	bilhões（数字）	maior 最大的
2	bolsas 股市	coreia 朝鲜*	12	cai 下降	mortos 死亡
3	rio 里约	trump 特朗普	13	mundo 世界	futebol 足球
4	us 美元	eua 美国	14	ações 股票	mercado 市场
5	temer 特梅尔	brasil 巴西	15	deve 应当	mundo 世界
6	eua 美国	carne 肉	16	economia 经济	política 政治
7	futebol 足球	temer 特梅尔	17	governo 政府	us 美元
8	R 雷亚尔（缩写）	presidente 总统	18	time 队伍	empresa 公司
9	dólar 美元	brasileira 巴西的	19	presidente 总统	milhões 百万
10	sobem 上升	R 雷亚尔（缩写）	20	feminino 女性的	bilhões 十亿

* norte 和 coreia 绝大多数情况下出现在 Coreia do Norte（朝鲜）这一词组中，因此中文释义皆按照"朝鲜"处理。由于统计软件自动生成词表统计的是单词而非词组的出现频次，故此处保留原始统计结果，将 norte 和 coreia 单列，以供参考。

资料来源：根据《环球报》《圣保罗页报》《圣保罗州报》《时代报》官方推特数据整理。

另外，使用2017年前三季度巴西主流媒体涉华报道作为观察语料库，以2016年同期巴西主流媒体涉华报道为参照语料库，使用语料库软件进行对比，可以得出2017年的"正主题词"，也就是2017年巴西媒体涉华报道中使用频数显著高于参照语料库的词汇。2017年的正主题词中，排名靠前的也是朝鲜、特朗普、巴西肉、导弹、金砖国家等词，同词表的分析结果相近，都在一定程度上反映出2017年巴西媒体所关注的、关涉中国的世界局势和焦点话题的变化。

2. 倾向性

2017年的生成词表中，排名前50的词汇里并没有具有明显倾向性的词汇，可以认为巴西媒体对中国的报道整体还是较为客观公正的。另外，结合巴西民众在新闻下发布的评论具体考察总热度前20的涉华报道，11篇呈现整体积极的倾向，5篇呈现整体消极的倾向，4篇无明显的倾向性，可以认为巴西民众在2017年通过巴西媒体涉华报道认识到的中国形象整体还是较为积极正面的。

将2017年的分析结果同2016年同期的分析结果进行对比，可以发现2017年总热度前20涉华报道中呈现积极倾向的数量显著增加，说明随着中巴各方面交往的日渐密切和巴西媒体、民众对中国认识的不断加深，中国通过巴西媒体报道呈现出的形象越来越得到巴西民众的理解和认同，整体呈现出良好的发展态势（见图7）。

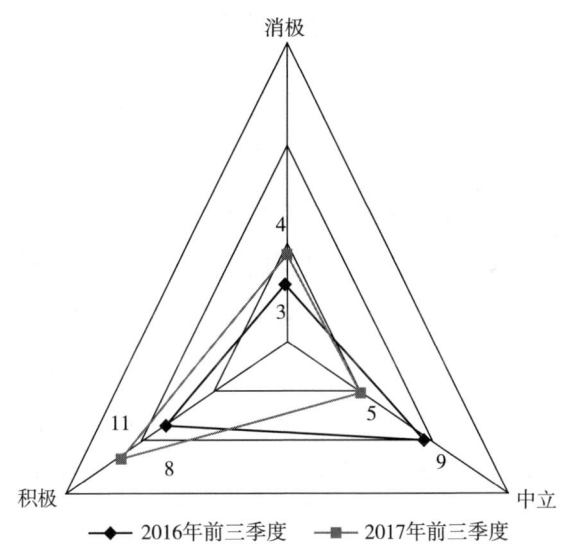

图7 2016~2017年前三季度高热度涉华报道倾向性统计

资料来源：根据《环球报》《圣保罗页报》《圣保罗州报》《时代报》官方推特数据整理。

（五）总结

总而言之，2017年巴西主流媒体涉华报道主要体现出以下特点。

巴西黄皮书

第一，报道频度整体有所下降，部分媒体呈现逆势增长态势；

第二，以经济（尤其中巴经济关系）为重点，对中国参与国际政治互动的关注度有所提高；

第三，巴西媒体涉华报道重心和巴西民众对华关注重点并不完全匹配，巴西民众对中国社会相关话题的兴趣相对难以得到满足；

第四，时效性强，紧贴世界局势和焦点话题变化；

第五，整体较为客观公正、积极正面，有助于进一步加深巴西民众对于中国的理解和认同。

三 关于进一步在巴西"展示更加真实鲜活的中国"的一点思考

2016年11月22日，中国国家主席习近平出席中拉媒体领袖峰会，就深化中拉媒体合作提出三项主张：一要相互借力，携手提升中拉媒体影响力，向世界展示更加真实鲜活的中国和拉美，在世界和平与发展等重大问题上共同发出声音；二要坚定信念，共同助力中拉务实合作实现新发展，提升双方合作热情和信心，推广富有创新精神的合作模式；三要互学互鉴，推动中拉媒体交流合作再上新台阶。发言中，习主席宣布，中方将设立中拉新闻交流中心，邀请拉美部分媒体记者赴华工作学习。同时，未来5年，中方还将为拉美和加勒比国家培训500名媒体从业人员，实现双方媒体事业共同繁荣。①

在这一顶层设计的指导下，2017年，中巴媒体合作交流得以稳步推进，取得了一系列硕果：2017年5~9月，在中国公共外交协会组织下，中拉新闻交流中心第一期项目成功举行。来自巴西通讯社（Agência Brasil）的记者安娜·克里斯蒂娜·坎波斯全程参与了该项目，零距离报道了"一带一路"

---

① 新华社：《习近平出席中拉媒体领袖峰会开幕式 提出3项主张》，新华网，http://news.xinhuanet.com/zgjx/2016-11/23/c_135851959.htm，2016年11月23日。

国际合作高峰论坛、金砖国家领导人第九次会晤等重大活动，与中国政府部门、新闻媒体、高校智库、金融机构等进行了广泛交流，采访了航天、能源、通信、汽车、基础设施、飞机制造、电子商务等领域代表性企业，并深入北京、福建、浙江、四川、湖北、上海和江苏等省市采访，采写了多篇独家深度报道，并在结业仪式上代表中心记者发言，展现出中巴在媒体领域交流的良好成果。2017年10月27日，中拉媒体论坛在北京举行，中宣部副部长蒋建国在主题发言中表示，"将落实习近平总书记访拉时宣布的五百人培训计划，继续加强双方媒体人员交流"，"希望深化中拉媒体主管部门间对话沟通，加强双方在新媒体领域的交流互鉴，切实提升媒体务实合作水平"，"继续为中拉媒体交流合作提供更多便利、创造更好条件"。① 2017年12月4日，中国中央电视台与巴西国家广播公司续签《中央电视台与巴西国家通讯社视听内容交换合作协议》，并与巴西旗手传媒集团签署《中央电视台与巴西旗手传媒集团合作协议》，为进一步增进中国观众对巴西的了解、进一步扩大"中国声音"在巴西的传播力、影响力搭建了合作框架，并为中巴双方在新闻素材交换、纪录片合拍、人员及技术交流等方面尝试新的合作提供了契机。②

在以上政策指导和既得成果的基础上，为进一步推进中巴媒体交流、通过媒体途径深化两国战略互信，从而在巴西"展示更加真实鲜活的中国"，笔者接下来根据上文所展现的巴西媒体涉华报道现状，提出以下几点建议。

（一）继续支持中国媒体"走出去"和巴西媒体"走进来"

通过分析可以发现，巴西媒体对于中国社会生活和文化方面的报道相对较少，而巴西民众对这两个方面则有较高的兴趣。受限于媒体自身政治立

---

① 国务院新闻办公室：《蒋建国在中拉媒体论坛上的主旨演讲》，国务院新闻办公室网站，http://www.scio.gov.cn/37234/Document/1603651/1603651.htm，2017年10月27日。
② 中央电视台：《黄传芳代表央视与巴西媒体签署合作协议》，中国中央电视台网站，http://www.cctv.cn/2017/12/11/ARTIzoBLHJ0mu0JVtO1IepJQ171211.shtml，2017年12月11日。

场、经济诉求等主观因素和采编队伍文化背景、语言技能等客观因素,巴西媒体在短时间内很难在这两个方面进行密集而深入的报道。因此,要在巴西充分发出中国声音、讲好中国故事,让巴西民众更好地了解中国当代社会和中国文化,既要继续加大同巴方的合作力度,更多还需要依靠中方自己的努力。

首先,应当继续鼓励国内有影响力的媒体开设巴西分社,一方面立足巴西、辐射拉美,介绍真实鲜活的中国故事;另一方面深入巴西,向中国报道发生在巴西土地上的中国故事,同时更加广泛而深入地介绍巴西的方方面面,增进中巴双方民众的亲切感和认同感,为建构中巴想象的共同体打造认知基础。同时还应当鼓励培养熟悉中巴两国文化、熟练掌握葡汉两门语言、拥有较高专业素质的媒体从业人员,为中巴通过媒体进行深入交流提供坚实的人才保障。

其次,随着中巴关系的日渐密切,越来越多的中国城市和巴西城市缔结了友好关系。在此基础上,可以以友城关系为依托,鼓励地方媒体同对口城市主流媒体签署合作协议。巴西许多主流媒体有民营性、地域性的特点,支持同样以地方为依托、商业性较强的地方媒体与其进行交流合作,更容易打消对方可能的疑虑。根据前文的数据分析,位于圣保罗的《圣保罗州报》在2017年展现出了对中国持续上升的报道兴趣,而北京、上海同圣保罗是友城,可以鼓励两市有影响力的媒体集团同该报建立联系,进行内容互换、共同采编、人员及技术交流乃至共建子品牌等方式,进行富有创造力的合作尝试。

(二)充分利用新媒体、新技术,推动中巴民间交流

在社交媒体时代,媒体本身的立场已经不一定能够完全引导其受众对某一报道的态度。以2017年热度和热评度都最高的新闻"中国酒店根据顾客胸围决定折扣力度"[1]为例,尽管发布新闻的媒体在内文中使用了"荒谬"

---

[1] O Globo, "Restaurante chinês dá desconto no prato de acordo com tamanho dos seios da cliente", https://t.co/I9dmV4zd8s, 1 de agosto de 2017.

等具有明显批判意味的词,也援引了第三方态度(该报道中为来自周边居民的集体抗议)来隐蔽地表达自身立场,但是在推特评论中,大多数读者并没有按照巴西媒体设置的议程就酒店本身的行为进行谴责,而是轻松愉快地同朋友讨论自己能否获得免单资格,磨平了事件的争议性,把该条新闻完全变成了一条作为社交活动背景材料的中性谈资。因此,充分利用新媒体的技术特点,推进中巴民间层面通过社交媒体等平台进行广泛交流,实现"国之交在于民相亲",也是在巴西更好地展现中国的应有之义。可以从以下三个方面从新媒体角度展开工作。

第一,可以鼓励中方媒体、通讯社在巴西人常用的社交媒体上开设官方主页,与巴西民众进行直接的互动交流,满足巴西人民想要了解现代中国风土人情的愿望;同时也可以邀请巴西主流媒体在微博、微信等中国常用社交媒体平台上开设账号,为中国民众打开了解巴西的窗口。

第二,可以鼓励中巴两国优质个人内容制作者在对方国家常用社交媒体上开设主页,提供两国民众在直接的人际交流中深化了解、培养感情、塑造认同的机会。

第三,可以支持国内优秀社交媒体平台走出国门,通过提供葡语支持、发布巴西版等方式,搭建可供两国民众直接交流的共享平台。

另外,针对巴西民众对中国社会尤为关注的特点,以及巴西媒体对该方面相关报道相对不足的现状,一方面,在进行优秀媒体内容译介时,可以优先考虑描述一般民众生活、展现中国社会风貌的作品,如《舌尖上的中国》等优秀民俗纪录片;另一方面,在展现方式上,除了传统的电视播放以外,也可以把内容发布在Facebook、Youtube等巴西常用社交媒体上,优化传播效果。还可以在优秀内容的基础上,进行强调用户交互性的衍生内容开发(如开发制作同主题AR手机端应用等),充分利用新媒体、新技术,以有效手段满足巴西民众对于中国的求知欲,拉近同巴西民众的距离,增加亲切感、认同感。

附 录
Appendix

Y.20
巴西大事记(2017年1~12月)

唐 筱

2017年

1月

1日 黄热病疫情再次席卷巴西数州,造成数百人死亡。

2日 巴西工业、外贸和服务部宣布,2016年该国对外贸易顺差为476.9亿美元,创自1989年以来最高纪录。

4日 巴西移动出行服务商"99"发布公报称已与中国滴滴出行签署战略合作协议,滴滴出行将成为"99"的战略投资者,并加入"99"的董事会。根据协议,滴滴出行还将为"99"提供技术、产品、运营经验、业务规划等全方位战略支持,积极助力扩大"99"在巴西及拉美的市场。

5日 巴西司法部部长亚历山大·德莫赖斯举行记者会,宣布实施以减少凶杀案件、打击有组织犯罪和改善监狱系统为核心的全国安全计划。

18日 巴西司法和公民部宣布，联邦政府将成立一支由近100名狱警组成的"国家监狱干预小组"，进入各州监狱执勤。此外，巴政府还决定设立狱警培训课程，目的是在全国建立统一的监狱工作规范。

19日 一架小型飞机当天下午在里约州附近海域坠毁，造成包括巴西反腐"洗车行动"的主审大法官特奥里·扎瓦斯基在内的3人死亡。

24日 国家电网公司与巴西卡玛古集团、普瑞维基金、博内尔基金在巴西里约热内卢完成股权交割，成功收购巴西CPFL公司54.64%的股权。CPFL公司是巴西最大的配电企业，还控股巴西第一大新能源公司。此次交易完成后，国家电网公司将在巴西市场实现输电、配电、新能源发电、售电等业务领域的全面覆盖。

2月

1日 欧尼西奥·奥利维拉当选巴西参议院新一任参议长，任期两年。奥利维拉来自巴西东北部塞阿拉州，属于巴西民主运动党。

2日 巴西现任众议院议长罗德里戈·马亚战胜其他五位候选人，再次当选巴西新一任众议院议长，任期两年。

3日 巴西圣埃斯皮里图州军警罢工，包括州首府维多利亚在内的3座城市发生多起骚乱，造成多人死亡。

10日 巴西圣埃斯皮里图州警察协会代表与州政府达成协议，长达7天的罢工结束。根据协议，军警将从11日起恢复巡逻，政府将不起诉参与罢工的军警，同时成立一个委员会调整警察的工作时间。

14日 巴西国家公报公布联邦政府命令，对里约热内卢州长裴照约20天前向联邦政府提出的部分请求做出决定，派遣武装部队"确保里约热内卢城市地区的法律和秩序"。

17日 巴西和阿根廷、智利、厄瓜多尔、墨西哥、巴拿马、秘鲁、多米尼加、委内瑞拉和葡萄牙等国签署协议，组成国际联合调查组，共同调查巴西奥德布雷希特建筑公司腐败案。

21日 巴西东北部地区巴伊亚州的诺德斯蒂纳市附近发现首个可供机械化开采的大型钻石矿，近期已投入商业开发，其产品将主要用于出口。

受干旱影响，巴西黑咖啡产量下降，引发市场供应短缺。巴西政府首次允许从其他国家进口咖啡。

22日 巴西外交部部长若泽·塞拉因健康原因向总统特梅尔提交辞呈。

27日 巴西桑托斯足球俱乐部与广东中山市教育和体育局、中山市实验中学签约，宣布将共同建设足球学校。

3月

2日 巴西总统特梅尔宣布，任命阿洛伊西奥·努内斯为巴西新一任外交部部长。

12日 世界银行发布报告，呼吁在当前经济危机背景下，巴西政府应当扩大"家庭补助金"计划，控制贫困人口的增加。

15日 国际评级机构穆迪将巴西信用评级展望从负面调整到稳定，主权债务评级仍维持在Ba2，展望调整降低了继续降级的风险。

巴西卫生部发布新一期通报，截至15日，巴西已确诊424例黄热病病例，其中137人死亡。

18日 "问题肉"丑闻持续发酵，巴西食品公司（BRF）高管罗内·诺盖拉向警方投案。

19日 巴西政府宣布转让4座机场运营权，以吸引投资、改善基础设施、创造就业。被转让运营权的机场分别为福塔莱萨、萨尔瓦多、弗洛里亚诺波利斯和阿雷格里港4座城市的机场，有3家外国公司参与此次竞标，分别为法国万喜集团、德国法兰克福机场集团和瑞士苏黎世机场公司。

20日 欧盟委员会表示将确保欧盟及成员国不进口任何卷入巴西肉企丑闻的相关产品。

巴西农业部部长布莱罗·马吉表示，已暂停21家因"问题肉"而接受巴西联邦警察调查的企业出口肉类食品。巴西方面表示，受整顿企业并不涉及向中国的出口。

21日 外交部发言人华春莹在例行记者会上称，中方对巴西部分肉类产品出现质量问题表示关切。

香港食物环境卫生署食物安全中心公布，由于巴西出口的肉类品质出现问题，为审慎起见，从即日起暂时禁止进口所有巴西生产的冷藏及冰鲜肉类和禽肉。

澳门特区民政总署宣布，针对巴西出现的问题肉类食品事件，暂缓处理所有巴西生产的冷藏及冰鲜肉类产品进口的申请。

24日 巴西环境和可再生自然资源管理局宣布，维持对大众一款柴油皮卡排放作弊案件的5000万雷亚尔（约合1600万美元）处罚决定。

25日 巴西国家消费者秘书处要求3家涉及"问题肉"事件的企业召回已经销售的肉类产品。

29日 巴西巴中议员阵线成立仪式在巴西众议院举行。巴中议员阵线主席、联邦众议员福斯托·皮纳托说，该组织旨在促进巴西和中国多领域、深层次合作关系的发展。

30日 巴西法官对卷入巴西石油公司腐败案的巴西前众议院议长爱德华多·库尼亚做出贪腐、洗钱、逃税等罪名成立的判决，判处15年零4个月监禁。

4月

2日 巴西国家空间研究所研究人员开发出一种可用于火箭和卫星推动引擎的低成本燃料。

4日 为期4天的"2017拉丁美洲航空航天与防务展"（又称巴西防务展）在巴西里约热内卢开幕。中国国家国防科技工业局组织的多家企业以"中国防务"整体形象亮相展会。

日本丰田汽车公司宣布，因安全气囊存在爆裂隐患，将在巴西召回53.8万辆汽车。这是该公司在巴西因安全气囊问题实施的最大规模的召回。

5日 一架用来监测太空垃圾的俄罗斯望远镜在巴西米纳斯吉拉斯州布拉索波利斯市正式安装落成，这是巴西航天局和俄罗斯联邦航天局根据双方签署的一项协议完成的项目，是第一架设立在巴西境内的俄罗斯望远镜。

6日 国际足联公布了最新的世界排名，巴西自从2010年以来首次上升到第一的位置。

比亚迪巴西太阳能板厂和纯电动大巴底盘厂同时在坎皮纳斯市建成投产。

10日 国际信用评级机构穆迪将巴西石油公司的信用评级从B2上调至B1，并将其评级展望定为积极。

由海航集团参股的巴西蔚蓝航空公司完成首次公开募股（IPO），次日将正式在巴西圣保罗股市交易。这是巴西股市今年的第三起IPO。

巴西卫生部下属的帕拉州埃万德罗沙加斯（Evandro Chagas）研究院、美国国立卫生研究院（NIH）和得克萨斯大学共同研究开发出活性减弱病毒寨卡疫苗。

11日 巴西旅游部宣布，政府将允许外国企业最多100%控股本国航空公司。

14日 由于涉嫌在修建或重建过程中存在违规行为，联邦总检察院将对全国6座2014年世界杯体育场展开调查。这次涉案的6座体育场分别为里约热内卢的马拉卡纳体育场、巴西利亚的国家体育场、累西腓的伯南布哥体育场、福塔莱萨的卡斯特朗体育场、马瑙斯的亚马孙体育场和圣保罗的科林蒂安体育场。此次对体育场的调查实际上属于巴西"洗车行动"，是对石油贪腐和奥德布雷希特建筑公司腐败等案调查行动的延续。

15日 巴西喷绘壁画艺术家爱德华多·科布拉（Eduardo Kobra）完成一幅世界上最大的涂鸦作品，同时刷新了由他在2016年创造的"最大壁画"吉尼斯世界纪录。

16日 巴西联邦警察称，63人将因上月曝光的"问题肉"事件遭到起诉。这63人包括涉事肉类企业相关负责人及部分负责卫生质检的官员，起诉罪名包括行贿、受贿、渎职、挪用公款、伪造质检证明、贩卖变质食品、扰乱经济秩序等。

17日 巴西央行公布的数据显示，2017年2月巴西经济环比增长

1.31%，为自 2010 年 1 月以来最快月度增速。

全球金融数据提供商迪罗基公司发布的数据显示，截至 2017 年 4 月 17 日，中国企业在巴西涉及的并购总金额达 56.7 亿美元，为巴西所有外来投资国中最多。

19 日 巴西国家电力局要求位于阿尔塔米拉市的贝卢蒙蒂水电站（世界第四大水电站）暂停运行，以执行月初联邦第一地区法院因相关环境问题要求该水电站暂停运行的判决。

22 日 中国驻里约热内卢总领馆正式启动领保联络员机制，利用当地侨胞协助使领馆完成领保工作、加强领保力量。

24 日 约 50 名来自巴西的武装劫匪越境抢劫邻国巴拉圭东方市的一家保安公司金库，在与看守和巡警交火后，劫匪带着抢来的约 4000 万美元现金逃走。

25 日 巴西航空工业公司宣布与美国打车软件服务运营商优步签署协议，共同开发"飞行车"系统，这种能够垂直起飞和降落的飞行器将于 2020 年开始试运营。

26 日 巴西政府宣布，将与西班牙政府合作修建一条从巴西抵达西班牙的跨大西洋海底光缆，为两国民众提供更快捷的线上和云端服务。

金砖国家新开发银行与巴西国家社会经济发展银行签署首份针对巴西的贷款协议。该协议涉及的贷款总额为 3 亿美元，贷款期限为 12 年，将主要用于发展巴西的可再生能源项目。

27 日 巴西总统府发布公报称，金砖国家新开发银行将会对巴西城市建设进行投资，并有意承接该国部分基础设施建设项目。

28 日 为了反对政府的养老金制度改革和劳动制度改革，巴西全国各州举行大罢工，92 个工种宣布加入。除了罢工外，圣保罗、里约热内卢、福塔莱萨等城市还将举行抗议活动。

5月

3 日 巴西国家地理统计局（IBGE）公布的最新数据显示，2017 年第一季度巴西工业产值比去年同期增长0.6%，是2013年以来的首次增长，专家认为这一增长是巴西经济复苏的迹象。

4日 巴西工业、外贸和服务部公布的数据显示，2017年4月巴西外贸顺差达69.69亿美元，为1989年公布外贸数据以来历年同期最高水平。对华贸易实现顺差89.01亿美元，同比增长128.75%，占巴西外贸顺差总额的41.61%，创历史新纪录。

8日 巴西北部亚马孙州首府马瑙斯市政府宣布，将采取紧急措施以应对委内瑞拉人不断涌入所带来的问题。

9日 国际三大评级机构之一惠誉将2017年巴西经济增长预期由此前的0.7%调至0.5%，将2018年的增长预期由2.1%调高到了2.5%，并对巴西的信用评级继续持观望态度。

10日 被指控涉腐的巴西前总统卢拉在巴西南部巴拉那州首府库里蒂巴首次接受联邦法官塞尔吉奥·莫罗的质询。莫罗负责调查巴西石油公司（简称巴油）腐败案，他2016年9月宣布接受检察院对卢拉犯有贪腐和洗钱罪的指控。卢拉因此正式成为巴油腐败案嫌疑人，巴西司法机关也开始对其展开调查。质询结束后，卢拉前往库里蒂巴市中心一处其支持者聚集的广场发表了演说，宣称自己有信心参与2018年的总统选举。

11日 巴西卫生部宣布，由于全国范围内寨卡病毒和小头症的发病率明显回落，针对寨卡和小头症的公共卫生紧急状态结束。

12日 首届巴西足球协会亚太青训营在中国呼和浩特市和林格尔足球小镇落户。

15日 巴西央行公布的经济活动指数显示，2017年第一季度巴西经济环比增长1.12%，意味着巴西走出持续两年的经济衰退。

巴西知名智库瓦加斯基金会在其法学院下成立了中巴研究中心，旨在发挥专业优势，为中巴企业界合作提供法律政策解读。

巴西研究人员绘制出巴西流行的黄热病毒完整基因序列，由此分析出一些基因序列出现了变异。研究人员同时指出，黄热病疫苗对抵御这类变异病毒依然有效。

18日 巴西联邦最高法院正式接受检察院起诉,开始对总统特梅尔进行调查。

20日 巴西总统特梅尔发表讲话,表示将向巴西联邦最高法院提出申请,要求暂停对他的调查,并重申自己不会辞职。

法国国有控股企业海军造船局集团因涉嫌向巴西官员行贿并且卷入巴西奥德布雷希特建筑公司贪腐大案,已被法国国家金融检察院立案调查。

22日 中国山东农业科学院代表团对巴西南里奥格兰德州大米研究所(Irga)进行了考察,双方就大米生产方面的科研合作进行了讨论。

巴西总统特梅尔接受巴西媒体采访,重申自己无罪,坚决不会辞职。

23日 应巴西圣保罗州议会副议长哈托和北里约格朗德州州长法利亚、阿根廷门多萨省议会议长帕雷斯和古巴与各国人民友好协会常务副会长莫拉雷斯的邀请,江西省政协主席黄跃金率团前往巴西、阿根廷和古巴三国访问。

巴西劳工部最新公布的数据显示,2017年4月巴西就业岗位恢复增长,增加5.99万个。这是2014年以来首次出现就业岗位的增加。

24日 巴西卫生部宣布,将在高风险人群中发放可预防艾滋病的药物特鲁瓦达(Truvada),以保护最易感染的群体。这一高风险人群包括配偶已感染艾滋病病毒者、性工作者、变性人和男同性恋者等。

全国人大常委会副委员长、中国人权研究会会长向巴平措率领的中国人权研究会代表团在巴西利亚与巴西相关部门及机构共同讨论了两国人权事业的发展情况。

26日 巴西总统特梅尔任命原巴西国家地理统计局局长保罗·拉贝洛·卡斯特罗为巴西国家社会经济发展银行新一任行长。当天早些时候,该行原行长玛丽亚·西尔维娅·巴斯托斯向特梅尔递交了辞呈。巴斯托斯于2016年6月出任该行行长,此前曾担任国家钢铁公司总裁。

国际信用评级机构穆迪宣布将巴西主权信用评级展望从稳定下调至负面,但主权信用评级仍维持在Ba2,这意味着巴西主权信用评级随时可能被调降。

28日 巴西政坛原先支持特梅尔政府的4个党派已经决定脱离执政联盟。

29日 据巴西民防部门的通报，巴西东北部的阿拉戈斯州和伯南布哥州近日连降暴雨，引发洪灾，造成41个市镇受灾，至少7人死亡，约4.8万人无家可归。

30日 "2017巴西投资论坛"在圣保罗开幕，来自40多个国家和地区的千余名政府官员、企业高管和专家学者等与会。

中国-巴西扩大产能合作基金启动仪式在巴西圣保罗市举行。根据协议，中方向基金出资150亿美元，巴方出资50亿美元。中巴双方将按照市场化运作机制，共同寻找具体项目合作机会，并遵循商业原则做出最终投资决策，切实落实以项目为依托的中巴基金运作理念。

31日 中国与巴西投资合作论坛在巴西圣保罗举行，与会人士认为投资创业已经成为中巴经贸关系中的新亮点。

由江西省政协主席黄跃金率领的代表团在巴西东北部城市纳塔尔与巴西北里约格朗德州签署友好省州意向书，希望加强双方在各领域的友好合作，探讨共同关心的问题，寻求实质性交流与合作项目。

巴西最大肉类生产企业JBS的控股公司J&F与联邦检察院达成处罚协议，将在25年内支付103亿雷亚尔（约合31.82亿美元）罚款以免去公司因行贿应受的其他处罚。巴西联邦检察院说，这是至今全世界罚款额最高的和解协议。

6月

6日 巴西最高选举法院重新开庭，审理2014年总统选举获胜者罗塞夫及其竞选搭档特梅尔是否存在舞弊和收受贿赂的行为。

巴西发展工业、外贸和服务部（MDIC）公布的数据显示，2017年前五个月，巴西对华贸易实现顺差128亿美元，超过去年全年对华贸易顺差117亿美元，创历史新高。

7日 巴西政府宣布一项总金额达1902.5亿雷亚尔（约合582亿美元）

的农牧业信贷计划，以支持2017~2018年农业季（2017年7月~2018年6月）农户在生产、销售、投资和保险等各环节的开支。

8日 金砖国家媒体高端论坛在北京举行，论坛以"深化金砖国家媒体合作，促进国际舆论公平公正"为主题。论坛共同主席、巴西金融资讯集团总裁桑切斯在会上发表了演讲。

巴西国家生物安全技术委员会表示，已批准全球首款转基因甘蔗进入市场。

9日 巴西最高选举法院以4:3的投票结果，判决2014年总统选举获胜者罗塞夫及其竞选搭档特梅尔无罪。

12日 巴西社会民主党众议员、巴西前外长若泽·塞拉宣布，该党将继续留在巴西政府，不脱离执政联盟。

13日 巴西国家陆路交通局宣布，巴西未来的铁路运输干道——南北铁路部分路段将于2018年2月招标。

15日 外交部发言人陆慷宣布，应外交部部长王毅邀请，巴西联邦共和国外交部部长阿洛伊西奥·努内斯·费雷拉将于16~20日对中国进行正式访问，并出席金砖国家外长会晤。

16日 国家副主席李源潮在北京会见了巴西外长努内斯。

外交部部长王毅在北京同巴西外长努内斯举行中巴第二次外长级全面战略对话。双方就两国关系、中拉关系、金砖合作等国际和地区问题广泛深入交换了意见。

巴西与中国企业对话会在巴西利亚举行。与会者认为，新成立的中巴扩大产能合作基金将对未来两国经贸关系发展起到积极作用。

20日 巴西联邦警察局公布的一份报告显示，警方已掌握总统特梅尔受贿的相关证据。

21日 金砖国家运动会中，中国女排以3:1战胜巴西队，从而以三胜一负的成绩获得亚军，俄罗斯队四战全胜获得冠军，巴西两胜两负位列第三。

中国比亚迪公司与巴西坎皮纳斯州立大学签署合作意向协议。根据协

议，比亚迪将在 2020 年前向该大学投资 500 万雷亚尔（约合 150 万美元），与后者联合成立太阳能研发中心。

22 日 中巴高层协调与合作委员会工业和信息产业分委会第五次会议在巴西利亚举行，与会者就两国工业发展的对接进行了探讨。

美国农业部宣布停止从巴西进口鲜牛肉，理由是对食品安全的担忧。

23 日 针对日前美国宣布停止进口巴西鲜牛肉一事，巴西农业部副部长欧马尔·诺瓦基表示，巴西政府将会对用于牛的口蹄疫疫苗进行检测，并强调疫苗引起的牛肉肿胀不会危害消费者的健康。

25 日 第十届"汉语桥"世界中学生中文比赛巴西赛区决赛在里约热内卢州城市尼泰罗伊落幕。来自圣保罗州中国功夫出众的马飞龙和来自里约州擅长陶笛的李想夺得一等奖，他们同时获得前往中国参加总决赛的资格。

26 日 巴西总检察长罗德里戈·雅诺特正式向联邦最高法院对总统特梅尔受贿提起诉讼，并认为被指控者的非法行为非常恶劣。特梅尔成为巴西历史上首位在任期间因腐败被起诉的总统。与特梅尔同时被起诉的还有他的前顾问、前众议员罗德里戈·罗沙·洛雷斯。

27 日 巴西石油署署长德西奥·奥多内在里约热内卢表示，未来两年内巴西将启动多轮盐下层石油区块招标，再加上已执行项目的新增投入，近期巴西石油和天然气领域有望吸引约 2400 亿雷亚尔（约合 720 亿美元）的投资。

29 日 巴西警方在里约热内卢州开展大规模缉毒打黑行动，已有 22 名毒贩和 54 名从事违法活动的军警人员落网。这是里约州有史以来规模最大的打击警察腐败的行动。

7 月

3 日 巴西总统府宣布，总统特梅尔将前往德国参加本月 7~8 日举行的二十国集团（G20）领导人汉堡峰会。财政部部长恩里克·梅雷莱斯将和特梅尔一道出席峰会。

巴西工业、外贸和服务部日前公布的数据显示，受出口商品数量和价格双双上涨影响，今年上半年巴西外贸顺差为362.2亿美元，创下同期历史最高水平。

7日 巴西国家地理统计局公布的数据显示，2017年6月巴西通胀率下降0.23%，是自2006年以来首次出现通货紧缩现象。

11日 中共中央书记处书记、全国政协副主席杜青林率中共代表团，在巴西利亚分别会见巴西参议院议长欧尼西奥·奥利维拉、巴西民主运动党总书记毛罗·洛佩斯等。

巴西里约热内卢特级桑巴舞校"塞拉诺帝国"宣布，该校2018年狂欢表演的主题为"中国丝路上的桑巴帝国"。

12日 巴西联邦法官塞尔吉奥·莫罗宣布，前总统卢拉因贪腐和洗钱行为，一审被判处9年零6个月有期徒刑。卢拉本人始终否认有任何腐败行为，并称对他的相关指控是出于政治动机。其律师表示，卢拉将进行上诉。

巴西养老金制度改革方案在众议院全会表决通过。

13日 巴西前总统卢拉在位于圣保罗的劳工党总部召开记者会，坚称自己无罪，并表示定罪没有任何证据，是政治角力的结果。

17日 巴西索罗卡巴大区费利斯港市市长安东尼奥·普拉多一行访问无锡，推介该市"中国城"项目，探讨两地在建材、交通、环保、商品流通等领域的合作。

21日 巴西圣保罗市市长若昂·多里亚率团访问中国。

一批来自巴西的腐败变质冻牛肉在南京口岸进行集中销毁处理。这是南京口岸近年来销毁金额最大的一批进口肉类产品。

26日 巴西中央银行货币政策委员会宣布，将基准利率下调1个百分点至9.25%。这是巴西央行近来连续第七次降息，也是2013年底以来巴西基准利率首次低于10%。

中国科学技术史学会和巴西科学技术史学会在里约热内卢天文博物馆签署中巴两国科技史研究合作备忘录。备忘录指出，中巴双方将通过图书馆、博物馆、档案、展览等形式加强科技史研究成果的交流，共同主办、合作与研究课题相关的会议、论坛，加强两国科技史研究人员的交流。

27日 国务委员杨洁篪在北京会见来华出席第七次金砖国家安全事务高级代表会议的巴西总统府机构安全办公室主任埃切戈延。

28日 国际马联国家杯场地障碍赛英国站比赛在英国南部的希克斯特德结束,首次参加这一五星级赛事的巴西队爆出冷门,历史性地击败所有欧洲强队夺得冠军。

8月

1日 巴西最大建筑公司奥德布雷希特公司确认,将向巴拿马政府支付2.2亿美元(约合14.8亿元人民币)罚金,以了结其行贿该国政府官员而获得工程合同的案件。

巴西国家地理统计局公布的统计数据显示,巴西2017年上半年工业产值累计增长0.5%,是自2013年以来同期最好成绩。

巴西发展工业、外贸和服务部(MDIC)公布的数据显示,2017年7月,巴西外贸实现顺差62.9亿美元,比去年同期增长37.6%,创1989年以来当月新高。

位于巴西南部的南里奥格兰德州联邦大学研究人员在该州发现了一组侏罗纪甲龙足迹化石,是迄今为止在南美洲发现的最古老的恐龙遗迹。

2日 巴西众议院全会举行投票,由于支持将总统特梅尔受贿案提交至联邦最高法院的票数未达到2/3,该案将不会送至最高法审理,特梅尔将继续担任总统。

3日 由巴西中资企业协会、中海油与巴西瓦加斯基金会联合举办的"中巴合作法律挑战研讨会"在里约热内卢举行。与会人士围绕中资企业投资巴西可能面临的法律和行政监管方面的挑战进行了讨论。

4日 国际奥委会主席巴赫在出席国际奥委会与国际田联联合举行的新闻发布会时表示,应该给巴西更多的时间去落实里约奥运会遗产规划。

5日 数千名士兵进入里约5处贫民窟,清剿犯罪团伙并抓捕犯罪团伙成员。

6日 2017年国际排联沙滩排球世锦赛在奥地利维也纳多瑙河岛落下帷

幕，巴西选手贡萨尔维斯·洛约拉获得男子组冠军。

9日 巴西2017年全国外贸会议在里约热内卢召开，会议强调降低成本以促进出口、再工业化和经济增长。

10日 国际足联公布了最新一期的世界排名，巴西挤掉德国，回归榜首位置。

14日 巴西著名智库瓦加斯基金会经济学院举行名为"国际大舞台上的中国"的研讨会，讨论中国在国际舞台上的经济和政治角色以及中国与巴西关系的发展。

15日 巴西中国议员阵线在巴西众议院全会大厅举行中国移民纪念活动。该阵线主席福斯托·皮纳托向众议院全会递交提案，要求将每年8月15日设立为"中国移民日"。

16日 巴西总统府秘书长莫雷拉·佛朗哥在总统府会见巴西中资企业协会代表时说，巴中经贸关系对巴西十分重要。当天，佛朗哥会见了来自建筑、电力、能源等多个企业的代表。与会代表表示出将在巴西基础设施建设、能源、金融等多个领域投资的愿望。

18日 中华人民共和国商务部发布2017年第39号公告，决定即日起对原产于巴西的进口白羽肉鸡产品进行反倾销立案调查。

24日 第二届巴西-中国太阳能光伏论坛在圣保罗举行，与会专家和代表围绕巴西和中国在太阳能光伏相关领域开展科技研发、示范工程、投融资、产能合作等话题展开交流。

28日 巴西中央银行发布报告，上调了2017年巴西经济增长预期，由此前的0.34%增至0.39%，2018年的经济增长预期维持2%不变。

29日 新华社副总编辑周宗敏在北京会见巴西-中国友好协会主席达尼罗·桑托斯一行。

30日 世界贸易组织分别就欧盟和日本诉巴西税收政策案发布专家组报告，认为巴西针对信息技术、汽车等行业实施的一系列税收政策违反世贸组织相关规定，并建议巴西在未来90天内尽快取消相关政策。

31日 巴西总统特梅尔在新华网发表题为"访华三部曲"的署名文章，

表示巴中全面战略伙伴关系对两国乃至全世界都具有真正的战略意义。

国家能源局副局长李凡荣在北京会见巴西矿业与能源部部长费尔南多·科尔霍·费洛,双方就两国在能源领域合作等进行了会谈。

9月

1日 国务院总理李克强在人民大会堂会见来华进行国事访问并出席金砖国家领导人厦门会晤和新兴市场国家与发展中国家对话会的巴西总统特梅尔。

中国出口信用保险公司董事长王毅与巴西国家经济社会发展银行(BNDES)行长拉贝罗·德·卡斯特罗分别代表双方在人民大会堂签署了《合作谅解备忘录》。根据该备忘录,双方约定为中资企业对巴出口、在巴承建承包工程项目以及参与巴西相关投资提供综合性融资解决方案,并将通过定期会晤的机制共同推动合作。

中国发展研究基金会与巴西社会发展与农业部在北京共同举行中国-巴西儿童早期发展对话会,并签署合作谅解备忘录,旨在搭建中巴儿童早期发展对话合作平台,深度交流儿童发展项目的实践经验。

3日 巴西总统特梅尔率团参加在中国厦门举行的金砖国家领导人第九次会晤。

4日 巴西费拉兹司令南极科考站重建所需设备和材料从上海港装船,运往南极乔治王岛组装。作为中国企业承建的首个外国南极科考站,因大火焚毁的费拉兹站即将"重生",成为中巴合作新亮点。

5日 巴西环境部日前公布的数据显示,过去一年中巴西亚马孙雨林遭砍伐的面积5年来首次下降。

巴西总检察长罗德里戈·雅诺特以"组织团伙犯罪"等罪名向联邦最高法院对巴西前总统卢拉和罗塞夫提出起诉。

8日 巴西前政府事务秘书长热德尔·维埃拉·利马因涉嫌贪腐被捕,警方从他在北部城市萨尔瓦多一处住所查获5100万雷亚尔(约合1652万美元)现金。利马是巴西总统米歇尔·特梅尔的亲信,曾负责处理特梅尔政府与国会关系。

10日 中国著名作家老舍的代表作《骆驼祥子》葡文版在巴西出版，这是老舍的作品首次被译介到巴西。

巴西警方开始就亚马孙地区10名原住民被杀害一案进行调查。

12日 巴西工业、外贸和服务部日前公布的数据显示，2017年前8个月，巴西贸易顺差同比增长48.6%，达481亿美元。这一数字为巴西1989年开始公布外贸数据以来的同期最高纪录，并且超过去年477亿美元的贸易顺差额。

巴西最高法院做出对总统米歇尔·特梅尔启动新的涉腐调查的裁定。调查人员初步怀疑，特梅尔下达的一则监管海港行政令可能牵涉权钱交易。

13日 巴西最大肉类生产企业JBS负责人、首席执行官韦斯利·巴蒂斯塔因涉嫌内部交易罪在圣保罗被巴西警方拘留并接受调查。

14日 巴西总检察长罗德里戈·雅诺特再次向联邦最高法院起诉总统米歇尔·特梅尔，此次起诉的罪名为妨碍司法和有组织犯罪。雅诺特当日起诉了特梅尔在内的9人，包括此前特梅尔受贿案主要证人、巴西肉类生产加工企业JBS集团前负责人巴蒂斯塔，JBS旗下公司前高管萨乌德，前众议长库尼亚以及总统府民事办公室主任和特梅尔的前顾问等。

15日 中国移动公司巴西子公司在巴西圣保罗市揭牌，标志着中国移动国际化进程进入新阶段。

16日 巴西圣保罗州圣若昂-达博阿维斯塔等6座城市共同举办"中国日"活动，推动巴中两国民间交流。

17日 约70名黑帮团伙成员携带冲锋枪和手榴弹，同原先盘踞在里约南区罗西尼亚贫民窟的敌对贩毒团伙发生火拼，整个过程持续了5个多小时。位于里约南区的罗西尼亚是南美洲最大的单体贫民窟。

18日 巴西新任总检察长拉克尔·道奇在巴西利亚宣誓就职，成为巴西历史上首位担任此职务的女性。随着正式就职，道奇也成为巴西反腐调查"洗车行动"新的负责人。

由上海市工商联常务副主席赵福禧率领的经贸访问团圆满完成对巴西的

巴西黄皮书

考察,巴西政商界人士表示期待通过经贸合作,加强与上海在各个领域的交流与合作。

巴西中央银行发布每周经济数据报告,继续下调2017年的通胀预期。

22日 应里约州政府请求,巴西军方出动军队进驻里约热内卢罗西尼亚贫民窟,以平息已经持续大约一周的黑帮火并。

28日 中国国家电网公司在海外首个独立中标的特高压输电工程项目在巴西里约热内卢州帕拉坎比市举行开工仪式,标志着中巴两国电力能源领域合作取得又一项里程碑式成就。

30日 巴西库里蒂巴双年展拉开序幕,中国受邀作为主宾国参展。

巴西库里蒂巴市政府在最近被命名的"中国广场",为刚刚运抵该市的一座大型孔子像举行揭幕仪式。

10月

1日 中国公民可申请巴西5年多次旅游、探亲、商务签证,每次可停留90日。

2日 巴西工业、外贸和服务部公布的数据显示,2017年9月巴西外贸顺差达51.78亿美元,创1989年公布外贸数据以来的单月最高水平。

3日 中国联通(巴西)运营公司在巴西圣保罗正式开业。这是中国联通在南美设立的首家分支机构,也是继俄罗斯之后在金砖国家成立的又一个子公司。

5日 巴西联邦警察和联邦检察院的人员以"隐瞒财产"的罪名拘捕了巴西奥委会主席卡洛斯·努兹曼,以及里约奥组委前首席执行官莱昂纳多·格里纳。

6日 巴西国家地理统计局公布数据显示,2017年前9个月巴西通胀率为1.78%,创下1998年以来同期历史新低。

国际奥委会暂停巴西奥委会工作,巴西体育部召开紧急会议,讨论应对方式。

9日 巴西检察院再次请求对已要求离职的巴西奥委会主席卡洛斯·努

兹曼进行无限期预防性拘留。

国际信用评级机构穆迪将巴西银行系统评级展望从稳定下调至负面，理由是政治不确定性让该国金融系统出现风险，而且情况可能继续恶化。

10日 巴西联邦最高法院通过决议，驳回联邦总检察院去年对前参议长雷南·卡列罗斯做出的指控。2016年12月12日，时任巴西总检察长罗德里戈·雅诺特向联邦最高法院递交起诉书，指控卡列罗斯在巴西石油公司腐败案中犯有受贿和洗钱罪。

11日 巴西奥委会召开特别大会，同意卡洛斯·努兹曼提交的辞去巴西奥委会主席职务的请求，同时由副主席保罗·万德雷接任该机构主席。

18日 巴西联邦检察院以腐败罪起诉巴西前奥委会主席卡洛斯·努兹曼，认为他涉嫌参与里约热内卢申办2016年奥运会时购买选票的行为。

19日 巴西高等法院同意释放被关押的前巴西奥委会主席卡洛斯·努兹曼，但要求对努兹曼采取一系列谨慎措施。

22日 巴西劳工部近日公布的数据显示，2017年9月巴西新增正规就业岗位34392个，为三年来同期最佳，显示该国就业市场有所好转。

25日 巴西众议院举行投票，由于支持将总统特梅尔涉嫌妨碍司法等案提交联邦最高法院的票数未达到2/3，该案不会提交最高法院审理，特梅尔将继续担任总统。

26日 巴西总统特梅尔近期批准了一项新法案，将对持有或携带军用枪支的犯罪分子从重量刑且不得保释。

27日 巴西政府举行新一轮盐下层石油区块招标，中石化、中石油和中海油三大公司在巴分公司均有斩获。

30日 巴西参议院将于10月31日就一项打车软件监管法案进行投票，法案提议优步等打车软件司机应与普通出租车司机要求一致，遵守当地执照许可和税收规定。数以百计的优步司机在几个大城市驱车游行，抗议法案。

11月

5日 中国国家工商总局副局长王江平率团访问巴西，出席在巴西利亚举行的第五届金砖国家国际竞争大会,并在开幕式环节做主题演讲。

6日 中拉博览会的文体配套项目——2017中国·横琴"中拉杯"国际足球赛拉开战幕,来自巴西的桑托斯和格雷米奥及中国的广州恒大淘宝和广州富力四个俱乐部的预备队将在珠海展开对决。

8日 巴西马托格罗索州投资论坛在北京举行。本次论坛由巴西马托格罗索州州立发展中心、商务部中国国际电子商务中心、中国(巴西)投资开发贸易中心共同举办。

9日 巴西国家地理统计局(IBGE)发布的最新预测报告显示,巴西2017年粮食总产量预计达2.416亿吨,比2016年增产30%,再创历史新高。

巴西中资企业协会在巴西利亚举行2017年会暨换届典礼,中国驻巴西大使李金章率使领馆主要外交官参会,中巴多位政府官员到场祝贺。

第五届金砖国家国际竞争大会在巴西利亚举行开幕仪式,与会代表一致认同公平竞争的重要性,呼吁进一步加强金砖国家间合作。

11日 巴西劳工改革法案正式生效。

中国驻巴西大使馆举办使馆开放日活动,邀请巴西中小学生和巴西各界人士走进使馆,感受中国文化,增进对中国的了解。

中国-拉美国际博览会在广东珠海落下帷幕。这次博览会吸引了来自包括巴西在内24个拉美国家和其他33个"一带一路"沿线国家和地区的523家企业和机构参与,展馆迎来了5万人次参观。

13日 新华社中国经济信息社与巴西金融资讯集团在巴西圣保罗正式签署合作备忘录和数据分发协议。双方将发挥彼此优势,为中巴经贸交流合作提供服务。

江苏省体育局代表团在巴西圣保罗州布拉干萨-保利斯塔市考察巴西青训体系,并在该市建立江苏足球训练基地。

15日 巴西总统米歇尔·特梅尔在新华网发表题为"巴西正重新走上正轨"的署名文章,阐述巴西政府为经济恢复增长所做的努力及取得的成效。

16日 徐工巴西80台黄线产品成套设备出口南美。这批设备将用于改善国家基础建设、增加公路覆盖网、更换大批木质桥梁等众多项目施工。

20日 奇瑞汽车与巴西最大的汽车制造和销售商 CAOA 集团宣布达成深度战略合作。双方将共同管理奇瑞在巴西圣保罗州的工厂，持续增加在巴西市场的资金投入和资源投放，共同强化奇瑞品牌在拉美市场的影响力。

21日 中国-葡语国家经贸合作论坛、澳门贸易投资促进局和里约热内卢市政府在里约举行中国-巴西企业经贸交流会，为两国企业家牵线搭桥，推动双方合作，探索商机。

27日 中国光伏企业正信光电与巴西马托格罗索州州立发展中心正式达成战略合作。根据合作协议，未来3~5年内，正信光电将与马州政府合作建设太阳能电站、生产线，开发马州采矿业一体化光伏解决方案，项目总投资超3.6亿美元。

由澳门中华总商会策略研究委员会主办的"中国与葡语国家智库高峰会"在澳门举行。此次高峰会邀请了清华大学、中国人民大学、澳门大学、澳门理工学院等内地和澳门高校的专家，以及巴西、葡萄牙、安哥拉、莫桑比克等葡语国家智库的代表参加，共同围绕"发挥智库作用，建设好智库联盟和合作网路"的主题进行研讨。

28日 拉丁美洲最大的太阳能园区在巴西东北部皮奥伊州落成，园区内共安装93万块太阳能板，装机容量292兆瓦，可为30万户居民供电。园区由意大利国家电力公司及其巴西子公司共同运营。

29日 中国国际贸易促进委员会与巴西精英企业家联合会在圣保罗举办中国-巴西商务研讨会，110余名中国企业代表和近百名巴西企业代表探讨加强经贸合作。

30日 国家电力投资集团海外公司完成巴西圣西芒水电站项目交割，获得该电站30年特许经营权。

12月

1日 俄罗斯联邦动植物检疫机构发布公告称，俄从12月1日起禁止从巴西进口猪肉和牛肉，原因是从中发现了非法添加剂瘦肉精。

2日 国家能源局副局长王晓林率团访问巴西，并在巴西利亚会见了巴西矿业和能源部副部长佩德罗萨，双方就两国在电力、油气、可再生能源、核电等领域的合作深入交换了意见，双方同意部署召开中巴能源论坛，推进能源务实合作。

5日 巴西环境部通过了一项试图拯救15种生活在亚马孙地区的灵长类濒危动物的行动计划，即日生效。

中国国家开发银行副行长蔡东与巴西石油公司总裁帕伦特在里约热内卢巴油总部举行会谈，双方正式签署了50亿美元石油贸易的融资协议。

巴西旅游部鼓励巴西的旅行机构在12月15日之前进行资质申请，以接待更多的中国游客。

6日 巴西中央银行货币政策委员会宣布，将基准利率从7.5%下调至7%。这是巴西央行连续第十次降息，调整后的基准利率为1986年以来的最低值。

7日 2017金砖国家老龄会议在京召开，来自巴西、俄罗斯、印度、中国、南非等国家的近100名代表参加会议。

11日 由中国日报社、中国文联出版社主办，国家电网巴西控股公司、巴西华为电讯有限公司、香港特想集团协办的《百名摄影师聚焦巴西》画册首发式在中国日报社阳光大厅举行。

15日 作为北京民生现代美术馆"金砖国家当代艺术展览计划"最新成果，"对流——中巴当代艺术展"日前在北京民生现代美术馆展出，共带来中巴两国共42位重要当代艺术家的百余件作品。这也是巴西当代艺术首次大规模整体亮相中国。

国际足联道德委员会宣布，暂停巴西足协主席马可·波罗·德尔内罗的职务90天，在此期间，他不得参与任何与足球有关的活动。

17日 巴西球星卡卡正式宣布退役。

18日 中国安徽江淮汽车集团股份有限公司宣布，将在巴西中部戈亚斯州建立第一家工厂，该厂预计在两年内投产。

20日 巴西国家旅游局称，2018年1月起他们将开始向日本、加拿大和美国游客发放电子签证，并希望在2018年将中国的签证中心数量增加到15个。

21日 中国国家电网公司与巴西国家电力公司联合中标的巴西美丽山水电站特高压直流输电一期工程在巴西米纳斯吉拉斯州伊比拉西市举行投运仪式，标志着中国特高压"走出去"的首个项目正式投入商业运行，巴西成为美洲第一个应用特高压直流输电技术的国家。

美国波音公司和巴西航空工业公司宣布，两家公司正在商谈"潜在合并"事宜。

据美国能源信息管理会（EIA）的数据显示，2017年巴西的石油产量排在全球第9位。

23日 新加坡总检察署与贪污调查局发表联合声明，新加坡吉宝岸外与海事公司涉嫌贿赂巴西国家石油公司等，须向美国、巴西和新加坡当局支付4.22亿美元的刑事罚金。

28日 巴西最高法院叫停总统米歇尔·特梅尔颁布的部分年度大赦令，原因是这份命令引起较大的争议，巴西检察部门和媒体认为其对腐败分子网开一面。

中国北京、天津和河北将允许包括申根成员国、美国、巴西、墨西哥、智利和阿根廷等53个国家的游客免签来访，可停留时间为6天。

Abstract

As an important member of the BRICS countries and a representative of rising emerging economy, Brazil's development status has attracted the obvious attention of the international community. In 2016, Brazil's development suffered a bottleneck, the political, economic and social crisis broke out at the same time. In 2017, has Brazil's development difficulties eased? Is there a turnaround in the crisis? At the same time, China and Brazil, as the representatives of emerging countries and the largest developing countries in the Eastern and Western hemisphere, have become extremely important bilateral relations in the international stage and in the foreign relations of the two countries. In recent years, the "comprehensive strategic partnership" between China and Brazil has continued to increase in quality and growth, which presenting a new phase of all-round, wide-ranging and multi-level development. In 2017, with the extension of China's "One Belt, One Road" strategy in Latin America, the opportunities and challenges of Sino-Brazilian relations coexist. Could the two countries seize the opportunities and overcome difficulties to improve the bilateral relations to a higher level?

Focused on the above core issues and on the base of the needs of serving Chinese external strategies and meeting the needs of have a better understanding about Brazil for Chinese society, the Brazilian Studies Center of the Latin American Institute at Hubei University has successfully compiled the *Annual Report on Development of Brazil* (*2016*) and after that continued to make efforts to invite twenty-six scholars from China and Brazil to contribute to this *Annual Report on Development of Brazil* (*2017 – 2018*).

This book focuses on the development of both Brazil and China-Brazil relation in 2017. It mainly consists of three parts and nineteen theses. Part I, the General Report, presents a comprehensive review on the political, economic, social and diplomatic situation of Brazil in 2017. It also provides an analysis and forecast regarding the development of China-Brazil relation and finally proposes some summaries. Part Ⅱ is composed of country-specific reports on Brazil's development, which contains three units: Politics and Diplomacy, Economy and Society, and Culture and Education. 18 scholars from China and Brazil contribute 13 theses which present in-depth interpretations of the political situations, foreign relations, economic policies, foreign trade, social situations, educational reform, etc. of Brazil in 2017. Part Ⅲ includes special reports on the development of China-Brazil relation. Seven scholars from both countries analyse the current situation, effect and influence of China-Brazil relation development in 2017 from aspects such as the cooperation mechanisms of the BRICS countries, the "Belt and Road" initiative, the platform of Macao, China-Brazil cultural exchanges, economic cooperation, and so on.

Keywords: Brazil's Development; Temer Government; China-Brazil Relation

Contents

Ⅰ General Report

Y.1 Evaluation of Development Situation Inside and Outside Brazil in 2017
　　—From Crisis to Turnaround　　　　　　　　　Yang Shouguo / 001

Abstract: As the emerging country of emerging countries, Brazil has encountered bottlenecks in the past two years. Many problems, such as political unrest, economic recession and sharp social contradiction, have erupted, and the uncertainty of development is highlighted. 2017 is a year when Brazil sees hope and turnaround. Politics tends to be stable. President Temer is struggling to get rid of the impeachment quagmire and should be able to finish his term of office by the end of 2018. The economy is getting rid of the recession and returning to the growth track. Diplomacy continues to adjust, focusing on the balanced diplomacy between North and South, emphasizing pragmatism and flexibility. The comprehensive strategic partnership between China and Brazil has been deepened, and strategic convergence and industry docking have been accelerated. The development of bilateral relations in the new era is facing new opportunities. Brazil also faces many challenges: the "fragmentation" of politics, the ripple of the impact of anti-corruption, the structural reform of pension and other structural reforms is difficult to push forward, the momentum of sustained economic development needs to be strengthened; the problem of "returning to poverty" is outstanding and social security needs to be improved urgently. 2018 is the election year of Brazil. It is also the key year to decide the direction of development. The follow-up trend deserves close attention.

Keywords: Brazil; Crisis; The Government of Temer

II Politics and Diplomacy

Y. 2　Brazil Political Trend Analysis during the Continuation of Anti-corruption　　　　　　　　　　　　　　　Sun Yi / 020

Abstract: The Operation Car Wash in Brazil, which lasted for four years, has dealt a heavy blow to the organized crime and corruption system and the interests of the traditional elite, bringing an overall impact on the current administrative, legislative and judicial system. This article will conduct a comprehensive review of Brazil's anti-corruption operation centered on the Operation Car Wash, pointing out the new features and analyzing the reasons behind, and then explore the its impact on the current state and future trend of Brazilian political arena. It is foreseeable that with the approach of the 2018 presidential election, the uncertainty of political situation in Brazil will continue to increase. On the one hand, under the dual effects of the economic crisis and the anti-corruption campaign, the traditional political parties suffer from a poor reputation and the presidential candidacy remains uncertain due to the Operation Car Wash; on the other hand, the Third Way is growing, seeking a middle ground between the left and the right wing. And this has also brought new opportunities for a strategic layout in the last year of Michel Temer's governance in order to defend his politics heritage.

Keywords: Brazil; Politics; Anti-corruption; Operation Car Wash; Presidential Election

巴西黄皮书

Y.3 Evaluation of The Government of Temer Effect:
A Controversial Reform Process　　　*Niu Haibin* / 038

Abstract: In view of the subsequent impact of President Rousseff's impeachment and the impact of the 2018 general election effect, 2017 is a critical year for the government of the government of the Brazil. It is also an important time to observe the adjustment of the political and diplomatic agenda. Getting rid of recession and achieving growth is the core goal of the government's internal and external agenda, and the restoration of financial health, privatization and social welfare reform is the government's key governance agenda. Although these agendas are contentious in Brazil society, the government has made a lot of progress, focusing on the positive trend of the recovery of Brazil's economy. At the same time, the Brazil society still has difficult challenges such as anti-corruption, the fight against violent crime and the protection of the environment, which have a structural root and it is difficult to have a fundamental change in the short term. On the diplomatic agenda, the government made an adjustment to strengthen its relationship with the Pacific Alliance in maintaining its commitment to the BRICs cooperation mechanism, promoting trade negotiations with the common market of the European Union and the south, and starting the process of Brazil's accession to the organization for economic cooperation and development. In 2018, the Brazil election was full of uncertainty. Former president Lula was deeply trapped in judicial proceedings, and Congressman Paulsen Nalo had a strong anti establishment color. The political environment for the reform agenda was not optimistic.

Keywords: The Government of Temer; Brazil; Reform; Diplomacy

Y. 4　The Development Status and Future Trend of Brazilian Left-wing Political Parties in the Context of Political Reform

〔Brazil〕 Marcos Costa Lima, 〔Brazil〕 Eduardo Oliveira / 053

Abstract: In the coup of 2016, President Rousseff was impeached and stepped down, but there was no evidence that her actions were illegal. This paper introduces the achievements made by the Brazilian Workers' Party since it took office in 2003 and the anti-leftist actions carried out by some Brazilian political elites in the context of the coup. Based on this, this article combines with the current political situation in Brazil and evaluates the development status and difficulties of the Brazilian left-wing political parties, and forecasts the presidential election in Brazil and the development of left-wing political parties in 2018.

Keywords: Brazil; Political Changes; Left-wing Political Parties; Workers' Party

Y. 5　The Relations between Brazil and the United States in the Trump Era: Structural Changes and Trends

〔Brazil〕 Tullo Vigevani, 〔Brazil〕 Laís Forti Thomaz / 069

Abstract: This article aims to explore the developmental status and future trend of the relations between Brazil and the United States. Based on the ongoing reforms in Latin America, especially in Brazil, and the huge influence brought by the Trump administration, this article explores what kinds of expectations should be placed on the relationship between Brazil and the United States. Compared with the presidential throne itself and the special context of his campaign, the protectionist stance of the Trump administration deserves more attention. This article analyzes and reviews relevant literature by collecting data and proposes the following assumptions: The relationship between Brazil and the United States in the next few years will be full of uncertainty. It is unclear whether Brazil can

further integrate with the U. S. economy. On the contrary, Brazil has become more difficult in this respect in 2017. For the concern of bilateral relations, Brazil has a very high demanding in fact. However, at this critical point, Brazil's high demand in this regard does not have a high degree of credibility as a guarantee, so the United States has not strong willingness in economic reciprocity between the two countries. In order to better explain the point of view, this article is divided into five parts: the first part is the introduction; the second part will analyze the changes of the political situation in the United States; the third part will discuss the impact of this changes on Brazil from the perspective of Brazilian development; The fourth part will take the cases of ethanol, steel, and beef as examples to analyze specific trade policies. Finally, the fifth part looks back on the situation in 2017 to verify whether our assumption about uncertainty is true. Under this circumstance, the research in this article will let those who believe that Brazil and the United States can further strengthen their cooperation to query their views.

Keywords: Brazil; United States; Trump Government; Protectionism.

Y. 6 Brazil, MERCOSUR and the Neoliberalism Wave in South America

[Brazil] Marcos Cordeiro Pires, [Brazil] Hermes Moreira Jr. / 092

Abstract: The purpose of this paper is to give introduction and analysis of MERCOSUR's evolution in 2017. Within this year, the rise of conservative governments in South America resulted in a 180-degree change in the course of regional integration policy, since the impeachment process that deposed Dilma Rousseff and led Michel Temer became the president of Brazil; the election of Maurício Macri become the president of Argentina which ended the 12 years of Peronist/Kirschnerist domination; Venezuela fell into the political crisis in which the right-wing parties tried unsuccessfully to depose Nicolas Maduro. Because of this, we can see a more conservative and pro-market stance, such as the suspension of Venezuela from MERCOSUR, the approaching of the bloc with the Pacific Alliance, and the intensification of negotiation for the establishment of free trade agreements with the European Union. In this sense, this article is divided into three parts: the first one is a brief contextualization of the political situation in the region marked by the end of the "pink tide" and rise of politicians of conservative profile; in the second part, the crisis in Venezuela will be exposed as a factor of constraint and almost paralysis of the MERCOSUR; In the third part, the issue of economic integration and trade liberalization is discussed through the rapprochement with the Pacific Alliance and the resumption of negotiations with the European Union.

Keywords: Brazil; MERCOSUR; Pink Tide; Venezuelan Crisis

III Economy and Society

Y. 7 Brazilian Economy Returns to Growth Track and Uncertain Prospects in 2017　　　　*Wu Hongying* / 113

Abstract: After Brazil experienced a serious economic crisis lasting two years, the Brazilian economy finally "bottomed out" in 2017, showing a series of signs of recovery, GDP growth was nearly 1%, the inflation rate, benchmark interest rate and unemployment rate decreased, and export growth was strong. Foreign direct investment has increased, production activities have become increasingly active, the shadow of economic recession has gradually drifted away, and the economy has returned to a normal growth track. However, whether or not Brazil's "brick" can continue to shine will depend on whether the favorable environment inside and outside Brazil can be maintained, depending on whether structural problems and basic contradictions can be truly resolved. The October election will dominate Brazil's political and social life in 2018 and will have an important impact on Brazil's economic recovery and future development.

Keywords: Brazilian Economy; Recession; Recovery

巴西黄皮书

Y.8 Analysis on the Status Quo and Constraints of Export of Brazilian Agricultural Products

〖Brazil〗 Alexandre Pereira da Silva / 129

Abstract: The goal of this article is to analysis the status que and constrains of export of Brazilian agricultural products. The first part of the article will give attention to the agricultural production and export status of agricultural products. With the improvement of increasing global demand, rising prices, technological advances, and the application of modern management methods, Brazilian agricultural production has continued to increase over the past 20 years. With the growing influence of agriculture on foreign trade and investment, it has become the most dynamic industry in Brazil. China is a major exporter of Brazilian agricultural products, followed by the European Union and the United States. The second part of the article will discuss the constraints of the export of Brazilian agricultural products, including backward infrastructure, environmental issues, budget constraints of federal government, etc., and put forward some measures and suggestions. Among them, the solution to infrastructure problems depends on the investment in railway and waterway construction, making them the alternatives to roads. However, due to the budgetary constraints, the federal government has more than willing but lacking the power; the resolution of environmental issues has a bearing on both domestic and international levels. Finally, this article will summarize with some inductive comments.

Keywords: Brazil; Agribusiness; Exports; Infrastructure; Environment

Y.9 Education and Employment: The Main Brazilian Social Themes in 2017 〖Brazil〗 Kelly Ferreira, Jiao Jie / 147

Abstract: In 2017, education and employment have become the two major issues that Brazilian society is most concerned. Due to the continuing political and economic crisis in Brazil, the bottom-line people who rely on social and public services have become the biggest victims. The unemployment rate remains high, higher education faces crisis, labor, social security and pension reforms are difficult to implement, and the entire society has difficulty in taking a step. This article will focus on education and employment-the two major issues in the Brazilian societies. Through analysis the Brazilian development in education and employment, as well as the labor, social security and pension reforms which carried out by Brazil, we will take a glance at the social situation in Brazil in 2017 and have prospects for its future situation.

Keywords: Brazil; Education; Employment; Social Security; Reform

Y.10 The Development of Social Movements in Brazil under the Fall of Tide of Leftist: Taking the Landless Workers Movement for Example (MST)   *Liu Ming* / 170

Abstract: After Temer took office as President of Brazil, the new government promulgated a series of policies aimed at weakening the rights of farmers and other underprivileged people in this society, which directly infringed on the interests of the lower and middle class people represented by the landless and small-scale farmers and urban low-income residents. Under such circumstances, the social movement in Brazil has once again been on the rise. In particular, the Landless Workers Movement has also increased its struggle with the government and large land-owners. In addition to striving for land, these campaigns also vigorously promotes the construction of eco-agriculture and attaches importance to public health, environmental protection, education and housing. The Landless Workers Movement's ideas and actions have its positive side, such as helping to alleviate food crisis to a certain extent, and promoting the sustainable development in Brazilian economy. However, its organizational decentralization and frequent violence hampered its own development. The Landless Workers Movement is the

product of the uncoordinated relationship between Brazilian economic development and social justice. Only by coordinating the relationship between the two aspects can realize the Brazilian social stability.

Keywords: Brazil; Social Movement; Landless Workers Movement; Eco-Agriculture; Land Reform

Ⅳ Culture and Technology

Y. 11   The Post-Olympic Era in Brazil: Research on the Current Status of the Use of Rio Olympic Heritage

[*Brazil*] *José Roberto Gnecco* / 186

Abstract: This paper introduces and analyzes the current status of the heritage of the Rio Olympic Games and the Paralympic Games in the post-Olympic era through the Olympic heritage planning documents, in-person visits, or network contacts. As early as 2009, before Rio de Janeiro was selected as the host city of the 2016 Olympic Games, Brazil's major think tanks, the branches of government and the Brazilian Olympic Committee had begun to participate in the planning of the utilization of the Olympic heritage. However, after the Rio Olympic Games in 2016, the management and utilization of the Olympic heritage faced many problems and challenges compared to the actual conduct of the competition and the planning in advance, it was even more strongly influenced by Brazilian national conditions and the existing organizational culture. Due to the characteristics of the Brazilian federal politics, the subsequent use of each Olympic venue is different, and the related sports infrastructure heritage management has become more fragmented. In addition, the nature of Olympic facilities management institutions is different, and new managers do not emphasis the role of the state in providing public social policies such as sports policies. Finally, this article will propose some proposals and suggestions for improving the management and utilization of Rio Olympic heritage.

Keywords: Brazil; Rio Olympic Games; Olympic Heritage

Y.12 The Development, Experiences and Suggestions of the Internationalization of Brazilian Football

〔Brazil〕 Daniel Traina Gama, 〔Brazil〕 Walter Gama / 207

Abstract: Football is recognized as the most popular sport in the world, and Brazilian football has worldwide recognition for the high quality athletes and great achievements. However, for the part of the development of football internationalization, Brazil is still in its infancy and is ineffective. In this paper, a series of documents and data released by the Brazilian Football Confederation (CBF) and the Federation International of Football Association (FIFA) are the main reference materials, and this paper focusing on the development process and experiences of Brazilian football internationalization, and presenting some recommendations and suggestions for the development of Brazilian football internationalization in the future.

Keywords: Brazil; Football; Internationalization

Y.13 Changes in the Politics of Internationalization of Higher Education in Brazil: from "Science without Frontiers" to "More Science and More Development"

Zhong Dian / 226

Abstract: As the most important internationalization project of higher education in Brazil, "Science without Frontiers" (CsF) has helped to form a considerable number of technical and scientific talents with an international

academic background in a relatively short period of time. However, the project had to be formally halted in March 2017 due to its huge cost and the fact that its main sponsor, the Brazilian federal government, faced great financial difficulties as the Brazilian economy fell into recession. In April, the Brazilian government announced the launching of a new project called "More Science and More Development" (MCMD) to replace the former, which was approved by the Brazilian Congress in November. This article's aim is to compare the contents of the two projects, reveal the major problems in implementing the "Science without Frontiers" project, assess the Brazilian government's efforts towards a more economical, efficient, equitable and sustainable internationalization strategy for higher education, predict the future adjustments of the internationalization strategy for higher education in Brazil and draw some lessons from Brazil's experiences on how to better carry out the higher education reform in China.

Keywords: Brazil; Higher Education; Internationalization Policy

Y.14 Brazil Biofuel Industry in A New Period   *Wu Zhihua / 240*

Abstract: In December 27, 2017, the government of Brazil promulgated the national biofuel policy, which aims to promote the production and application of Brazilian biofuel and fulfil the obligations of the Paris Agreement to cope with climate change. At the same time, it also indicates that the biofuel industry in Brazil will upgrade and move into a new stage of development. Some measures taken by the government of Brazil have played a positive role in stimulating biofuel production. The implementation of national biofuels policy marks the third development stage of Brazilian biofuel industry. The first period of development was in the 80s of last century. With the implementation of the alcohol program, Brazil began to use ethanol and biodiesel instead of gasoline and diesel. The second development period is the successful development and popularization of the flexible fuel vehicle, supporting the production of biofuels and expanding the market demand. The third period of development will be the new era of developing new biofuels and improving the proportion of biofuels in the energy structure.

Keywords: Brazil; Biofuels; Energy Security; Environmental Protection

V Sino-Brazilian Relations

Y.15 Brazil-China Economic and Trade Cooperation under the Framework of BRICS: New Features and New Trends

〔Brazil〕 Luís Antonio Paulino / 255

Abstract: This article will interpret the economic and trade cooperation between Brazil and China from three dimensions: width, height and depth under the framework of the BRICS Cooperation Mechanism. Width refers to the areas covered by cooperation between the two countries; height refers to the level of mechanism construction for the development of cooperation between the two countries, or the number and quality of mechanisms for promoting cooperative development; depth refers to the level and intensity of bilateral cooperation in various fields. This analysis is based on the assumption that the mechanism for promoting cooperation, such as the BRICS Group, the China-CELAC Forum and the extension of "The Belt and Road" Initiative to Latin America, which will help expand cooperation and deepen economic and trade cooperation. With the promotion of these mechanisms, bilateral cooperation has continued to expand and deepen, the economic relations between Brazil and China have undergone drastic changes -While bilateral trade has increased, Chinese companies have expanded their direct investment in Brazil.

Keywords: BRICS; Brazil; China; Trade; Investment

巴西黄皮书

Y.16　The Changes of Brazilian Policies in Asia and its Cognition and Response to "The Belt and Road" Initiative

〔*Brazil*〕*João Paulo Nicolini Gabriel*,

〔*Brazil*〕*Desirée Almeida Pires*,

〔*Brazil*〕*Carlos Eduardo Carvalho* / 276

Abstract: Less participation in global political issues and focus on attracting investment and investors, this is the tone of the Brazilian diplomacy in recent years. This tone has a direct impact on the formulation of Brazil's Asian policy and its concern and response to China's "The Belt and Road" Initiative. At the same time, the political crisis, economic crisis and social unrest in Brazil have also profoundly affected the formulation of its Asian policy. Due to the chaos in the domestic situation, it has become more difficult for Brazil to make some achievements on the international stage, which has nothing to report in Brazilian diplomacy during the 2017 BRIC Summit and the first "The Belt and Road" international cooperation summit. At present, China's "The Belt and Road" initiative has a large scale and ambitious goals. In contrast, the United States is pursuing the "nationalism" way. All these indicate that the balance of international powers is changing. Although Brazil's diplomacy and academia's understanding of the situation in Asia continues to deepen, but Brazil has not highlighted the topic of Asia in diplomacy because of the chaos in the domestic situation. Even in the current exchanges with emerging Asian countries, Brazil is still unable to initiate new dialogues with them, and Brazil cannot effectively use the opportunities which brought by the development of these countries.

Keywords: Brazil; China; "The Belt and Road" Initiative; Asian Policies; Geopolitics

Y.17 The Effect and Role of Macao in Deepening the Comprehensive Strategic Partnership between China and Brazil　　　　　　　　　　*Ye Guiping* / 298

Abstract: China and Brazil are the largest developing countries in the East and the west, both of which are important emerging market countries. In recent years, China and Brazil continue to strengthen cooperation to promote the development of comprehensive strategic partnership between the two countries. From the traditional origins of Macao with the Portuguese speaking countries, which including the aspects of history, language and human vein, as well as its own unique "one country, two systems" and the free port advantage, Macao can fully play a platform role in the relations between China and Brazil and help deepen China-Brazil Relations. This paper sorts out and summarizes the role and connotation of Macao platform.

Keywords: China; Brazil; Comprehensive Strategic Partnership; Macao Platform

Y.18 Comments on the Effect of China-Brazil Tourism Exchange and Cooperation　　　　　　　　　　*Cheng Jing* / 310

Abstract: As the world famous tourism countries, Brazil and China have good political foundation, government driving force, resources base and market conditions in terms of tourism exchange and cooperation, despite the fact that there exist restrictions such as long distance, traffic inconveniences and language barriers. Since the two countries signed *Memorandum of Understanding between China and Brazil on Tourism* in 2004 and Brazil became Chinese tourists' travel destination, tourism exchange and cooperation between them have entered a new channel of rapid developing. Not only the exchange between relevant apartments and agencies of the two countries becomes more frequently, but the number of tourists between

the two countries expands constantly. However, in general, China-Brazil tourism exchange and cooperation are still in small scale and the market potential needs exploring. In the meanwhile, they are facing difficulties and challenges like high costs, lack of convenience, insufficient publicity, outdated software and hardware construction and lack of communication platform. In the future, China and Brazil need to enhance travel convenience, strengthen the construction of software and hardware facilities, expand tourism advertising, increase the development of tourism products, build high-level exchange platforms in order to explore the potential of the two countries' tourism markets and serve better the economic and trade cooperation as well as the people to people exchanges between China and Brazil.

Keywords: China; Brazil; Tourism Exchange and Cooperation; China-Brazil Relations; People to People Exchanges

Y. 19 Coverage of China by Brazilian Mainstream Media in 2017:
A Brief Analysis   *Tang Xiao* / 340

Abstract: Brazil's mainstream media has a large audience and high social trust. Their frequency of reporting on relevant issues in China, the choice of topics and their language organization have largely influenced the acknowledgement of the Brazilian people about China, as well as the shaping of Brazilian society's feelings toward China and the development of the China-Brazil relations. Taking into account the characteristics of various forms of media, the difficulty of data accessibility and analyzability and the representativeness of media, this essay chooses four mainstream media in Brazil as the research object and builds a China-related coverage database based on official tweets published by the Brazilian mainstream media. With the aid of technical means such as corpus software, this paper analyzes the main features of the coverage on China by Brazilian media in 2017 parting from variants like the reporting frequency, theme distribution, popularity distribution and language organization. In order to further promote China-Brazil media exchanges and show a "more authentic and lively" China in Brazil, there also have been put forward two suggestions: continue to support the Chinese media to go out and continue to support the Brazilian media to come to China; make full use of new media and technologies to promote non-governmental exchanges between China and Brazil.

Keywords: Brazil; Mainstream Media; China Related Reports; China-Brazil Relations

Ⅵ Appendix

Y.20　Memorabilia　　　　　　　　　　　　　　　　*Tang Xiao* / 356

社会科学文献出版社　　　**皮书系列**

❖ 皮书起源 ❖

"皮书"起源于十七、十八世纪的英国，主要指官方或社会组织正式发表的重要文件或报告，多以"白皮书"命名。在中国，"皮书"这一概念被社会广泛接受，并被成功运作、发展成为一种全新的出版形态，则源于中国社会科学院社会科学文献出版社。

❖ 皮书定义 ❖

皮书是对中国与世界发展状况和热点问题进行年度监测，以专业的角度、专家的视野和实证研究方法，针对某一领域或区域现状与发展态势展开分析和预测，具备原创性、实证性、专业性、连续性、前沿性、时效性等特点的公开出版物，由一系列权威研究报告组成。

❖ 皮书作者 ❖

皮书系列的作者以中国社会科学院、著名高校、地方社会科学院的研究人员为主，多为国内一流研究机构的权威专家学者，他们的看法和观点代表了学界对中国与世界的现实和未来最高水平的解读与分析。

❖ 皮书荣誉 ❖

皮书系列已成为社会科学文献出版社的著名图书品牌和中国社会科学院的知名学术品牌。2016年，皮书系列正式列入"十三五"国家重点出版规划项目；2013~2018年，重点皮书列入中国社会科学院承担的国家哲学社会科学创新工程项目；2018年，59种院外皮书使用"中国社会科学院创新工程学术出版项目"标识。

中国皮书网

（网址：www.pishu.cn）

发布皮书研创资讯，传播皮书精彩内容
引领皮书出版潮流，打造皮书服务平台

栏目设置

关于皮书：何谓皮书、皮书分类、皮书大事记、皮书荣誉、
皮书出版第一人、皮书编辑部

最新资讯：通知公告、新闻动态、媒体聚焦、网站专题、视频直播、下载专区

皮书研创：皮书规范、皮书选题、皮书出版、皮书研究、研创团队

皮书评奖评价：指标体系、皮书评价、皮书评奖

互动专区：皮书说、社科数托邦、皮书微博、留言板

所获荣誉

2008年、2011年，中国皮书网均在全国新闻出版业网站荣誉评选中获得"最具商业价值网站"称号；

2012年，获得"出版业网站百强"称号。

网库合一

2014年，中国皮书网与皮书数据库端口合一，实现资源共享。

权威报告·一手数据·特色资源

皮书数据库
ANNUAL REPORT(YEARBOOK) DATABASE

当代中国经济与社会发展高端智库平台

所获荣誉

- 2016年，入选"'十三五'国家重点电子出版物出版规划骨干工程"
- 2015年，荣获"搜索中国正能量 点赞2015" "创新中国科技创新奖"
- 2013年，荣获"中国出版政府奖·网络出版物奖"提名奖
- 连续多年荣获中国数字出版博览会"数字出版·优秀品牌"奖

成为会员

通过网址www.pishu.com.cn访问皮书数据库网站或下载皮书数据库APP，进行手机号码验证或邮箱验证即可成为皮书数据库会员。

会员福利

- 使用手机号码首次注册的会员，账号自动充值100元体验金，可直接购买和查看数据库内容（仅限PC端）。
- 已注册用户购书后可免费获赠100元皮书数据库充值卡。刮开充值卡涂层获取充值密码，登录并进入"会员中心"—"在线充值"—"充值卡充值"，充值成功后即可购买和查看数据库内容（仅限PC端）。
- 会员福利最终解释权归社会科学文献出版社所有。

数据库服务热线：400-008-6695
数据库服务QQ：2475522410
数据库服务邮箱：database@ssap.cn
图书销售热线：010-59367070/7028
图书服务QQ：1265056568
图书服务邮箱：duzhe@ssap.cn

中国社会发展数据库（下设 12 个子库）

全面整合国内外中国社会发展研究成果，汇聚独家统计数据、深度分析报告，涉及社会、人口、政治、教育、法律等 12 个领域，为了解中国社会发展动态、跟踪社会核心热点、分析社会发展趋势提供一站式资源搜索和数据分析与挖掘服务。

中国经济发展数据库（下设 12 个子库）

基于"皮书系列"中涉及中国经济发展的研究资料构建，内容涵盖宏观经济、农业经济、工业经济、产业经济等 12 个重点经济领域，为实时掌控经济运行态势、把握经济发展规律、洞察经济形势、进行经济决策提供参考和依据。

中国行业发展数据库（下设 17 个子库）

以中国国民经济行业分类为依据，覆盖金融业、旅游、医疗卫生、交通运输、能源矿产等 100 多个行业，跟踪分析国民经济相关行业市场运行状况和政策导向，汇集行业发展前沿资讯，为投资、从业及各种经济决策提供理论基础和实践指导。

中国区域发展数据库（下设 6 个子库）

对中国特定区域内的经济、社会、文化等领域现状与发展情况进行深度分析和预测，研究层级至县及县以下行政区，涉及地区、区域经济体、城市、农村等不同维度。为地方经济社会宏观态势研究、发展经验研究、案例分析提供数据服务。

中国文化传媒数据库（下设 18 个子库）

汇聚文化传媒领域专家观点、热点资讯，梳理国内外中国文化发展相关学术研究成果、一手统计数据，涵盖文化产业、新闻传播、电影娱乐、文学艺术、群众文化等 18 个重点研究领域。为文化传媒研究提供相关数据、研究报告和综合分析服务。

世界经济与国际关系数据库（下设 6 个子库）

立足"皮书系列"世界经济、国际关系相关学术资源，整合世界经济、国际政治、世界文化与科技、全球性问题、国际组织与国际法、区域研究 6 大领域研究成果，为世界经济与国际关系研究提供全方位数据分析，为决策和形势研判提供参考。

法律声明

"皮书系列"（含蓝皮书、绿皮书、黄皮书）之品牌由社会科学文献出版社最早使用并持续至今，现已被中国图书市场所熟知。"皮书系列"的相关商标已在中华人民共和国国家工商行政管理总局商标局注册，如LOGO（ ）、皮书、Pishu、经济蓝皮书、社会蓝皮书等。"皮书系列"图书的注册商标专用权及封面设计、版式设计的著作权均为社会科学文献出版社所有。未经社会科学文献出版社书面授权许可，任何使用与"皮书系列"图书注册商标、封面设计、版式设计相同或者近似的文字、图形或其组合的行为均系侵权行为。

经作者授权，本书的专有出版权及信息网络传播权等为社会科学文献出版社享有。未经社会科学文献出版社书面授权许可，任何就本书内容的复制、发行或以数字形式进行网络传播的行为均系侵权行为。

社会科学文献出版社将通过法律途径追究上述侵权行为的法律责任，维护自身合法权益。

欢迎社会各界人士对侵犯社会科学文献出版社上述权利的侵权行为进行举报。电话：010-59367121，电子邮箱：fawubu@ssap.cn。

社会科学文献出版社